샹카라차리야의
바가바드 기타

# 샹카라차리야의
# 바가바드 기타

샹카라차리야 주석 ㅣ 김병채 옮김

# BHAGAVAD
# GĪTĀ

🕉 슈리 크리슈나다스 아쉬람

This book is dedicated
to Ramana Maharshi & Papaji

바가반 슈리 라마나 마하리쉬(1879.12.30. ~ 1950.4.14)

삿구루 파파지( 1910.10.13 ~ 1997. 9.6)

# 샹카라차리야의 삶 (788-820 A. D.)

슈리 샹카라차리야가 인도는 물론 세계에서 배출한 가장 위대한 철학자라는 것에는 논란의 여지가 없다. 그는 자신 안에 철학자, 헌신자, 신비가, 시인과 종교개혁가의 내용을 통합시킨, 세계사에서 유례가 없는 독특한 존재이다. 비록 그는 1,200년 전의 사람이었지만 오늘날까지도 이 영적 천재의 삶과 철학은 살아 움직이고 있다.

그가 태어났을 당시 인도는 종교와 철학상의 갈등으로 혼란에 휩싸여 있었다. 종교의 숫자만도 72개에 달했으며, 각 종파들 간에 대립과 다툼이 극심해 그 어디에도 평화가 없었다. 종교는 자신의 순수성과 정신을 잃고 있었던 것이다. 한때는 현자들과 성자들, 요기들이 행복하게 살았던 땅에 이제는 어둠과 미신과 편협한 신앙이 압도하고 있었다. 이러한 혼란을 잠재우기 위한 엄청난 의무는 오직 신적인 존재만이 할 수 있을 것이다. 그러한 때에 샹카라차리야가 태어났다. 그는 그 일을 하였으며 또 그것을 완수하였다. 32년이라는 짧은 생애 동안에, 샹카라차리야는 힌두 종교의 바탕으로 아드바이타 베단타 철학을 확고하게 세웠다.

오늘날 인도의 중심 사상인 베다 다르마는 샹카라차리야에 기인하고 있다. 베다 종교에 반대하는 세력은 오늘날보다 샹카라차리야 시대에 더욱 많았으며 강력하였다. 그러나 아주 짧은 기간 동안에 샹카라차리야는 그들 모두에게 베다 다르마와 아드바이타 베단타의 원래의 순수성을 되찾게 만들었다. 그가 사용하였던 무기는 순수한 지식과 영성이었다.

샹카라차리야는 서기 788년 인도 남부 케랄라에 있는 작은 마을 칼라디에서 아버지 쉬바구루와 어머니 아리얌바의 외아들로 태어났다. 그들은 매우 가난하였으며 오랫동안 아이가 없었다. 그래서 그들은 가까이 있는 바닥쿤나탄 사원으로 가서 쉬바에게 아이를 달라고 기도를 하였다. 그러던 어느 날 쉬바가 꿈에 나타나 그들에게 말하였다. 쉬바는 그들에게 수명은 짧지만 영리한 철학자가 될 아이를 원하는지 아니면 평범한 아이를 원하는지를 선택하라고 하였다. 부부는 전자를 선택하였으며, 그래서 아름다운 계절인 봄에 샹카라차리야가 태어났다.

쉬바구루는 샹카라차리야가 일곱 살 때 세상을 떠났다. 그의 어머니는 비범한 사람이었다. 그는 아들에게 경전들을 공부하도록 특별한 노력을 기울였다. 그는 어린 시절부터 공부에 특이한 재능을 보였다.

샹카라차리야의 어머니는 아들이 결혼하기를 원했지만 그가 세상을 포기하고 고행자가 되겠다고 확고한 결의를 보이자 매우 당황하였다. 그러나 샹카라차리야는 기이한 사건을 통해 어머니의 굴레를 벗어나 방랑하는 수행자의 삶을 시작할 수 있었다. 그때 그의 나이는 여덟 살이었다.

칼라디를 떠난 젊은 샨야신은 남인도를 방랑한 뒤 히말라야에 이르렀다. 그는 바드리나트에 있는 바드리카 아쉬람에서 자신의 스승이 될 스와미 고빈다파다 아차리야를 만나 그의 발에 엎드렸다. 고빈다파다는 위대한 가우다파다의 뛰어난 제자였다. 그는 이 소년을 산야신으로 입문시키고 산야신의 옷을 주고는, 자신의 구루인 가우다파다 아차리야로부터 배운 아드바이타 베단타의 메시지를 세상 사람들에게 전하라고 하였다.

샹카라차리야는 스승의 명령에 따라 카시로 간 뒤 그곳에서 브람마 수트라, 우파니샤드들과 바가바드 기타에 대한 너무나 유명한 주석서들을 썼다. 그리고 그는 짧은 시간 안에 카시의 베단타 철학의 거두가 되었다. 그는 많은 논쟁에서 이겼다. 그러자 제자들이 그에게로 모여들었다. 이렇게 해서 그는 곧 인도의 영적 운동의 중심이 되었다. 샹카라차리야는 또한 많은 박티의 시들을 지었다.

샹카라차리야의 주석서는 현존하는 바가바드 기타의 주석서 가운데 가장 오래된 것이다. 그는 그의 주석서의 필요성에 대해 다음과 같이 설명하고 있다.

"이 유명한 기타 샤스트라는 모든 베다 가르침의 진수를 요약하고 있다. 그 의미를 이해하는 것은 매우 어렵다. 그래서 그 가르침의 명료한 의미를 전달하기 위하여 여러 주석자들이 주석을 달았다. 그렇게 했음에도 불구하고 여전히 나는 그것이 일반인들에게 가지각색의 그리고 매우 상반되는 학설들로 가르쳐지고 있다는 것을 발견하였다. 따라서 나는 기타의 엄밀한 의미를 정하기 위하여 간략한 주석서를 쓰기로 하였다."

# 옮긴이의 제4개정판의 글

초등학교 때 절로 소풍을 몇 번 간 적이 있다. 나는 지눌의 그림이 흥미로웠다. 자유의 옷을 입은 듯 하였고 시선은 보통 사람들과는 달랐다. 매주 미사에 참여하고 레지오 같은 신심 모임에 참석도 하였다. 가는 것도 좋지만 모시고 있는 신이 너무나 궁금하였다. 어느 날 성당의 고해소에서 신부님께 여쭈었다. "신은 어디에 계십니까?" "산과 들에 있지요." 산이 얼마나 많으며 또 들은 어떠한가? 어디서 찾으란 말인가? 그러나 나는 찾아 나서기로 하였다.

명상이 궁금하였다. 송광사의 불일암에 기거하시던 법정 스님께 스승이 되어달라고 청한 적도 있었다. 고국에서 찾는 것을 포기하고 붓다의 나라 인도로 갔다. 그곳에서 수많은 낯선 이들을 만났다. 그분들은 나를 이끌어주었다. 어려운 삶의 환경 속에서도 그들은 행복하게 보였다. 그들의 관심은 오로지 신, 진리인 듯하였다. 무엇인가를 놓치고 있음을 느꼈다. 인도라는 환경은 마음을 자동적으로 내려놓게 하였다. 오쇼는 고타마오디토리움에서 많은 청중들에게 "네가 붓다."라는 메시지를 주고 있었다. 물론 고국에서 "성불합시다."라는 인사를 주고받기는 하였지만 그의 메시지의 무게는 달랐다. 진심에서 나온 그 말은 나를 존중하게 해 주었고 또 희망을 주었다.

이가타푸리의 명상 아카데미에서 명상을 하다가 놀라운 체험을 하였다. 너무나 놀라서 고엥카님에게로 달려갔다. "이것이 무엇입니까?" '사마디입니다.' 나는 그 당시에는 그 체험을 대수롭지 생각하였다. 하리드와르에서 나는 나의 스승을 만났다. 몇 마디의 말씀으로 마음 너머로 갔다. 마음 너머에 그러한 것이 있으리라는 것은 꿈에라도 그려보지 못했다. 거기에서 끝도 없이 펼쳐져 있는 신을, 궁극을, 눈부신 하늘을, 황홀한 공을 만났다. 나는 내가 그렇게 나 애타게 찾던 것을 보았다. 스승님께서는 이원의 세상으로 돌아온 나를 붓다라고 그리고 그것이 구도의 끝이라 하셨다.

서둘러 고국으로 돌아온 나에게 스승님께서 편지를 보내셨다. "바가바드 기타를 읽도록 하세요. 그러면 평화로울 것입니다." 이 미스터리한 말씀으로 나는 바가바드 기타의 세상으로 들어가게 되었다. 스승님의 말씀은 그냥 하시는 말씀이 아니시다.

인도에서의 경험으로 나의 인생관은 완전히 바뀌었다. 땅이 하늘이 되고, 하늘이 땅이 되었다. 아니 땅이 사라지고, 하늘이 사라졌다. 나는 그 당시에는 영성의 지식이 일천하였다. 전생에도 영성 공부를 하지 않은 것 같다.

비베카난다를 비롯한 다수의 성자들이 그 권위를 인정하는 샹카라차리야 주석의 바가바드 기타를 2007년에 출간하였다. 기타의 매 수트라는 정말로 난해했다. 수트라는 그렇다 하더라도 중간에 간혹 나오는 샹카라차리야의 가상적인 대화의 내용은 나를 머뭇거리게 하였다. 그 당시 나의 지력으로는 너무나 어려운 과제였다. 그렇지만 포기하지 않고 끝까지 완성해서 출판했다. 살아가다가 모르는 것이 나오면 나는 뒤로 물러서지 않는 성격인 듯하다. 모르는 것을 알게 되면 나는 아는 사람이 되는 것이다.

기타의 책들을 구입하기 시작하였다. 3-40권 정도를 구하였다. 그것들 중 좀 더 평이한 다른 버전의 바가바드 기타를 출간하기도 하였다. 또 한 권을 더 출간하였다. 편역서를 내기도 하였다. 이해가 깊어지자 그 어렵지만 다소 두꺼운 샹카라차리야의 주석이 매력으로 다가왔다. 다른 책들은 수트라들을 나열하는 정도였다. 나에게는 너무나 어려웠다. 매장들의 순서의 의미를 파악해내지 못하였다. 그러니 미스터리의 경전이었다.

그러다 샹카라차리야을 만났다. 샹카라차리야는 왜 그 장이 그곳에 있지 않으면 안 되는지를 말하고 있다. 미스터리가 많이 풀렸다. 그러자 그 모든 의미가 드러나기 시작하였다. 구도자 아르주나는 눈물을 흘리면서 신 크리슈나에게 전사로서의 자신의 버거운 의무를 저버리고 명상의 길을 가려고 했다. 크리슈나는 단호히 거절하고 자신에게 주어진 의무인 전사의 역할을 다하라고 한다. 그것은 아르주나를 진리에 이르게 할 것이다. 의무의 이행이 왜 필요한지를 샹카라차리야는 아주 분명하게 설명하고 있다.

바가바드 기타의 오묘한 의미를 찾아 우리말로 옮기는 일을 시작한지 어연 30년이 넘었지만 아직 의미를 파악하지 못한 부분들도 많다. 인간이 신의 노래를 다 알 수 없다는 것은 너무나 당연하다. 샹카라차리야의 해설을 곁들이지 않으면 신의 노래의 오묘한 뜻이 드러나기 어려웠을 것이라는 것을 오랜 시간이 지난 후에서야 알게 되었다. 슈리 샹카라차리야는 쉬바 신의 화신이라고도 알려져 있다. 그러니 이 책은 신의 노래에 신이 주석을 단 것이다.

개인의 존재 내에 있는 정수를 아트만이라 표기하였고, 신이 자신을 표현할 때 나라고 하였다. 물론 아트만과 신은 하나이다. 각 장의 제목은 원전에서는 고전적인 표기를 하고 있지만 자유를 가져 새로운 표기를 찾고자 하였다. 각 수트라에서 작은 서체로 표기한 것은 번역자가 수트라의 의미를 잘 드러나게 하기 위하여 가져온 것이다. 수트라의 번역들을 원문에 맞게 번역하려는 분들도 많지만, 현대적으로 재해석한 분들도 간혹 있다. 나는 그분들의 놀라운 재해석에 감탄하였다. 그분들의 노력들 중 빛나는 부분을 따랐다. 부록 1과 2는 본문의 표기한 페이지에 있다. 그러나 너무 어려운 내용이라 생각되어 부록으로 돌렸다.

# 차례

# 바가바드 기타 소개

신(나라야나)은 비현현(아비약타) 너머에 있다. 비현현으로부터 우주의 알이 생겨나고, 우주의 알 속에, 참으로, 이 세상들이 있다. 지구는 일곱 드비파들로 이루어져 있다.

[이것은 모든 영혼의 내적 안내자이며 조정자인 안타리야민에 관하여 말하고 있는 파우라나의 한 시구이다. 주석자가 이 시구를 여기에 인용한 까닭은 자신의 중요한 저작을 전통적인 방식에 따라 그의 사랑하는 신(나라야나)에 대한 묵상으로, 더 나아가 고대의 역사(푸라나), 고대의 전통(이티하사)과 바가바드 기타가 동일한 교리를 가르치고 있다는 것을 보여 주는 관점으로 시작하기 위해서였을 것이다. 대중적인 개념에 따르면, 신(나라야나, 크리슈나)은 창조가 시작되기 직전에 물 위를 덮고 있던 창조자였다(마누 I. 10. 참조). 더욱 미묘한 개념에 따르면, 신은 안타리야민, 즉 몸을 입고 있는 모든 영혼들 안에 있는 신성한 존재이다. 그는 비현현의 피조물이 아니며, 그것을 훨씬 초월하여 있다. 마야 즉 나뉘지 않고 있는 물질인 비현현이 신(이슈와라)과 결합할 때, 여기에서 우주의 알이라고 언급된 히란야가르바의 원리가 전개된다. 우주의 알은 물질의 5대 기본 원소들로 이루어져 있다. 물질의 5대 기본 원소들이 혼합되어 비라즈 원리가 생겨난다. 그것은 지구와 모든 여러 거주처(아난다기리)들을 이루게 된다. 섬처럼 따로 떨어진 대륙들인 일곱 드비파들은 잠부, 프라크샤, 쿠사, 크라운차, 사카, 살말라 그리고 푸슈카라이다. 이 부분에 관한 더 자세한 설명을 위해서는 윌슨의 비슈누 푸라나, 제1권 109쪽을 보기 바란다.]

# 두 가지 베다 다르마

신은 우주를 창조했다. 그리고 그 안에 질서를 두기 위하여 먼저 마리치와 같은 프라자파티[1]들을 창조하였고, 그들로 하여금 행위의 다르마를 채택하도록 하였다. 그러고 나서 사나카와 사난다나[2] 같은 여러 신들을 창조하였으며, 그들로 하여금 포기의 다르마를 채택하도록 하였는데, 그것의 특성은 세상의 대상들에 대한 무심과 지식이다. 그것이 우주의 질서를 유지하기 위한 행위와 포기라는 두 가지 베다 다르마이다. 해방과 세상의 번영으로 바로 안내하는 이 다르마는 브람마나들과 하위 카스트들에 이르기까지 행복을 추구하는 모든 카스트들과 삶의 단계들에 속한 사람들에 의해 오랜 세월[3] 행해져 왔다.

## 신의 화신의 목적

헌신자들의 탐욕이 증가함에 따라 다르마의 판별 기능이 사라져서 아다르마에 압도당하고 아다르마가 우세해지고 있을 때, 나라야나로 알려진 원래의 창조자인 비슈누는 우주의 질서를 유지하기를 바라며 지상의 브람만[4], 지상의 영적 삶을 보호하기 위해 자신이 직접 바

---

1  그들의 수는 10이다. 마누 Ⅲ, 34, 35 참조. 문헌들은 그들의 이름과 수를 다르게 말한다. 윌슨의 비슈누 푸라나 1권, 100–102를 보라.
2  그들은 욕망과 열망이 없었고, 신성한 지혜에 고취되었으며, 우주에서 떨어져 있었고, 후손을 바라지 않았다. 비슈누 푸라나, 제1부, 7장을 보라. 문헌들은 그들의 이름과 수를 달리 말하고 있다. 윌슨의 비슈누 푸라나 1권, 77–78을 보라. 이들은 후손을 창조하지 않으려 했으며, 최초자의 이름인 사나트쿠마라로서 존재했다. 이 이름은 언제나 순수하고 천진한 소년들이라는 뜻을 나타낸다.
3  오랜 기간(디르게나 칼레나)이라는 단어는 다음에 오는 문장과 함께 선택적으로 해석되기도 한다. 그럴 때는 '이후 오랜 기간'이라는 뜻으로, 크리타와 트레타 유가 시대가 끝나고 드바파라 유가 시대가 그 끝을 향해 다가가고 있을 때를 의미한다.—(A.)
4  주석자는 여기에 아래의 글을 인용한다.
   "지상의 브람만을 보호하기 위하여 바수데바의 아내 데바키에게서 태어난 신은……"(산티 파르바, 아디야야의 47번째)
   '지상의 브람만'은 '베다들, 브람마나들, 그리고 희생인 얏냐'를 의미한다고 닐라칸타는 설명하고 있다.

수데바의 아내인 데바키에게서 신으로서 화신으로[5] 태어났다. 왜냐하면 영적 삶의 보존에 의해서 베다 다르마가 보존될 수 있기 때문이며, 카스트와 다르마 질서의 모든 구분들[6]도 그것에 의존하기 때문이다. 신은 본래 (무한한) 지식, 힘, 강함, 전능과 활력을 언제나 지니고 있으며, 비슈누인 자신에게 속하는 마야를 다스리며, 세 가지 구나[7] 즉 에너지들로 이루어진 첫째 원인인 물라 프라크리티이다. 그분은 세상 사람들에게는 마치 자신이 태어나고 몸을 지니고 세상을 돕는 것처럼 보인다. 그러나 사실 그분은 태어나거나 멸하지 않으며, 피조물들의 신이며, 본래 영원하고 순수하고 지성적이며 자유롭다.

[여기에서 마야를 이슈와라에게 속하고 이슈와라의 통제 아래 있는 것으로 특별히 강조하는 것은 주로 마야가 브람만, 이슈와라와 별개로 존재하거나 활동하지 않는다는 개념을 인식시키기 위한 것이다. 이슈와라는 마야의 영향을 받기 쉬운 개별 영혼들과 달리 마야로부터 아주 독립적이다. 다른 한편으로, 샹키야 달샤나 학파를 따르는 사람들은 물질과 영혼 즉 프라크리티와 푸루샤는 두 가지 다른 원리이며, 물질은 영혼처럼 실제로 존재하고 영혼과 합하여 행위를 한다고 주장한다.—(A.)]

자신을 위해서가 아니라 오로지 자신의 피조물들을 돕고자 하는 마음으로, 신은 고귀한 품성을 가진 사람들이 다르마를 받아들이고 실천할 때 다르마는 널리 퍼질 것이라고 생각하여, 슬픔과 미혹의 바다에 깊이 빠져 있는 아르주나에게 두 가지 베다 다르마를 가르쳤다.

---

**5**  주석서에서 이 단어와 상응하는 단어는 '암세나 삼바부바'이다. '암사'는 한 부분이라는 뜻이며, 그것은 신이 신 비슈누의 부분적 화신이었다는 뜻일 것이다. 그러나 신의 화신의 여러 모습들에서, 신은 비슈누의 완전한 화신으로 모두에게 인식된다. 아난다기리는 '암세나'를 '신 자신의 의지에 의해 창조된 환영의 형상'이라는 뜻으로 설명한다.
**6**  크샤트리야와 다른 계급들은 성스러운 의식을 행하고 경전을 공부하는 데 영적 계급인 브람마나들의 도움을 필요로 한다.
**7**  구나에 대한 전체 설명을 위해서는 제14장 5절 이하를 보라.

# 바가바드 기타와 그 주석서

전지한 분이며 숭배 받을 만한 분인 베다 비야사(베다를 편집한 분)가 바가바드 기타라고 불리는 700개의 시편에 나타낸 것은 바로 신이 가르친 이 베다 다르마이다.

이 유명한 기타 샤스트라는 모든 베다 가르침의 진수를 요약한 것이다. 그 의미를 이해하기는 매우 어렵다. 그럼에도 불구하고 그 가르침의 명료한 의미를 전달하기 위하여 단어별, 문장별로 설명되었고, 그 의미는 여러 주석자들에 의해 비평적으로 검토되었다. 그러나 여전히 나는 그것이 일반인들에게 가지각색의 그리고 매우 상반되는 학설들로 가르쳐지고 있다는 것을 발견하였다. 따라서 나는 기타의 엄밀한 의미를 정하기 위하여 간략한 주석서를 쓰기로 하였다.


## 지식(갸나)의 요가는 지고의 희열로 가는 수단이다.


이 유명한 기타 경전의 목적은 간단히 말해서 지고의 희열이며, 삼사라 즉 환생과 환생의 원인을 완전히 끝내는 것이다. 이것은 먼저 모든 일을 포기한 뒤, 아트만 지식에 꾸준히 헌신하는 다르마의 결과로 생긴다. 그래서 이 다르마, 기타의 교리에 대하여, 신은 아누 기타[8]에서 다음과 같이 말한다.

---

8  이것은 아스바메다 파르바의 일부를 이루고 있으며, 그 파르바 즉 그 부분의 16–51장에 포함되어 있다. 그것은 바가바드 기타의 가르침을 요약한 것으로 여겨진다. 형제들의 전쟁이 끝나고 얼마 후, 아르주나는 신에게 "쿠루크쉐트라의 성스러운 들판에 서 그에게 전해졌으나 그의 마음이 퇴보하여 잊어버린 가르침을 되풀이해 달라고 요청했다. 그러자 신은 바가바드 기타를 축어적으로 완전히 똑같이 되풀이할 수는 없다고 말했지만, 그 대신에 어떤 옛 이야기들을 통해 다른 말들로 같은 가르침을 전하겠다고 대답했다." 동방의 신성한 책들, 8권, 197–198을 보라.

"진실로, 그 다르마는

브람만 즉 절대자의 상태를 깨닫는 것으로

충분하다."(아스바메다 파르바, 16장 12절)


같은 부분에서 또 말하기를,

"그분은 공덕도 없고 죄도 없으며,

행복도 없고 고통도 없이 존재한다.

그분은 고요하며 아무 것도 생각하지 않으며,

하나의 자리에 흡수되어 있다."


그리고 그분은 또 말하기를,

"지식은 포기를 특징으로 하고 있다."(같은 책, 14장 26절)

마지막 부분에서도 아르주나는 이렇게 권고를 받는다.


"모든 것을 그만두고, 나(순수한 의식)에게로 오너라."(같은 책, 제18장 66절)


## 행위(카르마)의 요가는 지고의 희열을 얻는 방법이다.


세상적인 번영을 얻는 하나의 수단으로서 여러 카스트들과 삶의 단계에 속한 사람들에게 요구되는 행위의 다르마는 헌신자를 데바들과 같은 영역으로 인도하지만, 즉각적인 결과들을 염두에 두지 않고 신에 대한 완전한 헌신의 정신으로 행해지면 마음의 순수로 나아가게 한다. 마음이 순수한 사람은 지식의 길을 밟을 수 있게 되며, 지식이 그에게로 온다. 그래서 행위의 다르마도 역시 간접적으로 지고의 희열로 가는 수단이 된다. 그러므로 이 생각을 마음에 지니고 신은 말한다.

> "행위들을 하며, 그것들을 브람만에게 바치는 사람,"
> …… "요기들은 애착이 없이 자아를 정화하기 위하여 행위를 한다."(5장 10, 11절)

## 기타 경전의 특별한 주제와 대상

기타 경전은 이 두 가지 다르마를 상술하고 있다. 그 목적은 지고의 희열이다. 그것은 파라브람만인 바수데바가 대화의 주제를 이루는 지고의 존재와 실재의 성품을 특히 설명하고 있다. 이와 같이[9] 기타 경전은 특정한 주제와 목적을 다루고 있으며, 주제와 목적에 대한 특정한 관계를 가지고 있다. 이 가르침의 지식은 모든 인간 염원의 실현으로 인도한다. 그래서 나는 그것을 설명하려고 한다.

---

**9** 주석자로서는 어느 작품에 주석을 하기 전에 주제와 목적, 그리고 그 작품이 대상으로 하고 있는 사람들, 그것이 이 삼자에게 각각 갖는 관계에 대해 말할 필요가 있다. 여기에서 주제는 파라브람만이고, 목표는 목샤 즉 구원이다. 이것은 세상(삼사라)의 괴로움에서 해방되기를 구하는 사람들을 위한 것이다. 이것은 주제에 대해서는 그것의 설명으로서, 목표에 대해서는 그것을 얻는 방법으로서 관련되어 있다.

# 제1장
# 아르주나가 슬퍼하다.

⌒

## 산자야가 전쟁의 상황을 설명하다

드리타라슈트라가 말했다.

1. 말해보라. 산자야여! 신성한 들판 쿠루크쉐트라[10]에 나의 아들들과 판두의 아들들이 전쟁을 하러 모였을 때, 그들이 무엇을 했는가?

산자야가 말했다.

2. 판두의 아들들의 군대가 전투 대형으로 있는 것을 보고, 두료다나 왕은 자신의 스승 드로나에게 다가가 이런 말들을 했습니다.

## 두료다나 왕자가 드로나에게 말하다.

3. 오, 스승님! 판두의 아들들의 이 거대한 군대를 보십시오. 스승님의 뛰어난 제자

---

**10** 북인도에 있는 성스러운 평원. 사실 우리의 몸이 쿠루크쉐트라이다. 우리의 바깥에는 악한 내용들이 있고 안에는 신성한 아트마가 있다. 자신의 적을 앎으로 그것을 극복할 수 있다.

인 드루파다의 아들이 지휘하고 있습니다.

4. 여기에는 비마 및 아르주나와 전쟁에서 어깨를 견줄 수 있는 영웅들과 뛰어난 궁수들이 있습니다. 유유다나, 비라타, 그리고 대형 전차를 모는 (마하라타)[11] 드루파다,

5. 드리슈타케투, 체키타나, 그리고 카시의 용맹스러운 왕, 푸루지트와 쿤티보자, 그리고 뛰어난 인물인 사이비야,

6. 영웅인 유다만유와 용감한 우타마우자스, 수바드라의 아들과 드라우파디의 아들들, 모두가 대형 전차들의 대가입니다.

7. 그러나 오, 거듭 태어난 분들 가운데 최고인 분이시여! 우리 가운데 가장 뛰어난 저의 군대의 지휘자들을 아십시오. 폐하께서 아실 수 있도록 몇몇을 말씀드리겠습니다.

8. 폐하를 비롯하여 비슈마, 카르나, 그리고 전쟁에 승리하는 크리파, 아슈밧타마와 비카르나, 또한 소마닷타의 아들 자야드라타,

9. 그밖에 저를 위하여 목숨을 내놓은 많은 영웅들이 여러 가지 무기들로 무장하고 있습니다. 모두들 전쟁에 숙련된 자들입니다.

10. 비슈마가 보호하고 있는 우리의 군대는 부족하지만, 비마가 보호하고 있는 저쪽

---

**11** 전문적으로, 마하라티는 전투 기술에 능숙하여, 혼자서 천 명의 궁수와 싸울 수 있는 전사를 의미한다.

군대는 충분합니다.[12]

11. 그러므로 그대들 모두는 각자의 자리를 지키면서 모든 노력을 다하여 오직 비슈마를 지원하라.

## 두 군대가 전쟁을 준비하다.

12. 카우라바들의 총사령관 비슈마는 두료다나 왕자의 쇠약해진 용기를 북돋아 주기 위해 사자처럼 포효하며 자신의 소라고둥 나팔을 불었습니다.

13. 그러자 뒤를 이어 소라고둥, 케틀드럼, 심벌즈, 드럼과 뿔피리 소리들이 터져 나왔습니다. 그 소리는 떠들썩한 소동이었습니다.

14. 그러자 역시 마다바와 판두의 아들은 백마가 이끄는 거대한 전차에 앉아서 천상의 소라고둥들을 불었습니다.

15. 크리슈나는 판차잔야(다섯 프라나를 상징)를 불었고, 아르주나는 데바닷타를 불었습니다. 괴력의 비마는 자신의 큰 소라고둥인 파운드라를 불었습니다.

16. 쿤티의 아들 유디슈티라 왕자는 아난타비자야를 불었고, 나쿨라와 사하데바는

---

12 다른 주석자들은 이 슬로카를 다르게 해석한다. 아난다기리의 주석은 다양한 해석들을 제시하고 있는데, 그것들은 모두 두료다나가 자신의 군대가 적군보다 더 크며 더 탁월한 지도자에 의해 통솔되고 있어 적군을 이길 만하다고 보고 있는 것으로 해석한다.

수고샤와 마니푸슈파카를 불었습니다.

17. 탁월한 궁수인 카시의 왕, 거대한 전차장인 시칸디, 드리슈타듐나와 비라타, 굴복을 모르는 사티야키,

18. 드루파다와 드라우파디의 아들들, 오, 대지의 주인이시여! 그리고 거대한 힘을 지닌 수바드라의 아들, 그들 각각은 자신의 소라고둥을 불었습니다.

19. 그 우레와 같은 소리는 하늘과 땅을 진동시키면서 드리타라슈트라 측 사람들의 간담을 서늘케 하였습니다.

## 적군에 대한 아르주나의 조사

20. 그때 드리타라슈트라 편의 사람들이 전투대형으로 배치되어, 무기들을 발사하려고 하는 순간,

21 크리슈나를 향해 이와 같이 말했습니다. "마부, 크리슈나시여, 저의 전차를 두 군대들 사이로 몰고 가 주십시오.

22. 싸움을 간절히 바라며 여기에 서 있는 저 전사들을 보게 해주십시오. 제가 이 싸움터에서 누구와 맞서 싸워야만 합니까?

23. 저는 악한 마음을 지닌 눈먼 드리타라슈트라의 사악한 아들의 명령에 따라 전쟁

에 참가하고자 여기에 모여 있는 사람들을 볼 것입니다. 그들이 바로 앞으로 있을 전쟁에서 저의 적들입니다."

산자야가 드리타라슈트라에게 말했다.

24-25. 오, 바라타의 후예시여! 나태함의 정복자 아르주나의 요청을 받아들여 감각의 정복자 크리슈나는 비슈마와 드로나 그리고 땅의 모든 지배자들을 정면으로 보는 양쪽 군대 사이로 화려한 전차를 몰고 갔습니다. 그리고 그는 말했습니다. "오, 왕자여, 모인 쿠루족 사람들을 보십시오."

26-27. 그러자 왕자가 그 무리들을 보았습니다. 그는 양쪽 군대에서 아버지들, 할아버지들, 스승들, 삼촌들, 형제들, 아들들, 손자들, 장인들, 사랑하는 친구들과 낯익은 얼굴들을 알아보았습니다.

27-28. 쿤티의 아들이 그 모든 친족들을 보았을 때, 그는 깊은 연민으로 가득 차서 절망적으로 다음과 같이 말했습니다.


## 아르주나의 슬픔의 말들

아르주나가 말했다.

28-29. 오, 크리슈나, 크리슈나시여! 싸우려고 정렬해있는 저의 이 친족들을 지금 보니, 저의 팔다리는 힘이 없어지고 입은 바짝 마르고, 몸은 떨리며, 머리카락은 곤두서고, 피부는 타는 것 같습니다.

30. 활 간디바가 손에서 미끄러지고, 머리가 빙글빙글 돌아서, 더 이상 서 있을 수가 없습니다.

31. 그리고 오, 케샤바시여! 저는 불길한 징조가 보입니다. 이 친족들을 죽임으로써 우리가 무엇을 바랄 수 있겠습니까?

32. 오, 크리슈나시여! 저는 승리도 왕국도 쾌락들도 바라지 않습니다. 오, 고빈다시여! 우리에게 왕권이 무슨 소용이 있습니까? 쾌락들이나 삶조차도 무슨 소용이 있습니까?

33-34. 우리가 왕권과 즐거움들과 쾌락들을 찾으려는 것도 저들을 위해서인데, 스승들, 아버지들, 할아버지들과 아들들, 외삼촌들, 장인들, 손자들, 처남들과 다른 친척들이.

35. 오, 크리슈나시여! 전쟁에서 우리에 맞서 피와 부를 각오하고 여기에 서 있는데, 어떻게 제가 권력이나 즐거움, 심지어 저의 목숨까지도 신경 쓸 수 있겠습니까? 모든 것을 아는 분이시여, 그들이 저를 죽인다고 할지라도, 어떻게 제가 그들을 해칠 수 있겠습니까? 저는 그것을 바랄 수 없습니다. 절대. 절대로. 그것이 세 개의 세상의 왕좌를 저에게 준다 해도 아닙니다. 하물며 이 땅의 왕권을 위해서는 말할 것도 없습니다.

36. 오, 모든 사람들의 기도를 듣는 크리슈나시여! 드리타라슈트라의 아들들을 죽이고 어떻게 우리가 행복을 바랄 수 있는 지를 말해주십시오. 그들은 사악한 자들 중 가장 사악한 자들일 수도 있습니다. 그래도 우리가 그들을 죽인다면 우리의 죄가 더

큽니다.

37. 어떻게 감히 우리가 우리를 하나로 묶어주는 피를 흘릴 수 있습니까? 친족들을 살해하는 것, 그 어디에 우리의 기쁨이 있습니까?

## 전쟁의 죄악에 대한 아르주나의 슬픔

38-39. 그들의 지성이 탐욕으로 흐려져서 진실을 보지 못합니다. 그들은 피의 결속을 깨는 것을 악이라 보지 않으며, 동료에 대한 반역을 죄라고 보지 않습니다. 하지만 우리는 통찰력이 있고 흩어진 가문의 몰락을 살피면서 이 죄를 피해야 하지 않습니까? 오, 자나르다나시여!

40. 몰락한 가문에게 내려지는 운명이 무엇인지 우리는 압니다. 종교적 의식들[13]은 잊혀지고, 악덕이 남은 것들을 썩게 합니다.[14]

41. 여성들은 더럽혀지고 그들의 타락으로부터 카스트들이 뒤섞입니다. 오, 브리슈니의 후손이시여!

42. 혼동의 저주는 피해자들의 품위를 떨어뜨리고 파괴자들에게 천벌을 내립니다. 조상들에게 쌀과 물의 공물이 더 이상 제공되지 않습니다. 선조들 또한 천국의 집으

---

13  경전이 정한 바에 따라 가족이 행하는 의무들과 의식들.
14  (어떤 주석자들에 따르면) 가문이 파괴된 자의, (다른 주석자들에 따르면) 가문을 파괴한 자

로부터 명예가 실추됩니다.

43. 그것이 친족을 죽이는 자들의 운명입니다. 옛날 사람들, 신성한 사람들은 끊어지고 잊혀집니다.

44. 오, 자나르다나시여! 그것이 카스트 의식들이 없어 사라진 사람들의 운명입니다. 암흑, 의심 그리고 지옥은 영원합니다.

45. 아아! 제가 계획하고 있는 이 범죄는 무엇입니까? 오, 크리슈나시여, 가장 혐오스러운 살인, 형제들에 대한 살인! 제가 정말로 위대함에 대해 더 탐욕스럽지 않습니까?

46. 이것보다는 드리타라슈트라의 사악한 자식들이 그들의 무기를 가지고 와서 전투에서 저를 상대하게 하십시오. 저는 힘들여 싸우지 않을 것입니다. 저는 그들을 공격하지 않을 것입니다. 이제 그들이 저를 죽이게 두십시오. 그것이 더 나을 것입니다.

산자야가 말했다.
47. 아르주나는 이렇게 말하고 활과 화살을 전장의 한 가운데로 내던졌습니다. 그는 전차에 주저앉았고, 그의 가슴은 슬픔에 압도당했습니다.

# 제2장
# 그대는 아트만이다.

~

## 아르주나의 나약함을 신께서 나무라다.

산자야가 말했다.

1. 그때 그의 눈은 눈물로 가득 찼고, 그의 가슴은 비통해졌으며, 연민으로 혼란스러워졌습니다. 슈리 크리슈나는 그에게 이렇게 말했습니다.

신께서 말씀하셨다.

2. 아르주나, 이 전투의 시간이 양심의 가책과 공상들을 위한 때인가? 깨달음을 추구하는 그대에게 그것들이 가치가 있는가? 명성이나 천국을 바라는 용감한 사람이라면 누구나 그것들을 경멸할 것이다.

3. 이 나약함은 무엇이란 말인가? 그것은 그대에게 맞지 않는 것이다. 사람들이 그대를 적을 정복하는 자라고 부르는 것이 아무것도 아닌 것인가? 이 비겁함을 떨쳐버려라. 일어나라.

# 아르주나가 신에게 가르침을 구하다.

아르주나가 말했다.

4. 오, 악마의 살해자이시여! 비슈마와 드로나는 나이가 많으며, 깊이 존경을 받아 마땅합니다. 어떻게 제가 전투에서 화살로 그들을 맞이할 수 있습니까?

5. 만약 그들을 죽인다면, 어떻게 제가 부나 다른 즐거움들을 누릴 수 있겠습니까? 그것은 모두 피의 죄로 저주받을 것입니다. 저는 차라리 그들을 살려주고, 거지의 빵을 먹을 것입니다.

6. 이 전쟁에서 이기는 것과 지는 것 중에서 어느 것이 더 나쁘겠니까? 저는 전혀 모르겠습니다. 심지어 드리타라슈트라의 아들들조차도 적진에 서 있습니다. 우리가 그들을 죽인다면, 우리들 중 누구도 살기를 원하지 않을 것입니다.

7. 이것은 제가 느끼는 진짜 연민입니까, 아니면 단지 망상일 뿐입니까? 저의 마음은 어둠 속에서 더듬거리며 다닙니다. 저의 의무가 어디에 있는지 저는 알지 못하고 있습니다. 크리슈나시여, 간청하건대 제가 무엇을 해야 할지 솔직하고 분명하게 말씀해 주십시오. 저는 당신의 제자입니다. 당신의 손에 저를 맡깁니다. 저에게 길을 알려주십시오.

8. 비길 데 없이 번영하는 이 세상의 왕국도, 천국에 있는 신들의 왕좌도 저의 감각들을 마비시키는 이 슬픔을 덜어줄 수 없습니다!

산자야가 말했다.

9. 적을 정복하는 자, 결코 나태하지 않은 자인 아르주나가 감각들의 지배자인 고빈다에게 이렇게 말고는, 그는 "저는 싸우지 않을 것입니다."라고 덧붙이고 침묵했습니다.

10. 그러자 양측 군대 사이에서 이렇게 슬퍼하는 그에게, 크리슈나는 웃으면서 말했습니다. "오, 바라타의 후예여!"

## 아트만 지식만이 고통을 근절한다.

이제 제1장 2절에서 제2장 9절까지의 부분은 지각이 있는 피조물들 안에서 세상(삼사라)의 고통을 일으키는 원인이 되는 괴로움과 미혹 등의 악들이 어디에서 일어나는지를 보여 주는 것으로 해석되어야 한다. 제2장 4절 이하를 설명하면, 아르주나는 왕권, 연장자들, 아들들, 친구들, 지지자들, 친척들, 가깝거나 먼 친족들에 대한 애착과, 그들에게서 분리되어 있다는 느낌으로 인하여 초래된 슬픔과 미혹을 보여 주고 있다. 이 모든 것은 "나는 그들의 것이며 그들은 나의 것이다."라는 그의 생각으로부터 일어나고 있다. 전사 계급의 의무로 전쟁에 참여한 아르주나가 싸우는 것을 포기하고 다른 카스트[15]의 의무인 탁발 수행승의 삶을 살고자 한 것은 슬픔과 미혹에 빠져서 판단력을 잃었을 때였다. 따라서 슬픔과 미혹과 다른 악한 영향력들에 의해 지성이 흔들린 모든 피조물들은 자연히 자신들의 타당한 의무들을 버리고 금지된 것들에 의지하게 된다. 비록 그들이 자신의 의무들을 다한다 할지라도, 그들의 말과 생각과 행위는 이기적이며 보상을 기대하고 행해지게 된다. 그들의 경우에는, 선업(다르마)과 악업(아

---

15  모든 공식적인 종교와 세상적인 소유물을 포기하는 네 번째 아쉬라마인 포기(산야사)로 들어가도록 허용되는 계급은 영적 계급(브람마나)뿐이다.

다르마)의 축적으로 인하여 좋거나 나쁜 탄생들, 행복과 고통을 경험하는 삼사라가 끝없이 계속된다. 그러므로 슬픔과 미혹이 세상(삼사라)의 원인이다. 그리고 그것의 단절은 모든 행위의 포기를 수반하는 나 지식이 없이는 오지 않기 때문에 신 바수데바는 온 세상의 유익을 위하여 그 지식을 아르주나를 통하여 가르치기를 원하였고, 제2장 11절부터 가르침을 시작하였다.

## 지식이 일들과 결합되어야 한다는 주장

앞의 관점에 반대하여 어떤 사람[16]은 다음과 같이 말한다. 즉, 해방(목샤)은 단지 아트마 갸나 니슈타, 즉 모든 행위를 포기한 뒤 아트만 지식에 헌신하는 것만으로는 얻어질 수 없다. 그러면 무엇을 통해 얻어질 수 있는가? 절대 자유는 계시서(스루티)와 전승서(스므리티)에서 기술하고 있는 불의 숭배 등의 행위와 결합된 지식에 의하여 얻어질 수 있다. 그들은 이것이 전체 기타의 결론적인 가르침이며, 제2장 33절, 제2장 47절, 제4장 15절 등이 이 관점을 뒷받침하고 있다고 말한다. 베다 의식에 잔인하거나 바람직하지 않게[17] 보이는 부분들이 포함되어 있다고 해서 그것이 죄를 짓는 것이라고 가정해서는 안 된다. 왜 그런가? 왜냐하면 전사 계급의 직업인 싸움은 그 계급의 적절한 의무이므로 비록 그 싸움이 연장자들과 조카들과 그 밖의 다른 사람들을 잔인하게 대하게 됨으로 매우 끔찍해 보일지라도 그것은 죄를 짓는 것이 아니라고 신은 말하고 있기 때문이다. 그리고 더 나아가 신은 이 의무를 소홀히 하는 것에 대하여 "그대의 의무와 명예로운 지위를 저버린다면 그대는 죄를 짓는 것이다."(제2장 33절)라고 말한다.

---

16  아난디기리에 의하면 여기에서 언급되는 주석가는 브릿티카라이다. 브람마 수트라 I. 1. 11-19에 대한 브릿티카라의 해석도 역시 그 부분에 대한 샹카라의 주석에 언급되고 있다. 두 개의 브릿티 즉 주석서의 저자는 동일한 사람일 가능성이 크다. 바가바드 기타에 대한 주석서는 분명히 매우 방대한 반면에, 상대적으로 슈리 샹카라의 주석서는 매우 짧다. 그러므로 바가바드 기타에 대한 주석서의 저자는 브람마 수트라에 대해 거의 백만 슬로카 정도의 방대한 주석을 썼다고 전해지는 보다야나일 가능성이 적다. 그 책에 대한 슈리 라마누자차리야의 주해서는 요약에 불과하다고 전해진다.
17  다른 사람이 먹고 남은 음식물을 먹는 것 등.―(A.)

이것은 베다들에 의해 평생의 의무들로 부여된 의식들이 비록 동물들에게는 잔인하지만 죄가 없다는 것을 분명히 단언하는 셈이다.

## 지식과 행위의 구별

이런 주장은 옳지 않다. 왜냐하면 신은 지식의 헌신과 행위의 헌신을 각자 다른 두 가지 입장에 근거한 것으로 구분했기 때문이다. 제2장 11~30절에서 신에 의해 설명된 아트만의 진정한 내용은 샹키야라고 불린다. 그 부분 즉, 아트만 안에는 탄생과 같은 변화가 없기 때문에 아트만은 행위자가 아니라는 것을 연구를 통하여 지적으로 진리를 확신하는 것은 샹키야 입장을 이룬다. 그리고 이 관점을 가진 깨달은 사람을 샹키야라고 부른다.

카르마 요가는, 앞서 말한 확신이 일어나기 전에, 해방(목샤)을 위한 방법으로서 행위들을 하는 것이다. 이것은 덕과 죄에 대한 지식을 요구하며, 나는 몸과 별개인 존재로서 행위자이며 즐기는 자라는 것을 전제한다. 그러한 확신이 요가의 입장(요가 붓디)을 이룬다. 이 관점을 가지고 행위들을 하는 사람이 요기이다. 그러므로 신은 제2장 39절에서 두 가지의 별개의 입장에 대하여 언급한다. 그분은 샹키야의 입장에 입각하여 샹키야들에게는 지식에 대한 헌신(갸나 요가)을 하라고 할 것이며, 요가의 입장에 입각하여 요기들에게는 행위에 대한 헌신(카르마 요가)을 하라고 할 것이다(제3장 3절). 지식은 행위자 없음과 단일성의 개념을 바탕으로 하고 있고, 행위는 행위자와 다양성의 개념을 바탕으로 하고 있다. 따라서 신은 이 둘이 한 사람 안에서 동시에 결합될 수 없음을 보고서 샹키야와 요가의 입장에서 두 가지 별개의 길을 제시한 것이다. 여기에 있는 그 구별은 사타파타 브람마나에도 언급되어 있다. "세상적인 집착이 전혀 없으며 오직 아트만의 이 영역만을 원하는 영적 계급의 사람들은 세상에 대한 모든 관심을 포기하여야 한다."라는 말로 모든 행위의 포기를 요구한 뒤, 브람마나는 이 요구에 대한 설명으로 다음과 같이 말한다.

"이 영역 즉 이 아트만 안에서 살고 있는 우리가 자손에 대하여 할 일이 무엇입니까?"(브리하다란야카 우파니샤드, 4-4-22.)

같은 브람마나(같은 책, 제1장 4, 17절)에서는, 결혼 전 그리고 베다의 명령과 다르마의 본질에 대한 탐구를 끝마친 뒤, 세상의 사람은 세 영역(사람의 영역, 피트리들의 영역, 데바들의 영역) 즉 자손과 두 가지 부(富) — 한 가지 부는 인간적인 것이라고 불리고 행위들로 이루어져 있으며 피트리들의 영역으로 인도하고, 다른 한 가지 부는 신적인 것이라고 불리고 지혜이며 신들의 영역으로 인도한다 — 에 이르는 수단을 얻기를 원하였다고 쓰여 있다. 이와 같이 베다의 의식들은 오직 욕망들을 가지고 있고 아트만의 지식이 없는 사람들만을 위한 것이다. 욕망에서 자유롭고 오직 아트만의 영역만을 구하는 사람에게는 이것들의 포기가 요구된다. 이와 같이 두 가지 다른 부류의 사람들에게 두 가지 길을 제시하는 것은, 만약 신이 지식과 베다 의식들의 동시 결합을 의도하였다면, 이치에 맞지 않을 것이다.

## 결말에 일관성이 없는 결합

제3장을 시작하는 아르주나의 질문도 그 이론에 따르면 만족스럽게 설명될 수 없다. 어떻게 아르주나가 이전에 신이 가르친 적이 없고 아르주나가 들은 적이 없다고 반대자들이 주장하는 것 즉, 지식과 행위를 한 사람이 동시에 따를 수 없으며 행위보다 지식이 우월하다는 것을, 제3장 1절에서 그렇게 했듯이, 그릇되게 신의 탓으로 돌릴 수 있겠는가?

더구나, 만약 지식과 행위의 결합이 모든 사람을 위한 것이라면, 그것은 아르주나에게도 마찬가지로 적용되어야 한다. 그렇다면 어떻게 아르주나가 둘 가운데 하나에 대해서만 물을 수 있는가?

"둘 중 어느 것이 더 좋은 것인지 분명히 말씀하여 주십시오."(제5장 1절)

만약 어떤 의사가 담즙에 이상이 생긴 체내의 열을 줄이고 싶어 하는 사람에게 달콤하고 서늘하게 하는 약을 처방하였다면, "두 성분 중에서 어느 것이 담즙 이상으로 인한 열을 완화시킵니까?"라는 질문은 일어날 수 없다.

혹은 아르주나의 질문이 신의 가르침을 바르게 이해하지 못했기 때문에 일어난 것이라고 주장될 수 있을 것이다. 설령 그렇다고 해도 신의 대답은 질문에 맞추어 "나는 지식과 행위의 결합에 대해 말한 것이다. 왜 그대는 나의 말을 그렇게 오해하는가?"라는 형태로 주어져야 했다. 그와는 반대로 "나는 두 가지 길을 가르쳤다."(제3장 3절)라는 대답은 적절하지 않을 것이다. 그 대답은 질문과 일치하지 않으며 질문으로부터 완전히 벗어나 있다.

만약 지식이 전승서에서 요구하는 그러한 행위들과만 결합되어야 한다고 주장한다면, 그때도 두 가지 길을 두 부류의 사람들에게 각각 부여하는 것과 그 점에 관한 다른 말들이 모두 설명될 수 없다. 더구나 "왜 당신께서는 저에게 이렇게 끔찍한 행위를 하라고 명령하십니까?"(제3장 1절)라는 아르주나의 말에서 느껴지는 신에 대한 비난도 설명될 수 없을 것이다. 왜냐하면 그는 싸움이 크샤트리야의 의무로서 전승서에 규정된 것을 알고 있었기 때문이다.

그러므로 어느 누구도 기타 경전이 계시서나 전승서에서 명하는 행위와 지식의 결합을 가르친다는 것을 증명할 수는 없다.

## 결합처럼 보이는 몇몇 사례들의 설명

처음에는 무지와 세상적인 집착과 다른 악한 경향성들로 인하여 행위들에 종사하던 사람이 나중에 희생의 의식들과 선물들, 금욕 등을 통해 마음의 순수를 얻어서, "모든 것은 하나이며, 브람만이며, 절대자이며, 비행위자이다."라는 큰 진리의 지식에 도달하였다고 가정해 보자. 그는 행위나 그 결과들에 더 이상 관심이 없지만, 대중들에게 좋은 모범을 보이기 위하여 이전과 같은 방식으로 행위를 계속할 수 있다. 겉으로 보이는 그의 활동적인 생활은 해방을 얻는 수단으로서 지식과 결합시키고자 하는 행위의 과정을 이룰 수는 없다. 전사 계급의 의무를 행하는 신 바수데바의 활동 역시 마찬가지로, 해방의 수단으로서 그의 지식과 결합되어야 하는 혹은 그의 어떤 목적의 달성에 이바지하는 행위를 이룰 수는 없다. 어느 경우든지 이기주의와 대가를 바라는 마음이 존재하지 않는다. 진리를 아는 그분은 "내가 행위를 한다."고 생각하지 않으며, 그 결과를 바라지도 않는다.

다른 예를 들어 보자. 천국 즉 욕망의 여러 대상들을 찾는 한 사람이 자신의 욕망을 달성하는 수단으로 불의 희생과 같은 의식을 하기 위하여 예비적으로 아그니 아다나 의식을 행한다고 가정해 보자. 그 뒤에 그는 불의 희생을 시작한다. 그래서 그것은 욕망이 개입된 의식이 되었다. 그리고 더 나아가 그 의식을 반쯤 마쳤을 때 그 욕망이 사라졌지만 그 사람은 그 의식을 계속한다고 가정해 보자. 그 불의 희생은 더 이상 욕망이 개입된 희생으로 여겨질 수 없다. 그러므로 우리의 신은 "행위를 하지만 그는 더럽혀지지 않는다."(제5장 7절) 그리고 "나는 행위를 하지도 더럽혀지지도 않는다."(제8장 31절)고 말한다.

이제 "옛날에 조상들이 행한 것처럼 그렇게 행하라."(제4장 15절) 그리고 "자나카와 다른 이들도 진정 행위만으로 완전에 이르렀다."(제3장 20절)라는 문장에 관해서는, 우리는 두 경우를 구분하여 이 문장들을 다음과 같이 해석해야 한다.

첫째, 자나카와 다른 사람들이 진리를 알면서도 행위를 했다고 가정해 보자. 그때 그들은 일반인들이 길을 잃지 않도록 그렇게 했다. 반면에 그들은 나가 아니라 감각들이 대상들과 관계를 하고 있다는 것을 정말로 확신하였다(제3장 28절). 그래서 그들은 지식만으로 완전함에 도달하였다. 비록 포기의 단계에 이르렀지만, 그들은 행위들을 버리지 않고 완전함에 도달했다. 말하자면 그들은 겉으로 보기에는 행위들을 포기하지 않았던 것이다.

둘째, 그들이 진리를 알지 못했다고 가정해 보자. 그때는 이 문장들을 이렇게 해석해야만 할 것이다. "이슈와라에 바쳐진 행위에 의하여 자나카와 다른 이들은 완성을 얻었다." 여기에서 '완성'의 의미는 마음의 순수 혹은 진정한 지식의 밝아 옴이다. 신이 "요기는 자아의 정화를 위하여 행위를 한다."(제5장 2절)고 말할 때, 그는 이것에 대하여 언급하고 있다. 다른 곳에서 "사람은 자신의 의무로 그분을 숭배함으로써 완성을 얻는다."(제18장 46절)라고 말한 후에, 신은 완성에 도달한 사람에게 다음과 같은 말로 다시 한 번 지식의 길을 권한다. "완성에 도달한 사람이 어떻게 브람만에 도달하는지, 그것을 나에게 배우라."(제18장 50절).

　　그러므로 바가바드 기타의 결론은, 구원은 행위와 결합된 지식에 의해서가 아니라 오직 지식으로만 얻어진다는 것이다. 이것이 바가바드 기타의 가르침이다. 우리는 문맥에 따라 다음 장들의 여기저기에서 이것을 보여 줄 것이다.

<h2 style="text-align:center">아트만은 불멸이다.</h2>

　　이제 자신의 의무에 당황하고 슬픔의 거대한 바다에 깊이 빠진 아르주나를 구원하는 데는 아트만 지식 외의 다른 방법이 없다는 것을 알고서, 그가 슬픔에서 벗어나도록 돕기를 원하는 신 바수데바는 다음과 같은 말로 그에게 아트만 지식을 소개하였다.

　　신께서 말씀하셨다.

11. 아르주나여! 그대의 말은 현명하지만, 그대의 슬픔은 아무 소용이 없다. 진정으로 현명한 사람은 살아있는 자들을 위해서도 죽은 자들을 위해서도 슬퍼하지 않는다.[18]

---

**18**　나를 알지 못하는 사람은 환영의 지배를 받는다. 환영의 지배를 받는 사람은 경전과 영적 스승의 말들을 열심히 듣고 그리고 그런 가르침들을 명확히 이해하여 사물들의 본성을 탐구함으로써 올바른 지식을 얻게 될 것이다. 이것은 이 가르침이 어떤 부류의 사람들을 대상으로 말해지고 있는지를 보여 준다.─(A.)

비슈마나 드로나 같은 사람들에 대해 슬퍼할 필요가 없다.[19] 왜냐하면 그들은 품행이 좋은 사람들이며, 그들의 진정한 성품에서 그들은 영원하기 때문이다. 그대는 "나는 그들의 죽음의 원인이다. 그들이 없이 홀로 남겨진 나에게 왕권과 다른 것들의 즐거움이 무슨 소용이 있겠는가?"라고 말하면서 그들을 위해 슬퍼했다. 그리고 그대는 또한 현자들의 말[20]을 하고 있다. 이와 같이 그대는 미치광이처럼 자신 안에서 어리석음과 지혜라는 모순을 보이고 있다. 왜냐하면[21] 나를 알고 있는 현자들은 살아 있는 사람들을 위해서도 죽은 사람들을 위해서도 슬퍼하지 않기 때문이다. 나를 아는 사람들만이 현명하다. 그러므로 계시서는 말한다.

"온전한 상태의 지혜(판디트야, 즉 나의 지식)를 얻어서……" (브리. 우. 3장 5. 1)

다시 말해, 그대는 진정으로 영원하며 진정 슬퍼할 필요가 없는 사람들을 위해 슬퍼하고 있는 것이다. 그러므로 그대는 어리석다.

질문: 왜 그들에 대해 슬퍼할 필요가 없습니까?
대답: 그들은 영원하기 때문이다.
질문: 어째서 그렇습니까?
대답: 신께서 말씀하신다.

**12. 나도, 그대도, 이 왕들도 존재하지 않았던 때는 없었다. 우리가 존재하지 않을 미래도 없다.**

---

19 그들의 현재의 성품에 대해서든 진정한 성품에 대해서든 슬퍼할 필요가 없다. 개인적으로 그들은 품행이 좋은 사람들이다. 그들의 (절대자와 동일한) 진정한 본성에서 그들은 영원하다.
20 1장 43절 이하에서 아르주나가 말한 것을 참조하라.—(A.)
21 이 절의 후반부는 아르주나의 미혹이 나의 본성에 대한 그의 무지에 기인한다는 것을 보여 주고자 한 것이다.—(A.)

나는 존재하지 않은 적이 결코 없다. 다른 한편으로는, 나는 항상 존재하였다. 즉, 과거에 몸들은 탄생과 죽음을 거듭하였지만 나는 항상 존재하였다. 마찬가지로 그대도 존재하지 않은 적이 없었다. 다른 한편으로는, 그대는 항상 존재하였다. 이와 같이 저 왕들도 결코 존재하지 않은 적이 없었다. 다른 한편으로는, 그들은 항상 존재하였다. 그러므로 우리는 결코 존재하기를 그치지 않을 것이다. 우리는 이 몸들이 죽은 뒤에도 반드시 계속 존재할 것이다. 나(아트만)로서, 우리는 모든 세 가지 시간대(과거, 현재, 미래)에서 영원하다.

'우리'라고 하는 복수는 여러 개의 몸들을 말할 때 쓰인다. 이것은 나가 하나 이상으로 있다는 것을 의미하지 않는다.

질문: 그러면 어떻게 아트만은 영원합니까?
대답: 여기에 설명이 있다.

**13. 이 육체 안에 살고 있는 자가 어린 시절, 청년, 노년을 거치는 것처럼, 그는 단지 다른 육체로 옮겨간다. 현자들은 그것에 속지 않는다.**

우리는 어떻게 몸을 입은 아트만이 현재의 몸 안에서 서로 뚜렷이 다른 세 단계(아바스타), 즉 유년기, 청년기 혹은 중년기, 노년기 또는 쇠락의 시기를 거치면서도 변하지 않는지를 본다. 이 단계들 가운데 첫 단계가 끝날 때 아트만은 죽지 않으며, 둘째 단계가 시작할 때 다시 태어나지도 않는다. 이와 반대로, 우리는 아트만이 변하지 않은 채 둘째 단계와 셋째 단계로 넘어가는 것을 본다. 마찬가지로 아트만은 변하지 않은 채 다른 몸을 입는다. 그러므로 현자는 그것에 대하여 마음에 괴로움이 없다.

# 인내는 지혜의 조건이다.

이제 아르주나는 다음과 같이 주장할 것이다. "아트만이 영원하다는 것을 알면 아트만이 죽을 것이라는 비통한 미혹은 없을 것입니다. 그러나 우리가 보듯이, 아트만이 뜨거움과 차가움, 즐거움과 고통, 그리고 즐거움의 상실로 인한 비통함 또는 아픔의 고통을 겪는다는 괴로운 미혹이 사람들 사이에 널리 퍼져 있습니다."

이에 대하여 신이 말씀하신다.

14. 오, 쿤티의 아들이여! 뜨거움과 차가움, 쾌락과 고통을 느끼는 것은 감각들이 그 것의 대상들과 접촉함으로 인한 것이다. 그것들은 왔다가 가는 것이며, 결코 오래 지 속되지 않는다. 그대는 그것들을 받아들여야 한다. 오, 바라타의 후예여![22]

감각 기관들은 듣는 것 등을 위한 기관이다. 감각 기관을 통하여 소리 등과 같은 다른 것들이 감지된다. 뜨거움과 차가움, 즐거움과 아픔을 만들어 내는 것은 소리와 같은 감각 대상들과 감각 기관들과의 접촉이다. 다른 해석에 따르면, 그것은 감각 기관들과 그 접촉들, 즉 감각 기관들에 의해 접촉되는 소리와 같은 감각 대상들이다. 차가움은 어느 때는 좋지만 다른 때는 고통스럽다. 이와 마찬가지로 뜨거움의 성질은 변하기 쉽다.[23] 그러나 즐거움과 고통은 즐거움과 고통으로서 그것들 각각의 본성에서는 변함이 없다. 무슨 이유로 뜨거움과 차가움은 즐거움과 고통과 달리 언급되어야 하는가? 왜냐하면[24] 이 감각 접촉 등은 실제로는 시작과

---

22  여기서 아르주나는 '쿤티의 아들'로, 다시 '바라타의 후예'로 불린다. 이것은 아버지와 어머니의 좋은 계통을 이은 그만이 홀로 가르침을 받기에 적합한 자임을 보여 주기 위한 것이다.—(A.)

23  대상들(비사야)의 범주 아래 적절히 포함되어야 하는 뜨거움과 차가움을 별도로 언급한 것은, 조화와 부조화의 주관적인 느낌들이 즐거움과 고통의 바로 앞에 선행하는 것들임을 암시한다. 외부 대상들은 먼저 뜨거움과 차가움 또는 조화와 부조화의 느낌들의 감지와 같은 주관적인 변화들을 만들어 내고, 다음에는 즐거움과 고통을 만들어 낸다.—(A.)

24  주석서의 일부 필사본에는 여기에 다음 구절이 첨가되어 있다. "혹자는 '만약 감각 대상들이나 그 접촉들이 즐거움

끝이 있기 때문이다. 그러므로 그것들은 항상적이지 않다. 그러니 뜨거움과 차가움 같은 것들을 용감하게 견디어라.[25] 기쁨이나 슬픔에 빠지지 말라.

질문: 뜨거움과 차가움 같은 것들을 견디는 사람에게는 어떤 유익이 있습니까?

대답: 들어 보라.

15. 오, 사람들 중 최고인 자여! 고요한 영은 쾌락과 고통을 동등한 마음으로 받아들이고 그 어느 것에도 흔들리지 않는다. 그만이 불멸을 얻을 가치가 있다.

즐거움과 고통을 같은 것으로 여기며, 즐거운 일에 크게 기뻐하지 않고 괴로운 일에도 낙담하지 않는 사람은 현명한 사람이다. 그는 영원한 아트만을 보기에 뜨거움과 차가움, 그리고 위에서 언급한 다른 것들이 그에게 영향을 미치지 못한다. 흔들림 없이 영원한 아트만을 보며 (뜨거움과 차가움 같은) 상반되는 것들의 쌍을 조용히 견디는 사람은 불멸(목샤)[26]에 이를 수 있다.

## 실재와 비실재

다음의 이유 때문에라도 슬픔과 괴로움을 주는 미혹을 버리고 뜨거움과 차가움 등을 조용히 견디는 것이 적절하다. 왜냐하면,

---

과 고통을 준다면, 그런 대상들과 감각 기관들과의 접촉은 끝이 없기 때문에 세상적인 존재의 바퀴는 끝이 없을 것이다.'라고 이의를 제기할 수 있을 것이다. 그러나 이런 이의 제기는 여기에는 적용되지 않는다. 왜냐하면 이런……"

25 여기에 올바른 지식의 두 번째 조건이 놓여 있다. 즐거움과 고통 속에서의 조용한 인내가 그것이다.—(A.)

26 비록 인내만으로는 인간의 지고한 목표를 달성하지 못할 수 있지만, 인내가 세상적인 대상들과 즐거움에 대한 무관심 및 식별과 결합되면, 그것은 해방으로 인도하는 올바른 지식을 얻는 수단이 된다. 주어진 모든 상황에 만족하는 사람은 자신의 영원한 나의 본성을 깨달을 수 있으며, 그때에만 그는 해방으로 인도하는 궁극의 가르침에 적합한 사람이 된다.—(A.)

16. 변화하는 것은 비실재(현현의 세상)이며 변화하지 않고 있는 것이 실재이다. 아트만(브람만, 의식)은 항상 존재하며 (이름들과 형상들로 된) 이 세상은 신기루와 같은 것이라는 것을 깨달은 사람은 항상 자각하고 있다.

뜨거움과 차가움 및 그것의 원인들과 같은 비실재(아삿)에는 바바(존재)가 없다. 뜨거움과 차가움 및 그것의 원인들은 의심할 바 없이 지각 기관들을 통하여 지각되며 전혀 실재하지 않는 것들이다. 왜냐하면 그것들은 결과들이고 변화하는 것들이며, 모든 변화는 일시적이기 때문이다. 예를 들어, 눈을 통해 의식에 전해지는, 흙으로 빚은 항아리와 같은 물질적 대상은 실재하는 것으로 증명되지 않는다. 왜냐하면 그것은 점토가 아닌 것으로 지각되지 않기 때문이다. 이런 식으로 모든 결과는 실재하지 않는 것이다. 왜냐하면 그것은 그것의 원인과 별개의 것으로 지각되지 않기 때문이다. 항아리와 같은 모든 결과는 실재하는 것이 아니다. 왜냐하면 그것은 또한 만들어지기 이전과 부서진 이후에 지각되지 않기 때문이다.[27] 마찬가지로 점토와 같은 원인도 실재이지 않는다. 왜냐하면 그것은 그것의 원인과 떨어져 지각되지 않기 때문이다.[28]

이의: 그렇다면 아무것도 존재하지 않는다는 말이 됩니다.[29]

대답: 아니다. 그러한 이의는 여기에 적용되지 않는다. 왜냐하면 모든 경험 사실은 두 가지 의식(붓디), 즉 실재에 대한 의식과 비실재에 대한 의식과 관련하고 있기 때문이다. 그것에 대한 우리의 의식이 결코 그치지 않는 것을 실재라고 하며, 그것에 대한 우리의 의식이 그

---

27 다음을 참조하라. "처음이나 끝에 존재하지 않는 모든 것은 실제로 현재에도 존재하지 않는다." (가우다파다카리카스, 만두키야 우파니샤드 4장 31절에 대하여).—(A.)
28 이것은 절대적인 실재가 인과 관계에 의해 제한되지 않는다는 것을 암시한다. 그러므로 원인과 결과의 연속이라는 개념은 착각임이 분명하다.—(A.)
29 이의 제기자는 분명히 원인도 결과도 아닌 것은 있을 수 없다고 생각한다.

치는 것을 비실재라고 한다.[30] 그러므로 실재와 비실재는 우리의 의식에 달려 있다. 이제, 우리의 모든 경험 안에서, 하나이며 같은 바탕에 관련하여 '옷감 존재', '항아리 존재', '코끼리 존재' 등과 같은 식 — '푸른 연꽃'[31]이라는 표현에서와는 같지 않은 식 — 으로 두 가지 의식이 일어난다. 둘 가운데에서, 항아리 등에 대한 의식은 이미 앞에서 지적했듯이 일시적이지만, 존재에 대한 의식은 일시적이지 않다. 그래서 항아리 등에 대한 우리의 의식에 상응하는 대상은 실재하지 않는다. 왜냐하면 그 의식은 일시적이기 때문이다. 그러나 존재에 대한 우리의 의식은 비실재가 아니다. 왜냐하면 그 의식은 그치지 않기 때문이다.

이의: 항아리가 없어지고 그것에 대한 의식이 그칠 때, 존재의 의식도 그칩니다.

대답: 그렇지 않다.[32] 그런 이의 제기는 여기에 적용되지 않는다. 존재의 의식은 여전히 옷감과 같은 다른 대상들에 관련하여 일어나기 때문이다. 존재의 의식은 진정 오직 속성을 나타내는 것에만 대응한다.

이의: 존재의 의식과 마찬가지로, 항아리에 대한 의식도 (현존하는) 다른 항아리와 관련하여 일어납니다.

대답: 그렇게 말할 수는 없다. 항아리에 대한 의식은 옷감과 관련하여 일어나지 않기 때

---

30  원인도 결과도 아닌 절대 실재가 존재함에 틀림없다. 왜냐하면 지나가는 것은 실재하지 않으며, 불변하는 것은 실재임이 틀림없기 때문이다. 밧줄을 뱀으로 착각하는 우리의 미혹된 지각의 경우, 우리가 뱀을 비실재라고 보는 까닭은 그것에 대한 우리의 의식이 그쳤기 때문이다. 반면에 "이것은 뱀이다."라는 지각에서 '이것'에 대응하는 것 즉 밧줄은 실재이다. 왜냐하면 그것이 모든 환영적인 모습들로 나타나는 사이에도 그것에 대한 우리의 의식은 언제나 불변하기 때문이다. 그러므로 사물의 실재성과 비실재성은 우리의 경험으로부터 추론될 수 있다.

31  푸른색과 연꽃은 두 개의 실체이다. 존재와 항아리는 "이 사람은 우리가 보았던 사람이다."라는 문장에서처럼 실제로 존재하고 있는 하나의 것만을 가리킬 뿐이다. 그것들은 두 가지 별개의 실체가 아니며, 전체와 개체로 혹은 본질과 그 속성으로 서로 연관된 것이다. 만약 항아리 등이 존재와 마찬가지로 실재한다면, 우리는 어찌하여 하나이며 같은 실체에 대하여 두 가지 — 존재와 항아리 등 — 가, 하나의 항아리와 하나의 옷감과 마찬가지로, 우리의 의식에 항상 함께 현존해야 하는지 그 이유를 설명하기 위해 쩔쩔매게 될 것이다. 그 반면, 환영은 동일한 하나의 실체와 관련하여 생겨나는, 존재와 항아리 등에 대한 두 가지 의식을 설명할 수 있다. 다시 말해, 실재하지 않는 다양한 다른 것들로 착각된 밧줄의 경우처럼, 하나의 실재 — 즉, 존재에 대응하는 것 — 만이 있으며, 나머지 모든 것들은 비실재인 것이다.—(A.)

32  존재의 의식은 항아리의 부재와도 함께 연합하여 여전히 일어나고 있다. 우리가 "여기에는 항아리가 없다."라고 말할 때, 존재는 항아리가 없다고 말해지는 그 장소와 관련하여 나타나고 있다.

문이다.

이의: 사라진 항아리의 경우에 있어서는 존재의 의식도 일어나지 않습니다.

대답: 그렇게 말할 수는 없다. 왜냐하면 거기에는 독립하여 현존하는 것이 없기 때문이다. 존재의 의식은 속성을 지니고 있는 것에 상응한다. 그리고 상응하는 것에 대한 의식이 없이는 속성을 나타내는 것에 대한 의식도 있을 수 없는데, 독립하여 존재하는 것이 없을 때 어떻게 속성에 대한 의식이 일어날 수 있겠는가? 그렇다고 해서 존재의 의식에 상응하는 객관적인 실재가 현존하지 않는 것은 아니다.

이의: 만약 항아리와 같은 실질적인 것이 실재하지 않는다면, 하나이며 같은 바탕과 관련하여 일어나는 두 가지 의식도 설명이 안 됩니다.[33]

대답: 아니다. 왜냐하면 우리는, 우리의 의식이 "이것은 물이다."라는 형태를 취하는 신기루의 경우와 마찬가지로, 비록 두 가지 의식에 대응하는 두 개의 대상들 가운데 하나가 실재하지 않을지라도, 하나이며 같은 바탕에 조화하여 일어나는 두 가지 의식을 발견하기 때문이다. 그러므로 몸이나 상반되는 것들의 쌍들처럼 실재하지 않는 가공의 것들 또는 그것들의 원인은 존재하지 않는다. 실재인 나(아트만)는 존재하기를 그치지 않는다. 왜냐하면 이미 지적한 바와 같이 나에 대한 우리의 의식은 결코 중단되지 않기 때문이다.

두 개, 아트만과 비아트만, 실재와 비실재에 관한 이 결론, 다시 말해, 실재하는 것은 언제나 존재하며 실재하지 않는 것은 결코 존재하지 않는다는 이 결론은 브람만, 절대자, 전체, '그것'의 진정한 성품에만 그리고 오직 진리에만 관심을 갖는 사람들의 마음 앞에 늘 있다. 그러므로 그대는 슬픔과 미혹을 떨쳐 버리고, 모든 현상(비카라)들은 진실로 존재하지 않으며 신기루처럼 거짓된 모습에 불과하다는 것을 확신하며, 그처럼 진리를 아는 사람들의 관점을 따

---

33  이의 제기자는 다음과 같은 뜻으로 말한다. 즉, 우리의 모든 경험에서, 우리는 실재와 속성이 실제로 존재한다는 것을 발견합니다. 그러므로 여기에서 항아리는 존재만큼 실재함에 틀림없습니다.—(A.)

르는 것이 좋을 것이다. 뜨거움과 차가움, 그리고 다른 상반되는 것들의 쌍들을 묵묵히 견디어라. 그것들 가운데 어떤 것은 성질상 지속되고, 다른 것들의 일부는 지속되지 않는다. 지속되지 않는 것들은 즐거움과 고통을 낳을 것이다.

그렇다면 언제나 실재하는 것은 무엇입니까? 들어 보라.

**17. 이 모든 곳에 퍼져 있는 그것은 파괴할 수 없다는 것을 알라. 어느 누구도 그 불변의 존재를 파괴할 수 없다.**

비실재와 달리 그것은 사라지지 않는다는 것을 이해해야만 한다. 공간을 포함하여 이 세상 모든 것에는 그것, 브람만, '삿', 실재가 편재해 있다. 이것은 항아리와 다른 대상들에 공간이 편재해 있는 것과 같다. 브람만은 증가하거나 감소하지 않으며 따라서 다함이 없다. 이 브람만 곧 '삿'은 본래 줄어들지 않는다. 왜냐하면 몸과 달리 그것은 부분들이 없기 때문이다. 그것은 자기에게 속하는 그 어떤 것들의 손실에 의해서도 감소하지 않는다. 나에 속하는 것은 아무것도 없기 때문이다. 예를 들어, 데바닷타는 부(富)를 잃음으로써 사라진다. 그러나 브람만은 그런 식으로 손실을 겪지 않는다. 그러므로 아무도 다함이 없는 브람만을 파괴하거나 사라지게 할 수 없다. 아무도, 지고의 신인 이슈와라조차도 나를 파괴할 수 없다. 왜냐하면 나는 브람만 그 자체이며, 그것은 그것 자체에게 영향을 줄 수 없기 때문이다.

그러면 무엇이 비실재이며, 무엇의 존재가 지속되지 않습니까? 들어 보라.

**18. 육체들은 죽는다. 그러나 육체에 머물고 있는 아트만은 영원하며, 파괴될 수 없으며, 헤아릴 수 없다. 그러므로 그대는 싸워야 한다. 오, 바라타의 후손이여!**

아트만은 영원하고 파괴되지 않으며 알 수 없는 존재이다. 그러나 아트만이 지니고 있는 이 몸들은 꿈에서 보이거나 마법사에 의해 만들어진 몸들과 같이 끝이 있다고 깨달은 사람들은 말한다. 신기루와 같은 그런 대상들은 — 진실한지 여부를 적절히 시험하여 그것들의 본질을 조사한 결과로서 — 그것들과 연합된 실재의 개념이 그칠 때 끝나게 된다. 그래서 이런 몸들은 끝이 있는 것이다.

['영원한'과 '파괴되지 않는'이라는 두 단어는 동어 반복이 아니다. 영원성과 파괴라는 두 종류는 우리의 경험 안에서 만나기 때문이다. 예를 들어, 몸은 재가 되어 완전히 사라질 때 파괴되었다고 여겨진다. 몸이 몸으로 존재하는 동안 질병이나 다른 원인들로 인해 변할 수 있는데, 그럴 때는 어떤 것이기를 그치고 다른 것이 되었다고 여겨진다. 여기에서 '영원한' 그리고 '파괴되지 않는'은 아트만은 어떤 형태의 파괴도 겪지 않는다는 것을 암시한다. 그렇지 않다면 나인 아트만의 영원성은 아마도 점토나 다른 물체들의 그것처럼 이해될 것이다. 그것은 두 형용사에 의해 전달되는 이것의 부정이다.]

아트만은 알 수 없는 존재이며, 감각들(프라티약샤)이나 지식의 다른 수단들에 의해 결정될 수 있는 것이 아니다.

이의: 아트만은 계시(아감마)에 의하여, 또는 계시에 우선하여 지각 등에 의하여 결정됩니다.

대답: 이 이의는 유지될 수 없다. 왜냐하면 아트만은 스스로 결정되기(스바타스 싯다) 때문이다. 아는 자인 아트만이 스스로 결정할 때에만, 바른 지식을 얻기 위하여 아는 자에 관한 적절한 권위들을 찾는 것이 가능하다. 사실, 아트만("나는 나다.")이 없이는 아무도 알 수 있는 대상을 결정하려고 하지 않는다. 아트만은 진정 아무에게도 알려져 있지 않다. 그리고 최종[34]

---

**34**  즉, 마지막. 스루티에서는 나가 유일하게 실재하는 것이며, 다른 모든 것들은 환영적이며 실재하지 않는다고 가르

권위인 경전(샤스트라)은 전혀 알려지지 않은 것을 드러내는 것으로서가 아니라, 오로지 아트만에 이질적인 속성들[35]의 (아트만에 대한) 첨가물을 없애는 데 도움을 주는 것으로서 아트만에 관한 신뢰할 만한 권위를 얻는다. 계시서도 아트만을 이렇게 묘사한다.

> "거리를 두고 있지 않고 떨어져 있지 않으며 브람만인 그것, 그것이 아트만이며, 그것은 모든 것 안에 있다." (브리. 우. 2-4-1)

아트만은 이와 같이 영원하며 불변하다. 그러니 싸워라, 싸움에서 물러서지 말라. 여기에서 싸움의 의무에 대해서 말하고 있는 것이 아니다. 아르주나는 이미 전쟁에 참여하였다. 그러나 슬픔과 미혹에 빠져서 그는 싸움을 그만두었다. 여기에서 신은 오직 방해가 되는 원인을 제거하려고 시도할 뿐이다. 그러므로 신은 "싸워라."라는 말에서 새로운 명령을 내리고 있는 것은 아니다. 그분은 단지 이미 일반적으로 알려진 점을 말했을 뿐이다.[36]

## 아트만은 행위와 관계가 없다

신은 이제 기타 샤스트라의 의도가 행위를 권고하려는 것이 아니라, 슬픔과 미혹 등 세상의 원인을 제거하려는 것이라는 관점을 확실히 하기 위해 두 개의 베다 시편을 인용한다.

아르주나가 "비슈마와 다른 이들이 전투 중에 나에 의하여 죽임을 당할 것이다. 나는 그들을 죽인 살해자가 될 것이다."라고 생각하는 것은 그의 그릇된 생각에 불과하다고 신은 말한다.

---

친다. 스루티에서 가르친 이 진리를 깨달은 뒤에는 어떤 프라마나 권위(프라마)도 살아남을 수 없다.—(A.)

35  인간성과 행위자 의식 등.

36  바꿔 말하면, 신은 여기에서 싸움이 절대적으로 필요하다고 말하는 것이 아니다. 단지 아르주나가 스스로 참여한 싸움을 그만둘 이유가 없다는 것을 보여 줄 뿐이다.

19. 아트만을 죽이는 자라고 여기거나 아트만을 죽임을 당한다고 여기는 사람 둘 다는 바르게 알지 못하고 있다. 아트만은 죽이지도 죽임을 당하지도 않는다.

우리가 지금 얘기하고 있는 존재인 아트만을 죽이는 행위의 행위자로 이해하는 사람, 그리고 몸이 죽임을 당할 때 죽이는 행위를 당하는 자로 여기는 사람, 이들 가운데 어느 누구도 아트만을 바르게 이해하고 있지 않다. 그들은 분별력이 부족하다. 몸이 죽임을 당할 때 "나는 죽는다."라거나 "나는 죽임을 당한다."라고 생각하는 사람들은 이렇게 아트만을 자아(아함) 즉 '나' 라는 의식의 대상과 동일시하고 있다. 그는 아트만의 진정한 성품을 알지 못하고 있다. 불변의 존재인 아트만은 죽이는 행위의 주체도 아니고 대상도 아니다.

## 아트만은 변하지 않는다.

어떻게 아트만은 변하지 않습니까? 다음 구절이 그 해답이다.

20. 이 아트만은 (여섯 가지 변화들인) 태어남, 존재, 성장, 변형, 쇠퇴, 죽음이 없다. 어떻게 그것이 육체가 죽을 때 죽을 수 있겠는가?

아트만은 태어나지 않았다. 아트만 안에는 탄생과 같은 조건의 변화가 일어나지 않는다. 아트만은 죽지 않는다. 이것은 죽음이라고 불리는 조건의 마지막 변화도 부정한다. '그래 왔던 것처럼'은 모든 변화를 부정하는 것으로 해석되어야 한다. 따라서 아트만은 결코 태어난 적도 없고, 결코 죽지도 않는다. 왜냐하면 아트만은 한때 존재했다가 이후에 존재하기를 그치는 것이 아니기 때문이다. 일상적인 어법에서는 어떤 사람이 한때 존재했다가 이후에 존재하기를 그칠 때 그가 죽는다고 말한다. 몸과 달리 아트만은 이전에 존재하지 않았다가 생겨나는 것이 아니다. 그러므로 아트만은 태어난 적이 없다. 왜냐하면 존재하지 않았다가 생겨나는 사람을 태어난다고 말하기 때문이다. 아트만은 그와 같지 않다. 그리고 아트만은 죽지 않으므로 영원하다. [비록 처음과 마지막 변화들을 부정함으로써 모든 변화들을 부정했지만, 여기에서 구체적으로 상술되지 않았어도, 움직임과 같은 어떠한 조건의 변화도 없음을 암시하기 위하여 '불변하는' 등의 말들로 중간의 변화들을 직접 부정하는 것이 필요하다고 여겨졌을 것이다.] 아트만은 변하지 않는다. 아트만은 언제나 한결같고, 쇠퇴로 알려진 조건의 변화들에 영향을 받지 않는다. 부분들이 없으므로 아트만 자신의 본질은 줄어들지 않는다. 속성이 없으므로 아트만은 어떤 속성을 잃고 줄어들지 않는다. 아트만은 태고부터 존재하며, 쇠퇴의 반대인 성장(브리디)으로 알려진 변화를 겪지도 않는다. 왜냐하면 부분들이 증가하여 크기가 커지는 것을 성장하고 일신된다고 말하기 때문이다. 부분들이 없으므로 아트만은 과거에 새로웠던 것처럼 지금도 새롭고 미래에도 새로울 것이다. 즉, 언제나 같을 것이다. 아트만은 결코 성장하지 않는다. 그리고 몸이 죽을 때도 아트만은 죽지 않는다. 아트만은 몸이 변형될 때도 변형되지 않는다. 동어 반복을 피하기 위하여, 죽임은 변형을 의미하는 것으로 해석된다. 즉, 아트만은 변형에 영향을 받지 않는다.

이 절은 아트만 안에는 여섯 가지[37] 바바 비카라들이 없음을 가르치고 있다. 여섯 가지 바바 비카라들이란 세상의 모든 바바 즉 존재들이 종속되는 여섯 조건의 변화(비카라)들이다. 전체적으로 이 구절은 아트만에는 어떤 종류의 변화도 없다는 것을 말하고 있다. 그러므로 앞의 절에서 '둘 다 바르게 알지 못하는 사람들이다.'라고 말한다.

---

**37**  탄생, 존재, 성장, 변형, 쇠퇴, 죽음 등.

# 깨달은 사람은 일들을 포기해야 한다.

(제2장 19절에서) 아트만은 죽이는 행위의 주체도 대상도 아니라는 명제를 언급하고, 다음 절에서 그 진술의 논거로서 아트만의 불변성을 언급한 뒤, 신은 다음과 같이 그 명제의 결론을 내린다.

21. (직접적인 인식이나 영적 경험을 통해) **변화하지 않고 파괴할 수 없는 아트만에 대한 깨달음을 얻은 성자가 어떻게 아트만을 죽이는 행위를 하거나, 다른 사람으로 하여금 아트만을 죽이게 하겠는가? 오, 프리타의 아들이여!**

아트만을 (이 절에서 묘사하였듯이) 파괴될 수 없는 즉 죽음이라 불리는 마지막 변화가 없는, 영원한 즉 변형이라 불리는 변화가 없는, 태어나지 않고 다함이 없는 즉 탄생과 쇠퇴가 없는 존재로 아는 사람, 이렇게 묘사되는 깨달은 사람이 어떻게 죽이는 행위를 하겠는가, 혹은 다른 사람으로 하여금 아트만을 죽이게 하겠는가? 아트만은 아무도 죽이지 않으며, 다른 사람으로 하여금 죽이게 하지도 않는다. 두 경우 모두 의문이 제기될 수 없으므로[38] 부정을 의미한다. 죽이는 것을 부정하는 이유는[39] 모든 행위에 똑같이 적용되며, 이 부분에서 신이 가르치고자 하는 것은 깨달은 사람의 경우에는 모든 행위가 부정된다는 것으로 보인다. 죽이는 특정 행위에 대한 부정은 단지 한 가지 예를 의미할 뿐이다.

이의: "그러한 사람이 어떻게 죽이겠는가?"라는 말에서 행위들을 부정할 때, 신은 깨달은 사람의 경우에는 어떤 특별한 이유로 행위가 부재한다고 보는 것입니까?

---

**38** 대답이 뒤따르지 않는 것을 보면 그렇다.
**39** 즉, 나의 불변성.

대답: 모든 행위들이 부재하는 이유로 이미 아트만의 불변성이 제시되었다.

이의: 그렇습니다. 그러나 깨달은 사람은 불변하는 아트만과 별개이므로 그것은 충분한 이유가 될 수 없습니다. 어떤 사람이 움직이지 않는 기둥을 알았다고 하여 그 사람에게 해야 할 행위가 전혀 없다고 말할 수는 없습니다.

대답: 이 이의는 적용되지 않는다. 왜냐하면 깨달은 사람은 아트만과 동일하기 때문이다. 깨달음은 몸 등의 집합체에 속하지 않는다. 그러므로 유일한 다른 대안으로서, 깨달은 사람은 집합체 속에 포함되지 않고 불변하는 아트만과 동일해야 한다. 깨달은 사람에게는 행위 없음이 가능하므로, "그러한 사람이 어떻게 죽이겠는가?"라는 말은 단지 모든 행위를 부정하기 위한 것이다. 예를 들어, 언제나 변하지 않는 아트만은 그의 상태가 지적인 상태(붓디 브릿티)들과 구별되지 않는 까닭에, 무지로 인하여, 지성과 다른 기관들에 의해 지각되는 소리 등의 대상들을 지각하는 자로 상상된다. 마찬가지로, 아트만과 아트만 아닌 것을 구별하는 형태를 띠며 실재하지 않는 그러한 지적 지각을 아트만과 연합시키는 무지 때문에 아트만은 깨달아야 하는 것으로 상상되고 있다. 그러나 사실 아트만은 어떤 변화도 겪지 않는다. 깨달은 사람의 경우에는 행위가 불가능하다는 이 주장에서, 신의 결론은 명백하다. 즉, 경전에서 금하고 있는 행위들은 깨닫지 않은 사람들을 위한 것이라는 점이다.

## 행위들은 깨닫지 않은 사람들을 위한 것이다.

이의: 지식조차도 깨닫지 않은 사람들을 위한 것입니다. 이미 지식을 가진 사람에게 지식을 주는 것은 밀가루를 다시 가는 것처럼 쓸모없기 때문입니다. 그러므로 행위들은 깨달은 사람들을 위한 것이 아니라 깨닫지 않은 사람들을 위한 것이라는 구분을 설명하기는 어렵습니다.

대답 :이 이의는 적용되지 않는다. 왜냐하면 구분은 각각 두 가지 경우에 이행되어야 하

는 어떤 것의 존재와 비존재에 의해 설명될 수 있기 때문이다.

　　대답에 대한 설명: 깨닫지 않은 사람들에게는 해야 할 일이 남아 있다. 예를 들어, 불의 제의 등에 관한 명령들의 의미를 이해하는 일이 남아 있는 것이다. 그는 불의 제의(아그니호트라)와 다른 희생 제의들을 행해야 하며, 거기에 필요한 많은 부속물들을 얻어야 한다고 생각한다. 그는 더 나아가, "나는 행위자이며, 이것이 나의 의무이다."라고 생각한다. 반대로, 아트만의 진정한 성품에 관한 제2장 20절 등에 담겨 있는 가르침들의 진리를 깨닫게 되면, 그 뒤에 해야 할 일은 아무것도 남지 않게 된다. 아트만은 하나이며 행위자가 아니라는 것을 제외한 다른 확신은 일어나지 않는다. 그러므로 언급된 구분이 설명될 수 있다.

　　아트만이 행위자라고 생각하는 사람의 경우에는 자신이 이것 혹은 저것을 해야 한다는 생각이 반드시 일어날 것이다. 이러한 종류의 지식을 가진 사람은 행위에 적합하며, 그에게는 행위가 요구된다. 이러한 사람은 깨닫지 못한 사람이다. 왜냐하면 이것은 "둘 다 바르게 알지 못하는 사람들이다."(제2장 19절)라고 말해지기 때문이다. 제2장 21절에는 깨달은 사람이 구체적으로 설명되어 있으며, "그러한 사람이 어떻게 죽이겠는가?"라는 말로써 그가 행위를 한다는 것을 부정하고 있다. 그러므로 불변의 아트만을 본 깨달은 사람과 해방을 갈망하는 사람은 오로지 모든 행위를 포기해야만 한다.[40] 그러므로 신 나라야나는 깨달은 샹키야들과 행위를 따르는 깨닫지 못한 사람을 구분하고, 그들에게 각각 두 가지 다른 길을 가르친다(제3장 3절). 그래서 비야사는 그의 아들에게 "지금 여기 두 개의 길이 있다."라고 말했다(목샤다르마, 제24장 6절). 같은 맥락에서 비야사는 행위의 길이 먼저이며, 그 뒤에 포기가 따른다고 말했다. 우리의 신은 이 책에서 이 구분에 대해 반복하여 언급할 것이다(제3장 27절, 28절과 5장 13절 등을 참조하라).

---

**40**　후자, 즉 해방(목샤)을 갈망하지만 아직 나 지식을 가지지 못한 사람은 자신에게 주어진 행위들을 하는 데 조금의 의심도 없다. 이러한 행위들은 지식에 대한 그의 헌신에 해가 되지 않는다.

# 불변하는 아트만에 대한 지식은 가능하다.

이의: 이와 관련하여 자만심 강한 현학자들은 말하기를, "아트만은 탄생과 같은 여섯 가지 변화들이 없고 세상의 모든 것들이 그곳에 종속하는, 불변하는 아트만이며, 유일자이며, 비행위자이다."라는 확신은 누구에게도 일어날 수 없으며, 그런 확신이 일어나기 위해서는 모든 행위의 포기가 요구된다고 합니다.

대답: 이 이의는 여기에 적용되지 않는다. 만약 그렇다면, "아트만은 태어난 적이 없다."(제2장 20절) 등과 같은 경전의 가르침이 헛될 것이기 때문이다. 그(이의 제기자)들은 다음 질문을 받을 수 있을 것이다. 여러 탄생들을 거치는 행위자 및 다르마와 아다르마의 존재에 관한 지식이 경전의 가르침에 제시되는 것과 마찬가지로, 아트만의 불변성, 비행위자, 단일성 등에 관한 지식이 경전에 의해 제시될 수 없는 이유는 무엇인가?

반대: 왜냐하면 어떤 감각 기관으로도 아트만에 접근할 수 없기 때문입니다.

대답: 그렇지 않다. 왜냐하면 경전은 "그것은 마음을 통해서만 보일 수 있다."(브리. 우. 제4장 19절)고 말하기 때문이다. 사마 및 다마에 의해서, 즉 몸과 마음과 감각의 정복에 의해서 정화되고 경전과 스승의 가르침을 받은 마음은 아트만을 볼 수 있는 감각을 이루게 된다. 이와 같이 경전과 추론[41]이 아트만의 불변성을 가르치므로, 그러한 지식이 일어날 수 없다고 주장하는 것은 무모한 일일 뿐이다.

---

**41** 추론은 다음과 같이 말해질 것이다. 즉, 유년기, 청년기, 노년기가 나에게 본래 있지 않은 것처럼 탄생, 죽음, 행위 등과 같은 그러한 변화들도 나에게 본래 있는 것이 아니다.

# 깨달은 사람들은 지식(갸나)의 요가에 의지해야 한다.

이렇게 일어나는 지식은 그것의 반대인 무지를 반드시 쫓아 버린다는 것이 인정되어야 한다. 이 무지는 제2장 19절에 이미 언급되어 있다. 그곳에서는 아트만이 죽이는 행위의 행위자나 대상이라는 개념은 무지의 소산이라고 가르치고 있다. 아트만을 행위자 등으로 보는 것이 무지의 소산이라는 것은 모든 행위의 경우에 적용된다. 아트만은 불변하기 때문이다. 오로지 조건들의 변화에 지배를 받는 행위자만이 다른 사람으로 하여금 자신의 의지를 따라 행할 수 있도록 만들 수 있다. 주 바수데바는 모든 행위들에 관하여 직접적이고 원인이 되는 이 행위자를 깨달은 사람은 어떤 행위와도 아무런 관련이 없다는 것을 보여 주기 위하여 제2장 21절에서 이것을 부인하고 있다.

질문: 그러면 그는 무엇을 해야 합니까?

대답: 이 대답은 이미 제3장 3절에서 주어져 있다. 샹키야는 지식에의 헌신(갸나 요가)에 의지해야 한다. 그래서 또한 신은 '생각으로 모든 행위들을 포기한, 그리고 자신을 통제한 사람은 행위를 하지도 않고 행위를 일으키지도 않으면서 아홉 개의 문이 있는 도시 안에서 행복하게 산다.'(제5장 13절)라는 말에서 모든 행위의 포기를 가르친다.

이의: 여기에서 '생각'이라는 단어는 몸과 말의 행위에 대한 포기가 없다는 것을 암시합니다.

대답: 아니다. 거기에는 '모든 행위'라는 조건이 있기 때문이다.

이의: 모든 생각의 행위들의 포기를 의미할 뿐입니다.

대답: 아니다. 말과 몸의 모든 행위에 앞서 마음의 활동이 일어난다. 마음이 활동하지 않을 때는 그것들이 존재할 수 없다.

이의: 그렇다면 경전에서 요구하고 있는 말과 몸의 행위들에 꼭 필요한 것만을 제외하

고 마음의 다른 모든 행위들을 포기하게 하면 되지 않겠습니까.

대답: 그렇지 않다. 왜냐하면 '행위를 하지도 않고 행위를 일으키지도 않는다.'라는 조건이 있기 때문이다.

이의: 그렇다면 여기에서 신이 가르치고 있는 모든 행위의 포기는 죽는 사람을 위한 것이지 살아 있는 사람을 위한 것이 아닐 것입니다.

대답: 아니다. 그렇다면 '아홉 개의 문이 있는 도시, 즉 몸 안에서 머무른다.'는 조건은 아무런 의미를 갖지 못할 것이다. 죽는 사람은 모든 행위를 포기함으로써 몸 안에서 머무른다고 말할 수 없다.

이의: 그러면 그 구절을 다음과 같이 해석하는 것이 좋겠습니다. 즉, 행위를 하지도 않고 다른 사람이 행위를 하게 하는 원인이 되지도 않으면서, 몸을 벗은 깨달은 사람의 영혼인 그는 모든 행위를 몸 안에 맡기고(삼+니아스) (즉, 모든 행위는 아트만이 아니라 몸에 속한다는 것을 알고) 행복하게 머무른다. 이와 반대로 선생님은 "그는 몸 안에서 머무른다." 등과 같이 해석했지만, 그렇게 해석하지 않는 것이 좋겠습니다.

대답: 아니다. 모든 곳(계시서와 전승서)에서 아트만은 변하지 않는다고 명확히 선언하고 있다.[42] 더욱이 머무르는 행위는 머물 장소를 전제로 하지만, 포기의 행위는 그것을 전제로 하지 않는다. 그리고 산스크리트 동사 '삼+니아스'는 '맡기다'가 아니라 '포기하다'를 의미한다.

그러므로 바가바드 기타는 아트만 지식을 얻은 사람은 행위가 아니라 오직 포기에 의지해야 한다는 것을 가르친다. 우리는 아트만을 다루는 다음 내용 가운데 여기저기에서 이것을 보여 줄 것이다.

---

**42**  그러므로 나는 행위자일 수 없다.

# 아트만은 어떻게 불변하는가?

당면 주제로 다시 돌아가자.

아트만은 파괴될 수 없다고 언급되어 있습니다. 아트만은 무엇처럼 파괴될 수 없습니까? 여기에 그 답이 이어진다.

**22. 사람이 낡은 옷들을 벗고 새 옷들을 입듯이, 몸을 지닌 아트만은 낡은 몸들을 버리고 새로운 몸들로 들어간다.**

몸을 지닌 아트만은 낡은 몸을 버리고, 어떤 변화도 겪지 않은 채, 새로운 몸으로 들어간다. 왜 아트만은 전혀 변하지 않을까? 신은 말한다.

**23. 무기들은 아트만을 자를 수 없고, 불은 아트만을 태울 수 없으며, 물은 그것을 적실 수 없으며, 바람도 그것을 말리지 못한다.**

우리가 얘기하고 있는 몸을 지닌 아트만은 칼과 같은 무기들에 베일 수 없다. 아트만은 부분들이 없기 때문에, 칼은 아트만을 부분으로 나눌 수 없다. 불도 아트만을 태울 수 없으며, 아트만을 재로 만들 수 없다. 물도 그 아트만을 젖게 할 수 없다. 왜냐하면 물의 힘은 부분들로 이루어진 어떤 것을 적셔 그 부분들을 분리시키는 데 있기 때문이다. 부분이 없는 아트만에게는 이런 일이 일어날 수 없다. 바람은 습기를 머금은 대상을 말림으로써 파괴한다. 그러나 바람조차도 아트만을 마르게 할 수는 없다.

그러므로,

**24. 이 아트만은 잘라질 수 없고, 태워질 수 없고, 젖어질 수 없고, 말려질 수 없다.**

**그것은 영원하고, 모든 곳에 퍼져 있고, 변하지 않고, 움직일 수 없고, 오래되었다.**

칼처럼 서로 파괴하는 물건들은 아트만을 파괴할 수 없으므로 아트만은 언제나 존재한다. 언제나 존재하기에 아트만은 어디에나 퍼져 있다. 어디에나 퍼져 있기에 아트만은 기둥처럼 견고하다. 견고하기에 아트만은 확고하다. 그러므로 아트만은 영원하며, 어떤 원인으로부터도 생겨나지 않으며 새로운 것이 아니다. (제2장 20절에서) 아트만의 영원성과 불변성에 대한 가르침이 이미 전해졌고, 이 절들(제2장 21~24절)에서 아트만에 관하여 말하는 것은 앞의 절에 있는 가르침에 더해지는 점이 아무것도 없다는 근거로 이 절들(2장 21~24절)에 대하여 동어 반복이라고 말할 수는 없다. (어떤 것은 축어적으로 반복되고, 어떤 것은 이해를 돕기 위해 더욱 자세히 반복된다.) 아트만을 이해하는 것은 매우 어렵다. 따라서 신 바수데바는 듣는 사람이 지성을 통해 그 진리를 알아차리고 세상(삼사라)을 끝낼 수 있도록 그 주제에 대해 반복하여 설명하며, 다른 말들로 같은 것을 묘사한다.

**슬픔을 위한 여지는 없다.**

더구나,

**25. 이 아트만은 비현현이고, 생각할 수 없고, 변할 수 없다고 말해진다. 아트만을 이와 같이 이해하고, 그대는 슬퍼하지 말라.**

그 어떤 감각들로도 아트만에 접근할 수 없으므로 아트만은 드러나지 않는다. 그러므로 신은 생각으로 헤아릴 수 없다. 감각에 의하여 지각된 것만이 생각의 대상이 되기 때문이다. 진실로 아트만은 생각으로 헤아릴 수 없다. 왜냐하면 감각으로는 아트만에게 접근할 수

샹카라차리아의 바가바드 기타

없기 때문이다. 신은 변하지 않는다. 우유는 버터 우유와 섞여 있어 모양이 바뀔 수 있지만 아트만은 그와 같지 않다. 또한 부분들을 가지지 않으므로 아트만은 변하지 않는다. 부분들을 갖지 않는 것은 결코 변화를 겪지 않는다. 아트만은 변하지 않으므로 아트만은 변할 수 없다. 그러므로 아트만을 이와 같이 이해하고, 그대는 슬퍼하지 말라. 그대가 그들을 죽이는 자라고도, 그들이 그대에게 죽임을 당하는 자라고도 생각하지 말라.

그리고 아트만이 영원하지 않을 경우를 가정하며 신은 말을 잇는다.

26. 하지만 이 아트만이 몸이 태어날 때마다 태어나고 몸이 죽을 때마다 죽는다고 가정하더라도, 그대는 이렇게 슬퍼할 필요가 없다. 오, 힘이 센 자여!

우리가 말하고 있는 아트만이 일반적인 관점에 따라 몸이 태어날 때마다 계속해서 태어나고, 몸이 죽을 때마다 계속해서 죽는다고 가정하더라도, 그대가 생각하듯이 비록 아트만이 그렇다고 하더라도, 오, 힘이 센 자여! 그대는 이렇게 슬퍼할 필요가 없다. 왜냐하면 태어난 것은 죽음을 피할 수 없으며, 죽은 것은 태어남을 피할 수 없기 때문이다.

그러므로,

27. 태어난 자는 죽음을 피할 수 없고, 죽은 자에게는 태어남을 피할 수 없다. 그대는 피할 수 없는 것에 대해 슬퍼할 필요가 없다.

태어난 자에게는 죽음을 피할 수 없고, 죽은 자에게는 태어남을 피할 수 없다. 탄생과 죽음은 피할 수 없는 것이므로 그대는 피할 수 없는 그런 것들에 대하여 슬퍼할 필요가 없다. 만약 태어난 자에게 죽음이 당연하고 죽은 자에게 태어남이 당연하다면, 그것은 피할 수 없는 것이다. 피할 수 없는 그런 것들에 대해 슬퍼할 필요가 없다.

단지 (물질적인) 원인과 결과로 이루어진 존재들에 대해서도 마찬가지다. 왜냐하면,

**28.** 태어나기 전(다섯 원소들이 조합되어 몸이 만들어지기 전)에 존재하지 않으며 죽은 후(그것들이 다시 해체된 후)에도 존재하지 않는다. 중간에만 존재한다. 환영들에 불과한 이런 것들에 대하여 슬퍼할 이유가 어디에 있는가?

원인과 결과들로서 서로 관련된 물질적 원소들의 집합체에 불과한, 아들이나 친구와 같은 존재들의 나타나기 이전의 기원은 지각되지 않는다. 그리고 존재하게 되고 나서 죽기까지 그들의 중간 상태는 알려진다. 다시 그들의 끝은 알 수 없다. 죽은 뒤에 그들은 다시 알 수 없게 되는 것이다. 그래서 다음과 같이 말해진다.

"그는 알 수 없는 곳(보이지 않는 곳)에서 왔다가 알 수 없는 곳(보이지 않는 곳)으로 돌아갔다. 그는 그대의 것이 아니며, 그대는 그의 것이 아니다. 왜 이처럼 헛되이 슬퍼하는가?" (마하브. 스트리파르바, 2-13)

처음에는 보이지 않고, 그 뒤에 보이고, 다시 보이지 않는 환영들에 불과한 이런 것들에 대하여 슬퍼할 이유가 어디에 있겠는가?

우리가 얘기하는 아트만을 깨닫기는 매우 어렵다. 원인 즉 환영이 모든 존재에게 공통적인 데, 왜 내가 그대만을 비난해야 하겠는가? 어떤 사람은 물을 것이다. 어찌하여 아트만을 깨닫기는 어려운가? 신은 말한다.

**29.** 아트만의 영광을 실제로 보는 이는 아주 적다. 그것을 설명하는 이도 소수이다. 설명을 듣는 이도 매우 적다. 설명을 듣지만 아무도 이해하지 못한다.

어떤 사람은 아트만을 놀라움으로, 보이지 않는 것으로, 기이한 것으로, 갑자기 보이는 존재로 본다. 어떤 사람은 아트만을 놀라운 존재라고 말한다. 어떤 사람은 아트만을 놀라운

샹카라차리야의 바가바드 기타

존재라고 듣는다. 비록 아트만을 보고 듣고, 아트만에 대하여 말하지만, 아트만을 깨닫는 사
람은 아무도 없다.

혹은(다르게 해석하면), 아트만을 보는 사람은 놀라운 존재와 같다. 아트만을 말하고 아트
만을 듣는 사람은 수천 명 가운데 한 명 정도에 불과하다. 그래서 아트만은 이해하기가 어렵
다.

이제 신은 이 부분의 주제를 이렇게 결론짓는다.

**30. 생명체의 육체는 파괴될 수 있지만, 육체 안에 있는 아트만은 영원히 파괴되지
않는다. 그러니 그대는 누구에 대해서도 슬퍼해서는 안 된다.**

어떤 피조물의 몸이 죽임을 당하더라도 나는 죽을 수 없다. 그러므로 그대는 비슈마건
다른 누구건 어떤 피조물에 대해서 슬퍼할 필요가 없다.

# 전사는 싸워야 한다.

여기 제2장 30절에서는 절대 진리의 관점에서는 슬퍼하고 집착할 이유가 없음을 보여
주고 있다. 절대 진리의 관점에서뿐만 아니라 또한,

**31. 싸우는 것은 크샤트리야의 의무이다. 그대는 그대의 의무에 빗나가지 않아야 한
다. 크샤트리야에게는 정의로운 전쟁보다 더 환영해야 할 것은 없기 때문이다.**

싸움은 크샤트리야의 의무라는 사실에 의해서도 그대는 크샤트리야에게 당연한 그 의
무로부터 벗어나서는 안 된다. 그대에게 당연한 것(즉, 그대가 속한 카스트와 질서가 되는 것)으로부

터 벗어나지 말아야 한다. 이 싸움은 지고의 의무이며 법에 위배되지 않는다. 왜냐하면 그것은 영토의 정복을 통하여 법과 백성들의 안녕에 유익하기 때문이다. 그리고 크샤트리야에게는 이러한 정당한 전쟁보다 더 나은 일이 없다.

그리고 또한 왜 전쟁을 해야 하는가? 신이 말한다.

**32. 오, 프리타의 아들이여! 만약 크샤트리야가 그러한 전쟁에서 싸우다 죽는다면, 그는 즉시 천국으로 간다.**

비록 그대의 의무이기는 하지만, 이처럼 구하지 않아도 저절로 일어나는 전쟁은 천국으로 가는 열린 문임을 깨닫는 크샤트리야들은 행복하지 않겠는가?

**33. 그러나 만약 그대가 이 정의로운 전쟁에서 싸우기를 거부한다면, 그대는 그대의 의무와 (쉬바로부터 천상의 무기를 얻은) 명예를 저버리는 것이다. 그래서 죄를 짓게 될 것이다.**

이와 반대로 만약 그대가 의무로 주어지고 법을 거스르지 않는 이 전쟁에서 싸우지 않는다면, 그대는 이 전쟁을 거부함으로써 그대의 의무를 저버리게 되고, 쉬바와 같은 존재들과 만나서 얻은 명성을 잃게 될 것이다.[43] 그러므로 그대는 죄를 짓게 될 것이다.

그대는 의무와 명성을 포기할 뿐만 아니라, 또한

**34. 사람들은 대대로 그대를 흉볼 것이다. 명예를 소중히 여기는 사람에게 불명예란**

---

[43] 유디슈티라가 도박으로 그의 왕국을 잃었을 때, 아르주나는 신들을 달래고 그들로부터 천상의 무기를 얻기 위해 히말라야로 순례를 떠났다. 거기서 그는 산악민(키라타)으로 변장해서 나타난 쉬바와 싸웠으며, 적의 진정한 특성을 발견했다. 그는 쉬바에게 경배했고 천상의 무기인 파수파타 아스트라(Pasupata astra)를 얻었다.

샹카라차리야의 바가바드 기타

죽음보다 더 치욕적이다.

사람들도 그대의 불명예에 대해 이야기할 것이며, 그 불명예는 그대가 죽은 뒤에도 오랫동안 남을 것이다. 영웅으로, 정의로운 사람으로, 그리고 다른 고귀한 품성들을 가진 사람으로 존경받던 사람에게는 차라리 죽음이 불명예보다 나을 것이다.

더구나,

**35. 으뜸가는 전사들은 그대를 전장에서 몰아낸 것이 두려움이었다고 생각할 것이다. 지금까지 그들로부터 높은 명성을 지녔던 그대는 다시 그들의 눈에 보잘것없는 존재가 될 것이다.**

두료다나와 다른 용사들, 큰 전차를 부리며 싸우는 전사들은 그대가 연민 때문이 아니라 카르나와 다른 자들을 두려워하여 전쟁에서 물러났다고 생각할 것이다. 그렇게 생각할 그들은 누구겠는가? 고귀한 자질들을 많이 가졌다며 그대를 존경하던 바로 그 사람들, 곧 두료다나와 여러 용사들이다. 이와 같이 그대는 그들로부터 존경을 받았으나 그대는 다시 그들의 눈에 보잘것없는 존재가 될 것이다.

더욱이,

**36. 그대의 적들 또한 그대의 능력을 비웃을 것이다. 그들은 도저히 입에 담을 수 없는 말들을 퍼부을 것이다. 그것보다 더 견디기 어려운 고통이 무엇이겠는가?**

이렇게 당하는 비웃음보다 더 견디기 힘든 고통은 없다. 이제, 그대가 카르나 및 다른 자들과 맞서 싸우다가,

**37.** 어느 경우든지 그대에게는 좋을 것이다. 죽으면 그러면 천국을 얻을 것이다. 싸우면 땅을 누릴 것이다. 그러므로 오, 쿤티의 아들이여! 확고한 결심을 하고서 일어나라.

'승리'한다는 것은 카르나와 다른 영웅들을 패배시킨다는 뜻이다. 어느 경우든지 그대에게는 좋을 뿐이다. 그러므로 "적을 정복하지 못하면 기꺼이 죽겠다."라고 확고히 결심하고서 일어서라.

그대가 싸움을 의무로서 인정하고 싸우는 동안, 지금 내가 그대에게 하는 충고를 잘 들어라.

**38.** 쾌락과 고통, 얻음과 잃음, 승리와 패배는 모두 하나이며 동일하다는 마음의 상태를 지니면서 싸운다면 그대는 어떤 죄도 지을 수 없을 것이다(행위의 결과들을 거두어들이지 않을 것이다.).

'즐거움과 고통을 똑같이 여긴다.'는 것은 즐거움이라고 해서 좋아하지 않고 고통이라고 해서 싫어하지 않는 것을 말한다. 이와 같이 싸우면 그대는 죄를 짓지 않을 것이다. [싸움에 관한 이 권고는 부차적인 것에 불과하다.]

## 행위의 요가

슬픔과 집착을 내쫓기 위해 세상적인 사항들을 예시로 들었지만(제2장 31-38절), 그것들은 가르침의 주요 주제가 아니다. 이와 반대로 이 부분(제2장 12절 등)의 주요 주제는 지고의 실재에 대한 깨달음이다. 그리고 이미 다루어진(제2장 20절 이하) 이것은 경전의 전체 주제의 구분

샹카라차리야의 바가바드 기타

을 나타내기 위한 목적으로 제2장 39절에서 결론지어진다. 왜냐하면 여기에서 제시된 것처럼 경전의 전체 주제를 구분함으로써, 나중에(제3장 3절) 두 가지 길을 다루게 될 책의 부분이 더욱 순조롭게 진행될 수 있기 때문이다. 그리고 듣는 사람은 전체 주제의 이러한 구분으로 그것을 더욱 쉽게 이해할 수 있을 것이다. 그러므로 신은 말한다.

**39. 나는 그대에게 지식의 요가**(갸나 요가, 베단타의 길, 아트만의 내용을 다루는 요가)**를 설명했다. 이제 카르마 요가**(자신의 일과 결과들을 신에게 드리고 그래서 신의 은총을 얻는다.)**기법에 대해 들어보아라. 만약 그것을 이해하고 따를 수 있다면, 그대는 행위의 굴레들을 끊을 수 있을 것이다.**

이제까지 그대에게 가르친 이것은 샹키야, 즉 절대적 실재의 성품에 관한 지성(붓디)이다. 그 지성을 통하여 슬픔이나 애착 등과 같은 세상(삼사라)의 원인인 악[44]이 그칠 수 있을 것이다. 이제 이어지는 행위의 요가에 관한 가르침을 들어라. 이것은 샹키야에 관한 지식을 얻는 수단이다. 이슈와라에 대한 숭배로 이루어진 이 요가는, 모든 (뜨거움과 차가움 같은) 상반된 쌍들의 개념을 없앤 뒤, 집착 없이 행위를 하는 것이다.

이제 신은 호기심을 불러일으키기 위하여 (행위의) 요가에 관한 지혜를 칭송한다. 요가에 관한 지식을 가질 때, 오, 파르타여! 그대는 행위(카르마), 다르마와 아다르마, 덕과 죄, 선과 악의 속박에서 벗어날 것이며, 오직 신의 은총(이슈와라 프라사담)을 통하여 아트만의 지식을 얻을 때에만 이러한 속박이 단절될 것이다.

---

**44** 나의 진정한 성품에 대한 무지.

# 행위의 요가는 안전한 방법이다

더구나,

40. 이 행위의 요가에서는 실패한 시도조차도 헛되지 않는다. 또한 그것은 반대의 결과를 낳을 수도 없다. 이 행위의 요가를 조금만 수행해도 (즉시 가슴을 정화시켜 주어) 그대는 재탄생과 죽음의 끔찍한 바퀴로부터 구원받을 것이다.

농사와 달리, 해방으로 가는 이 길에서, 행위에 의한 이 헌신에서 시도되는 것은 어느 것도 완전히 잃어버리지 않는다. 즉, 행위의 요가의 길에서는 어떤 노력의 결과에 대해서도 확실하지 않은 것이 없다. 의료 행위를 통해서는 간혹 해를 입을 수도 있지만, 행위의 요가로 인해 해를 입을 위험은 없다. 그 결과는 무엇인가? 행위의 요가의 이 길에서는 아무리 사소한 노력을 하더라도 그것은 큰 두려움으로부터, 삼사라 곧 태어남과 죽음의 두려움으로부터 그를 구한다.

# 지혜는 하나이다.

지금까지 설명된 상키야와 요가에 관한 지혜의 성질은 다음과 같다.

41. 오, 쿠루의 아들이여! 지식의 요가에서는 (지식의 바른 근원에서 일어난) 확고한 한 생각을 지녀야 한다. 이 분별력이 부족하면, 그는 끝없는 생각을 일으켜 이 세상을 존재케 할 것이다. 무수히 많은 목표들을 좇아 이리저리 헤맬 것이다.

여기에는, 오, 쿠루의 아들이여! 희열로 가는 이 길에서는 오로지 단 하나의 생각을 지녀야 한다. 지식의 바른 근원에서 나오는 그 생각은 그것에 대립하는 수없이 많은 갈래의 생각들을 파괴한다. 지식의 바른 근원에 대립하는 다른 생각들은 다양하다. 이러한 수많은 갈래의 생각들에 따라 행동하기에, 세상은 끝이 없이 계속되고 그리고 늘 퍼지고 있다. 그러나 지식의 바른 근원에 의하여 생겨난 분별력에 의해 끝없이 다양한 이런 생각들이 그칠 때, 세상 또한 그친다. 그런 생각의 가지들이 제각기 다양하기 때문에 지식의 바른 근원에 의해 생겨난 분별력을 갖지 못한 사람들의 우유부단한 생각들은 끝이 없다.

## 세상적인 마음을 지닌 사람들은 지혜를 얻을 수 없다.

단호한 확신을 갖지 못한 사람들에 대해서는,

**42-44.** 분별력이 부족한 현명하지 않은 사람들은 베다들의 행위의 장 즉 의식을 다루는 부분을 강조한다. 그들은 세상의 욕망들로 가득 차 있고, 천국의 보상에 대해 굶주려있다. 그들은 쾌락과 힘을 얻을 수 있는 그런 정교한 의식들을 가르친다. 하지만 그들은 사람들을 재탄생에 묶어두는 카르마의 법칙 외에는 아무것도 이해하지 못한다. 그런 말에 분별력을 빼앗긴 사람들은 브람만 즉 지고의 아트만에 관한 지혜가 생기지 않을 것이다. 오, 프리타의 아들이여.

그들은 현명하지 않다. 그들은 분별력이 부족하다. 그들은 신들에 대한 많은 찬송들로 이루어져 있고 다양한 목적들과 수단들을 설명하고 있는 베다의 구절들에 매혹되어 있다. 그들은 천국, 가축, 다른 욕망의 대상들을 얻는 수단은 오로지 말들뿐이며 그 외에는 아무것도 없다고 말한다. 그들은 욕망으로 가득 차 있으며 언제나 이것들을 쫓아다닌다. 그들의 중요한 마지막 목표는 천국이다. 그들은 꽃나무처럼 아름답고 듣기에 매우 좋은 문장들을 얘기한다. 그들의 말은 행위들의 보상으로서 탄생을 약속하며, 천국, 가축, 자손을 얻고 쾌락과 권력을 얻을 수 있는 특정한 행위들을 얘기한다. 이렇게 얘기하면서 이 어리석은 사람들은 삼사라에서 방황한다. 그들은 쾌락과 권력을 필요한 것으로 여긴다. 그들은 그것들을 좋아하며 그것들과 관계한다. 그들의 지성과 지혜는 특정한 행위들로 가득 찬 이런 이야기에 의해 말하자면 눈이 멀었다. 그들의 마음 안에는 단호한 성질을 갖는 확신, 브람만 혹은 지고의 아트만에 관한 지혜가 생기지 않는다.

## 요기에 대한 조언들

이제 신은 이와 같이 분별력이 부족하고 욕망으로 가득 찬 사람들에게 생겨나는 결과에 대해 말한다.

**45.** 베다들은 (자연의) 세 구나(속성)들을 다룬다. 오, 아르주나여! 그대는 세 가지 구나들 너머에 있는 것이 좋다. (고통의 원인인) 상반되는 쌍들로부터 자유로워져라. 얻지 못한 것을 얻고자 열망하거나 이미 얻은 것을 지키려하지 말라. 그러면 마음의 평화를 가질 수 없다. 평화가 없는 사람은 아트만에 집중하거나 명상할 수 없다.

베다[45]는 세 구나들을 다룬다. 세상[46]은 세 구나들의 주제이다. 그대는 세 구나로부터 자유로워지는 것이 좋다. 즉, 욕망들을 갖지 않는 것이 좋다. 상반되는 쌍들로부터, 즐거움과 고

---

**45** 즉, 카르마칸다, 베다의 의례 부분.
**46** 덕행과 악행, 뒤섞인 행위들과 그 결과들로 이루어져 있으며, 그 모든 것은 구나들의 상호 작용으로 생겨나게 된다.

통의 원인인 서로 상반되는 모든 대상들로부터 자유로워져라. 언제나 삿트와에 머물러라. 순수함에 머물러라. 얻지 못한 것을 얻고자 열망하고, 이미 얻은 것을 지키고자 열망하는 사람은 덕을 행할 수가 없다. 그러므로 새로이 얻거나 이미 얻은 것을 지키려 열망하지 말라. 또한 아트만에 흡수되어라. 늘 경계하라.[47] 이것은 의무를 수행할 때 그대가 따라야 할 충고들이다.

## 카르마 요가

질문: 만약 베다 의식들을 행함으로 얻어진다고 말해지는 무한한 이익을 추구하지 말아야 한다면, 어떤 목적으로 그것들이 행해지고 이슈와라에게 바쳐지는 것입니까?

대답: 다음 말을 들어 보라.

**46. 모든 곳에 물이 차 있을 때 저수지가 소용이 없는 것처럼, 아트만을 깨달은 사람들에게는 베다들이 아무런 소용이 없다.** (행위에 적합한 사람들에게는 필요할 것이다.)

우물, 저수지, 그리고 다른 많은 작은 호수들이 제공하는 목욕하고 물을 마시는 등의 모든 쓸모들은 모든 곳에 차 있는 물이 제공하는 쓸모를 넘어서지 않는다. 즉, 전자의 쓸모는 후자 안에 포함된다. 마찬가지로 베다의 모든 의식에 있는 온갖 쓸모들은 세상을 포기하고 절대 실재에 관한 진리를 완전히 깨달은 사람이 갖는 바른 지식의 쓸모 안에 포함된다. 이 지식은 모든 곳에 가득 차 있는 물에 대응한다.[48] 스루티는 말한다. "주사위 게임에서 크리타 패가

---

**47** 감각의 대상들에 굴복하지 말라.
**48** 즉 말하자면, 베다에서 요구하는 모든 행위를 이행하여 얻어지는 모든 즐거움은, 나를 깨달은 사람이 자신의 나의 본질로서 발견하는 희열 안에 포함된다. 그리고 모든 사람은 온갖 종류의 제한된 희열이 무한한 희열 안에 포함된다는 것을 인정해야 한다. 그러므로 결국 나의 무한한 희열의 성취로 인도하는 카르마 요가의 길은 질문자의 가정과 달리 무익한 것일 수 없다.— (A.)

나오면, 그보다 낮은 패는 다 그 안으로 들어가지 않나, 그처럼 사람들이 행하는 모든 선행들은 그(라이크바)의 것이라네. 그러니 이제 라이크바가 어떤 인물인지 말하지 않아도 알지 않겠나."(찬도. 우. 4장 1-4). 같은 말이 여기(제4장 33절)에서도 언급될 것이다. 그러므로[49] 행위에 적합한 사람은 지식의 길에 적합해지기 전까지는 우물과 저수지들로 비유되는 행위들을 수행하는 것이 필요하다.

그리고 그대의 경우에는,

47. (그대는 지식의 길이 아니라 일의 길에 적합하다.) **그대는 일의 이행에 대한 권리는 가지고 있지만 일의 결과에 대한 권리는 결코 가지고 있지 않다. 일의 결과가 그대의 동기가 되어서는 안 된다.** (일의 결과가 동기가 되면 굴레에 휘말려 재탄생을 하게 될 것이다. 결과에 동기가 없이 일을 하면 가슴이 순수해질 것이고 그러면 아트만에 대한 지식을 얻을 가능성이 있다.) (보상이 없다면 왜 일을 해야 하는가 라고 생각하여) **일을 하지 않아도 안 된다.**

그대는 지식의 길이 아니라 오직 행위에 적합하다. 행위를 하는 동안에는 어떤 상황에서도 행위의 결과에 대한 욕망이 있지 않게 하라. 만약 그대가 행위의 결과에 대한 갈증을 갖는다면, 그대는 그런 결과들을 수확하게 될 것이다. 그러므로 행위의 결과가 그대의 동기가 되지 않게 하라. 어떤 사람이 그런 행위들의 결과에 목말라 하면서 행위를 한다면, 그는 행위의 결과로 재탄생을 가지게 될 것이다. 또한 "만약 이런 힘든 행위들의 결과가 원하는 대로 되지 않는다면, 이런 행위들이 다 무슨 소용인가?"라고 생각하면서 행하지 않음에도 애착하지 말라.

만약 행위들의 결과에 대한 욕망으로 일을 하지 않아야 한다면, 어떻게 행위들을 해야 하는가?

---

**49**  왜냐하면 카르마 요가의 길이 무익하지 않기 때문이다.—(A.)

다음이 그 대답이다.

**48. 지고의 신에게 가슴을 고정시킨 채 결과들에 대한 애착이 없이 행위를 하라.** (결과에 대한 애착이 없이 행위들을 함으로 가슴이 순수해지면 아트만에 대한 지식이 얻어진다.) **성공과 실패에 있어서 평등한 마음을 지녀라. 마음의 평등이 요가다.**

오로지 신을 위하여 확고한 헌신(요가)으로 행위를 하라. "신께서 기뻐하시기를."과 같은 애착조차도 버리고 성공과 실패에도 평등을 유지하라. 성공은 지식(갸나)의 성취에 있으며, 이 지식은 결과에 대한 열망 없이 행위들을 할 때 순수함(삿트와)을 얻는 마음의 결과로 온다. 실패는 반대 과정의 결과로 생긴다.

아르주나가 일을 행할 때 의지하도록 권유받은 그 헌신(요가)은 무엇인가? 대답은 이것이다. 즉, 성공과 실패에서의 마음의 평등이 헌신(요가)이라고 불린다.

마음의 평등을 유지하며 이슈와라에 대한 봉사로 이렇게 행해지는 행위와 비교하면,

**49. 이기적 동기를 지니고 하는 보통의 행위**(그것들을 즐기려 계속 태어나야 할 것이다.)**는 지성**(붓디)**에 의하여 안내된 행위**(평등한 마음으로 행해진, 보답에 대한 기대 없이 행해진)**보다 훨씬 열등하다. 오, 다난자야여! 지성에 피난처를 구하라. 일의 결과만을 즐기고자 행위하는 사람은 정말로 불쌍하다.**

보답을 기대하며 이루어진 행위는 아트만의 지식의 헌신에 비해, 즉 평등한 마음으로 행해지는 행위에 비해 훨씬 열등하다. 오, 다난자야여! 왜냐하면 전자는 탄생과 죽음의 원인이기 때문이다. 그러므로 요가가 성숙될 때 나중에 일어나는 샹키야의 지식보다는 요가의 지혜 안에 안식처를 찾아라. 지고의 실재의 지식 안에 안식처를 찾아라. 열등한 행위에 의지하며 그것의 결과에 대한 열망으로 행하는 자들은 불행하기 때문이다. 스루티는 말한다.

"오, 가르기여! 악샤라 즉 불멸의 존재를 알지 못한 채 이 세상을 떠나는 자는 불쌍한 자이다."(브리. 우. 3-8-13)

## 지식의 이점

이제, 평등한 마음으로 자신의 의무를 다하는 사람이 얻는 결과가 무엇인지 알아보자.

**50. 마음을 평등에 머물 수 있도록 훈련한 사람은 이번 삶에서조차 천국이나 지옥으로 나아가게 하는 선(한 행위)과 악(한 행위) 둘 다로부터 자유로워진다. 그러므로 그대는 이 요가(마음을 신에 두고, 지성과 연합한 행위의 요가)에 이르도록 힘써라. 그러면 그것은 전혀 행위가 아니다.**

평등한 마음을 가진 자는 마음의 순수와 지식을 얻음으로써 이 세상에서 선행과 악행 둘 다를 버린다. 그러므로 평등한 마음으로 행위의 헌신에 전념하라. 왜냐하면 헌신은 힘이기 때문이다. 자신의 의무를 행하는 사람의 마음이 성공이나 실패에도 한결같은 것이 헌신이다. 그의 마음은 언제나 이슈와라에 머무른다. 그것은 진정으로 힘이다. 왜냐하면 구속하는 성질을 지닌 행위들은 평등한 마음으로 행해질 때 그 성질을 잃기 때문이다. 그러므로 평등한 마음을 유지하라.

# 카르마 요가의 결과들

**51. 마음의 평등이라는 지식을 가지고 있고, 일의 결과들을 버리고, 재탄생의 굴레로부터 자유로운 현명한 사람은 의심의 여지없이 오점이 없는 상태에 이른다.**

그러므로 평온한 마음을 지닌 사람들은 행위의 결과들을 포기한다. 그래서 좋고 나쁜 탄생들을 벗어난다. 그들은 지식을 얻는다. 살아 있는 동안에 그들은 탄생의 굴레에서 풀려나며, 모든 혼란에서 자유로운 비슈누의 지고한 거처인 목샤 즉 해방의 상태에 이른다.

혹은, 세 절(제2장 49–51절)에서 가리키는 지성(붓디)은 (요가의 지성이 아니라) 샹키야의 지성, 즉 (모든 곳에 가득 찬 물에 대응하는) 절대 실재를 아는 지식일 수 있다. 이 지식은 카르마 요가에 의해 마음이 정화될 때 일어난다. 제2장 50절에서는, 지성이 선행과 악행을 직접적으로 없앤다고 말하고 있다.

행위를 통한 헌신(카르마 요가)에 의해 마음이 정화될 때 일어난다고 하는 그 확신은 언제 얻어지는가?

그 대답은 다음과 같다.

**52. 그대의 지성(붓디, 직관)이 미혹 너머로 가면, 그대는 이미 들은 것이나 앞으로 듣게 될 것에 대해 무심해질 것이다.**

나와 나 아닌 것을 혼동시키고 마음(안타카라나)으로 하여금 감각의 대상들을 향하게 만드는 미혹의 수렁을 그대의 직관(붓디)이 건너면, 즉 그대의 지성이 순수해지면, 그대는 이미 들은 것과 앞으로 듣게 될 것에 대해 싫증을 느끼게 될 것이다.[50] 그것들은 그대에게 아무런 쓸

---

50  물론 아트만, 나에 관한 경전의 가르침은 제외하고.—(A.)

모가 없어 보일 것이다.

그대는 이제 이렇게 물을 것이다. "언제 저는 미혹의 수렁을 건너고 나를 식별하는 지혜를 얻어, 지고의 진리에 대한 확신 즉 진정한 요가를 얻겠습니까?"

들어 보라.

53. 지금 그대의 지성은 경전들에 대한 충돌하는 견해를 듣고서 혼란스러워하고 있다. 그대의 지성이 사마디(신성 깨달음, 초의식, 나 깨달음)에 단단히 닻을 내릴 때, 그때 그대는 최종적인 결합을 얻은 것이다.

활동적인 삶과 은퇴의 삶에 대하여, 잡다한 목적들과 수단들 및 그것들의 모든 관계들에 대해 그동안 들어 온 것들로 인해 혼란스러워진 그대의 지성(붓디=안타카라나)이 나(사마디, 즉 그대의 명상 목표) 안에서 의심(비칼파=삼사야)과 흐트러짐(빅세파=비파르야야) 없이 확고하게 머무르면, 그대는 요가, 사마디, 즉 분별로부터 일어나는 지식을 얻게 될 것이다.

## 완벽한 현자의 특성들

아르주나는 꾸준한 사마디로 지혜를 얻은 사람들의 특징적인 표시들을 알고 싶어서 다음과 같이 질문하였다.

아르주나가 말했다.

54. 오, 케사바시여! 자신이 지고한 브람만이라는 확고한 확신을 가져, 늘 브람만에 흡수되어(사마디에) 있는 사람을 어떻게 구별할 수 있습니까? 깨달은 영혼은 어떤 식으로 말합니까? 그는 어떻게 앉습니까? 그는 어떻게 걷습니까?

자신이 지고의 브람만이라는 확고한 확신을 가지고 있으며 사마디에 들어 있는 사람은 어떠한가? 다른 사람은 그러한 사람을 어떻게 평가하는가? 확고한 지식을 가진 사람은 그 자신을 어떻게 얘기하는가? 이 절에서 아르주나는 흔들리지 않는 지식(스티타프란야)을 가진 사람의 특성들이 무엇인가를 알기 위해 질문을 한다.

제2장 55절부터 이 장의 끝까지는, 처음부터 모든 행위들을 포기하고 지식에 대한 헌신의 과정으로 들어간 사람과 행위에 대한 헌신으로 그 단계에 이른 사람에게, 흔들리지 않는 지식을 가진 사람의 특성들과 그 지식을 얻는 방법을 가르치고 있다. 영적인 과학에서는 성공한 요기의 특성들을 그 단계에 이르는 수단으로 가르친다. 그것들은 노력으로 얻어질 수 있기 때문이다. 이제 신은 노력으로 얻어질 수 있기에 또한 수단도 되는 그런 특징적인 특성들을 설명한다.

### (1) 아트만 안에서의 만족

신께서 말씀하셨다.

**55. 그는 아트만 안의 희열을 알고 다른 것은 아무것도 원하지 않는다. 욕망들은 가슴을 괴롭힌다. 그는 욕망들을 포기한다. 나는 그를 깨달은 사람이라고 부른다.**

가슴속에 들어오는 모든 욕망들을 완전히 포기하고, 자신의 가장 깊은 내면에 있는 진정한 나에 만족하고, 외적인 소유물을 갈망하지 않으며, 영원한 감로주를 얻어서 즉 지고의 진리를 깨달아서 다른 모든 것을 좋아하지 않을 때, 그는 현자라고 불리며, 나와 나 아닌 것의 분별로부터 오는 지식이 흔들리지 않는 사람이다. 만약 모든 욕망을 포기했다면, 만족을 일으키는 것이 전혀 없다. 그런데도 몸을 지닌 상태의 원인이 여전히 작용한다면, 그의 행위는 미친 사람이거나 광인의 행위와 같을 것이다. 그러므로 '나 안에서 만족하는' 등의 말을 하는 것이다. 바꿔 말하면, 자손, 소유물, 세상과 관련된 모든 욕망들을 버리고, 모든 행위들을 포기했으며, 나 안에서 기뻐하고 나와 함께 유희하는 사람, 그는 지식이 흔들리지 않는 사람이다.

### (2) 즐거움과 고통에서의 침착

더욱이,

**56. 역경**(질병이나 장애로 일어나는, 천둥이나 번개나 폭풍이나 홍수로 일어나는, 맹수로부터 오는 세 유형이 있음)
**에서도 교란되지 않고,** (자신이 부유한 환경에 있더라도) **즐거움들을 더 욕망하지 않는다. 두**
**려움이 없고, 분노가 없고, 애착의 대상들이 없다. 나는 그를 깨달은 사람이라고 부**
**른다.**

몸의 장애(아디야트미카)[51] 등으로 인해 일어날 수 있는 고통들에도 현자의 가슴은 괴로워
하지 않는다. 연료가 더해질수록 더 세지는 불과 달리, 즐거움에 대한 그의 갈망은 더 많은 즐
거움이 더해진다고 해도 늘어나지 않는다. 그런 사람을 흔들지 않는 지식을 가진 사람이라고
한다. 그런 사람을 현자, 산야신, 일들을 포기한 자라 한다.

### (3) 애착, 즐거움, 싫음이 없음

또한,

---

**51** 불행은 그 원인에 따라 다음 3가지 부류로 나뉜다. 그 자신의 신체장애로부터 생겨나는 아디야트미카, 호랑이와 같
은 외부의 대상으로부터 생겨나는 아디바우티카, 비와 폭풍을 일으키는 것들이나 약샤, 락샤사, 피사차들과 같은
존재들 등 위대하고 지성적이며 우주적인 힘들로부터 생겨나는 아다다이비카. 즐거움 또한 동일한 세 가지 부류로
나뉜다.

**57.** 그는 혈육의 속박들을 깬다. 그는 운이 좋아도 기뻐하지 않고 운이 나빠도 슬퍼

하지 않는다(그는 그것들에서 자유롭다). 나는 그를 깨달은 사람이라고 부른다.

현자는 몸의 생명에 대해서도 애착하지 않는다. 그는 즐거운 일에도 크게 기뻐하지 않

으며, 자신에게 일어나는 고통에도 괴로워하지 않는다. 이와 같이 즐거움과 괴로움에서 자유

로울 때, 식별력에서 일어나는 그의 지식은 흔들리지 않게 되었다.

### (4) 감각 대상들로부터 감각들을 완전히 거두어들임

게다가,

**58.** 거북이는 자신의 다리들을 끌어당길 수 있다. 그는 자신의 감각들을 끌어당길 수

(프라티야하라를 하여 자신의 중심인 나에 있는) 있다. 나는 그를 깨달은 사람이라고 부른다.

지식의 길에서 노력하는 헌신자는 거북이가 놀라 사방에서 사지를 거두어들이듯이 모

든 대상들로부터 감각을 거두어들인다.

질문: 질병에 걸려서 감각적인 대상들을 누릴 수 없는 사람의 감각들도 감각 대상들로

부터 철수하지만, 그것들에 대한 기호는 그치지 않습니다. 어떻게 하면 그것이 그칩니까?

대답: 들어 보라.

**59.** 감각 쾌락의 대상들을 삼가더라도 그것에 대한 그것들에 대한 미세한 욕망들을

지니고 있다. 지고의 존재를 보면, 미세한 욕망들도 그친다.

극단적인 금욕을 행하며 모든 감각 대상들을 삼가는 무지한 사람의 경우에도 감각들 ―'비사야', 원래는 감각 대상을 뜻하지만 여기에서는 감각들을 나타낸다. ― 이 대상들로부터 철수한다는 것은 사실이다. 그러나 그런 대상들에 대한 좋아함 혹은 기호는 그치지 않는다. (라사는 '스바라세나 프라브릿타', '라시카' 그리고 '라사갸' 같은 표현들에서는 좋아함 또는 기호의 의미로 사용된다.) 지고의 실재 즉 브람만을 보고 "나는 그것이다."라고 생각하는 헌신자의 경우에는 그러한 기호, 그러한 미세한 집착조차도 사라진다. 즉, 감각 대상들에 대한 그의 지각은 씨가 없어지며(니르비자) 모든 악의 근원을 잃게 된다. 그 의미는 다음과 같다. 즉, 바른 지식이 없을 때는 감각 대상들에 대한 기호가 소멸[52]될 수 없다. 그러므로 확고한 바른 지식(프라갸prajna)을 얻어야 한다.

## 억제되지 않은 감각들은 해악을 끼친다.

확고한 바른 지식을 얻으려는 사람은 첫째로 감각들을 통제해야 한다. 감각들은 통제되지 않으면 해를 끼치기 때문이다. 그래서 신은 말한다.

60. 오, 쿤티의 아들이여! 감각들은 너무나 강력하다. (그것들을 통제하려고) 노력해도 구도자의 마음을 강력한 힘으로 휩쓸어버린다. (그래서 나에 이르지 못한다.)

감각들은 위험하다. 그것들은 감각 대상에 쏠리는 사람의 마음을 동요시킨다. 늘 경계하며[53] 비록 분별력이 있는 지식으로 마음을 다스리려 하더라도, 그것들은 이와 같이 마음을

---

52  욕망을 없앨 때 지식이 일어나고 지식이 일어날 때 욕망이 사라진다고 말하는 것은 상호 의존(안요니야스라야)의 오류가 아니다. 왜냐하면 가장 거친 형태의 욕망은 지식이 처음 밝아 올 때 사라지며, 지식이 견고해지고 완전해짐에 따라 가장 미묘한 욕망들조차 소멸되기 때문이다.

53  즉, 감각적인 대상들의 악한 성질에 대해 반복적으로 생각하더라도.

동요시킨 뒤 강력한 힘으로 마음을 휩쓸어 간다.

### (5) 신에의 헌신

그러므로,

**61. 하지만 요기는 최고의 목표로 나를 명상함으로써 감각들을 통제하기를 배워야 한다. 나는 감각들을 통제하기를 배운 사람을 깨달은 사람이라고 부른다.**

그는 감각들을 다스려야 하며, 고요히 앉아서 바수데바인 나, 곧 가장 깊숙한 곳에 있는 모든 것의 나에 집중해야 한다. 그는 "나는 바로 그분이다."라고 생각하며 앉아 있어야 하는 것이다. 이와 같이 앉아서 수행을 통하여 감각들을 다스리게 된 헌신자의 지식은 확고하다.

## 감각 대상들에 대한 생각은 모든 악의 근원이다.

이제 신은 감각들을 통제하는데 실패한 사람에 관하여 모든 악의 근원을 지적한다.

**62. 감각 대상들에 생각이 머물면 그것들에 대한 애착이 일어난다. 애착이 커지면, 욕망이 일어난다. 욕망이 좌절될 때, 화가 일어난다.**

대상들에 대해 구체적으로[54] 생각할 때 대상들에 대한 애착이 일어난다. 이런저런 이유

---

[54] 즉, 그것들의 아름다움 등에 대해 생각할 때.

로 욕망이 좌절될 때 분노가 일어난다.

63. 분노하면 마음이 혼란스러워진다. 마음이 혼란스러워지면, 경험의 교훈(기억)을 잊는다. 경험을 잊으면, 이성을 잃는다. 이성을 잃으면, 그는 몰락한다.

분노로부터 옳고 그름 간의 분별의 부족인 어리석음이 일어난다. 사실, 분노한 사람이 얼이 빠질 때, 그는 심지어 구루를 모욕할 수도 있다. 얼이 빠질 때 기억을 잃는다. 호의적인 조건들이 있음에도 불구하고, 경전(샤스트라)들과 스승의 가르침에 의해 마음에 이미 인상을 남긴 것들이 일어나지 않는다. 기억의 실패로 양심(붓디)의 잃음 즉 옳고 그름(카리야, 아카리야)을 분별하는 내적 감각(안타카라나)의 무능력이 따른다. 양심을 잃음으로써 그는 완전히 파멸한다. 자신의 내적 감각이 옳고 그름 간을 분별하는데 능숙할 때만이 사람은 사람이다. 마음이 그렇게 할 수 없을 때 몰락한다. 이와 같이 양심(안타카라나, 붓디)을 잃음으로, 그는 몰락하며, 그는 인간의 열망들을 얻는 것이 금해진다.

## 감각 통제는 평화와 행복으로 나아가게 한다.

감각의 대상들을 깊이 생각하는 것이 모든 악의 근원이라고 설명되었다. 이제 해방(목샤)의 수단들은 다음과 같이 설명된다.

64. 그러나 감각들을 통제하여 좋아함과 싫어함이 없이 피할 수 없는 감각 대상들에게만 다가가야 한다. 그러한 사람은 평화를 얻는다.

감각들의 자연적인 활동은 좋아함과 싫어함이라는 특징을 지니고 있다. 해방을 열망

샹카라차리야의 바가바드 기타

하는 사람은 감각들을 다스리면서, 좋아함과 싫어함이 없는 감각(청각 등)들로 피할 수 없는 대상들에게만 다가가야 한다. 그의 내적인 감각은 그의 의지에 복종하게 되었다. 그러한 사람은 평화, 평정, 침착함을 얻는다.

질문: 평화를 얻으면 어떤 일이 일어납니까?
대답: 들어 보라.

**65. 가슴이 이 평화를 얻을 때 모든 슬픔은 끝이 난다. 그러한 고요한 사람의 이성(붓디)은 나의 지혜에 자리를 잡는다.**

평화를 얻으면 마음과 몸에 관한 헌신자의 모든 고통은 끝이 난다. 마음이 순수한 사람의 이성(붓디)은 곧 흔들리지 않게 되고, 공간(아카샤)처럼 사방에 스며들게 된다. 그것은 아트만의 형상 내에서 불변하게 머문다.

이 구절의 의미는 다음과 같다. 즉, 가슴이 순수하고 마음이 안정되어 있는 사람은 자신의 목적을 이룬다. 그러므로 경건한 사람은 사랑과 미움이 없는 감각들로, 경전에 의해 금지되지 않는 꼭 필요한 감각 대상들에게만 다가가야 한다.

평온함은 다음처럼 칭송된다.

**66. 감각들을 통제하지 못한 마음에는 아무런 붓디가 없다. 어떻게 그 마음이 아트만 지식에 헌신(명상)할 수 있겠는가? (아트만에 대한 바람은 결코 일어나지 않는다.) 아트만 지식에 헌신이 없는 사람에게 (아트만의) 평화는 없다. 평화가 없는 사람에게 어떻게 행복이 있을 수 있겠는가?**

안정적이지 않은(아육타, 아사마히타) 사람, 마음을 명상에 고정시킬 수 없는 사람에게는 아무런 지혜(붓디)가, 나의 진정한 성품에 대한 지식이 없다. 안정적이지 못한 사람에게는 명상이 있을 수 없으며, 나 지식에 대한 열정적인 헌신이 없다. 그러므로 나 지식에 헌신하지 않는 사람에게는 아무런 평화가 없으며 아무런 평온이 없다. 평화롭지 않은 사람에게 어떻게 행복이 있을 수 있겠는가? 진실로, 행복은 감각들이 감각적인 즐거움의 갈증에서 해방되는 데 있으며, 대상들에 대한 갈증(트리슈나)에 있지 않다. 이러한 갈증은 진정 고통일 뿐이다. 갈증이 있는 동안에는 행복의 흔적조차 없다. 우리는 행복의 냄새조차 맡을 수 없다.

## 감각 통제는 흔들림 없는 지식으로 가게 한다.

질문: 불안정한 사람에게는 왜 지식이 없습니까?
대답: 들어 보라.

67. 강한 바람은 배의 항로를 벗어나게 한다. 그처럼 감각들 중 어느 하나에라도 마음이 떠내려가게 두면, 그것은 그 사람의 분별(이성, 가나, 붓디)을 앗아갈 수 있다.

왜냐하면 각각의 대상들에 관계하는 감각들에 굴복하는 마음, 즉 다양한 감각 대상들에 대한 생각에 완전히 빠져 있는 마음은 나와 나 아닌 것을 분별하는 헌신자의 지식을 파괴하기 때문이다. 어떻게? 마치 바람이 배를 선원들이 예정한 진로로부터 휩쓸어 가서 길을 잃게 하듯이, 마음은 헌신자의 의식을 나로부터 휩쓸어 가서 감각의 대상들을 향하게 한다.

제2장 60-61절에 보듯이 이 주제를 여러 가지 방식으로 설명한 뒤, 신은 동일한 주제를 재차 확인함으로써 다음과 같이 결론을 내리고 있다.

68. 그러므로 오, 강한 자여! 감각들이 완전하게 통제될 때, 마음은 이제 감각 대상들

의 숲속을 더 이상 방황하지 않을 것이다. 이제 그의 아트만에 대한 지식은 흔들리지 않을 것이다.

감각 대상들을 좇는 감각들로부터 악이 일어난다는 점이 앞에서 설명되었다. 그러므로 감각들이 주관적이건 객관적이건 모든 형태들에서, 소리와 같은 감각 대상들을 제한하는 헌신자의 지식은 흔들리지 않는다.

### (6) 우주는 현자들에게 꿈에 불과하다.

분별할 수 있는 지식을 가지고 있고 그의 지식이 흔들리지 않은 사람의 경우, 일시적이거나 감각적인 그리고 초감각적 혹은 영적인 모든 것들에 대한 그의 경험은 무지(아비디야)가 중단됨에 따라 그치게 된다. 왜냐하면 경험은 무지의 결과이기 때문이다. 그리고 무지는 지식에 반대되기 때문에 무지는 그친다. 이것을 분명히 하기 위하여, 신은 얘기를 계속한다.

69. (세상적인 마음의 사람들은 나에 대한 아무런 지식이 없기 때문에 완전한 어두움에 있다.) **그들에게 밤인 것이 현자들에게는 낮이다. 그들에게 낮**(감각의 삶)**인 것이 현자들에게는 밤**(환영)**이다.**

모든 존재들에게 지고의 실재는 밤이다. 밤은 본래 타마스적이며, 사물들을 혼동하게 하는 원인이 된다. 흔들리지 않은 지식을 가진 사람만이 실재에 접근할 수 있다. 다른 존재들에게는 낮인 것이 야행성 동물들에게는 밤인 것처럼, 야행성 동물들에 대응하는 무지한 모든 존재들에게는 지고의 실재가 밤과 같이 어둡다. 왜냐하면 마음이 지고의 실재 안에 있지 않은 존재들은 실재에 다가갈 수 없기 때문이다. 지고의 실재와 관련하여, 감각들을 정복하고, 스스로를 제어하며, 무지의 잠을 없앤 요기는 완전히 깨어 있다. 모든 존재들이 깨어 있을 때, 즉 지각하는 자와 지각되는 것들을 구분하는 개념에 물들어 실제로는 무지의 밤에 잠을 자고 있는 모든 존재들이, 말하자면, 밤에 잠을 자면서 꿈을 꾸고 있을 때, 지고의 실재를 아는 현자의 눈에는 그 상태가 밤이다. 밤은 무지 그 자체이기 때문이다.

## 일들은 현자들을 위한 것이 아니다.

그러므로 일들은 무지한 사람에게 요구되며, 현자에게는 요구되지 않는다. 태양이 떠오를 때 밤의 어둠이 사라지듯이, 지혜가 떠오르면 무지는 사라진다. 지혜가 동트기 전, 무지는 행위와 수단, 결과 등 여러 가지 형태로 그 자신을 나타내며, 권위 있게 여겨지고, 모든 행위의 원천이 된다. 무지가 권위 없는 것으로 여겨질 때, 그것은 행위를 일으킬 수 없다. 행위를 자신의 의무로 여겨 행위에 관여하는 사람은 그러한 행위를 베다와 같은 권위에 의해 명령받은 것으로 여길 뿐, 이 모든 이원성을 단순한 환영으로, 어두운 밤과 같은 것으로 여기지 않는다. 그가 이 모든 이원적인 세계를 단순한 환영으로, 밤과 같은 것으로 여기는 법을 배울 때, 그가 나를 깨달을 때, 그의 의무는 행위를 하는 데 있는 것이 아니라, 모든 행위의 포기에 있다. 따라서 우리의 신은 그런 사람의 의무는 지식에 대한 헌신(갸나 니슈타)에 있다는 것을 보여줄 것이다(제5장 17절 이하).

이의: 명령injunction 이 없다면 사람은 그 과정course 에도 의지할 수 없습니다.

대답: 이 이의는 적절하지 않다. 왜냐하면 아트만에 대한 지식은 자기 자신의 나를 아는 지식을 의미하기 때문이다. 사실은 자신의 아트만에게 헌신하도록 촉구하는 명령도 필요가 없다. 아트만은 바로 자기 자신의 나이기 때문이다. 그리고 지식의 모든 수단들도 궁극적으로 나를 아는 지식으로 인도하므로 그런 이름으로 불린다. 나의 진정한 성품에 대한 지식을 얻게 되면, 지식의 수단들과 지식의 대상들은 더 이상 의식에 나타나지 않는다. 그래서 최종적인 권위(즉 베다)는 나가 실제로는 대상들을 지각하는 자가 아니라고 가르친다. 그렇게 부정함으

로써(즉 그 가르침의 결과로) 마치 깨어 있는 상태에서 꿈의 지각이 권위를 잃는 것과 마찬가지로 베다 그 자체가 권위를 잃는다. 일반적인 경험으로도 우리는 일단 어떤 지각의 대상이 지식의 기관에 의해 지각되면, (지각자의 편에서는) 어떤 지식의 기관도 더 이상 활동하지 않는다는 것을 발견한다.

### (7) 욕망과 개인적인 나의 정복

신은 이제 오로지 지혜롭고 욕망들을 버리고 흔들리지 않는 지혜를 가진 헌신자만이 해방(목샤)을 얻을 수 있으며, 쾌락의 대상들에 대한 욕망을 버리지 않고 그것을 간직하는 사람은 해방을 얻을 수 없음을 가르친다.

**70. 물이 사방에서 흘러 들어와도 거대하고 깊은 바다는 늘 변함이 없이 있는 것처럼, 나에 있는 현자는 온갖 욕망이 들어와도 평화에 있다. 감각 대상들을 욕망하는 사람은 결코 평화를 얻지 못한다.**

바다는 사방에서 흘러드는 물들로 가득 차 있다. 강물들이 사방에서 흘러들지만 바다의 상태는 변하지 않는다. 그것은 언제나 변함없이 경계 안에 머문다. 강물이 바다로 흘러들어오듯이 대상들 가운데 있어 온갖 욕망들이 들어오지만 영향을 미치지 못하는 현자는 평화(목샤)를 얻는다. 그 욕망들은 그의 아트만에 잠기며, 그것들은 그를 노예로 만들지 못한다. 그러나 외부 대상들을 갈망하는 자는 평화를 얻지 못한다.

그러므로,

**71. 모든 욕망들을 잊은 사람은 평화에 이른다. (삶에 반드시 필요한 것들조차) 바라는 것이 없이, 나의 것이라는 것이 없이, 자아가 없이**(자신의 지식을 자랑함이 없이) **산다.** (모든 것을 포기

모든 욕망들을 완전히 버리고 삶에 반드시 필요한 것들에만 만족하며 살아가는 사람, 삶에 반드시 필요한 것들에조차 집착하지 않는 사람, 신체의 생존에 필요한 것들조차 자기의 것으로 여기지 않는 사람, 자신의 지식을 자랑하지 않는 사람, 흔들리지 않는 지식을 가지고 브람만을 아는 그런 사람은 삼사라(세상적인 존재)의 모든 고통의 끝, 즉 평화(니르바나)에 이른다. 한마디로 그는 브람만 자체가 된다.

지식은 신성한 더할 나위 없는 행복으로 나아가게 한다.

지식에의 헌신은 다음과 같이 찬양된다.

**72. 이것이 브람만의 경지이다. 오, 프리타의 아들이여! 이 경지에 이른 사람은 다시 미혹에 떨어지지 않는다. 만약 그가 죽음의 순간에조차라도 이 상태에 머문다면 그는 해방을 얻는다.**(자신의 온 삶 동안에 브람만에 자리 잡은 사람이 브람만의 상태를 얻는다는 것은 말할 필요조차도 없다.)

앞서 말한 이 경지, 곧 모든 것을 포기하고 브람만 안에 거주하는 것은 신의 경지이며 브람만의 경지이다. 그것은 브람만에 속하며, 브람만 안에 존재하는 것이다. 이 경지에 이르면 더 이상 미혹되지 않는다. 심지어 생의 마지막 시기에라도 이 경지에 머무는 사람은 해방(목샤), 즉 브람만의 더할 나위 없는 행복을 얻는다. 그리고 살면서 배우는 동안 포기를 하고 브람만 안에 거주하는 사람은 브람만의 더할 나위 없는 행복인 브람만 니르바나에 도달한다는 것은 말할 필요도 없다.

# 제3장
# 그대의 의무를 행하라.

## 아르주나의 혼란

　　신이 제2장에서 설명한 지혜의 두 가지 측면은 각각 행위의 길과 포기의 길에 관한 것이다. 이것은 기타 경전에서 중요하게 다루어지고 있다. 그는 지식의 요가의 붓디(지혜의 상키야 측면)를 고수하는 사람들에게는 행위의 포기를 권했다. 오로지 그것에만 헌신함으로써 그들의 목적이 성취될 수 있다는 것을 제2장 72절에 덧붙였다. 그리고 아르주나에 대하여는 행위의 요가의 붓디(행위의 요가의 지성의 측면)에 바탕을 두고 행위에 의지해야 한다고 제2장 47절에서 선언했다. 그러나 그것만으로 지고의 선이 성취될 수 있다고 말하지는 않았다.[55] 이 말을 듣고서 아르주나는 마음이 혼란스러워 신에게 질문을 한다(제3장 1, 2절).

　　아르주나의 마음에 일어난 이러한 혼란은 쉽게 설명될 수 있다. 그는 생각한다. "신은 지고의 희열을 열렬히 추구하는 나에게 먼저 희열에 도달하는 직접적인 방법, 즉 지식의 요가의 붓디 측면의 고수를 설명하셨는데, 어찌하여 그 뒤에는 수많은 분명한 악이 내포되어 있고 희열에 이르는 간접적이고 불확실한 방법인 행위를 하라고 명령하는 것인가?" 아르주나의 질문 역시 이러한 마음 상태를 나타낸다. 그리고 그 질문에 대답하는 신의 말은 오직 경전이 앞

---

[55]　제2장 49절을 보라.—(A.)

에서 묘사한 것처럼 그렇게 지식과 행위의 차이를 구별할 때만이 설명될 수 있다.

## 지식과 행위의 비관련

어떤 주석가는 아르주나의 질문의 의미를 다르게 해석하고, 질문에 대한 신의 대답의 의미를 반대로 설명한다. 또한 그는 기타의 가르침을 그의 주석서의 도입부에서 어느 한 가지 방식으로 요약하는 반면, 이와 관련하여 질문과 대답을 다른 방식으로 해석한다. 어떻게? 서문에서 모든 다르마적 삶의 단계에서 인간을 위한 지식과 행위의 동시 결합을 가르치고 있다고 말하고 있다. 게다가 해방은 오로지 지식에 의해서만, 즉 일생을 통해 의무적인 것으로 경전에서 명하고 있는 행위들 없이도 성취될 수 있다는 교의를 단호히 부정하는 말을 분명히 하고 있다. 그러나 여기 제3장에서 그는 두 길 가운데 오직 하나의 길에 대한 헌신만을 가르친다고 주장한다. 이것은 일생을 통해 의무적인 것으로 경전에서 명하고 있는 행위들이 폐기되어야 한다고 말하는 것과 같다. 신이 그런 모순들을 가르치는 것이나 그리고 제자가 그것들을 받아들이는 것이 어떻게 가능하겠는가?

그 주석가는 아마도 모순을 다음과 같이 설명할지도 모른다. 즉, 계시서와 전승서에서 명하는 행위들을 포기하고 지식만으로 구원받는 것이 부정되는 것은 다른 단계의 사람들이 아니라 오로지 결혼한 가장의 단계에게만 해당하는 것이다.[56]

이는 또한 자기모순을 포함한다. 왜냐하면 기타 경전은 모든 단계의 사람들에게 지식과 행위의 동시 결합을 가르치고 있다고 서문에서 선언한 뒤, 어떻게 그는 이와 모순되게 여기 제3장에서는 지식에 의한 구원은 특정한 단계의 사람들만을 위한 것이라고 말할 수 있는가?

---

[56] 제3장에서는 지식에 의한 구원이 다른 단계들에 있는 사람들의 경우에도 가능하다고 말한다. 그러므로 그것들은 모순이 없이 타당하다.

그리고 나서 주석가는 그 모순을 이렇게 설명할지도 모른다. 단순히 지식에 의한, 즉 계시서에서 명하는 행위와 결합하지 않은 지식에 의한 구원은 가정 거주자에게 부정된다고 주장하는 것은 계시서에서 명하는 행위에 관한 것이다. 가정 거주자를 위한 것인 전승서에서 명하는 행위는 마치 존재하지 않는 것처럼 무시된다.[57] 이런 점에서 단순히 지식에 의한 구원은 결혼한 가장의 단계의 경우에는 부정된다.[58]

이것은 역시 부조리를 지니고 있다. 왜냐하면, 오직 전승서에서 명하는 행위와 결합된 지식에 의한 구원이 다른 단계의 사람들은 제외하고 오로지 결혼한 가장의 단계에만 부정 된다는 점을 지성적인 사람이 어떻게 믿을 수 있겠는가? 이와 반대로, 만약 네 번째 단계인 산야신의 경우에 구원을 얻는 방법으로서 전승서에서 명하는 행위가 지식과 결합되어야 한다면, 당연히 결혼한 가장의 단계에게도 지식은 계시서에서 명하는 카르마가 아니라 전승서에서 명하는 행위와만 결합되어야 한다.

그 다음에 그는 모순을 이와 같이 설명할지도 모른다. 즉, 계시서에서 명하는 행위 및 전승서에서 명하는 행위 — 결혼한 가장의 단계에서는 둘 다 중요하다 — 와 지식의 결합이 구원을 위해 반드시 필요한 것은 결혼한 가장의 단계의 경우에만 해당하는 것이며, 반면에 포기자(산야신)는 전승서에서 명하는 카르마와만 결합한 지식으로 목사에 이를 수 있다.

만약 그렇다면, 그 자체로 대단히 힘든 경전에서 명하는 행위와 전승서에서 명하는 행위의 형태로 너무 많은 수고가 가정 거주자의 몫으로 부과되게 된다.

---

57  왜냐하면 그것은 그에게 두 번째로 중요한 것이기 때문이다.
58  다음과 같이 더 자세히 설명할 수 있다.
    산야신들은 오직 계시서에서 명하는 행위만 포기한다. 그러나 그들은 여전히 어떤 행동을 해야 하고 전승서에서 명하는 어떤 제약들에 속박된다. 그러므로 구원을 얻는 수단으로서의 행위와 지식의 결합은 포기자(산야신)들의 경우에는 효력이 있다. 반면에 계시서에서 명하는 카르마는 결혼한 가장의 단계를 속박하고 있다. 다시 말해, 그는 계시서에서 명하는 카르마와 결합하지 않은 지식으로는 구원을 얻을 수 없다. 그가 행해야 하는 전승서에서 명하는 카르마는 그에게 부차적으로 중요할 뿐이다. 그리고 그에게 첫째로 중요한 계시서에서 명하는 카르마의 부재로, 전승서에서 명하는 카르마의 존재는 그에게 있어 무시될 수도 있다. 그러므로 산야신은 전승서에서 명하는 카르마와 결합된 지식에 의해 구원을 얻을 수 있는 반면에, 결혼한 가장의 단계에게는 계시서에서 명하는 카르마와 결합된 지식에 의해 구원을 얻을 수 있다.

# 경전들에서 말하는 포기

그 주석가는 이제 이렇게 말할지도 모른다. 이러한 다수의 노력 때문에 구원은 니타야 즉 계시서에서 명하는 의무적인 행위를 행할 필요가 없는 다른 단계의 사람들이 아니라 오직 결혼한 가장의 단계에 의해서만 얻어질 수 있다.[59]

이 역시 잘못이다. 왜냐하면 모든 우파니샤드, 이티하사, 푸라나, 그리고 요가 경전에서는 모든 행위의 포기가 해방을 구하는 사람에게 지식의 부속물[60]로서 지시되고 있기 때문이다. 계시서[61]와 전승서 둘 다에서, 갑작스러운 도약(세 단계 가운데 어느 하나에서 네 번째 단계로)뿐만 아니라 (세 단계를 거쳐서 네 번째 단계로) 점진적인 이행도 요구된다.

만약 그렇다면, 지식과 행위의 결합은 모든 단계의 사람들에게 필요한 것이라고 이 주석가는 반박할지도 모른다.[62]

아니다. (우리는 대답한다.) 왜냐하면 계시서의 다음 구절들이 보여 주듯이 해방을 추구하는 사람에게는 모든 행위의 포기가 지시되고 있기 때문이다.

"자손, 부, 세상에 대한 모든 욕망을 포기하고서 그들은 탁발 수행자의 삶으로 나아간다." (브리. 우. 3-5-1)

---

**59** 미남사카의 어느 의례주의 유파에 따르면, 계시서에서 명하는 카르마의 포기는 신체장애를 겪는 자들을 위해 의도된 것이다. 불구자와 맹인은 정해진 규칙에 따라 복잡한 베다의 희생 제의를 수행할 수 없기 때문이다. 이러한 관점에 따르면, 산야신들은 계시서에서 명하는 카르마를 행하지 않기 때문에 해방(목샤)을 얻을 수 없다.

**60** 만약 산야사가 오직 불구자와 맹인을 위한 것이라면, 그것은 지식의 부속물로서 의도될 수 없었을 것이다. 따라서 그러한 관점은 잘못된 것이다.

**61** "배움의 시기를 완료하면 가장이 되어야한다. 그 뒤에 그는 가정을 떠나 숲에서 거주해야 하고, 그 다음에는 세상에서 물러나야 한다. 혹은 금욕 생활을 하건 하지 않건, 배움의 시기를 마쳤건 마치지 않았건, 희생의 불을 껐건 끄지 않았건, 그는 배움의 시기에 세상에서 물러날 수도 있고, 가정이나 숲에서 물러날 수도 있다. 간단히 말해서, 세상에 싫증이 나는 바로 그날 그는 그것에서 물러나야 한다." 자발라 우파니샤드, 4.

**62** 모든 단계들이 계시서에 의해 인가되었다고 말한다면, 그들에게 각각 할당된 의무 또한 그들을 속박하고 있다. 따라서 지식과 행위의 결합은 모든 아쉬라마들 혹은 종교적 삶의 단계들에 필수적인 것이라는 점이 증명된다.

"그러므로 이러한 금욕 생활 가운데 그들은 포기가 훌륭하다고 말한다." "포기만이 탁월했다." (타잇티. 우. 4-78, 79)

"행위, 자손, 부가 아니라 포기에 의해 어떤 사람들은 불멸에 이르렀다." (같은 책, 4-12) "배움의 시기 중에도 세상을 포기할 수 있다." (자발라 우파니샤드, 4).

전승서의 다음 구절들도 인용될 수 있다.

"다르마도 포기하고 아다르마도 포기하라. 진리도 포기하고 비진리도 포기하라. 진리와 진리 아님 모두를 포기한 뒤, 그대로 하여금 그것들을 포기하게 한 그것[63]까지도 포기하라."

"삼사라(현세의 존재)가 쓸모없음을 발견하고 그 본질에 도달하기를 소망하면서, 미혼인 자는 삶에 점점 싫증이 나서 세상을 포기한다." (브리하스파티)

수카의 가르침은 다음과 같다.

"사람은 행위에 의해 속박되고, 지혜에 의해 해방된다. 그러므로 목적지를 보는 현자는 행위를 하지 않는다." (샨티파르바, 목샤다르마, 241-7)

여기(바가바드 기타)에서도 우리는 또한 "마음으로 모든 행위를 포기하고"와 같은 구절들을 발견한다(제5장 13절).

---

**63** "내가 이것들을 버렸다."라는 생각 속에 암시되는 개별성이라는 개념까지도.

# 해방은 행위의 결과일 수 없다.

해방 역시 행위의 결과가 아니므로, 어떠한 행위도 해방의 구도자에게는 소용이 없을 것이다.

이의: 필수적인 의무들의 수행은 단지 (그것들을 소홀히 함으로 오는) 죄를 피하려고 의도된 것일 뿐입니다.

대답: 그렇지 않다. 왜냐하면 죄는 오직 정식으로 네 번째 단계 즉 산야신의 단계에 들어가지 않은 사람의 경우에만 일어나기 때문이다. 배움의 시기에 있는 학생(브람마차린)들이 아직 산야신이 아닐 때, 즉 그들이 정식으로 행위를 포기하지 않았을 때 성스러운 불의 숭배(아그니카리야)를 생략함으로써 죄를 초래하는 것처럼 산야신이 그런 죄를 초래할 것이라고는 분명히 상상할 수 없다.[64]

또한 필수적인 의무들에 대한 태만(즉 비존재에 불과한 것)으로부터 죄의 발생(즉 존재하는 결과)을 상상하는 것도 진정 가능하지 않다. 비존재로부터 존재가 발생하는 것이 불가능하다는 것은 계시서에서도 다음과 같은 말로 가르치고 있다. "어떻게 비존재로부터 존재가 일어날 수 있는가?"(찬도기야 우파니샤드, 6-2). 만약 베다가 우리에게 상상할 수도 없는 것을 가르쳐야 한다면, 즉 처방된 의무들에 대한 태만으로부터 악이 일어난다면, 그것은 베다가 어떤 선에도 도움이 되지 못하며, 따라서 권위가 없다고 말하는 것과 같다. 왜냐하면 행함과 행하지 않음은 오로지 고통만 만들어 낼 것이기 때문이다. 게다가 이것은 경전 즉 계시가 드러내는 것이 아니라 창조하고 있다는 불합리한[65] 결론으로 인도하며, 이런 결론은 아무도 받아들일 수 없을 것이다. 그러므로 포기자들에게는 카르마가 없으며, 지식과 행위의 결합 또한 불합리한 것이다.

---

64  첫 번째 단계(아쉬라마)에서만 지시되고 있는 성스러운 불에 연료를 던지는 것과 베다 공부를 소홀히 함으로써 죄를 초래하는 것은 브람마차린뿐이라는 것은 모두에게 인정되고 있다. 사실, 어떤 단계의 사람이든지 그 단계의 의무들로 지시된 것들을 소홀히 하여 죄를 짓는 것은 아니다.

65  왜냐하면 그 자체로는 어떤 것도 낳을 수 없는 아바바가 절대적인 권위를 가진 경전(계시서)에 의해 그렇게 할 수 있는 힘을 부여받았다고 말하는 것과 같기 때문이다.

# 결합은 아르주나의 질문과 일치하지 않는다.

　제3장에 있는 아르주나의 질문도 설명될 수 없을 것이다. 만약 제2장에서 신이 지식과 행위는 둘 다 아르주나 그 자신 안에서 동시에 결합되어야 한다고 말했다면, 아르주나의 제3장 1절의 질문은 설명될 수 없다. 만약 지식과 행위가 아르주나 안에서 함께 결합되어야 한다고 했다면, 행위보다 우월한 지식도 분명히 그를 위해 의도된 것이다. 그러면 아르주나의 다음 말에 함축되어 있는 질문이나 비난이 있을 수 없었을 것이다. "그런데 오, 케사바시여! 어찌하여 당신께서는 저에게 이토록 끔찍한 행위를 하라고 말씀하십니까?"(제3장 1절). 둘 가운데 더 우월한 지식을 신이 앞의 가르침에서 아르주나에게만 금지했다는 것은 결코 상상할 수 없다. 그렇다면 아르주나는 하나의 길을 다른 길과 구별하는 질문을 했을 것이다. 이와 반대로 만약 신이, 지식과 행위는 서로 반대되기 때문에 한 사람이 지식과 행위에 동시에 헌신하는 것은 불가능하다는 이유로, 앞에서 지식과 행위가 각각 두 가지 다른 부류의 사람들을 위한 것이라고 가르쳤다면, 그 질문인 제3장 1절은 설명될 수 있게 된다. 하지만 질문이 무지에서 비롯된 것이라고 가정한다고 해도, 지식에의 헌신과 행위에의 헌신이 다른 두 부류의 사람들에게 각각 주어진 것이라는 신의 대답은 설명될 수가 없다. 신의 대답도 그분의 무지의 소치라고 돌릴 수 없다. 지식에의 헌신과 행위에의 헌신은 다른 두 부류의 사람들에게 각각 주어진 것이라는 신의 바로 이 대답은 지식과 행위의 결합이 불가능함을 나타낸다.

　그러므로 기타와 모든 우파니샤드의 결론은 이것이다. 즉, 해방(목샤)은 행위의 도움 없이 오직 지식에 의해서만 얻어질 수 있다는 것이다.

　만약 이 둘의 결합이 한 사람에게 가능하다면, 지식과 행위 가운데 오직 하나만 가르쳐 달라는 아르주나의 요청은 설명될 수 없을 것이다. 게다가 신은 아르주나의 경우에 지식에의 헌신이 불가능하다는 것을 다음과 같은 말로 단호히 가르친다. "그러므로 그대 또한 행위를 하라."(제4장 15절).

# 지식과 행위 중 어느 것이 더 나은가?

아르주나가 말했다.

1. 하지만 오, 자나르다나시여! 당신께서는 지식이 행위보다 더 우수하다고 가르치십니다. 오, 케샤바시여! 그런데 왜 당신께서는 저에게 이런 끔찍한 행위를 하라고 말씀하시는 것입니까?

만약 지식과 행위가 결합되어야 하는 것이라면, 그때는 구원의 방법은 오직 하나뿐일 것이다. 그리고 그 경우, 지식이 행위보다 우월하다고 말하는 아르주나는 행위로부터 지식을 근거 없이 분리하였을 것이다. 만약 이 둘이 함께 모여 하나의 목적을 위한 하나의 수단을 이루고 있는 것으로 여겨진다면, 그것들은 전혀 다른 결과[66]를 만들어 내는 별개의 것으로 여겨질 수 없다. 또한 우리는 "어찌하여 당신께서는 저에게 이토록 끔찍한 행위를 하라고 말씀하십니까?"라는 아르주나의 말을 설명할 수 없다. 이 말은 신이 지식이 행위보다 우월하다고 선언하고 나서 아르주나가 분명히 알 수 없는 어떤 이유로 행위라는 해로운 길을 따르라고 권고하는 것을 보고, 아르주나가 그를 비난하는 것처럼 보인다.

이제 만약 오직 전승서에서 명하는 행위와 지식의 결합이 신이 의도하는 바의 전부였고 아르주나가 그렇게 이해했다면, 우리가 "어찌하여 당신께서는 저에게 이토록 끔찍한 행위를 하라고 말씀하십니까?"라는 아르주나[67]의 말을 어떻게 정당하다고 인정할 수 있겠는가?

게다가,

---

66  이는 다음의 경우와 관련하여 설명될 수 있을 것이다. 즉, 지식과 행위가 함께 목샤에 이르는 하나의 방법을 이룬다면, 그것들은 전혀 다른 결과를 만들어 내는 별개의 것으로 동시에 여겨질 수 없다. 만약 이것이 가능하다면, 이 둘을 서로 다른 것으로 보는 아르주나의 생각은 어떤 정당성을 찾을 수도 있을 것이다.

67  그러면 지식과 행동의 결합을 가르쳤던 신은 아르주나에게 단순히 행동만 강요할 수 없었을 것이고, 따라서 아르주나의 불평에도 근거가 없을 것이기 때문이다.

샹카라차리야의 바가바드 기타

2. 당신의 말씀들은 서로 모순되는 것 같습니다. 그것들은 저의 지성을 혼란스럽게 하십니다. 제가 최종적인 (해방의) 희열을 얻을 수 있는 하나의 확실한 길을 말씀하여 주십시오.

의심의 여지없이 신께서는 명확하게 말하고 있다. 하지만 아르주나의 무딘 이해력에는 신의 말이 복잡해 보인다. 따라서 "당신께서는 저의 이해를 혼란스럽게 하십니다." 아르주나의 말이 의미하는 바는 다음과 같다. "제 혼란을 없애 주시겠다고 약속한 당신께서 저를 혼란스럽게 할 수는 없습니다. 그러므로 저는 '당신께서는 말하자면 저의 이해를 혼란스럽게 하십니다.' 라고 말합니다." 그리고 계속하여 말한다. "만약 두 가지 다른 부류의 구도자들을 위해 의도된 지식과 행위를 한 사람이 동시에 따를 수 없다면, 두 가지 길 가운데 '이 하나만이 아르주나에게 적합하며, 그의 이해력과 상태에 어울린다.'라고 스스로 결정하신 뒤에 그 하나의 길을 저에게 가르쳐 주십시오." 지식과 행위 둘 가운데 제가 지고의 목표에 이를 수 있는 그 하나의 길을 가르쳐 주십시오.

만약 신이 적어도 행위에의 헌신에 부속적인 것으로라도 지식을 가르치려 했다면, 왜 아르주나가 둘 가운데 하나만을 알고자 했겠는가. 신은 지식과 행위 둘 다가 아니라 둘 가운데 하나만을 그에게 가르치겠다고 말한 적이 없다. 오로지 그 경우에만 아르주나는 그가 둘 다를 가르치지 않을 것을 알고서 오직 하나만을 요청할 것이다.

## 지식과 행위의 길

신께서는 그 질문에 대하여 다음과 같이 대답한다.

신께서 말씀하셨다.

**3. 이 세상의 처음에 나는 깨달음을 얻을 수 있는 두 길을 말했다. 오, 죄 없는 이여!
지식의 길**(예리하고, 아주 지적이고, 대범한 이해를 지닌 자에게 맞는, 제2장 11-38)**과 카르마 요기를 위
한 행위의 길**(가슴을 정화시켜 지식의 길을 갈 수 있도록, 제2장, 40-53)**이다.**

처음에, 창조의 맨 처음에 내가 사람들을 창조하고 그들에게 세상적인 번영과 희열에
이르는 방법을 가르치기 위해 베다 교리의 전통을 부흥시켰을 때, 전지한 신인 나는 이 세상
에 서 — 경전의 가르침들은 세 카스트의 사람들만을 위한 것인데, 그들에 관하여 — 두 가지
헌신의 길을 가르쳤다. 그 두 가지 헌신의 길은 무엇이었는가? 그 가운데 하나는 지식의 요가,
즉 지식 — 지식 그 자체가 요가이다 — 에의 헌신으로서 상키야에게 적합한 길이었다. 상키야
는 아트만과 아트만 아닌 것에 대한 분명한 지식을 가지고 있고, 성스러운 질서의 첫 단계로
부터 세상을 포기하며, 베다의 지혜의 빛으로 사물의 본질을 보고, 파라마함사로 알려진 가장
높은 부류인 산야신에 속하며, 언제나 브람만에게만 생각이 머무는 사람이다. 다른 길은 행위
의 요가 — 행위 그 자체가 요가 혹은 헌신이다 — 에의 헌신으로서 행위에 이끌리는 요기, 즉
행위의 사람에게 적합한 길이었다.

만약 지식과 행위가 하나의 같은 목적 달성을 위한 방법으로서 한 사람에게 결합되어야
한다는 것을 신이 기타에서 이미 가르쳤거나 가르칠 예정이라면 그리고 만약 베다에서도 그렇
게 가르쳤다면, 신이 사랑하는 제자로서 자신에게 나아온 아르주나에게 어떻게 지식과 행위
의 두 가지 길이 각각 다른 두 부류의 구도자들을 위해 의도된 것이라고 가르쳤겠는가? 반면
에, 만약 아르주나가 지식과 행위에 대한 가르침을 듣고서 하나로 결합된 그 두 가지에 동시에
헌신할 것을 신이 의도했지만, 다른 사람들에게는 두 가지 길이 별개의 두 부류의 구도자들을
위한 것이라고 가르치려 했다면, 우리가 그렇게 가정한다면, 이것은 신이 좋아함과 싫어함에
빠질 수 있으므로 그러한 문제에서 권위가 없다고 말하는 것이나 마찬가지일 것이다. 이는 터
무니없는 생각이다. 그러므로 지식과 행위의 결합은 어떠한 논거로도 증명될 수 없다.

# 행위의 요가는 행위로부터의 자유로 나아가게 한다.

아르주나가 제3장 1절에서 언급한, 행위에 대한 지식의 우월성은 진실임이 분명하다. 그것에 대한 부정이 없기 때문이다. 그리고 지식의 길은 산야신만을 위해 의도된 길이라는 것도 역시 진실임이 분명하다. 두 가지 길은 두 가지 다른 구도자의 부류를 위해 의도된 것이라고 말해지고 있기 때문이다. 신의 견해는 분명히 그러하다. 이제 아르주나가 자신에게 속박을 초래하는 행위를 신이 촉구하였다는 이유로 번민하며 행위를 하지 않겠다고 결심한 것을 보고서, 신은 제3장 4절에서 계속 말한다.

혹은, 앞에서 얘기한 것과 다음에 이어지는 내용을 연결하면 다음과 같을 것이다. 즉, 지식에의 헌신과 행위에의 헌신은 서로 반대되므로 한 사람이 그 두 가지에 동시에 의지할 수는 없다. 따라서 각각의 길은 다른 길과 상당히 독립적으로 목표를 향해 나아간다고 말할 수 있을 것이다. 그러나 진실은 이렇다. 행위에의 헌신은 목표에 도달하는 하나의 방법이지만, 직접적인 방법은 아니며 지식에의 헌신으로 나아가게 하는 방법일 뿐이다. 반면에, 행위에의 헌신을 통해 도달하게 되는 지식에의 헌신은 다른 도움 없이 직접적으로 목표로 나아가게 한다. 이 점을 보여 주기 위해 신은 말한다.

**4. 아트만 지식이 수반되지 않고 단지 행위들을 포기하는 것만으로는 아무도 완성(행위로부터 자유, 행위의 포기, 아트만의 상태)에 이를 수 없다.**

'행위'는 희생의 행위(얏냐)들을 가리킨다. 이런 행위들은 현생이나 전생에 행해진 과거에 저지른 죄들을 없애는 데 이바지하며, 마음의 순수(삿트와)를 가져오는 원인이 된다. 이렇게 마음을 순수하게 함으로써 그것들은 지식이 솟아나게 하고 지식에의 헌신의 길로 인도한다. 마하바라타에서는 다음과 같이 말하고 있다.

"아트만이 깨끗한 거울로서 자신 안에서 보일 때, 죄의 카르마가 파괴됨에 따라 사람에게 지식이 솟아난다." (샨티파르바, 204-8.)

행위를 하지 않음으로써 사람이 행위 없음, 활동으로부터 자유, 즉 지식의 길에의 헌신, 행위 없는 아트만의 상태에 이를 수는 없다. 사람이 행위를 하지 않는 것으로는 활동으로부터 자유를 얻지 못한다는 말을 보면, 그 반대의 길을 통하여 즉 행위를 행함으로써 사람은 활동으로부터 자유를 얻는다는 것이 이해된다. 그렇다면 행위를 하지 않음으로써 활동으로부터 자유를 얻지 못하는 것은 무슨 까닭인가? 그 답은 다음과 같다. 왜냐하면 행위의 수행은 활동으로부터 자유를 얻기 위한 수단이기 때문이다. 적절한 방법을 통하지 않으면 분명히 목적을 달성할 수 없다. 여기뿐만 아니라 계시서에서 가르치고 있듯이, 행위에의 헌신은 활동으로부터 자유 즉 지식에의 헌신에 도달하는 방법이다. 예를 들면, 계시서의 다음 구절에서는 행위의 요가를 지식(갸나)의 요가에 이르는 방법으로 선언한다.

"브람마나들은 베다의 연구나 숭배를 통해 이것(아트만)을 알려고 한다." (브리. 우. 4-4-22)

이 구절에서 행위의 요가는 구도자들이 추구하는 아트만을 깨닫기 위한 방법으로 지적된다. 여기 바가바드 기타에서도 다음 구절들은 같은 관점을 나타낸다.

"그러나 오, 강한 자여! 포기의 상태는 행위의 요가 없이는 이르기 어렵다." (제5장 6절)
"애착이 없어 요기들은 자신을 정화하기 위하여 행위를 한다." (제5장 11절)
"숭배(얏냐), 선물, 금욕은 현명한 사람의 정화 수단들이다." (제18장 5절)

이제 다음과 같은 이의를 제기할 수 있을 것이다. 전승서에서 "모든 존재에게 두려움을 주지 않기로 약속한[68] 사람은 활동으로부터의 자유에 의지해야 한다."는 구절은 규정된 의무를 포기함으로써 행위 없음에 이를 수 있다는 것을 보여 준다. 우리의 경험도 역시 행위를 하지 않음으로써 활동으로부터의 자유에 이를 수 있다는 개념을 선호하는 것 같다. 그렇다면 활동으로부터의 자유를 추구하는 사람에게 행위의 수행이 무슨 소용이 있겠는가?

이에 답하여 신은 말한다. "지식이 없이 단지 포기하는 것만으로는, 단지 행위를 그만두는 것만으로는 아무도 완성, 즉 활동으로부터의 자유, 혹은 지식의 길에의 헌신에 이를 수 없다."

## 무지한 사람들은 자연에 의해 흔들린다.

그러면 어떤 이유로 사람은 아트만 지식이 수반되지 않은 포기만으로는 완성, 즉 활동으로부터의 자유에 이르지 못하는가? 그 이유는 다음과 같다.

5. 사실 아트만(자연의 구나들 너머에 있다.)에 대한 지식이 없는 보통의 사람들은 잠시 동안 일지라도 행위를 하지 않고 있을 수 없다. 그들은 어쩔 수 없이 자연에서 나온 구나들(속성들인 삿트와는 조화와 빛과 순수의 내용. 라자스는 열정과 움직임의 내용. 타마스는 무기력과 어두움의 내용. 삿트와는 해방에 이르는데 도움이 되며, 라자스와 타마스는 세상에 묶이게 한다.)에 의해 행위 하도록 강요 당한다.

---

**68** 결혼한 가장의 단계일 때 행한 것과 달리, 어떤 동물도 희생 제물로 바치지 않고 어떤 존재에게도 해를 끼치지 않겠다고 약속한, 즉 결혼한 가장의 단계에 부과된 모든 희생 제의를 포기한.

에너지(구나)들로는 삿트와, 라자스, 타마스 등 세 가지가 있다.[69] '모든'이란 무지하여 아트만을 알지 못하는 모든 살아 있는 존재이다. 현자[70]는 '에너지들에 의해 흔들리지 않는 자'라고 불린다(제14장 23절).

현자는 요가 수행자와 구분되었다(제3장 3절). 따라서 행위에의 헌신의 요가는 사실 현자가 아니라 오직 무지한 사람들을 위한 것이다. 구나들에 의해 흔들리지 않으며 자신 안에 어떠한 변화도 없는 현자에게는 행위의 요가가 있을 자리가 없다. 그리고 이것은 제2장 21절에 대한 우리의 논평에 상세히 설명되었다.


## 깨닫지 못한 사람은 행위의 요가를 포기하지 않아야 한다.

그런데 아트만을 모르는 사람의 경우에는 자신에게 부과된 의무를 소홀히 하는 것이 옳지 않다. 그래서 신은 말한다.

6. 행위의 기관들은 행위를 하지 않고 있지만 마음으로는 감각의 대상들을 생각하면서 앉아 있는 사람은 자신을 속이고 있다. 그는 위선자이다.

행위의 기관들이란 손과 같은 기관들이다. 자기 스스로 속이는 자, 자신의 내적인 감각을 이와 같이 속이고 있는 사람은 악한 행위를 하는 자, 위선자라고 불린다.

7. 그러나 오, 아르주나! 마음으로 감각들을 통제하면서 행위의 결과에 대한 기대 없

---

69 이들에 대한 설명은 14장을 참조하라.
70 나를 아는 사람은 구나들에 의해 흔들리지 않는다. 따라서 그것들을 넘어섰다고 말해진다. 나를 알지 못하고 몸과 감각들을 완전히 통제하지 못하는 사람은 구나들에 의해 행위를 하도록 내몰린다. —(A.)

샹카라차리야의 바가바드 기타

이, 자아 없이 행위의 기관들로서 행위를 한다면, 그는 위선자들보다 진정 더 훌륭하다.

만약 행위에만 적합한 무지한 사람이 손이나 언어 기관 등을 이용하여 행위를 하면서 마음으로 지식의 기관들을 억제하고 그 결과에 관심을 두지 않는다면, 그는 자기를 속이는 위선자보다 더 훌륭한 사람이다.

그러므로,

8. 주어진 의무를 행하라. 행위는 무행위보다 낫다. 더구나 행위 없이는 그대의 육신을 유지하는 것도 가능하지 않다.

그대의 본분은 의무적인 행위이다. 그것은 행해야 하는 일이며, 특정한 목표에 이르는 수단으로서 경전에 처방되지 않은 것이다. 결과 면에서 행위는 행위 하지 않음보다 낫다. 아무 행위도 하지 않으면 그대는 삶의 여정에서 성공에 이를 수 없다. 행위와 행위 하지 않음 사이의 다름은 우리 자신의 경험에서 이와 같이 보인다.

행위가 속박으로 이끌기 때문에 행위들을 하지 말아야 한다고 여기는 것도 잘못이다. 왜 그런가?

9. 숭배(순수한 동기 혹은 얏냐, 즉 신을 위하여 하는)로 행해질 때를 제외하고는, 이 세상의 사람들은 행위로 묶인다. 따라서 오, 쿤티의 아들이여! 그대는 모든 행위들을 숭배로 해야 한다.

여기에서 '숭배'는 지고의 신 이슈와라를 의미한다. 그래서 계시서[71]는 "숭배는 틀림없이 비슈누이다."라고 말한다. '이 세상 사람들'이란 행위에만 적합하므로 행위를 해야 하며 또한 그렇게 행위를 하는 사람들을 가리킨다. 세상 사람들은 신을 위하여 행하는 행위에 의해서는 묶이지 않는다. 애착이 없이 행위를 하라.

또한 다음과 같은 이유로, 행위에 적합한 자는 행위를 해야 한다.

**10. 창조주는 처음에 각자에게 의무를 주면서 인류를 창조했다. 그는 말했다. "이것을 하라. 그러면 너희는 번성할 것이다. 의무를 다하는 것은 소원을 이루어주는 카마데누(인드라의 소)처럼 되어 바라는 대상들을 이루어준다.**

'처음'은 창조의 초기이다. '인류'란 세 카스트로 구성된 인간들을 가리킨다. '풍요의 젖소'는 모든 소망을 이루어 주는 암소이다.

이것이 어떻게 희생에 의해 성취될 수 있는가?

**11. 이러한 희생으로 너희는 데바(우주적 일을 하고 있는 빛나는 존재)들을 기쁘게 한다. 데바들 또한 너희를 풍요롭게 할 것이다. 서로를 풍요롭게 함으로, 그대는 최고의 선을 얻을 것이다(적당한 때에 브람만에 대한 지식이나 천국에 이를 것이다.).**

"이러한 희생에 의해 너희는 인드라 같은 신들을 기쁘게 한다. 신들은 비와 같은 것들로써 너희를 풍요롭게 할 것이다." '지고의 선'이란 적당한 때에 브람만을 아는 지식에 도달하는 것을 말한다. 혹은, '천국'을 의미할 수도 있다.[72]

---

71  타잇티리야 상히타 1-7-4.
72  여기서 말하는 '지고의 선'은 브람만을 아는 지식 혹은 천국(스와르가)일 것이다. 결과는 구도자의 동기, 즉 그가 구원을 바라는지 혹은 세상적인 즐거움을 바라는지에 따라 좌우될 것이다. 전자의 경우, 희생 행위는 현생이나 다음

게다가,

**12. 데바들을 기쁘게 하라. 그대의 기도는 허락될 것이다. 하지만 감사를 표하지 않**

**고 데바들이 주는 것을 즐기기만 하는 사람들은 데바들로부터 도둑질을 하고 있다.**

너희들의 희생에 기뻐하여 신들은 너희에게 배우자, 가축, 자녀 등 모든 즐거움을 줄 것이다. 신들의 선물을 즐기기만 하는 자, 즉 신들에게 진 빚을 갚지 않고 그 자신의 몸과 감각들 [73]의 갈망만을 충족시키는 자는 실로 도둑이며, 신들의 재산을 약탈하는 자이다.

반면에,

**13. 숭배 후 (신들에게 희생물을 바친 뒤) 남은 것을 먹는 의로운 사람들은 모든 죄들로부터**

**풀려난다. 그러나 자신만을 위해서 요리하는 죄스러운 사람은 정말이지 죄를 먹는**

**다.**

신들에게 희생물을 바친 뒤에 암브로시아, 암리타라고 불리는 남은 음식을 먹는 사람들은 동물 도살의 불을 피운 화덕 등 다섯 곳[74]에서 저질러진 모든 죄들뿐 아니라, 본의 아니게 입힌 상해들과 다른 이유들로 인한 죄들로부터 해방된다. 그러나 이기적이며 자기만을 위해 음식을 요리하는 사람들의 경우에는 그들이 먹는 것 자체가 죄이며, 그들 자체가 죄인들이다.

---

생에서 가슴을 정화시키고 궁극적으로 지식에 이르게 한다. 반면, 후자의 경우에 희생 행위는 곧바로 천국(스와르가)에 이르게 한다.

73 즉, 희생, 성스러운 경전 연구, 자손으로 각각 신과 리쉬들, 피트리들을 만족시키지는 않고 자기의 몸과 감각들만을 만족시키는 사람.

74 여기에서 언급된 다섯 곳은 불을 피운 화덕, 물주전자, 자르고, 갈고, 청소하는 도구들이다. 이것들은 생명을 해치는 일이 날마다 행해지는 다섯 곳이다. 여기에서 저질러지는 죄들은 다섯 가지 위대한 희생(마하 얏나들)에 의해 씻어져야 한다고 말해진다. 위대한 희생은 모든 드비자dvija(두번째로 태어난 사람)가 행해야 하는 것이며, 부타들, 리쉬들, 사람들, 신들 그리고 피트리들을 만족시키기 위한 것이다. 마누, 2장 67-73절을 참조하라.

세상의 수레바퀴는 계속 굴러가야 한다.

또한 다음과 같은 이유로 행위에 적합한 사람은 행위를 해야 한다. 왜냐하면 세상의 수레바퀴를 계속 굴리는 것은 바로 행위이기 때문이다. 어떻게? 그 답은 계속 이어진다.

**14. 음식으로부터 모든 존재들이 생겨난다. 비로부터 음식이 자란다. 비는 희생과 봉사에서 나오는 생명의 물이다. 숭배는 행위를 함으로 생긴다.**

모든 살아 있는 생물들은, 먹을 때 피와 정액으로 바뀌는 음식에서 생겨난다는 것은 분명하다. 전승서의 다음 구절에서 말하듯이 비는 희생으로부터 생긴다.

"불 속에 던져진 공물은 태양에 도달한다. 태양으로부터 비가 내리고, 비로부터 음식 이 나오고, 이것(음식)으로부터 모든 생물이 나온다." (마누. 3장 76절)

여기에서 말하는 의식은 아푸르바[75]라 불리는 것을 나타낸다. 이 아푸르바는 의식을 바치는 자와 그 의식에 종사한 성직자들의 활동의 결과이다. 이 활동들은 베다(브람만)에 규정되어 있다.

**15. 행위의 기원은 브람마(프라크리티)에 있음을 알라. 브람마는 불멸의 존재인 브람만으로부터 나온다. 그러므로 브람만은 모든 숭배의 행위에 있다.**

그리고 베다는 불멸자, 파람아트만, 지고의 나로부터 나온다. 호흡이 사람에게서 나오

---

**75** 희생이 행해지는 때와 그 결과가 나타나는 때 사이에 희생을 취한다고 하는 보이지 않는 형태. 간략히 말해, 그것은 그 원인과 결과 사이의 연결고리이다.

듯이, 베다는 지고의 나인 악샤라, 즉 불멸자로부터 생겨났다. 그러므로 베다는 모든 것을 드러내는 것으로서 모두를 이해하고 있지만, 늘 의식으로 있다. 즉, 베다는 주로 의식과 그 의식의 방법들을 다룬다.

16. 모든 생명은 이 법칙에 의존하고 있다. 만약 사람이 세상에서 움직이고 있는 바퀴를 따르지 않고, 감각들에만 기뻐하며 사는 사람들은 죄에 있다. 그의 삶은 헛되다.

행위를 해야 하지만 감각적인 쾌락에 빠져서, 베다와 행위들에 기초하여 이슈와라에 의해 이와 같이 계속 회전하고 있는 세상의 수레바퀴를 따르지 않는 사람[76]은 헛되이 살고 있다.

그러므로 이 절(제3장 16절)의 주요 취지는 행위는 무지한 자를 위해 의도된 것이며, 그런 무지한 사람은 행위를 해야 한다는 것이다. 제3장 4-8절에서는 아트만을 아는 지식에 헌신할 자격을 얻기 전에는, 아트만을 알지 못하기에 행위에만 적합한 사람은 지식에 대한 헌신에 이르기 위한 수단으로서 행위에 대한 헌신에 의지해야 한다는 가르침이 있었다. 더 나아가, 아트만을 알지 못하기에 행위에 적합한 사람이 행위를 해야 하는 많은 이유들이 제3장 9-16절에서 부수적으로 제시되어 있다. 행위를 소홀히 함으로써 생기는 악들도 언급되어 있다.

## 행위의 요가는 아트만을 아는 사람들을 위한 것이 아니다.

이제, 신은 아르주나가 다음과 같은 질문을 한다고 가정한다. 이와 같이 움직이는 수레바퀴는 모든 사람이 따라야 하는 것인가, 아니면 무지한 사람이 앞서 설명한 행위의 길에의 헌

---

[76] 즉, 이슈와라가 명한 것처럼, 베다 경전을 연구하고 거기에 기록된 희생 행위들을 수행함으로써 수레바퀴를 따르지 않는 사람.

신을 통해 이를 수 있는 그리고 샹키야 즉 아트만을 아는 사람이 밟고 있는 지식의 길에의 헌신에 아직 도달하지 못한 자만이 따라야 하는 것인가? 이 질문에 대한 대답으로, 혹은 경전의 가르침에 대한 명확한 이해를 자진하여 제공하기 위하여, 신은 기타 경전에서 가르치려는 것이 계시서의 다음 구절에서 표현된 것과 같은 진실이라는 것을 보여 준다.

> "이것 즉 아트만을 알고 거짓된 지식에서 자유로운 브람마나(브람만, 아트만의 헌신
> 자들)들은 여전히 환영에 빠진 자들이 자연히 소중히 여기는 자손 등에 대한 모든
> 욕망들을 포기한다. 그리고 그들은 삶에 반드시 필요한 최소한의 필수품들을 위
> 하여 탁발하는 삶을 살아간다. 그들은 아트만 지식에의 헌신에 의지하는 것 외에
> 는 할 일이 없다." (브리. 우. 3-5-1)

**17. 그러나 아트만을 깨달은 사람은 항상 만족한다. 그는 기쁨과 충족의 근원을 발견했기에 더 이상 외부 세상으로부터 행복을 찾지 않는다.** (그는 더 이상 할 것이 없다. 평화를 찾았으면, 그는 더 이상 행위를 할 의무가 없다.)

그러나 아트만 지식에 헌신하는 산야신, 샹키야인의 기쁨은 감각의 대상들이 아니라 아트만 안에 있다. 그는 맛있는 음식 등이 아니라 아트만에만 만족한다. 그는 아트만 안에서만 충족된다. 다른 모든 사람들은 외부적인 물건들의 소유로부터 만족을 구하지만, 그는 오로지 아트만 안에서만 만족하며 다른 어떤 것에 대한 욕망도 없다. 아트만을 아는 그런 사람에게는 아무것도 할 일이 없다.

게다가,

**18. 그때 드디어 그는 행위를 통해 얻을 것이 없으며, 행위를 하지 않음으로 잃을 것이 없다. 그는 얻을 것이 아무것도 없기에 누군가에게 의지할 필요도 없다.**

이와 같이 아트만 안에서 기뻐하는 사람은 행위를 통해 이루려는 목적이 없다. 그렇다면 죄라 불리는 악은 행위하지 않음에서 나오는 것인가? 죄를 범해서건 아트만을 잃어서건, 어떠한 악도 이 세상에서 행위하지 않음으로부터 일어나지는 않는다. 또한 그는 행위를 통하여, 브람마로부터 움직이지 않는 물체들에 이르기까지, 어느 누구의 도움도 얻을 필요가 없다. 그는 얻을 것이 아무것도 없으므로 그것을 위하여 누군가에게 의지할 필요가 없다. 만약 그가 어떤 대상을 얻어야 한다면, 그는 그것을 얻기 위해 노력해야 할 것이다.

## 행위의 요가에 적합한 아르주나

그대는 모든 곳에 가득 차 있는 큰물에 대응하는 올바른 지식에 이르지 않았다. 제2장 46절을 참조하라. 그런 이유로,

19. (그대는 모든 곳에 가득 차 있는 큰물에 이르지 않았다.) **그러므로 애착이 없이 그대에게 주어진 의무를 항상 하라. 애착이 없이 신을 위하여 행위를 함으로 사람은 목샤에 이른다.**

애착이 없이 이슈와라를 위해 행위를 함으로써 사람은 마음의 정화를 통해 목샤에 이른다.

## 현자들은 대중에게 모범을 보여야 한다.

또한 다음과 같은 이유로 그대는 행위를 해야 한다.

**20.** 자나카 왕과 다른 이들이 행위만으로 아트만에 대한 완전한 지식에 이르렀다. 그렇지만 그들은 대중들에 대한 본보기를 세우기 위해서 행위들을 했다.

자나카와 아스바파티[77]와 같은 옛날의 현명한 크샤트리야들은 오로지 행위로 목샤에 이르고자 노력했다. 만약 그들이 올바른 지식을 가진 사람들이었다면, 우리는 그들이 행위에 관여한 이래 행위를 그만두지 않고[78] 해방에 이르기 위해 노력한 것은 세상에 본보기를 보이기 위한 것이었다고 이해해야 한다. 반면에, 만약 자나카와 같은 사람들이 올바른 지식을 얻지 못한 사람들이었다면, 그들은 마음의 정화에 이르는 수단인 행위를 통해 해방을 얻으려고 노력했던 것이라고 우리는 이해해야 한다.

만약 자나카와 같은 옛날의 사람들이 의무적인 행위를 했던 것은 그들이 무지했기 때문이며, 그 사실만으로 올바른 지식을 가지고 있고 자신의 모든 의무를 마친 사람이 행위를 해야 한다고 말할 수 없다고 그대가 생각한다면, 설령 그렇다 하더라도 그대의 현생의 크샤트리야로 태어나게 한 카르마에 따라서 그리고 대중들이 그릇된 길에 의지하는 것을 막기 위해서라도 그대는 행위를 해야 한다.

누가 세상의 번영을 지켜야 하는가? 그리고 어떻게 지켜야 하는가? 그 답은 계속 이어진다.

**21.** (사람은 사회적 동물이다.) 위대한 사람이 무엇인가를 하면, 보통 사람들도 따라 한다. 그가 세운 본보기를 세상 사람들은 따른다.

---

**77** 찬도기야 우파니샤드, 5-11-4 이하를 참조하라.

**78** 비록 자나카와 같은 사람들이 올바른 지식을 가진 사람들이었을지라도, 그들은 크샤트리야 계급이므로 네 번째 계급인 산야사로 들어갈 권리가 없었다. 그러므로 그들로 하여금 크샤트리야로 태어나게 한 그들의 프라랍다 카르마 즉, 그들을 그 탄생으로 이끌고 그 생에서 해결해야 했던 카르마에 순응하여, 그들은 일들을 포기하지 않은 채 영적인 발전을 이루었다. 그러지 않았다면 대중은 그들을 모범으로 삼지 않았을 것이다. 하지만 그들이 올바른 지식에 의해 해방(목샤)에 도달했다는 것은 당연하다.

샹카라차리야의 바가바드 기타

사람들 가운데 으뜸인 사람이 영적인 문제건 세상적인 문제건 어떤 권위를 따르든지, 그의 추종자들은 그것을 권위로 여긴다.

만약 대중들을 보호할 필요가 있다는 데 대해 그대에게 의심이 있다면, 왜 그대는 나를 지켜보지 않는가?[79]

22. 오, 프리타의 아들이여! 나를 생각해 보라. 나는 우주의 주인이다. 그러므로 나는 행위를 해야 할 필요는 없다. 내가 신성한 부를 지니고 있기에 얻어야 할 것이 아무 것도 없다. 그럼에도 불구하고 나는 계속해서 행위를 한다.

나는 해야 할 일이 아무것도 없다. 왜냐하면 얻지 못한 것이 아무것도 없기 때문이다.

23. 만약 내가 행위를 하지 않으면, 사람들 역시 나를 모방할 것이다. 오, 프리타의 아들이여!

'나의'란 사람들 가운데 최고인 나를 뜻한다.
그런데 거기에는 어떤 해로움이 있는가? 신은 말한다.

24. 내가 행위를 멈추면 어떻게 되겠는가? 그들은 모두 길을 잃었을 것이다. 그 결과 는 카스트의 뒤섞임과 우주의 파괴가 될 것이다.

만약 내가 행위를 하지 않는다면, 우주의 존속에 이바지하는 행위가 없을 것이다. 그러

---

79  즉, 어찌하여 그대는 내가 보인 본보기를 따르고 그대 스스로 본보기를 세워서 대중들이 길을 잃지 않도록 노력하지 않는가?

면 이 모든 세상은 파멸될 것이다. 게다가 나는 카스트들을 혼란시키는 자가 될 것이며, 그 때문에 이 창조물들은 파멸될 것이다. 따라서 창조물의 번영을 위해 일함에도 불구하고, 나는 그들의 파멸을 초래할 것이다. 그것은 그들의 신인 나와는 어울리지 않을 것이다.

## 무지한 사람들의 행위와 대조되는 현자들의 행위

다른 한편으로, 만약 그대 혹은 다른 사람이 자신의 목표를 이루었고 아트만을 깨달았다고 생각한다고 가정해 보자. 비록 자신을 위해서는 아무것도 할 일이 없을지라도, 그런 사람조차 다른 사람들의 번영을 위해 일해야 한다.[80]

25. 무지한 사람들은 결과들을 기대하면서 행위를 한다. 오, 바라타여, 아트만을 아는 현자들은 사람들의 발이 자신의 의무의 길을 향하도록 하면서 일을 해야 한다. (그러면 그들은 가슴이 정화되어 때가 되면 평화를 얻을 것이다.)

무지한 사람들은 "이 행위의 결과가 나에게 주어질 것이다."라고 생각하며 행위의 결과를 기대한다. '현자'들은 나를 아는 사람들이다.

나에게는, 또는 나를 알고 세상의 번영을 추구하는 다른 사람들에게는 세상 전체의 번영을 위한 것 말고는 아무것도 할 일이 없다. 나를 아는 그런 사람에게는 다음의 충고가 주어진다.

26. (무지한 사람들은 나는 이 행위를 하고 그것의 결과를 즐길 것이라고 생각한다.) 현명한 사람들은 행위

---

80  그런 사람조차 다른 이들의 번영을 고려하여 행위를 해야 한다.

들에 굶주린 무지한 사람들의 마음을 어지럽히지 않도록 조심하라. 일하는 사람의 가슴이 가장 높은 것에 고정되었을 때 일이 얼마나 신성한지 그들에게 본보기를 보여주라.

행위에 집착하는 무지한 사람들은 "나는 이 행위를 해야 하고 그것의 결과를 즐겨야 한다."고 믿는다. 어떤 현자라도 그런 확고한 믿음을 동요시키지 말아야 한다. 그러면 그는 무엇을 해야 하는가? 그는 무지한 사람들이 해야만 하는 의무적인 행위들을 스스로 열심히 그리고 잘 행하면서, 그들로 하여금 그러한 행위들을 하도록 만들어야 한다.

무지한 사람은 어떻게 하여 행위에 집착하게 되는가?

**27. 모든 행위들은 실제로 구나들**(세 구나의 균형이 교란되었을 때 창조가 시작이 된다. 그래서 몸, 감각들, 마음 등이 만들어진다. 자아로 미혹된 사람은 아트만을 몸, 마음, 생명의 힘, 감각들과 동일시한다.)**에 의하여 일어난다. 그러나 자아로 마음이 흐려진 사람들은 "나는 행위자다."라고 생각한다.**

물질적 성품은 세 가지 구나, 즉 삿트와(선), 라자스(활동), 타마스(어둠) 에너지가 균형 잡힌 상태이다. 세상적이거나 영적인 목표에 이바지하는 우리의 모든 행위들이 이루어지는 것은 스스로를 몸과 감각들로 나타내는 구나들 즉 자연의 물질적 성품의 변화에 의해서이다. 몸과 감각들의 집합체를 아트만으로 동일시하는 자아의식(아함카라)에 의해 마음이 다양하게 미혹되는 사람, 즉 몸과 감각들의 모든 속성들을 자기 자신에게 속하는 것으로 봄으로써 자신을 그것들과 철저히 동일시하는 사람은 무지로 인해 자기 자신이 행위를 한다고 본다. 그는 모든 행위에 대하여 "내가 행위자다."라고 생각한다.

그러나 현자의 경우에는,

**28. 오, 힘이 센 자여! 에너지(구나)들의 종류와 그들 각각의 기능을 잘 아는 사람은 아**

트만이 아니라 감각 기관들로서의 에너지들이 감각 대상들로서의 에너지들 사이에서 움직인다고 본다. 그렇게 생각하므로 그는 행위들에 대한 어떤 애착도 갖지 않는다.

그런데,

29. 어리석은 사람들은 "우리는 그 결과를 위해 행위를 한다."고 믿는다. 행위에 애착하는 이 사람들은 오직 그들이 한 행위의 결과만을 목표로 삼는다. 모든 것 곧 아트만을 아는 사람은 스스로 그런 사람들을 동요시키지 않아야 한다. 즉, 그들의 확신을 어지럽히지 말아야 한다.

## 해방을 열망하는 무지한 사람은 어떻게 행위들을 해야 하는가?

그렇다면 해방을 추구하며 오직 행위에만 적합한 무지한 사람은 어떻게 행위를 행해야 하는가?
그 답은 다음과 같다.

30. "나는 신을 위하여 모든 행위들을 한다."라고 생각하면서 나에게 모든 행위들을 바쳐라.

"대리인인 나는 이슈와라를 위하여 그분의 신하로서 이 일을 한다."라는 지혜로운 생각으로 바수데바이며, 신성한 존재이며, 지고의 신이며, 전지하며, 모든 것의 아트만인 나에게 모든 행위들을 바쳐라. '흥분'은 괴로움, 슬픔을 말한다.

31. 트집 잡지 않고 완전한 믿음으로 나의 이 가르침을 항상 행하는 사람은 행위의
굴레를 벗어나게 된다.

나의 이 가르침을 트집 잡지 않고, 즉 지고의 스승이며 바수데바인 나를 향한 어떤 시기심도 품지 않고 언제나 따르는 사람들 역시 행위들로부터 해방된다. 다르마와 아다르마, 행위의 공과(결과)로부터 해방된다.

32. 그러나 나의 가르침에 투덜거리고, 그것을 행하지 않는 사람들은 아무 분별력(붓디. 지성)이 없는 사람으로 알라. 그는 파멸한다.

## 자신의 행위에 미치는 인간 성품의 영향

그렇다면 왜 그들은 당신의 가르침을 따르지 않고, 다른 사람들의 의무는 행하면서 자기 자신의 의무는 소홀히 하는 것입니까? 그들은 그와 같이 당신께 반대하면서 왜 당신의 명령을 어기는 죄를 두려워하지 않습니까?

33. 현명한 사람조차도 그 자신의 물질적 성품에 따라 행동한다. 모든 살아있는 존재
들은 자신의 물질적 성품을 따른다. 강제로 금지하는 것이 무슨 소용이 있겠는가? (개
인적인 노력의 여지가 없는 듯이 보인다. 다음 수트라를 보면 그렇지 않다.)

물질적 성품(프라크리티)은 현재의 탄생이 시작될 때 나타나는 과거의 다르마와 아다르마 행위의 잠재적인 자가생산적 인상이다. 심지어 지식이 있는 사람조차 그 자신의 물질적 성품에 따라 행동하므로, 무지한 사람이 그 자신의 물질적 성품에 따라 행동한다는 것은 말할 필

요도 없다. 그러므로 모든 살아 있는 존재는 그들 자신의 물질적 성품을 따른다. 강제로 금지하는 것이 무슨 소용이 있겠는가? 바꿔 말하면, 나에게든 다른 누군가에게든 물질적 성품은 억누를 수 없는 것이다.

## 인간의 개인적인 노력의 여지

이의: 만약 모든 존재가 오로지 그 자신의 물질적 성품에 따라서 행동한다면, 그리고 그 자신의 물질적 성품을 갖지 않은 존재는 아무도 없다면, 아마도 개인적인 노력의 여지는 없을 것이고 가르침은 완전히 무의미할 것입니다.

대답: 신은 다음과 같이 답한다.

**34. 감각들이 감각의 대상들에 대한 애착과 혐오는 자연스럽다. 그러나 그대는 그와 같은 느낌들에 굴복해서는 안 된다. 그것들은 그대의 적들이다.**

소리와 같은 모든 감각 대상들에 관하여, 마음에 드는 대상을 향한 좋아함과 마음에 들지 않는 대상에 대한 싫어함이 각각의 감각 안에서 반드시 일어난다. 이제 나는 개인적인 노력과 가르침의 여지가 있는 곳을 그대에게 말해 줄 것이다. 가르침을 따르고자 하는 사람은 맨 처음부터 좋아함과 싫어함의 지배를 벗어나야 한다.

왜냐하면 우리가 개인의 물질적 성품이라고 말하는 것은 오로지 좋아함과 싫어함을 통해서만 그것의 경로로 그를 끌어들이기 때문이다. 그러면 그는 자신의 의무를 소홀히 하고 남들의 의무를 행하기 시작한다. 반면에 그것들의 적[81]을 통해 이러한 감정을 억제한다면, 그는

---

81 올바른 지식은 적이다. 왜냐하면 그것은 좋아함과 싫어함의 근원인 거짓된 지식에 적대적이기 때문이다.

오직 가르침만 유념하게 될 것이며 더 이상 그 자신의 물질적 성품에 지배받지 않을 것이다. 그러므로 아무도 이 둘의 지배를 받지 않게 하라. 그것들은 그의 적들이며, 마치 길 위의 도적들처럼 그가 올바른 길로 나아가는 데 장애물들이기 때문이다.

좋아함과 싫어함에 이끌리는 사람은 가르침을 오해할 수 있다. 그는 다른 사람의 의무 (다르마)를 따라도 좋다고 생각할 수 있다. 후자도 의무라고 보기 때문이다. 그러나 그렇게 생각하는 것은 옳지 못하다.

35. 다른 사람의 의무를 잘하는 것보다는, 이점이 없더라도 자신의 의무를 하는 것이 더 좋다. 자신의 의무를 다하다가 죽는 것이 좋다. 다른 사람의 의무를 하면 위험하다. (자신의 가능성을 나타나게 하지 않는다. 지옥으로 가게 한다.)

잘하지는 못하더라도 그 자신의 의무를 행하다 죽는 것이 다른 사람의 의무를 완벽하게 행하며 사는 것보다 더 낫다. 다른 사람의 의무는 지옥과 같은 위험으로 인도하기 때문이다.

## 욕망은 인간의 적이다.

악의 근원은 제2장 62절 등과 제3장 34절에 지적되어 있지만, 그래도 단편적이고 모호하게 표현된 것으로부터 간결하고 명확한 설명을 이끌어 내기 위해, 또는 명확한 원인이 알려졌으므로 그것을 근절시키기 위해 노력할 수 있도록, 아르주나는 묻는다.

아르주나가 말했다.
36. 그러나 오, 바르슈네야시여! 자신의 바람에 반하여 마치 힘에 강제된 듯, 사람이 죄를 범하게 하는 것은 무엇입니까?

'힘에 강제된 듯'은 마치 왕의 명령을 받은 시종처럼 거역하지 못하는 것을 말한다. 들어라. 나는 네가 묻는 그 적이 누구인지, 모든 악의 근원이 누구인지 말해 주겠다.

바르슈네야는 여기에서 신으로 불린다. 왜냐하면 그는 방해받지 않는 지배권 등의 6가지 속성들이 언제나 그의 안에서 집합적으로 완전하게 머무르고 있는 자이며, 우주의 기원 등에 대한 완전한 지식을 소유하고 있는 자이기 때문이다. 비슈누 푸라나는 말한다.

> "'신'은 지식jnana, 초연dispassion, 명성fame, 신성한 현현aishvarya, 광휘sri, 힘bala 라는 6
>
> 가지 속성들을 의미한다."(제6장 5-74절)
>
> "그는 신으로 불린다. 그는 시작과 끝, 존재들의 오고 감, 무엇이 지식이고 무엇
>
> 이 무지인지를 알고 있다."(제6장 5-78절)

**신께서 말씀하셨다.**

**37. 그것은 라자스 에너지로부터 생긴 욕망과 분노이다. 그것은 모든 것을 삼키고 죄로 가득하다. 이것들은 이 세상의 여기에 있는 그대의 적이다.**

온 세상의 적은 욕망이다. 욕망으로부터 모든 악이 살아 있는 존재들에게 온다. 어떤 원인에 의해 방해받을 때, 욕망은 분노로 변한다. 그러므로 분노는 바로 욕망 그 자체이다. 그것은 라자스의 에너지에서 나온다. 혹은 욕망 그 자체가 라자스 에너지의 원인이다. 왜냐하면 욕망은 일어날 때 라자스를 깨우며 사람에게 행동을 강요하기 때문이다. 라자스에 이끌려 노예처럼 일하면서, "나는 욕망에 이끌려 그렇게 행동하게 되었다."라고 말하는 가엾은 자들의 울부짖음을 우리는 듣는다. 그것은 죄로 가득하다. 사람이 죄를 저지르는 것은 오직 욕망에 이끌렸을 때뿐이기 때문이다. 그러므로 이 삼사라에서 욕망은 인간의 적이라는 것을 알아라.

# 욕망은 지혜를 덮고 있다.

이제 그는 그것이 어떻게 우리의 적이 되는지를 설명한다.

**38. 불이 연기로 싸여 있듯이, 거울이 먼지를 쓰고 있듯이, 태아가 자궁으로 감싸여 있듯이, 아트만은 욕망으로 덮여 있다.**

밝은 불이 그것과 함께 존재하는 어두운 연기에 싸여 있듯이, 그렇게 이것은 욕망에 가려 있다.

**39. 오, 쿤티의 아들이여! 아트만은 인류의 영원한 적인 탐욕스럽고 만족할 줄 모르는 욕망으로 덮여 있다.**

지혜로운 사람은 행위의 결과를 겪기 전에 벌써 자신이 욕망에 의해 악한 길로 이끌렸다는 것을 알며, 그래서 고통스럽게 느낀다. 그러므로 욕망은 무지한 사람이 아니라 지혜로운 사람의 영원한 적이다. 왜냐하면 무지한 사람은 대상들을 갈망할 때 욕망을 친구로 여기기 때문이다. 그는 그 결과로 고통을 받을 때에야 비로소 자신이 욕망에 의해 비참해졌다는 진실을 배운다. 그러므로 그것은 지혜로운 사람의 영원한 적이다. 그것은 만족할 줄 모르며 탐욕스럽다. 그것은 가진 것에 결코 만족하지 못하며, 어떤 것도 그것을 충족시키지 못한다. 그것의 소비력에는 끝이 없다.

## 욕망의 자리

이제 신은 지혜를 덮고 있음으로써 온 세상의 적이 되는 욕망이 어디에 있는지를 우리에게 얘기한다. 적의 위치를 알아내면 적을 쉽게 없앨 수 있다.

40. 그것이 자리하는 곳은 감각들(보거나 들음으로 욕망이 일어난다.), 마음(그것들을 생각함으로) 그리고 지성(식별)이다. 그러면 이것들은 자신의 지혜를 가려 그 육체의 거주자를 미혹시킨다.

'그것이 자리하고 있는 곳'이란 욕망이 자리하고 있는 곳이다. '이것들'은 감각, 마음, 그리고 지성(이성)을 말한다.

## 욕망을 없애는 방법

41. 그러므로 오, 바라타족의 최고인 자여! 먼저 감각들을 통제하라. 그다음에 그대는 지식과 아트만의 깨달음을 오지 못하게 하는 욕망이라는 이 사악한 적을 내버려라.

갸나는 경전과 스승으로부터 습득한 아트만과 다른 것들을 아는 지식이다. 비갸나는 그렇게 배운 지식들을 개인적으로 직접 경험하는 것이다. 지고의 선으로 인도하는 갸나와 비갸나의 파괴자를 그대에게서 내버려라.

신은 "먼저 감각들을 통달하고, 그대의 적인 욕망을 내버려라."라고 가르쳤다. 이제 이런 의문이 들 수 있다. 우리는 어디에 자리를 잡고서 욕망을 내버려야 하는가? 그 답은 다음과 같다.

42. 감각들은 감각 대상들보다 더 뛰어나고, 마음은 감각들보다 더 뛰어나고, 지성은 마음보다 더 뛰어나다고 한다. 지성보다 더 뛰어난 것은 무엇인가? 아트만(절대적 목격자, 절대적 의식)이다.

감각들은 청각 등 5가지다. 거칠고 외적이고 한계를 지니고 있는 신체와 비교해 보면, 감각들은 상대적으로 더욱 미세하고 내적이며 더 넓은 행위의 영역을 가지고 있으므로 신체보다 우수하다. 현명한 사람들은 그렇게 말한다. 감각들보다 우수한 것은 마음(충동적인 성품)이다. 그것은 생각들과 욕망들, 실수와 의심들로 이루어져 있다. 마음보다 우수한 것은 결정이라는 특성을 가진 지성(붓디)이다. 마찬가지로 모든 보이는 것들의 배후에 있으며, 지성을 포함하며, 몸 안에 거주하는 자이며, 감각들과 다른 곳에 자리한 욕망이 지혜를 덮음으로써 미혹시킨다고 하는 존재이며, 지성의 목격자이며, 아트만인 그는 지성보다 더 우수하다.

43. 그대는 지성보다 더 우수한 것을 알았으니, 나로 그대의 자아를 다스려라. 그런 다음 욕망의 형태를 하고 있는, 이해하기 힘든 그대의 적을 무너뜨려라.

지성보다 우월한 아트만을 이해하고, 그 아트만으로 자아를 제어하라. 즉 아트만[82]을 통하여 자아를 꾸준히 안정시키면서, 욕망을 없애라. 욕망은 그 성질이 복잡하고 이해하기 힘든 까닭에 정복하기가 어렵다.

---

82  새로워진 혹은 정화된 마음(자아, 마나스)은 자아의 평정(마나스 사마다나)을 얻는 수단이다.—(A.)

# 제4장
# 모든 행위들을 숭배로 하라.

❧

## 지식의 요가의 전통

앞의 두 장에서 가르친 지식에 대한 헌신의 요가는 포기를 수반하며, 행위의 요가를 통해 도달하게 된다. 활동의 삶과 물러남의 삶(프라브릿티와 니브릿티)에 관한 베다의 가르침은 이 요가 안에서 이해된다. 기타의 전반에 걸쳐 신의 가르침의 주제를 이루고 있는 것은 바로 이 요가이다. 그러므로 베다의 가르침이 결론 지어졌다고 생각하면서 신은 이 요가의 계보를 얘기함으로써 이것을 찬미한다.

**신께서 말씀하셨다.**
**1. 적을 정복하는 자여! 나는 이 불멸의 요가를 비바스와트**(태양의 신)**에게 가르쳤고,**
**비바스와트는 그것을 마누에게 가르쳤고, 마누는 그것을 익슈와쿠**(마누의 아들)**에게 가**
**르쳤다.**

나는 앞의 두 장에서 다룬 이 요가를 태초에 태양신인 비바스바트에게 전수했다. 이는 세상의 지배자인 크샤트리야들에게 힘을 불어넣어 주기 위해서였다. 오로지 이 요가의 힘을 소유했을 때만 그들은 영적 계급인 브람마나들을 보호할 수 있다. 영적 계급과 지배 계급이 잘

샹카라차리야의 바가바드 기타

유지될 때 세상이 유지될 수 있다. 그 요가는 그 불멸의 결과 때문에 영원하다. 진정, 올바른 지식에의 완전한 헌신인 이 요가의 결실은 결코 소멸되지 않는다. 비바스바트는 그것을 마누에게 전해 주었고, 마누는 최초의 통치자인 그의 아들 익슈바쿠에게 전해 주었다.

2. 그래서 이 왕실의 현자에게서 왕실의 현자에게로 전해졌다. 하지만 시간이 오래 경과되자 이 요가는 사라졌다. 오, 적을 물리치는 자 아르주나여!

그 요가가 자신의 감각들을 제어하지 못하는 나약한 사람들의 손에 들어가 상실되는 것을 보고서, 그리고 또한 그 사람들이 삶의 목표에 도달하지 못하는 것을 보고서,

3. 그대는 나의 헌신자이자 벗이기 때문에, 오늘 나는 이 고대의 그리고 비밀스러운 요가를 그대에게 가르치고 있다.

이 지식, 이 요가는 매우 깊은 비밀이다.

## 신의 화신들

어떤 사람의 마음에도 신이 모순이 되는 말을 했다는 인상을 남기지 않기 위해 그리고 그런 인상을 미리 피하기 위하여, 아르주나는 이의를 제기하듯이 질문한다.

아르주나가 말했다.
4. 비바스와트는 당신보다 오래전에 태어났습니다. 그런데 당신께서는 이 요가를 처음으로 그에게 가르치셨다는 말씀이 어떻게 가능하겠습니까?

태양의 신은 당신보다 먼저 태초에 태어났고, 당신께서는 그보다 나중에 바수데바의 가문에서 태어나셨습니다. 그런데 당신께서 태초에 태양의 신에게 이 요가를 가르쳤다는 말씀과, 동일한 당신께서 이제 나에게 그것을 가르친다는 말씀을 제가 어떻게 일치시킬 수 있겠습니까? 아르주나가 던진 질문의 의도는 바수데바가 전지전능한 신이 아니라는 인상을 무지한 자에게서 없애려는 것이었다. 이에 은총의 신이 대답한다.

신께서 말씀하셨다.

5. 오, 아르주나! 그대와 나는 많은 탄생들을 가졌다. 나는 그것들 모두를 안다. 그대는 (제3의, 직관의 눈이 열리지 않아) 알지 못한다. 오, 적들을 괴롭히는 자여!

그대는 모른다. 그대가 과거에 행했던 선하고 악한 행위가 통찰력을 방해하기 때문이다. 반면에 나는 그 모든 생을 알고 있다. 나는 본래 영원하고 순수하고 지혜롭고 자유로우며, 나의 통찰력이 방해받지 않기 때문이다.

그렇다면 영원한 신이신 당신께서는 어떻게 선한 행위와 악한 행위 없이 태어날 수 있습니까? 들어 보라.

6. 나는 탄생이 없는 자, 변하지 않는 자이며, 숨 쉬는 모든 것들의 지배자이다. 나는 태어난 것처럼 보인다. 나의 불가해한 힘인 마야(프라크리티)를 통해 나는 존재 안으로 나타난다.

비록 나는 태어나지 않으며, 본디 나의 통찰력은 쇠퇴하지 않으며, 본디 나는 브람마로부터 풀들에 이르기까지 모든 창조물의 주인이지만, 그럼에도 나의 물질적 성품(비슈누의 마야)이며 그리고 삿트와, 라자스, 타마스 등 세 가지 에너지로 이루어져 있는 것이며, 이 온 우주를 지배하는 것이며, 온 우주를 미혹시켜 자신의 나인 바수데바를 알지 못하게 하는 것인 자연(프라크리티)을 지배함으로써, 나는 나 자신의 마야를 통하여 태어나 몸을 입는 것으로 보인다. 그러나 실제로는 다른 사람들과 같지는 않다.

## 신의 화신의 목적

언제 그리고 어떤 목적을 위해 그분은 그렇게 태어나는가? 그 대답이 이어진다.

**7. 오, 바라타여! 옳음(다르마)이 쇠퇴하고 올바르지 않음(아다르마)가 만연할 때, 나는 나 자신에 육체를 부여하여(마야를 통해) 화신으로 나타난다.**

'옳음(다르마)'이란 세상적인 번영과 구원에 이르는 수단들인 카스트 제도(바르나)와 종교적 삶의 단계(아쉬라마)로 구체화된 다르마를 의미한다. 다르마가 쇠퇴할 때마다 나는 마야를 통해 나 자신을 나타낸다.
어떤 목적을 위해서?

**8. 선한 사람들을 보호하고 악한 사람들을 멸하기 위하여 그리고 다르마를 세우기 위하여 나는 대대로 존재 안에 태어난다.**

'선한 사람들'이란 올바른 길을 가는 사람들이다.

**9. 나의 신성한 탄생과 행위(그는 다섯 원소들로 된 물질이 아니라 의식으로 가득하며, 늘 행위 너머에 있다. 이것을 아는 사람은 아트만 지식에 있다.)를 아는 사람은 이 육체를 떠나면 다시 태어나지 않는다. 오, 아르주나! 그는 나에게로 온다.**

나의 탄생은 환영(마야)이다. 그것은 평범한 성질이 아니며 이슈와라 특유의 신성한 것이다. '그는 나에게로 온다.'라는 말은 그가 해방된다는 뜻이다.

## 지식(갸나)의 요가는 해방에 이르게 하는 유일한 수단이다.

이 구원의 길은 근래의 것이 아니며, 먼 고대에도 성행했던 것이다.

10. 그는 애착으로부터, 욕망과 분노로부터 달아나, 그의 안전한 안식처인 나 안에 숨는다(잠겼다). 내 존재의 불길에 깨끗이 타버린 많은 사람들이 나의 집에 이르렀다.

'나에 흡수되고'란 브람만을 깨닫는 것, 즉 자신이 이슈와라와 하나임을 안다는 것을 의미한다. '나에 피난하며'는 지고의 신에 피난처를 찾는다는 것, 즉 오로지 지혜에만 확고하게 헌신하는 것을 말한다. '지식의 고행'이란 최고의 나인 파람아트만을 아는 지식의 형태의 다르마적 고행이다. 이 복합어는 지식에의 헌신이 다른 모든 고행들과 거의 독립적이라는 것을 나타내고 있다. 이 고행의 불을 통하여 최고의 순수를 얻어서, 많은 사람들이 해방(목샤)에 도달하였다.

## 세상의 유익과 구원을 주시는 신

당신께서는 목샤 즉 당신의 존재와의 하나를 모든 사람이 아니라 소수에게만 주시니, 그것은 당신께 좋아함과 싫어함의 감정이 있는 것이 아닙니까? 대답이 이어진다.

11. 사람들이 무엇을 바라든 나는 그들이 바라는 것을 준다. 사람들이 가는 모든 길이 나의 길이다. 그들이 어떤 곳을 걷든 그것은 나에게로 이어진다. 오, 프리타의 아들이여!

나는 사람들이 나를 찾는 방식과 동기에 따라서 그들이 바라는 것들을 줌으로써 그들에게 보상을 한다. 그들은 해방을 구하지 않기 때문이다. 사람들이 쾌락과 해방을 동시에 추구 할 수는 없다. 그러므로 나는 결실을 구하는 사람들의 이기적인 목적을 들어줌으로써 그들에게 보상을 한다. 하지만 주어진 의무를 행하면서 해방을 구하는 사리사욕이 없는 사람들에게는 나의 지식을 주어 보상한다. 세상을 떠나 해방을 구하는 지식의 사람들에게는 해방(목샤)을 주어 보상한다. 마찬가지로, 고뇌에 있는 사람들에게는 고뇌에서 벗어나게 함으로써 보상을 한다. 이와 같이 나는 그들이 나를 찾는 방식으로 모든 사람들에게 보상을 한다. 그러나 나는 결코 좋아함이나 싫어함에서, 미혹에서 보상하지는 않는다. 모든 방식으로 사람들은 모든 형상 가운데 존재하는 이슈와라의 길 즉 나의 길을 따른다.[83] [여기에서 '사람들'이란 각자의 목적에 따라 정해진 일을 하는 존재들[84]을 나타낸다.]

질문: 이슈와라인 당신에게 좋아함이나 다른 모든 집착들이 없다면, 당신께서는 모든 창조물들에게 똑같이 자비롭고 모든 소망들을 이루어 주실 수 있는데, 어떻게 하여 사람들은 신이 모든 것이라는 지식을 갖고서 모두들 목샤를 소망하고 당신을 찾지 않습니까?

대답: 왜 그러한지 들어 보라.

12. 행위에서의 성공을 바라는 사람들(그들은 하나로 있는 나를 보지 못하고 다양성을 본다. 그래서 그

---

83  다시 말해, 이기적인 목적이든 해방(목샤)을 위한 것이든, 모든 사람은 행위의 길이나 지식의 길로 신을 따라야 한다. 모든 형상 속에 나로서 존재하는 것은 바로 지고의 신 그 자신이다.—(A.)
84  사람뿐만 아니라 다른 존재들도.—(A.)

들은 다양한 물질적인 것들을 원한다.)은 **데바들**(신을 대신하여 물질을 관리하는 빛의 존재들. 그들은 깨달음을 얻은 존재들은 아니다.)을 숭배한다. 물질적 성공은 이 땅에서 행위를 하면 쉽게 얻어질 수 있다.

행위의 성공을 갈망하는 사람들은 인드라와 아그니 같은 신들에게 희생을 바친다. 계시서는 말한다.

"반면에, 신을 숭배하면서 '신은 어떤 분이고, 나는 그와는 다른 어떤 존재이다.'고 생각 하는 사람은 모르고 있는 사람들이다. 그는 신들에게 가축과 같은 존재이다. 마치 가축과 사람의 관계 같이 그는 신들에게 그런 존재이다. 신들은 사람이 그 지혜를 가지는 것을 바라지 않는다." (브리. 우. 1-4-10)

왜냐하면 카스트와 종교적 삶의 단계에 따라 자신에게 주어진 일들을 하면서, 이기적인 목적으로 외부의 신들에게 희생을 바치는 사람들은 이 세상에서 행위의 결실을 빨리 얻기 때문이다. 베다의 명령들은 이 인간 세상을 위한 것이다. '이 인간 세상에서'라는 표현을 통하여 신은 다른 세계들에서도 행위가 결실을 낳는다는 것을 암시한다. 유일한 차이점은 카스트와 다르마적 삶의 단계에 근거한 명령들이 오로지 이 인간 세상에만 적용된다는 점이다.

## 사회의 네 가지 질서는 신이 만든 인간의 제도이다.

여러 카스트와 다르마의 삶의 단계들 각각의 의무들이 다른 세계들이 아니라 이 인간 세상에만 적용된다면, 그 법의 근거는 무엇인가? 그 질문은 다음과 같이 표현될 수도 있다. 여러 카스트와 삶의 단계라는 집단으로 나뉜 사람들이 모든 방식으로 당신의 길을 따라야 한다

상카라차리야의 바가바드 기타

고 했습니다. 그들이 왜 다른 길들이 아니라 반드시 당신의 길만 따라야 합니까? 대답이 이어진다.

### 13. 사회의 네 가지 질서는 구나와 카르마에 따라 나에 의해 만들어졌다. 나는 행위를 초월하고 변화가 없다는 것을 알라.

에너지(구나)와 카르마들의 구분에 따라서 네 가지 카스트(원래의 뜻은 색깔)가 나 이슈와라에 의해 창조되었다. 그 에너지들은 삿트와(선함)와 라자스(불결, 활동성), 타마스(어둠)이다. 선함이 우세한 브람마나(사제)의 행위에는 평온함과 자제력, 엄숙함 등이 있다(제18장 42절). 라자스가 우세하고 삿트와가 라자스에 종속되는 크샤트리야(전사)의 행위는 용맹하고 대담하다(제18장 43절). 라자스가 우세하고 타마스가 라자스에 종속된 바이샤(평민)의 행위는 농사, 목축, 상업 등이다(제18장 44절). 그리고 타마스가 우세하고 라자스가 타마스에 종속된 수드라의 행위는 오로지 남을 섬기는 것이다. 에너지와 카르마들의 구분에 따라서 이와 같이 네 카스트가 창조되었다. 이 네 카스트는 다른 세상들에는 존재하지 않는다. 그러므로 '이 인간 세상에서'(제4장 12절)라는 제한이 생긴 것이다.

이의: 오! 그렇다면 당신은 그 네 가지 카스트를 만든 분이므로 그 행위의 결과에 속박됩니다. 따라서 당신은 영원한 신도 영원히 자유로운 존재도 아닙니다.

대답: 마야의 관점에서 볼 때는 내가 이것을 만든 행위자이지만, 실제로는 나는 행위자가 아니며 세상(삼사라)의 지배를 받지 않는다는 것을 알라.

# 애착이 없는 행위는 자신의 영혼을 속박하지 않는다.

그대는 나를 그런 행위들의 행위자로 생각하지만, 실제로는 나는 그것들의 행위자가 아니므로,

**14.** 행위들은 나를 오염시킬 수 없으며 나는 또한 행위의 결과들도 바라지 않는다. 나를 이렇게 아는 사람은 행위에 묶이지 않는다. 결코 자신의 행위들의 노예가 되지 않을 것이다.

자아의식이 없으므로 이런 행위들은 나를 오염시켜 다시 태어나게 하지 못한다. 또한 나는 이 행위들의 결과를 기대하지도 않는다. 반면에, 세상 사람들은 그들의 행위에 애착하여 자신이 행위자라고 생각하며 그런 행위들의 결과를 갈망한다. 행위들이 그러한 사람들을 더 럽히는 것은 당연한 일이다. 나에게는 욕망과 애착 같은 것들이 없으므로 행위는 나를 더럽힐 수 없다. 나를 자신의 아트만으로 알며, "나는 행위자가 아니다. 나는 행위들의 결과에 대한 갈 망이 없다."라고 생각하는 사람들의 행위도 역시 그를 다시 태어나게 하지 않을 것이다.

"나는 행위자가 아니다. 나는 행위들의 결과에 대한 갈망이 없다."는 것을 알고서,

**15.** 옛날 사람들이 행위를 한 것처럼 그대도 행위를 하라. 가만히 앉아 있거나 행위 를 포기하지 말라. 만약 그대가 무지하다면, 자아를 정화하기 위하여 행위를 하라. 만약 그대가 현명하여 진리를 깨달았다면, 대중을 보호하기 위하여 행위를 하라.

자나카와 같은 옛날 사람들이 그렇게 행했다. 이것은 새로운 가르침이 아니다.

# 행위와 무행위의 진정한 내용

만약 행위가 여기 인간 세상에서 꼭 행해져야 한다면, 저는 당신의 말씀의 권위에 근거하여 행위를 하겠습니다. 그런데 어찌하여 당신께서는 고대인들이 그렇게 행했다고 덧붙여 말씀하십니까? 이에 답하여 신이 말한다. 들어 보라. 행위를 이해하는 것은 매우 어렵기 때문이다. 어째서 그런가?

16. 무엇이 행위인가? 무엇이 무행위인가? 현명한 자들조차도 이 질문에는 당황하였다. 그러므로 나는 그것들에 대하여 그대에게 말해주겠다. 그것을 알면, 그대는 세상(삼사라)의 악에서 놓여날 것이다.

그대는 "행위는 몸의 움직임을 의미하며, 무행위는 움직임이 없이 가만히 앉아 있는 것을 의미한다는 것은 모두들 익히 잘 알고 있다. 그것에 대해 배워야 할 것이 있을까?"라고 생각해서는 안 된다.

왜 그런가? 그 대답은 다음과 같다.

17. 경전에서 명하는 행위, 금하는 행위 그리고 무행위를 알아야 한다. 행위의 내용은 이해하기 무척 어렵다.

왜냐하면 경전에서 명하는 행위와 금하는 행위, 무행위에 대해서 배워야 할 것이 많기 때문이다. 사실, 명하는 행위, 금지된 행위, 무행위의 본질을 이해하는 것은 어렵다.

그렇다면 당신께서 가르쳐 주시겠다고 약속했고 제가 많이 배워야 한다고 하는 행위와 무행위의 본질은 무엇입니까? 들어 보라.

**18. 행위에서 무행위**(행위 없는 아트만으로, 의식으로 있는, 자연이 행위를 한다.)**, 그리고 무행위에서 행위를 보는**(몸은 행위를 하지 않고 있지만, 마음이 행위를 하는) **사람은 현명하다. 그는 행위를 하고 있을 때조차도 아트만의 고요를 유지한다.**

'행위'란 행해지는 것, 일반적인 행동을 의미한다. 무행위는 행위 안에서, 그리고 행위는 무행위 안에서 발견될 수 있다. 왜냐하면 무행위와 행위는 모두 행위자[85]를 전제로 하기 때문이다. 사실, 행위나 행위자와 같은 것에 대한 우리의 모든 경험은 오로지 아직 실재(바스투)를 깨닫지 못한 무지의 상태에서만 가능하다. 행위 안에서 무행위를 보고 무행위 안에서 행위를 보는 사람은 인간들 가운데서 지혜로운 사람이며, 헌신적인 사람(육타, 요기)이며, 그는 모든 행위를 마쳤다. 그런 사람은 이와 같이 칭송된다.

이의: '행위 안에서 무행위를 보고, 무행위 안에서 행위를 볼 수 있는 사람'이라는 이 모순은 무슨 뜻입니까? 행위는 그러한 모순을 결코 달성할 수 없는 것이 아닙니까?

대답: 이 이의는 우리의 해석에 적용되지 않는다. 세상의 무지한 사람에게는 실제로는 무행위인 것이 행위로 보이고, 실제로는 행위인 것이 무행위로 보인다. 그것들의 본질이 무엇인지를 깨우쳐주기 위해 신은 '행위 안에서 무행위를 보고, 무행위 안에서 행위를 보는 사람'이라고 말하였다. 따라서 이 말에는 모순이 없다. 여기에서 신이 가르치고자 하는 것은 꾸미지 않은 진리임에 틀림없다. 왜냐하면 그분은 행위와 무행위의 내용을 깨달은 사람을 지혜로운 사람이라고 했고, 행위와 무행위에 관해 배울 것이 많다는 말로 이 주제를 시작했기 때문이다(제4장 17절). 또한 "그것을 알면 그대는 악에서 해방될 것이다."(제4장 16절)라고 말하였다. 잘

---

85  무행위 안에서 행위를 보고 행위 안에서 무행위를 본다고 한 것은 두 경우 모두 행위자가 전제되어 있기 때문이다. 무행위는 실재하는 하나의 나가 알려질 때에만 의지되므로 그것은 나가 행위자가 아님을 전제한다는 것을 근거로 하여 여기에 반박할 수는 없다. 왜냐하면 행위나 무행위는 실재하는 나의 지식을 얻기 전에만 의지되기 때문이다.—(A.)

못된 지식으로는 결코 악에서 벗어날 수 없다. 그러므로 우리는 모든 살아 있는 존재들의 행위와 무행위를 오해하고 있다. 그들의 이 잘못된 견해를 없애기를 바라며 신이 '행위 안에서 무행위를 볼 수 있는 사람' 등에 대해 가르치고 있다는 것을 이해해야 한다. 더욱이, 그릇에 담긴 대추처럼 무행위는 행위 안에 있거나 그 안에 담겨 있다고 할 수 없으며, 행위는 무행위 안에 있다고 말할 수 없다. 왜냐하면 무행위는 행위의 부재일뿐이기 때문이다. 그러므로 신이 말하고자 하는 의미는 분명히 행위와 무행위는 사람들에 의해 올바로 이해되고 있지 않다. 마치 신기루가 물로 오인되고 진주조개가 은으로 오인되듯이 행위가 무행위로 오인되고 있다는 것이다.

이의: 행위는 모든 사람에게 늘 행위입니까? 그것은 결코 다른 어떤 것으로 보이지는 않습니까?

대답: 그렇지는 않다. 배가 움직이고 있을 때, 해안 기슭의 움직이지 않는 나무는 배의 갑판에 서 있는 사람의 눈에는 반대 방향으로 움직이는 것처럼 보인다. 우리의 눈에서 멀리 떨어진 곳에서 움직이는 물체들은 정지해 있는 것처럼 보인다. 마찬가지로, 여기에서도(진정한 나의 경우에도) 무행위는 행위로 오인되고, 행위는 무행위로 오인된다. 그러므로 이러한 잘못된 인식을 없애기 위해 신은 '행위 안에서 무행위를 볼 수 있는 사람'과 같은 말을 하는 것이다.

그런 반론에 여러 번 답변을 했지만, 오랫동안 큰 오해에 빠져 있던 사람들은 거듭거듭 착각하고, 거듭하여 가르쳐도 진리를 망각하며, 잘못된 전제에 근거하여 거듭거듭 반론을 제기한다. 그러므로 우리가 실재를 아는 것이 얼마나 힘든 일인지를 알고서 신은 그런 반론들에 몇 번이고 답을 하시는 것이다.

계시서와 전승서에서는 아트만에는 행위가 없다는 진리를 분명히 가르쳤으며, 여기에서도 제2장 20~24절에서 그 진리를 가르치고 있다. 이후에도 가르칠 것이다. 그러나 행위가 없는 아트만에게 행위를 결부시키는 것은, 비록 그것이 자신의 성품에 반할지라도, 마음의 뿌리 깊은 습관이다. 그러므로 "무엇이 행위이고 무엇이 무행위인지에 관해서는 지혜로운 사람들조차 혼동하였다."(제4장 16절)고 하였다. 행위는 신체 등에 속한다. 하지만 사람은 아트만이 행위를 하는 것으로 오해하고서, "나는 행위자이고, 행위는 나의 것이며, 내가 행위의 결과를 거둘 것이다."라고 상상한다. 마찬가지로, 그는 사실은 몸과 감각들에 속하는 행위의 중지를 아트만에 속하는 것으로 착각한다. 그리고 실제로는 활동이 중지한 결과로 생기는 행복에 대해서도 그는 "나는 고요히 있을 것이다. 그러면 나는 걱정이나 행위 없이 행복할 것이다. 그래서 이제 나는 아무것도 행하지 않는다. 나는 고요하고 행복하다."라고 상상한다. 이와 같은 그릇된 인상을 없애기 위해서 신은 '행위 안에서 무행위를 볼 수 있는 사람'이라는 등의 말씀을 하셨다.

이제, 행위로서의 성품을 여전히 가지고 있으며 몸과 감각들에 속하는 행위 모두를 행위가 없고 변하지 않는 아트만에게 그릇되게 귀속시킨다. 심지어 많이 배운 사람들까지도 "나는 행위를 한다."고 생각한다. 따라서 '행위 안에서 무행위를 보는 사람'이란 모두 행위가 아트만에 속한다고 공통적으로 추측하고 있지만 실제로는 아트만에 속하지 않는다는 올바른 지식을 가진 사람을 의미한다. 마치 배의 갑판 위에 있는 사람에게는 강가의 나무들이 반대 방향으로 움직이고 있는 것처럼 보이지만 실제로는 그 움직임이 나무들에 속하지 않는 것과 같다. 그리고 그는 무행위 안에서 행위를 보는 사람, 즉 무행위조차도 행위라는 것을 아는 사람이다. 왜냐하면 무행위란 곧 신체적, 정신적인 활동의 중지일 뿐이기 때문이다. 행위와 마찬가지로 무행위는 아트만에 속하는 것으로 그릇되게 여겨졌고, "가만히 앉아서 아무것도 하지 않으면 나는 행복해진다."는 말 속에 표현된 것처럼 자아의식의 느낌을 초래한다. 방금 설명된 것처럼 행위와 무행위의 내용을 깨달을 수 있는 사람은 인간들 가운데 지혜롭다. 그는 요기이며, 모든 행위를 하는 사람이다. 그는 악에서 놓여난다. 그는 모든 것을 이루었다.

몇몇 주석가들은 이 구절을 다른 방식으로 해석해 왔다. 어떤 방식으로? 그들은 다음과 같이 말한다. 이슈와라를 위해서 행해진 필수적인 의무는 어떠한 결과도 낳지 않으므로 비유적으로 '무행위'라는 용어를 사용했을 것이다. 즉, 그것들은 무행위나 다름없는 것이다. 그리고 그런 의무의 불이행은 악을 초래하므로 그저 비유적인 의미로 '행위'라는 용어를 사용했을 것이다. 즉, 그것은 행위나 다름없는 것이다. 따라서 그 주석가들은 그 구절을 다음과 같이 해석해 왔다. 마치 젖을 내지 못하는 젖소는 젖소가 아니라고 말할 수 있는 것처럼, "필수적인 의무들이 아무런 결과를 낳지 않으므로 그것들을 무행위로 여기는 사람, 그리고 필수적인 의무들의 불이행이 지옥이 뒤따르는 악을 낳으므로 그것들을 행위로 여기는 사람, 그는 인간들 가운데 지혜로운 사람이다."

이런 해석은 효력이 없다. 그러한 지식은 악으로부터의 해방으로 인도하지 못하므로, "그것을 알면 그대는 악에서 해방될 것이다."(제4장 16절)라는 신의 말씀은 거짓으로 판명될 것이다. 비록 단순히 논쟁을 위해서는 필수적인 의무들의 수행을 통해 악에서 해방될 수 있다는 주장을 인정할 수 있을지 몰라도, 그것들이 어떠한 결과도 낳지 않는다는 지식만으로 악에서 해방될 수 있다는 것은 결코 용인할 수 없다. 분명히, 필수적 의무가 결과를 낳지 않는다는 지식, 혹은 단지 그러한 필수적인 의무들을 아는 지식을 통해 악에서 해방될 수 있다고는 계시서 어디에도 기록되어 있지 않다. 신이 여기에서 처음으로 가르쳤다고 주장할 수도 없다.[86] 또한 무행위 안에서 행위를 보는 것에 대한 그들의 견해에 반하는 동일한 논법도 역시 효력을 갖는다. 사실, 이 가르침은 필수적인 의무들의 불이행이 행위로 간주되어야 한다고 말하는 것이 아니라, 필수적인 의무들은 이행되어야 한다고 말하고 있을 뿐이다. 더구나, 필수적 의무의 불이행이 악을 초래한다는 지식의 결과로 어떤 선함도 나올 수 없다. 필수적 의무의 불이행(본래 불이행은 존재하지 않는다)은 우리의 생각을 고정시킬 대상으로 규정될 수도 없다. 또한 무행위를 행위로 간주하는 잘못된 지식으로도 인간은 악에서 해방될 수 없으며, 지혜롭거나 경건하거나 모든 행위를 이행했다고 말할 수도 없다. 그런 지식은 칭찬받을 만한 가치가 없다. 그릇된 지식은 그 자체로 악이다. 어떻게 그런 지식이 우리를 또 다른 악으로부터 해방시킬 수 있

---

86  왜냐하면 "그것을 알면 그대는 악에서 해방될 것이다."(제4장 16절)라는 말에서 신은 거기에서 말하고 있는 것들에 대한 지식을 언급하고 있을 뿐, 필수적인 의무들이 어떠한 결과도 낳지 않는다는 특정한 지식을 언급하고 있는 것이 아니기 때문이다.

겠는가? 암흑은 암흑을 물리치지 못한다.

이의: 무행위가 행위라거나 행위가 무행위라는 지식은 잘못된 것이 아니라, 결과를 낳느냐 낳지 않느냐는 사실에 근거한 비유적인 개념입니다.

대답: 아니다. 행위와 무행위에 관한 비유적인 개념조차도 어떤 효력을 가진다고 기록되어 있는 곳이 어디에도 없기 때문이다. 이렇게 가르침의 직접적인 주제를 무시하고 다른 것에 대해 이야기하는 것은 어떠한 도움도 되지 않는다. 더구나 필수적 의무들이 결과를 낳지 않으며, 그것의 불이행이 지옥으로 나아가게 한다는 사실을 더욱 직접적으로 표현하는 것도 가능하다. 그렇다면 대체 어떤 목적을 위하여 '행위 안에서 무행위를 볼 수 있는 사람'과 같은 모호한 완곡어법을 쓰겠는가? 그런 설명은 신이 이러한 말들로 사람들을 혼동하게 만들려고 한다는 말과 동일한 것이다. 상징적인 언어를 사용함으로써 필수적인 의무들에 관한 교의를 신비화하는 것은 필요하지도 않을뿐더러, 다양한 방식으로 몇 번이고 표현하면 쉽게 이해할 수 있다고 주장하는 것도 가능하지 않다.[87] 그 같은 이론은 제2장 47절에서 더욱 분명히 표현되어 되풀이할 필요가 없기 때문이다. 알만한 가치가 있는 것은 가치 없는 것이 아니라 숭고한 것과 노력할 가치가 있는 것뿐이다. 그릇된 지식은 얻을 가치도 없으며, 그것의 실재하지 않는 대상[88]도 알 가치가 없다. 어떠한 악도 불이행에서 생길 수는 없으며, 어떠한 존재도 비존재로부터 생겨날 수 없다. 여기에서는 "비실재는 존재가 없으며"(제2장 16절)라고 했으며, 스루티에도 "어떻게 존재가 비존재로부터 생겨날 수 있겠는가?"(찬도. 우. 6-2-2)라고 쓰여 있다. 존재하는 대상이 비존재에서 생겨난다는 말은 비존재 그 자체가 존재가 되고, 존재 그 자체가 비존재가 된다고 말하는 것과 같다. 이것은 모든 증거에 반하므로 성립될 수 없다. 경전은 어떤 유익함도 낳지 못하는 행위를 명할 수 없다. 그러한 행위는 실천하는 데도 고통스러우며, 어떤 고

---

**87** 마치 우리가 비슈누에 대한 관념을 신상(神像)과 같은 상징물에 고정시키려 하는 것처럼. 우리의 생각을 고정시키기 위해 여기에서 제시된 상징물은 비실재이다.
**88** 행위(카르마)와 같은, 거짓된 지식의 대상.

통도 일부러 자초하지는 않을 것이기 때문이다. 그러한 의무의 불이행이 지옥에 이르게 한다고 인정하는 주장은 경전이 유익하지 않다는 말이나 마찬가지이다. 왜냐하면 거기에서 명하는 의무의 불이행뿐 아니라 이행도 똑같이 고통을 낳기 때문이다. 더욱이 필수적 의무들이 어떤 결과도 낳지 않는다는 것을 인정하면서, 동시에 그것들이 구원으로 이끈다고 생각하는 사람은 스스로 자기모순에 빠지게 된다.

그러므로 이 구절은 문자 그대로의 해석만을 인정하며, 우리는 그것을 이에 상응하게 해석한 것이다.

## 누가 현자인가?

행위 안의 무행위, 무행위 안의 행위에 대한 깨달음은 다음과 같이 찬미된다.

**19. 위에서 말한 진리를 깨달은 사람은 욕망들이 없이 이기적 목적이 없이 거저 행위를 한다. 브람만을 아는 지혜로운 사람들은 그를 진정한 현자라고 부른다.**

위에서 묘사된 진리를 깨달은 사람은 모든 일을 행할 때 욕망이 전혀 없으며, 그런 욕망들을 불러일으키는 목적이 전혀 없다. 그는 어떠한 직접적인 목적이 없이 그저 행위를 행한다. 만약 그가 세상의 행위를 행한다면, 그는 대중에게 모범을 보이기 위해 그렇게 하는 것이다. 만약 그가 세상의 삶을 포기했다면, 그는 오로지 몸을 유지하기 위하여 행위를 행한다. 그의 좋고 나쁜 행위들은 무행위와 행위의 깨달음에 내재하는 지식의 불에 다 타 버린다. 브람만을 아는 지혜로운 사람들은 그를 진정한 현자라고 부른다.

# 대중에 본보기가 되는 현자의 세상의 행위

무행위 안에서 행위를, 행위 안에서 무행위를 볼 수 있는 사람(즉, 행위와 무행위의 참된 본질을 깨달은 사람)은 바로 그 깨달음으로 인해 행위로부터 자유롭다. 비록 진리를 깨닫기 전에 행위를 행했을지라도, 그는 세상을 떠나서 오로지 몸을 유지하기 위해 필요한 행위 말고는 어떠한 행위도 행하지 않는다. 반면에, 행위로 시작하였으나 나에 대한 올바른 지식을 얻은 뒤 행위가 쓸모없음을 깨닫고서 행위와 그것에 따르는 모든 것을 진정으로 포기하는 사람이 있을 수 있다. 그러나 그는 어떤 이유로 자신이 행위를 포기할 수 없음을 발견하고서 세상에 본보기를 세우기 위하여 행위와 그 결과에 대한 집착 없이, 이기적인 목적이 없이 이전처럼 행위를 계속할 수 있다. 그런 사람은 실제로는 아무것도 행하지 않고 있다. 그의 행위는 무행위와 같다. 그의 모든 행위는 지식의 불꽃 속에서 불타 없어지기 때문이다. 이것을 가르치기 위하여 신은 말한다.

**20. 그의 행위는 그에게서 떨어져 나갔고, 행위의 사슬은 아트만의 지식의 불길에 녹아내려 끊어졌다. 그는 결과들로부터 얼굴을 돌렸다. 그는 아무것도 필요로 하지 않는다. 아트만으로 충분하다. 그는 행위 하며, 행위 너머에 있다.**

앞에서 설명한 진리를 알게 되어, 행위에 대한 모든 관심과 그 결과에 대한 모든 집착을 버린 사람은 언제나 만족하며 어떤 감각의 대상도 갈망하지 않는다. 그는 자신의 어떤 목적을 이루기 위한 즉, 현생이나 다음 생에 즐거움들을 얻기 위한 수단을 전혀 구하지 않는다. 그는 어떤 이기적인 목적도 지니지 않으므로 행위와 그것에 따르는 모든 것을 포기할 것이다. 하지만 행위로부터 벗어날 수 없다는 것을 발견하고서 그는 세상 사람들에게 모범을 보이기 위해 혹은 전통을 중시하는 사람들의 불만을 피하기 위해 이전과 같이 행위를 한다. 그런 사람은 행위를 하고 있어도 실제로는 아무것도 하지 않고 있다. 그는 행위가 없는 나를 깨달았기 때문이다.

샹카라차리야의 바가바드 기타

# 몸을 유지하기 위한 현자의 행위

방금 언급한 사람과는 달리 심지어 행위를 하기 전에도, 내면 가장 깊은 곳의 행위 없는 아트만으로서 만물 안에 거하는 브람만(절대자)과 자신이 하나임을 깨달은 사람은 보이거나 보이지 않는 쾌락의 대상들에 대한 욕망에서 자유롭다. 따라서 쾌락의 그런 대상들을 얻고자 하는 행위가 쓸모없음을 발견하고서 그는 단지 몸을 유지하는 데 필요한 행위 말고는 모든 행위와 그것에 따르는 것을 포기한다. 확고히 지식에 헌신하는 그런 헌신자는 해방된다. 이 점을 가르치기 위하여 신은 말한다.

**21. 그는 바라지 않으며, 욕망하지 않으며, 몸과 마음에 굴레를 씌워, 어떤 것도 그 자신의 것이라 부르지 않는다. 그는 행위 하지만, 악을 얻지 않는다.**

모든 욕망이 떠났으며, 마음과 몸을 제어하며, 모든 소유권을 포기했으며, 단지 몸의 유지를 위해 필요한 최소한의 신체적 행위만을 하는 사람, 심지어 그 행위에 대한 집착조차 없는 사람은 악한 결과를 낳는 죄를 전혀 짓지 않는다. 해방을 추구하는 자의 경우에는 다르마조차 속박의 원인이 되므로 죄이다. 그는 다르마와 아다르마로부터 모두 해방된다. 그는 삼사라에서 해방된다.

그런데 '단순한 신체적인 행위'라는 문구는 무엇을 뜻하는가? 그것은 오로지 몸에 의해서만 행해질 수 있는 행위를 뜻하는 것인가? 아니면, 몸의 존재를 유지하기 위해 필요한 행위를 뜻하는 것인가?

누군가는 질문할지도 모른다. 그런 질문이 왜 필요한 것인가? '신체적 행위'가 '몸에 의해 행해진 행위'를 의미하건 '몸의 존재를 유지하기 위해 필요한 행위'를 의미하건 무슨 상관인가?

우리는 다음과 같이 대답한다.

첫째로, 만약 '단순한 신체적 행위'가 '오직 몸에 의해서만 수행될 수 있는 행위'를 의미한다면, 그 문구는 눈에 보이거나 보이지 않는 어떤 결과를 낳는 부당한 행위를 몸으로 하는 사람조차 죄를 짓지 않는다는 것을 암시할 것이다. 그렇다면 이 가르침은 경전의 가르침과 상충할 것이다. 그리고 그렇게 말하는 것은 심지어 반론자 조차 감히 이의를 제기하지 않을 어떤 것을 부정하게 될 것이다. 게다가 '신체적 행위를 행하는 것'과 '단순한'이라는 조건들은 경전에서 규정하거나 금지한 행위들, 각각 다르마와 아다르마라고 하는 행위들을 말이나 생각으로 하는 사람은 죄를 짓게 된다는 것을 암시한다. 그렇다면 생각이나 말로써 부당한 행위를 행하는 사람은 죄를 짓는다는 말은 경전과 상충될 것이며, 생각이나 말로써 부당한 행위를 하는 사람은 죄를 짓는다고 말하는 것은 이미 알고 있는 사실을 쓸데없이 반복하는 셈이다.

둘째로, 이와 달리, 만약 '신체적인 행위'가 '몸의 존재를 유지하기 위해 필요한 행위'를 의미한다고 해석된다면, 그 가르침이 의미하는 바는 다음과 같다. 즉, 옳건 옳지 않건 현생이나 후생에 결과들을 낳는 다른 행위들을 행동과 말과 생각으로 하지 않는 사람, 세상 사람들이 보기에 몸을 유지하기 위해 필요한 행위들을 하면서, 심지어 그런 행위들에 대해 "내가 한다."라는 말 속에 암시된 것과 같은 집착조차 없이 행동과 말과 생각으로 행하는 사람, 그는 죄를 짓지 않는다. 그와 같은 사람이 죄라고 불릴 수 있는 어떠한 잘못을 저지를 수 있다고는 상상조차 할 수 없으므로 그는 다시 태어나지 않는다. 그는 어떠한 방해나 장애 없이 해방된다. 그의 모든 행위들이 지식의 불 속에서 소멸되었기 때문이다. 따라서 여기에서는 제4장 18절에서 이미 설명된 올바른 지식의 결과들이 반복되고 있을 뿐이다. 이같이 이해된 '단순한 신체적 행위'라는 문구는 반론의 여지를 남기지 않는다.

모든 소유물을 포기한 고행자는 몸의 유지에 필요한 양식과 다른 것들조차도 소유하지 않는다. 그러므로 몸은 탁발이나 다른 방법으로 유지되어야 할 것이다. 이제, 다음 구절에서 승인된 것처럼 신은 몸을 유지하는 데 필요한 음식과 다른 것들을 얻는 수단들을 얘기한다. "구걸되지 않은 것, 미리 준비되지 않은 것, 그의 노력 없이 그에게 주어진 것,……"(바우다야나 다르마수트라 2-8-12).

22. 그는 우연히 오는 것에 만족해한다. 그는 상반되는 쌍 너머로 갔다. 부러움이 없고, 성공과 실패에 있어서 마음이 평온한 그는 실제로는 아무런 행위를 하지 않고 있다.

노력하거나 요청하지 않아도 우연히 얻게 되는 모든 것에 만족하는 사람, 더위와 추위처럼 상반되는 쌍들의 엄습에 마음이 영향을 받지 않는 사람, 부러움과 질투의 감정을 품지 않는 사람, 노력 없이 자신에게 오는 것들을 얻든지 얻지 않든지 마음이 평온한 사람, 그런 헌신자는 몸의 유지에 필요한 음식과 다른 것들을 얻든지 얻지 않든지 즐거움과 고통을 느끼지 않으며, 무행위 안에서 행위를 보고 행위 안에서 무행위를 보며, 나의 참된 본질을 언제나 확고히 알고 있다. 그는 몸의 존재를 유지하기 위해 탁발을 하거나 다른 어떤 일을 하는 등 신체적인 모든 행위들을 하는 중에도 "나는 아무것도 행하지 않는다. 에너지(구나)들이 에너지(구나)들에 작용할 뿐이다."라고 여기며 어느 때건 행위자 의식을 갖지 않는다. 이같이 나는 행위자가 아님을 알기에 그는 실제로는 아무런 행위도 하지 않으며, 탁발의 행위조차 하지 않는다. 그러나 그는 다른 사람들처럼 행위하는 것으로 보이므로 사람들은 그가 행위자라고 여기며, 그가 탁발과 같은 행위들의 행위자라고 여긴다. 하지만 올바른 지식의 근원인 경전들의 가르침에 기초한 그의 관점에서 보면, 그는 전혀 행위자가 아니다. 따라서 비록 그는 몸의 유지를 위해 필요한 탁발 등의 행위를 하지만, 그리고 비록 사람들은 그가 바로 이런 행위들의 행위자라고 여기지만, 그는 매이지 않는다. 속박의 원인인 행위와 그 원인이 지혜의 불 속에서 불타 버렸기 때문이다. 이것은 제4장 19, 21절에서 이미 얘기한 말의 반복일 뿐이다.

## 현자의 세상의 행위는 그를 속박하지 않는다.

삶에서 행위로 시작하였으나 그 뒤에 행위 없는 아트만이 브람만과 하나임을 깨닫고 행위자, 행위와 결과가 존재하지 않음을 알게 된 사람, 그러나 행위를 포기할 수 있지만 그렇게 하지 않도록 막는 어떤 이유로 인하여 이전처럼 행위를 계속하는 사람은 행위를 하지 않는다는 것이 제4장 20절에서 설명되었다. 이같이 행위를 하지 않는 사람에 대하여 신은 말한다.

**23. 속박들이 깨지면 깨달음을 얻은 그의 가슴은 브람만으로 고동친다. 그의 모든 행위는 브람만에 대한 숭배이다. 그런 행위들이 악을 가져올 수 있는가?**

모든 애착이 사라지고, 다르마와 아다르마, 속박의 모든 원인이 없어지고, 마음이 언제나 지식에 고정되고, 희생의 행위를 위해서만 행동하는 사람의 행위는 그 결과와 더불어 점점 사라져 없어지게 된다.

## 지식의 숭배

그렇다면 그가 행하는 모든 행위는 무슨 이유로 그 자연적인 결과를 남기지 않은 채 완전히 사라져 없어지는 것일까? 왜 그러한지 들어 보라.

**24. 아트만을 깨달을 때 자신의 모든 삶은 숭배가 된다. 공물을 바치는 과정이 브람만이다. 브람만이 브람만의 불에 공물을 바친다. 모든 행위에서 브람만을 보는 사람들은 브람만에 이른다.** (브람만의 지식을 얻은 사람은 모든 곳에서 브람만을 본다.).

브람만을 깨달은 사람은 공물을 불속에 부어 넣고 있는 사람이 다름 아닌 브람만임을 안다. 마치 은이 은으로 오인된 진주조개와 별개로 존재하지 않는 것처럼, 부어 넣고 있는 그 사람은 아트만과 별개로 존재하지 않고 있다는 것을 안다. 앞의 예에서 은으로 보이는 것은 실제로는 진주조개일 뿐이다. 사람들이 공물을 드리고 있는 사람으로 여기는 것은 브람만을 깨달은 사람에게는 브람만일 뿐이다. 브람만이 공물이다. 즉, 공물이라고 여겨지는 것이 그에게는 다름 아닌 브람만이다. 그리고 브람만에 의하여 공물이 바쳐지고 있다. 즉, 행위자는 다름 아닌 브람만이다. 바치는 행위는 바로 브람만이다. 그리고 언제나 행위 안에서 브람만을 보는 사람이 도달할 목적지인 결과도 다름 아닌 브람만이다.

그러므로 세상에 본보기를 세우기를 소망하는 사람에 의해 행해지는 행위는 실제로는 행위가 아니다. 행위 안에 있는 브람만에 대한 깨달음에 의하여 행위가 소멸되었기 때문이다. 모든 의식을 버리고 모든 행위를 포기한 사람이 가지는 올바른 지식의 숭배라는 표현은 그 올바른 지식을 찬미하는 데 아주 적절한 것으로 보인다. 지고의 실재를 깨달은 사람에게는, 숭배와 연관된 봉헌의 도구 및 다른 부속물들이 다름이 아니라 자신의 아트만과 하나인 브람만이다.

그렇지 않다면, 모든 것이 브람만이기 때문에, 특별히 숭배의 도구와 다른 부속물들을 가리켜 브람만이라고 말할 이유가 없을 것이다. 그러므로 모든 것이 브람만임을 깨닫는 사람에게는 행위는 존재하지 않는다. 더 나아가 행위의 부속물들에 관한 모든 개념도 존재하지 않는다. 사실, 그런 개념이 없을 때는 어떠한 숭배 행위도 가능하지 않다. 불 숭배와 같은 모든 숭배는 봉헌물을 바쳐야 하는 대상의 신들이나 특정한 신과 같은 행위의 부속물이라는 경전들에서 가져온 개념과, 행위자의 자아의식 및 결과들에 대한 그의 집착과 관련되어 있다. 행위의 부속물과 결과들이라는 개념과 연합되지 않고, 결과들을 향한 갈망과 자아의식이 수반되지 않은 숭배 의식은 결코 발견되지 않고 있다.

하지만 이것 즉 지혜 숭배는 행위의 도구와 다른 다양한 부속물이라는 모든 개념, 그리고 행위 자체와 그것의 결과라는 모든 개념이 브람만이라는 하나의 개념으로 대체된 행위이다. 그러므로 그것은 전혀 행위가 아니다. 이것은 제4장 18, 20절과 제3장 28절, 제5장 8절에서 언급되었다. 이러한 가르침으로, 우리의 신은 또한 여기저기에서 행위와 그 결과 및 부속물에 관한 모든 이원적인 관념을 제거하려고 노력한다. 어떤 이기적인 목적을 위해 행해지는 불의 의식의 경우, 그 목적이 없을 때는 더 이상 목적을 위해 행해지는 불의 제의 의식이 아니라는 것이 인정되고 있다. 따라서 우리는 행위들이 의도적으로 행해지는지 그렇지 않은지에 따라 다른 결과를 낳는다는 것을 알 수 있다. 브람만의 개념이 모든 이원적인 개념 즉 봉헌 행위의 도구와 다른 부속물들, 행위 자체와 그 결과 등을 대체한 지혜로운 사람의 경우에도 역시 그의 행위는 비록 겉으로는 행위처럼 보여도 행위이기를 그친다. 그러므로 "모든 행위는 사라져 없어진다."(제4장 23절)고 하였다.

　　어떤 사람들은 이 구절을 다음과 같이 해석한다. "우리가 브람만이라 부르는 것은 행위의 도구 등과 같은 것이다. 그리고 사실, 그 자신을 행위와 그것의 부속물들과 같은 다섯 가지 형태들로 나타나서 행위를 하는 것도 바로 브람만이다." 이 경우에는 행위의 도구와 다섯 가지 부속물들의 개념은 존재하기를 그치지 않는다. 이와는 반대로, 경전에서는 비슈누에 대한 생각이 브람만이라는 개념과 신상(神像)에 고정되는 것과 마찬가지 방식으로 브람만이라는 개념도 행위와 그것의 부속물들에 고정되어야 한다. 혹은 브람만의 개념은 '이름'에 고정되어야 한다고 가르치고 있다(찬도. 우. 7-1-5를 참조하라).

　　만약 가르침의 이 특정한 부분이 여기에서 지혜의 숭배의 찬미와 관련되지 않았다면 이런 견해조차도 가능할 것이다. 반면에, 우리의 신은 여기에서 몇몇 숭배의 행위에 관해서 얘기하고, 그 후에 "물건들을 바치는 것보다 지식의 숭배가 더 낫다."(제4장 33절)라는 말로써 지혜와 올바른 지식을 찬미할 것이다. 그 구절은 지식을 하나의 숭배의 행위로 나타내기 위해 의도된 것이다. 그러나 마치 비슈누의 개념이 신상에 혹은 브람만의 개념이 '이름'에 고정되는 것처럼, 브람만의 개념이 제의 의식과 그것의 모든 부속물에 고정되어야 한다고 주장하는 사람들에게는 이제까지 얘기된 브람만에 대한 지식이 여기에서 가르침의 목표가 될 수 없다. 그들의 해석에 따르면, 이 구절은 주로 숭배 의식과 관계된 도구들 등에 관한 말일 것이기 때문이다. 게다가 해방은 브람만의 개념을 숭배 의식과 같은 상징물에 고정시키는 지식에 의해 얻어질 수 있는 것이 아니기 때문이다. 여기에서는 브람만이 바로 도달해야 할 목표라고 했다. 지식 없이도 해방을 얻을 수 있다고 주장하는 것은 진정 진리에 반하는 것이다.

그런 해석은 또한 문맥과도 반대되는 것이다. 올바른 지식은 이 장에서 다루는 주제이며(제4장 18절을 참조하라), 이 장의 결말 부분도 마지막 구절들에서 보여 주듯이 같은 주제를 다루고 있다. 이 장은 실로 올바른 지식을 찬미하면서 끝맺는다(4장 33, 39절). 따라서 현재의 주제와 상관없이 갑자기 여기에서는 브람만의 개념이 신상에 고정되어야 한다는 것을 가르치고 있다고 주장하는 것은 옳지 않다.

따라서 이 구절은 우리가 한 것처럼 해석되어야 한다.

## 숭배들은 행위로 효과가 얻어진다.

올바른 지식을 희생이라고 표현한 뒤, 신은 올바른 지식을 찬미하기 위해 다른 종류의 희생들을 계속하여 열거한다.

**25. 어떤 요기들은 데바들만 숭배한다. 어떤 이들은 아트만의 은총으로 아트만과 브람만의 동일성에 대하여 명상할 수 있다. 이들에게는 아트만이 공물이고 브람만은 그것이 바쳐지는 숭배의식의 불이다.**

행위에 헌신하는 어떤 요기들은 데바들에게만 헌신으로 오로지 숭배 의식을 행한다. 반면에, 절대자인 브람만을 아는 다른 사람들은 아트만에 의해 아트만을 브람만의 불 속에 숭배 공물로 바친다. 후자의 희생 의식에서 공물은 아트만이다. 왜냐하면 '숭배'는 아트만의 동의어 가운데 하나로 언급되기 때문이다. 아트만은 실제로는 브람만과 하나이지만, 그에게 덧씌워지는 모든 속성들을 가진 조건들에 의해 제한된다. 아트만의 이 공물은 아트만에 의해 브람만(여기에서는 그 공물이 바쳐지는 장소인 불로 표현되었다) 속으로 바쳐진다. 다음 구절에서 그것을 묘사한다.

"브람만은 실재이며, 의식이고, 무한이다." (타잇티. 우. 2-1)

"브람만은 의식이고, 희열이다." (브리. 우. 5-9-28)

"브람만은 모든 존재에 의해 즉시 인식되며, 모든 존재의 가장 깊은 내면에 있는

아트만이다." (브리. 우. 3-2-1)


브람만은 배고픔과 목마름 같은 세상적인 존재의 특성이 전혀 없으며, 경전에서 "그것은 그와 같지 않으며, 그것은 그와 같지 않다."(브리. 우. 4-4-27)라고 가르친 것처럼 어떤 특정한 형태로 상상할 수가 없다.

제한된 아트만이 절대적인 브람만과 하나라는 것을 아는 것은 아트만을 브람만 안에 숭배의 공물로 바치는 것이다. 이것이 바로 모든 행위를 포기하고서 아트만이 브람만과 하나라는 지식에 언제나 확고부동한 사람들이 행하는 숭배의 행위이다.

제4장 24절에서 묘사된 이런 지식의 숭배는 그것을 찬미하기 위하여(제4장 33절) 여기에서 데바들의 숭배 및 다른 것들과 함께 언급되었다.

**26. 어떤 이들은 모든 감각들을 나의 안내 아래에 있게 하고는 항상 감각 대상들과의 접촉을 허락하지 않는다. 이것 역시 숭배의 행위이다. 다른 이들은 순수하고 금지되지 않은 감각 대상들에게만 향하게 한다.**

어떤 요가 수행자들은 듣기와 그 밖의 감각들을 제어의 불들 속에 바친다. '불들'이라는 복수형이 사용된 까닭은 각각의 감각들에 따라서 제어가 다르기 때문이다. 그들은 항상 감각들을 제어하는 데 열중한다. 반면에, 다른 이들은 감각의 대상들을 감각의 불들 속에 숭배 공물로 바친다. 다시 말해, 그들은 감각들을 오로지 금지되지 않은 감각 대상들에게만 향하도록 하는 것을 숭배 행위로 간주한다.

**27.** 어떤 이들은 자신의 마음을 브람만 즉 아트만에 집중할 때, 감각들과 호흡은 기능하기를 그친다. 감각들과 호흡은 그것들의 원인 안으로 흡수된다.

'불붙여진'이란 말은 등불이 기름에 의해 불붙듯이 분별의 지식에 의해 불붙는 것을 의미한다. 각자의 몸 안에 있는 프라나 즉 생명의 공기의 작용은 팽창과 수축 등이다. 감각들과 생명의 공기는 요가 수행자가 마음을 아트만에 집중하는 동안 완전히 해체된다.

**28.** 어떤 이들은 자선으로 물질적 부를 나누고, 다른 이들은 고행들을 하고, 어떤 이들은 라자 요가 수행을 하고, 어떤 이들은 경전들을 공부한다. 그들은 이러한 것들을 숭배로 바친다.

사람들 가운데 어떤 사람들은 가치 있는 물질을 포기함으로써 희생한다. 어떤 사람들은 고행하여 희생하고, 어떤 사람들은 프라나(생명의 힘)의 조절과 외부 대상으로부터 마음을 거두어들임(프리티야하라)과 같은 훈련들을 포함하는 요가 수행을 희생으로 바친다. 또 어떤 사람들은 정해진 규칙에 따라서 리그 베다와 같은 베다 원문들을 반복해서 읽음으로써 희생한다. 또 어떤 사람들은 경전들의 내용을 연구함으로써 희생한다.

**29.** 프라나야마 즉 호흡의 과정을 통제하려는 사람들도 있다. 어떤 사람들은 내쉬는 호흡(프라나)을 들이쉬는 호흡(아파나)에, 들이쉬는 호흡을 내쉬는 호흡에 바치기도 한다. 또 어떤 이들은 호흡의 멈춤(쿰바카)을 수행하기도 한다. (프라나를 통제하면, 마음과 지성과 감각들이 기능하기를 멈춘다.)

어떤 사람들은 푸라카(채우기)라고 불리는 종류의 호흡조절을, 또 어떤 사람들은 레차카(비우기)라고 불리는 종류의 호흡조절을 훈련한다. 어떤 사람들은 콧구멍과 입을 통해 공기가 밖으로 나가는 것을 막고, 반대 방향으로 공기가 안으로 들어오는 것을 막으면서 쿰바카라고 불리는 호흡조절의 훈련에 전념한다.

그리고,

30. 음식을 절제하는 이들도 있다(행위의 기관들이 약해짐으로 열정들과 식욕들이 통제된다.). 이 모든 이들은 숭배의 의미를 안다. 숭배를 통해 그들의 죄는 타 없어진다.

'절제'한다는 것은 제한한다는 뜻이다. 제어되는 생명의 호흡은 무엇이나, 그들은 그것 안으로 다른 모든 생명의 호흡을 공물로 바친다. 말하자면, 후자는 전자 속으로 합류하게 되는 것이다.

31. 그들은 위에 언급된 숭배들을 하여 마음이 정화되어 아트만 지식을 얻은 후 이윽고 영원한 브람만으로 간다. 오, 쿠루족의 최상인 자여! 이것들 중 어느 하나도 하지 않는 사람은 이 비참한 세상에서조차도 적합하지 않다. 그런데 그가 이보다 더 나은 세상에 이르겠다고 희망할 수 있겠는가?

앞에서 언급된 희생 행위를 수행하면서, 그들은 때때로 규정된 음식을 규정된 방식으로 먹는다. 그렇게 먹는 음식은 불사의 음식이라고 불린다. 만약 그들이 해방을 희망한다면, 그들은 당장은 아니라도 때가 되면 브람만에 도달한다. 그렇게 이해해야만 일관성이 유지된다. 모든 존재들에게 공통적으로 주어진 이 세상조차도 앞에서 언급된 희생들 가운데 어느 것도 행하지 않는 사람을 위한 것이 아니다. 그런데 어떻게 그런 사람에게 더 높은 방법으로만 도달할 수 있는 다른 세계가 존재할 수 있겠는가?

32. 여러 숭배들이 경전들에 기록되어 있다. 그것들 모두는 (몸과 감각들과 마음의) 행위에

서 나온 것이다. 아트만은 행위 없이 있다. 그대는 이 지식으로 삼사라의 굴레로부터 틀림없이 해방될 것이다.

위에서 언급된 다양한 희생들은 브람만의 문전에 널려 있다. 즉, 그것들은 "우리는 말 speech에 있는 프라나를 희생한다."와 같은 구절에서 보듯이 베다들을 통해 알려져 있다. 그것들은 모두 나 아닌 것인 행동과 말, 생각 등의 행위에서 나오는 것임을 알아라. 왜냐하면 나는 행위 없이 있기 때문이다. 만약 그대가 "이것들은 나의 행위가 아니다. 나는 행위 없이 있다. 나는 관련이 없다."는 것을 깨닫는다면, 그대는 이 올바른 지식에 의해 악으로부터 그리고 세상의 굴레로부터 해방될 것이다.

## 지식의 숭배는 다른 숭배들보다 우수하다.

올바른 지식은 제4장 24절에서 하나의 숭배로서 제시되어 있다. 그런 다음에 몇몇 숭배들도 언급되어 있다. 지식은 이제 사람들이 추구하는 여러 목적들을 달성하는 수단들인 후자의 숭배들과 비교되어 찬미된다.

**33.** 오, 적들을 괴롭히는 자여! 지식의 숭배가 물질로 하는 숭배(물질적인 효과를 낳는다. 가슴을 정화시켜 아트만의 지식이 동트게 한다.)보다 더 우수하다. 오, 프리타의 아들이여! 모든 여러 숭배 행위의 목표는 해방(아트만에 대한 지식)이다.

세상적인 목적으로 행해진 숭배들은 세상적인 결과들을 낳지만, 지식의 희생은 그렇지 않다. 따라서 지식의 숭배는 세상적인 목적으로 행해진 숭배들보다 더 낫다. 해방에 도달하는 수단인 지식은 모든 행위를 포함하기 때문이다.

그래서 계시서는 말한다.

"(네 개의 주사위 놀이에서) 세 개의 주사위가 크리타라고 불리는 네 번째 주사위에 포함되는 것처럼, 선한 사람이 행하는 모든 행위는 그에게 이른다. 자신이 깨달 았음을 알고 있는 사람도 누구나 같은 결과를 얻는다." (찬도. 우. 4-1-4)

## 어떻게 그리고 어디에서 지식을 구해야 하는가?

어떻게 해야 이 위대한 지식을 얻을 수 있을까?

**34. 만약 진리를 깨달은 사람 앞에 겸손하게 엎드려 절하고, 질문하고, 제자로서 섬 긴다면, 그가 그대에게 브람만의 지식을 가르쳐줄 것이다.**

어떤 과정을 통해 지식이 얻어지는지를 알라. 스승들을 찾아가서 겸손하게 엎드려 절 하라. 그들에게 속박의 원인이 무엇이고 해방에 이르는 길이 무엇인지, 지식이 무엇이며 무지 (아비디야)가 무엇인지를 질문하라. 스승을 섬겨라. 이런 것들과 다른 존경의 표시에 설득당하 여, 진리를 알고 직접 깨달은 스승들은 앞에서 언급한 그들의 지혜를 전해 줄 것이다. 그러나 진리를 알고 깨달은 사람은 모든 스승이 아니라 몇몇 스승뿐이다. 신의 이 말씀은 다른 어떤 지식이 아니라 진리를 깨달은 스승들이 전해준 지식만이 효과가 있을 수 있다는 것을 의미한 다.

그렇다면 다음의 진술만이 효력이 있을 것이다.

**35. 아트만의 지식을 얻으면, 그대는 다시는 미혹에 떨어지지 않을 것이다. 그 지식**

상카라차리야의 바가바드 기타

의 빛 속에서, 그대는 모든 존재들이 아트만 안에 그리고 지고의 신인 나 안에 있음을 볼 것이다.

스승들이 전해 준 지혜를 알게 되면, 그대는 지금과 달리 다시는 혼란에 빠지지 않을 것이다. 이 지혜를 통해 그대는 또한 즉시 창조자에서 풀들에 이르기까지 모든 만물을 그대의 나안에서 보게 될 것이다. 그리하면 그대는 "이런 존재들은 내 안에 존재한다."라는 것을 깨닫게될 것이다. 그대는 또한 "그리고 이런 존재들은 지고의 신 안에 존재한다."는 구절과 같이 바수데바인 내 안에서 그 모든 것들을 보게 될 것이다. 즉, 그대는 모든 우파니샤드에 명백히 기록되어 있는 것처럼 개별 영혼과 이슈와라가 하나임을 깨닫게 될 것이다.

## 모든 죄들과 행위들을 없애는 지식

그리고 지식이 얼마나 위대한지를 알아라.

36. 그리고 비록 그대가 가장 사악한 죄인일지라도, 이 아트만 지식의 뗏목이 그대를
모든 죄들의 바다 너머로 옮길 것이다.

진실로, 그대는 이 지식의 배로 죄의 바다를 건널 수 있다. 해방을 추구하는 사람에게는심지어 다르마조차 죄가 된다.
지혜가 어떻게 죄를 없애는가? 여기에 예가 있다.

37. 오, 아르주나! 타오르는 불길이 나무를 재로 바꾸듯이, 아트만 지식의 불은 모든
행위들을 재로 만든다(행위들을 무력하게 한다.).

활활 타오르는 불이 장작을 재로 만들 듯, 지혜의 불도 모든 행위들을 재로 만든다. 행위들을 무력하게 만들어 버리는 것이다. 지혜의 불은 불길이 장작을 재로 만드는 것처럼 실제로 문자 그대로 행위들을 재로 만들 수는 없다. 그러므로 올바른 지식은 모든 행위를 무력하게 만드는 원인이라는 것을 이해해야 한다. 하지만 이 몸을 태어나게 만든 행위들은 오로지 그것들의 결과가 완전히 소진되어야만 끝이 날 것이다. 그런 행위들은 이미 그것들의 결과를 내기 시작했기 때문이다. 따라서 이번 생에서 지혜가 일어나기 전에 행해진 행위들이건 지식과 더불어 행해진 행위들이건, 아니면 오래전의 전생들에서 행해진 행위들이건, 지식은 아직 결과들을 내고 있지 않은 행위들만을 소멸시킬 수 있다.

그러므로,

**38. 이 세상에는 (아트만) 지식만큼 더 정화해 주는 것은 없다. 사람이 행위의 요가와 명상의 요가로 항상 행하여 완벽해질 때, 자신 안에서 아트만의 지식을 발견할 것이다.**

요가에 의해(행위의 요가와 명상의 요가에 의해) 완전해지고 새로워진 해방의 구도자는 오랜 훈련 끝에 자신 안에서 영적인 지식을 스스로 발견하게 될 것이다.

## 지식을 얻는 가장 확실한 방법들

지식을 얻는 가장 쉬운 방법들을 다음에 가르치고 있다.

**39. (경전과 구루의 가르침들에 대한) 믿음으로 가득하고, 그것에 헌신하고, 감각들을 정복한 사람은 이 지식을 얻는다. 지식을 얻으면 그는 곧 지고한 평화(해방, 니르바나)에 이른다.**

믿음으로 충만한 사람은 지식을 얻는다. 하지만 시간이 많이 걸릴지도 모른다. 스승들과 꾸준히 함께 하는 등[89] 지식을 얻는 수단에 항상 전념하여 헌신해야 한다고 권고되기 때문이다. 믿고 헌신하는 사람이 감각들을 완전히 제어하지는 못할 수 있다. 그러므로 또한 그런 사람은 대상들에 열중하지 않도록 감각들을 거두어들여야 한다고 기록되어 있다. 믿음이 깊고 헌신하며 자기를 제어하는 그런 사람은 확실히 지식을 얻을 것이다. 스승 앞에 오랫동안 엎드려 절하는 등 단순한 외적 행위들(4장 34절)은 원하는 결과를 낳지 못할 수도 있다. 그들은 위선에 젖을 수 있기 때문이다. 그러나 믿음과 같은 것들로 충만해 있을 때는 위선이 불가능하다. 그러므로 이것들은 지식을 얻는 확실한 수단들이다. 이런 지식을 얻는 것의 결과는 무엇인가? 그 답은 다음과 같다. 지식을 얻는 사람은 즉시 해방이라고 불리는 지고의 평화에 이른다. 그 올바른 지식이 금세 해방(목샤)으로 인도한다는 것은 추론뿐 아니라 모든 경전들이 분명히 가르치는 확증된 진실이다.

## 의심이 사라지게 하는 지식

그대는 이 사실을 의심해서는 안 된다. 그것은 가장 나쁜 죄가 되기 때문이다. 어찌하여 그런가? 들어 보라.

40. 무지하고(경전들과 구루의 가르침들을 이해하지 못하고), (스승의 말과 가르침들에) **믿음이 없고, 의심으로 가득 찬 사람은 몰락한다. 의심하는 사람에게는 이 세상도 없고, 다음 세상도 없으며, 행복도 주어지지 않는다.**

---

**89** 그리고 그들의 가르침을 경청하는 것 등등.

아트만을 알지 못하는 사람, 스승의 말과 가르침을 믿지 못하는 사람, 마음이 의심으로 가득 찬 사람은 타락한 사람이다. 무지하고 믿음이 없는 사람들도 분명히 타락한 사람들이지만, 의심하는 마음을 가진 사람만큼은 아니다. 그는 모든 죄인 중에서 가장 죄 많은 사람이다. 얼마나? 모든 사람에게 주어지는 이 세상조차도 의심하는 사람에게는 주어지지 않으며, 저 세상도 행복도 주어지지 않는다. 이런 것들조차 그의 의심 안에 포함되기 때문이다. 그러므로 그대는 의심하지 말아야 할 것이다.

**41.** (지고의 존재에 대한 지식으로) **행위들을 포기하였고,** (아트만과 브람만이 하나라는 것을 깨달아) **무지에서 생긴 의심이 산산이 부수어졌고, 항상 마음을 지켜보는 사람의 경우에는 행위들을 해도 그것들이 그를 묶지 못한다. 오, 다난자야여!**

지고의 존재를 보는 사람은 요가 즉 지고의 존재에 대한 지식으로 다르마와 아다르마 등 모든 행위를 포기한다. 아트만과 이슈와라와가 하나라는 것을 깨달아 그의 의심이 산산이 부서질 때 그는 이 단계에 도달한다. 그는 모든 행위가 에너지들의 상호 작용에서 비롯된다는 것을 알기에 어떠한 행위도 그를 속박할 수 없다. 요가에 의해서 모든 행위들을 포기하고 항상 자신을 지켜보는 사람의 경우에는 행위들이 좋거나 나쁜 어떠한 결과도 내지 않는다.

행위의 요가를 훈련한 덕분에 모든 불순함이 깨끗이 씻겨 나가고, 그 결과로 얻어진 지식에 의해 의심들이 산산이 부서진 사람은 행위들에 매이지 않는다. 행위들이 지식의 불 속에서 다 타 버렸기 때문이다. 행위와 지식의 훈련에 의심을 품는 사람은 타락한 사람이다.

**42. 여전히 나는 의심을 볼 수 있다. 무지로 생겨 그대의 지성 깊은 곳에 머무르고 있는 의심. 그대는 살아있는 아트만에 대한 진리를 의심한다. 그대의 분별력의 검은 어디에 있는가? 그것을 뽑아 의심을 산산조각 내라. 그런 다음 오, 바라타의 후예여!**

일어나라. 행위의 요가에 헌신하라.

의심은 최고의 죄악이다. 의심은 무지에서 생겨나며 지성(붓디) 안에 자리하고 있다. 아트만에 대한 올바른 지식으로, 지혜로 의심을 없애라.

['아트마나'라는 단어는 '아트만의' 또는 '아트만에 관하여'를 의미하며, '그대 자신이 지니고 있는'이라는 뜻이 아니다. 아르주나의 의심은 여기에서 아트만에 관한 것이다. 만약 아르주나가 한 사람의 의심이 다른 사람에 의해 베일 수 있다고 생각했다면, 신은 다른 사람의 의심과 대비하여 "그대의 의심을 없애라."라고 말했을지도 모른다. 비록 아르주나는 아트만에 관한 의심을 없애라는 명령을 받았지만, 그것은 또한 아르주나가 의심을 품고 있다는 것을 암시한다.]

지식은 괴로움, 어리석음 같은 모든 악을 소멸시킨다. 이같이 타락의 원인인 의심을 소멸시키고, 올바른 지식을 얻는 수단인 카르마 요가에 헌신하라. 오, 바라타의 후예여! 이제, 일어나서 싸워라!

# 제5장
# 깨달은 사람들은 행위 너머에 있다.

⌁

## 무지한 사람에게는 행위의 요가와 산야사(행위의 포기) 중
## 어느 것이 더 나은가?

신은 제4장의 18, 19, 21, 22, 24, 32, 33, 37, 41절에서 모든 행위의 포기에 대하여 말하였다. 그리고 제4장 42절에서는 아르주나에게 행위를 하는 동안 요가에 전념하라고 권하였다. 행위의 이행과 행위의 포기는 마치 활동과 휴식처럼 서로 반대되는 것이므로, 한 사람이 그 둘을 동시에 할 수는 없다. 그 둘을 각각 별개의 두 기간에 행하라고 말하지도 않았다. 그러므로 아르주나가 해야 할 일은 그 가운데 하나뿐이라고 추론할 수 있다. 그래서 행위의 이행과 포기 가운데 더 나은 하나에만 의지해야 한다고 생각하면서, 아르주나는 둘 중에 어느 것이 더 나은지 알고 싶은 바람으로 신에게 묻는다(제5장 1절).

이의: 아트만을 깨달은 사람이 지식의 요가에 전적으로 헌신하는 것에 대하여 얘기하면서 신은 앞에서 인용한 절에서, 그런 사람은 행위를 포기해야 하지만 아트만을 깨닫지 않은 사람은 행위를 포기하지 않아야 한다고 가르쳤습니다. 행위의 이행과 행위의 포기는 이와 같이 각각 다른 두 부류의 사람들에게 적합합니다. 따라서 어느 것이 더 나은지를 알기 위한 아르주나의 질문은 적절하지 못합니다.

대답: 그렇다. 그대의 입장에서 본다면 그 질문은 적절하지 못한 것이다. 그러나 질문자인 아르주나의 입장에서 본다면 그 질문은 매우 적절하다. 왜냐하면 앞에서 인용한 구절들에서 신은 "지식의 사람들로 하여금 행위를 포기하게 하라."라는 형태로 포기를 의무로서 명하고 있기 때문이다. 그리고 만약 '포기하다'라는 용어가 행위자 즉, '지식의 사람'이라는 용어보다 더 중요하지 않다면, 그것은 의무로서 명령될 수 없다. 그러므로 포기하라는 이 명령은 아트만을 깨닫지 않은 사람에게도 적용되도록 확대되어야 한다. 왜냐하면 행위의 포기는 다른 곳에서도 그에게 명령되고 있기 때문이다.[90] 행위의 포기가 여기에서 오로지 아트만을 깨달은 사람만을 위한 것이라고 할 수는 없다.[91] 그렇게 생각하면서, 아르주나는 무지한 사람이 행위를 이행하거나 행위를 포기해야 할 것이라고 생각한다. 그러나 앞에서 본 것처럼 그 두 가지 길은 서로 반대되므로 그 가운데 하나만이 한 사람에게 한 번에 의무가 될 수 있다. 그리고 두 길 가운데 더 나은 하나의 길만 따라야 한다면, 어느 길이 더 나은 지 알고자 하는 마음으로 질문하는 것은 부적절한 것이 아니다.

## 이 질문은 깨달은 사람과는 관련이 없다.

이것이 아르주나가 질문한 의미라는 것은 답변의 말들의 의미를 살펴보아도 분명하다. 어째서? 대답은 다음과 같다. "행위의 포기와 행위의 요가, 이것은 둘 다 지고의 희열로 나아가게 한다. 그러나 둘 가운데 행위의 요가가 행위의 포기보다 더 낫다."(제5장 2절). 우리는 이제 확인해 보아야 한다. 행위의 요가와 행위의 포기가 그것들의 결과로서 지고의 희열로 인도한

---

**90** 그가 모든 세상적인 관심사들에 대한 포기(바이라기야)로 가득할 때.—(A.)
**91** 미맘사파 사람들은 하나의 제안은 하나의 명령만을 담을 수 있다고 주장한다. 따라서 만약 "현자는 포기해야 한다."라는 제안이 포기를 명령하는 것이라면, 현자들만이 포기를 해야 한다고 동시에 명령할 수는 없다. 그렇다면 그것은 하나의 제안 안에 이중의 명령이 담기는 오류를 포함하게 될 것이다.

다는 것과 그리고 행위의 요가가 어떤 이유로 둘 가운데 더 나은 것이라고 하는 말은 아트만을 깨달은 사람이 의지하는 행위의 요가와 행위의 포기에 관한 것인가? 아니면, 그 말은 아트만을 깨닫지 못한 사람이 의지하는 그 둘에 관한 것인가? 어느 쪽인가?[92] 들어 보라. 아트만을 깨달은 사람은 행위의 요가에도 행위의 포기에도 의지하지 않는다. 따라서 그 둘이 모두 지고의 희열로 인도한다는 것도, 그에게는 행위의 요가가 행위의 포기보다 우월하다고 말하는 것도 옳지 않다. 만약 아트만을 깨달은 사람에게 행위의 포기와 그 반대인 행위의 이행이 가능하다면, 그 둘이 모두 지고의 희열로 인도한다고 말하는 것도, 그에게 행위의 요가가 행위의 포기보다 우월하다고 말하는 것도 옳을 것이다. 그러나 아트만을 깨달은 사람에게는 행위의 포기와 행위의 요가 둘 다 가능하지 않다면, 이 둘이 똑같이 지고의 희열로 인도한다고 말하는 것도 옳지 않고, 행위의 요가가 행위의 포기보다 낫다고 말하는 것도 옳지 않다.

## 행위의 요가와 행위의 포기(산야사)는 깨달은 사람들에게 적용되지 않는다.

질문: 아트만을 깨달은 사람에게는 행위의 요가와 행위의 포기가 둘 다 불가능한 것입니까? 아니면 둘 중에 하나만 불가능한 것입니까? 만약 둘 중 하나만 불가능하다면, 그것은 행위의 요가입니까, 아니면 행위의 포기입니까? 또한 그것이 불가능한 이유는 무엇입니까?

대답: 아트만을 깨달은 사람은 환영적인 지식에서 자유롭기 때문에, 환영에 바탕을 둔 행위의 요가는 그에게 불가능할 수밖에 없다. 여기 기타 경전에서도 아트만의 진정한 성품을 다루는 부분에서는, 아트만을 아는 사람, 자기 자신은 태어남 등의 어떠한 변화도 없고 움직임도 없는 아트만임을 아는 사람, 환영적인 지식이 올바른 지식으로 바뀐 사람은 모든 행위를

---

92  전자의 가정은 어째서 반론을 당할 수 있는가? 혹은 후자는 어째서 합리적인가?—(A.) [주해서에서는 여기에서 두 개의 가정이 반복되지만 번역에서는 생략하였다].

포기하고 언제나 행위 없는 진실한 아트만 안에 거해야 한다고 말하고 있다. 게다가, 올바른 지식과 환영적인 지식 그리고 그것들의 결과들은 상반되므로, 그는 행위의 포기의 반대인 행위의 요가와 아무런 관련이 없다고 말한다. 행위의 요가는 환영적인 지식에 의해 생겨난 행위자 개념에 기초하고 있으며 활동적인 나를 전제로 하고 있기 때문이다. 그러므로 아트만을 깨닫고 환영적인 지식으로부터 자유로운 사람에게는 환영적인 지식에 기초한 행위의 요가가 불가능하다.

질문: 그렇다면 아트만의 진정한 성품을 다루는 부분들 가운데, 아트만을 아는 사람이 해야 할 행위는 아무것도 없다고 말하는 곳은 어디입니까?

대답: 제2장의 17, 19, 21절과 다른 여러 부분들에서, 아트만을 깨달은 사람은 해야 할 행위가 아무것도 없다고 말하고 있다.

이의: 제2장 18, 31, 47절 등 아트만의 진정한 성품을 다루는 부분들에서는 행위의 요가에 대해서도 가르쳤습니다. 그런데 어떻게 아트만을 깨달은 사람에게는 행위의 요가가 불가능하다고 말할 수 있습니까?

대답: 그것은 올바른 지식과 환영적인 지식 그리고 그것들의 결과들이 상반되기 때문에 그렇다. 제3장 3절에서는, 행위의 길에 대한 헌신은 아트만을 깨닫지 않은 사람들을 위한 것이며, 아트만의 성품을 깨달은 샹키야는 행위 없는 아트만 안에 언제나 머물며 지식의 길에 헌신한다고 말하고 있다. 아트만을 깨달은 사람은 이미 모든 것을 이루었기에 더 이상 얻을 대상이 없다. 제3장 17절에서는, 그러한 사람은 더 이상 행해야 할 의무가 없다고 하였다. 제3장 4절과 제5장 6절 같은 구절에서 행위의 요가는 아트만 지식을 얻는 데 보조적인 것으로 기록되고 있다. 반면에 제6장 3절에서는, 올바른 지식을 얻은 사람은 더 이상 행위의 요가를 통하여 할 일이 없다고 말한다. 나아가 제4장 21절에서는, 아트만의 진정한 성품을 아는 사람은 자신의 신체를 유지하는 데 필요한 것 말고는 어떠한 행위도 멀리하며, 심지어 단순히 신체를 유지하는 데 필요한 듣고 보는 행위에 대해서도 "그것을 하는 것은 내가 아니다."라는 개념에 언제나 집중된 마음으로 명상을 한다고(제5장 8절) 말하고 있다. 아트만을 깨달은 사람이 올바른

지식과 상반되며 완전히 환영적인 지식에 기초한 행위의 요가와 관련될 수 있다고는 꿈에도 상상할 수 없다. 그러므로 이 맥락에서 해방으로 인도하는 것으로 얘기되고 있는 것은 아트만을 깨닫지 않은 사람의 행위의 포기와 행위의 요가이다. 행위자 개념이 있으면서 일부 행위만을 포기하는 이러한 행위의 포기(산야사)[93]는 앞서 얘기한 것처럼 모든 행위를 포기하는 산야사와 다르다. 후자는 아트만을 깨달은 사람이 의지하는 것이다. 전자는 '야마'와 '니야마' 등 자기 통제의 다양한 형태들과 관련되므로 수행하기가 매우 어렵다. 행위의 요가는 상대적으로 수행하기 쉽기 때문에 이것이 둘 중에 더 낫다고 말하는 것이다. 이와 같이 답변의 의미를 살펴보는 것도 앞에서 아르주나의 질문이 뜻하는 바를 검토하면서 도달했던 결론과 같은 결론에 도달하게 된다.

제3장의 첫 부분에서 아르주나는 지식과 행위가 한 사람 안에서 공존할 수 없음을 알고서 신에게 "둘 가운데 어느 것이 더 나은 지 말씀해 주십시오."라고 질문했다. 이에 대한 답변으로 신은 지식의 길에의 헌신은 샹키야, 즉 행위의 포기자들을 위한 것이며, 행위의 길에의 헌신은 행위의 요기들을 위한 것이라고 단호히 선언하였다. 그리고 "단순한 포기를 통해서는 완전함에 이를 수 없다."는 제3장 4절의 구절을 보면, 신은 지식과 함께 하는 포기가 완전함에 이르는 수단이라고 보고 있는 것이 분명하다. 그리고 행위의 요가 역시 제4장 42절에서 기록된 것처럼 완전함으로 인도한다. 이제 아르주나는 행위의 요가와 행위의 포기 가운데 어떤 것이 지식이 없는 사람에게 더 나은 지를 알기 위해 질문한다.

아르주나가 말했다.

**1. 오, 크리슈나시여! 당신은 행위의 포기에 대해 대단하게 말씀하십니다. 하지만 저**

---

[93] 그는 아직 베단타나 우파니샤드에서 가르치는 것을 배우고 묵상하고 명상해야 한다고 생각한다. 그는 두 번째 단계인 가정 거주자에게 특별히 명령된 행위들만을 포기했을 뿐이다. 그러므로 이런 종류의 포기는 부분적이며, 구도자로 하여금 영적인 지혜를 얻는 데 헌신할 수 있는 더 많은 여가를 제공하기 위한 것이다.

에게 행위의 요가를 따르라고 요구합니다. 이제 정확히 말해주십시오. 어느 것이 더 낫습니까?

당신께서는 경전들에서 명한 행위들의 포기를 가르치십니다. 그런데 또한 바로 그 행위들을 행하는 것이 필요하다고도 말씀하십니다. 그래서 저는 행위의 이행과 행위의 포기라는 두 가지 가운데 어느 것이 더 나은 지 의문이 듭니다. 더 나은 길을 따라야 할 것입니다. 한 사람이 동시에 두 가지 길을 갈 수는 없으니, 행위의 이행과 행위의 포기 가운데 어느 길을 통해 제가 완전함에 이를 수 있을 것이라고 보시는지, 그 한 가지 길을 결론적으로 말씀해 주십시오.

## 무지한 사람들에게는 행위의 포기보다 행위의 요가가 더 낫다.

아르주나의 의문을 풀어 주기 위하여 신이 말씀하신다.

신께서 말씀하셨다.
**2. 행위의 포기와 행위의 요가 둘 다 해방으로 나아가게 한다. 그러나 둘 중에서 행위의 요가가 지식이 동반하지 않는 행위의 포기보다 더 낫다.**

행위의 포기와 행위의 이행 둘 다 영적 지식을 생기게 하여 해방에 이르게 한다. 비록 두 가지가 모두 해방에 이르게 하지만, 해방에 이르는 두 가지 방법 가운데 지식이 수반되지 않은 단순한 행위의 포기보다는 행위의 요가가 낫다. 그러므로 신은 행위의 요가를 칭송한 것이다.[94]

---

**94**  물론, 신은 카르마 요가가 진정한 카르마 산야사(행위의 포기)보다 우월하다고 말하는 것이 아니다. 비록 카르마

이런 까닭에 다음과 같은 답변이 이어진다.

**3. 진정한 포기자**(산야사)**는 (자신에게 고통을 주는 것을) 싫어하지 않고 (즐거움을 주는 것을) 바라지 않는다. 그와 같은 이원성들로부터 자유로운 사람은 굴레로부터 쉽게 자유로워진다. 오, 강한 자여!**

고통과 그것을 일으키는 대상을 싫어하지 않으며, 즐거움과 그것을 주는 대상을 좋아하지도 않는 행위의 요기는 비록 행위를 하더라도 언제나 포기한 사람인 산야신이다.

## 지식의 요가와 행위의 요가는 같은 목표로 나아가게 한다.

이의: 두 가지 다른 부류의 사람들을 위한 행위의 포기와 행위의 요가는 서로 반대되므로, 올바르게 말하자면, 그 결과들에서도 서로 반대가 되어야 합니다. 따라서 그것들이 똑같이 해방으로 인도할 수는 없을 것입니다.

대답: 신이 말한다.

**4. 아트만에 대한 지식이 없고 경전들의 이론적 지식만을 가진 무지한 사람들은 지식과 행위의 요가가 다르며 서로 반대되는 결과를 낳는다고 말한다. 그러나 아트만의 지식을 가진 현명한 사람들은 둘 다 해방에 이르게 한다고 말한다. 어느 하나를 택해서 그 길을 끝까지 가라.**

---

요가가 지식이 수반되지 않은 카르마 산야사(행위의 포기)보다 더 쉽기에 더 낫지만, 지식이 수반되는 진정한 카르마 산야사(행위의 포기)는 카르마 요가보다 훨씬 높은 길이다.

샹카라차리야의 바가바드 기타

샹키야와 행위의 요가의 길이 서로 상반되는 결과를 낳는다고 말하는 사람은 어린애 같은 사람들이다. 지식이 있는 지혜로운 사람들은 그 둘이 하나의 조화로운 결과를 낳는다고 믿는다. 샹키야와 행위의 요가의 둘 가운데 하나만이라도 올바르게 지키는 사람은 두 가지 길의 결실을 얻는다. 둘 다 같은 결과인 해방으로 인도한다. 그러므로 결과에 차이는 없다.

이의: 처음에는 '행위의 포기'와 '행위의 요가'라는 말로 시작하고서는, 직접적인 관계가 없는, 샹키야와 행위의 요가가 똑같은 결과를 낳는다고 말하는 까닭은 무엇입니까?

대답: 여기에 잘못된 것은 없다. 아르주나의 질문은 사실은 단순한 산야사와 단순한 행위의 요가에 대한 것이다. 그러나 신은 이 개념들을 벗어나지 않으면서 그것들에 자신의 개념들을 일부 첨가하였고, 샹키야와 행위의 요가라는 다른 이름으로 그것들에 대해 말하면서 그 질문에 답변한 것이다. 신의 견해에 따르면, 산야사와 행위의 요가에 아트만의 지식과 차분함이 각각 더해질 때 그것들은 샹키야와 행위의 요가가 된다. 따라서 무관한 것이 아니다.

어떻게 한 사람이 하나의 길만 올바르게 지켜 행함으로써 두 가지 길의 결과를 모두 얻을 수 있는가? 그 답은 다음과 같다.

**5. 그 끝은 똑같다. 행위의 길을 가는 사람들은 지식의 길을 가는 사람들을 만난다.**
**똑같이 자유에 이른다.**

샹키야는 지식에 헌신하고 세상을 포기한 사람이다. 그들은 해방이라는 경지에 도달한다. 행위의 요기 역시 비록 간접적이기는 하지만 진정한 지식과 포기를 통해 똑같은 그 경지에 도달한다. 그들은 지식을 얻는 방법으로서 자신들의 의무를 행하고, 신에게 헌신하며, 이기적인 목적을 갖지 않는다. 샹키야와 행위의 요가가 하나이며 동일한 결과로 인도한다는 것을 아는 사람은 올바르게 아는 사람이다.

질문: 그렇다면 행위의 포기가 행위의 요가보다 분명히 더 나을 것입니다. 그런데 어찌하여 행위의 요가가 행위의 포기보다 낫다고 단언한 것입니까?

대답: 왜 그런지 들어 보라. 그대가 나에게 "둘 중에 어느 것이 낫습니까?"라고 질문한 것은 단순한 행위의 포기와 단순한 행위의 요가에 대한 것이다. 나는 그 질문에 맞추어, 지식과는 무관하게, 행위의 요가가 행위의 포기보다 낫다고 대답하였다. 그러나 지식에 바탕을 둔 행위의 포기를 나는 샹키야라고 여기며, 샹키야 그 자체가 진정한 요가이다. 베다 의식을 통한 요가를 사람들이 요가 혹은 산야사라고 부르는 것은 그것이 진정한 요가 또는 행위의 포기에 도움이 되기 때문에 그렇게 일컫는 것일 뿐이다.

## 행위의 요가는 행위의 포기(산야사)에 이르는 수단이다.

어째서 행위의 요가의 목적이 진정한 요가 또는 행위의 포기(산야사)인가? 들어 보라.

6. 오, 강한 자여! 행위의 포기(산야사)는 마음을 정화하기 위하여 사심 없이 행위를 하는 행위의 요가 없이는 이르기 매우 어렵다. 행위의 요가에 의하여 정화된 요기는 곧 브람만에 이른다.

여기에서 말하는 행위의 포기는 진정한 산야사를 말한다. 그리고 요가는 동기가 전혀 없이 신에게 헌신하는 베다 의식을 행하는 요가이다. 그는 신의 형태에 대하여 명상하기 때문에 현자라고 불린다. '브람만'은 여기에서 포기를 의미하는데, 포기는 지고의 아트만인 파람아트만을 아는 지식에 있기 때문이다. 스루티는 말한다. "니야사(포기)라고 불리는 것은 브람만이다. 그리고 브람만은 진실로 위대한 존재이다."(타잇티. 우. 4-78)

행위의 요가에 전념하는 신을 명상하는 사람은 머지않아 브람만에 도달한다. 올바른 지식에 대한 확고한 헌신인 진정한 포기에 도달하는 것이다. 그러므로 나는 행위의 요가가 더 낫다고 말한 것이다.

## 현자의 행위들은 자신에게 영향을 끼치지 못한다.

헌신자가 올바른 지식을 얻는 수단으로 행위의 요가에 전념할 때,

7. 행위의 요가에 의하여 가슴이 순수해질 때, 육체가 순종적일 때, 감각들이 정복되었을 때, 그의 아트만이 모든 생명체들 안에 있는 아트만임을 아는 사람은 행위를 해도 오염되지 않는다.

행위의 요가에 전념하는 사람, 마음이 정화되었고, 몸과 감각들을 정복하였으며, 올바르게 보며, 그의 내적 의식인 아트만이 브람마에서 풀들에 이르기까지 모든 존재들의 아트만이라는 것을 바르게 깨달은 사람은 오염되지 않을 것이다. 즉, 그는 비록 대중들을 보호하기 위하여, 대중들에게 본보기를 세우기 위하여 행위를 계속할지라도 행위들에 의하여 더럽혀지지 않을 것이다.

## 현자의 행위들은 실제로는 행위들이 아니다.

그는 실제로는 어떤 행위도 하지 않는다. 그러므로,

8-9. 자신의 가슴이 브람만의 가슴인 것을 깨달은 현자들은 항상 '나는 아무것도 하

지 않고 있다.'라고 생각한다. 그가 무엇을 보고, 듣고, 만지고, 냄새 맡고, 먹고, 걷고, 잠을 자든, 숨을 쉬든, 말을 하든, 배설을 하든, 손으로 무엇을 쥐든, 눈을 뜨든 혹은 눈을 감든, 그는 이것을 안다. "나는 보고 있지 않다. 나는 듣고 있지 않다. 감각 대상들을 보고 듣고 만지는 것은 감각들이다."

진리를 아는 사람은 아트만의 진정한 성품을 아는 사람이며 지고의 실재를 보는 사람이다. 그는 언제 그리고 어떻게 진리에 늘 집중하며 그렇게 생각하는가? 답은 다음과 같이 주어진다. "비록 보고, 등등." 이와 같이 진리를 알고 바르게 생각하며, 몸과 감각들의 모든 움직임 가운데에서 즉 행위들 가운데에서 무행위를 보는 사람의 의무는 모든 행위의 포기에 있다. 왜냐하면 그는 행위의 부재를 보기 때문이다. 예를 들어, 신기루를 보고 물로 착각하여 갈증을 해소하려는 사람이 있다고 하자. 그것이 물이 아니라는 사실을 알게 되면, 그는 그곳에 가서 갈증을 해소하려 하지는 않을 것이다.

행위의 요기는 자신의 행위의 결과들에 오염되지 않는다.

그러나 진리를 아는 사람이 아니며 행위에 관계하는 사람에 대해서는,

**10. 그는 욕망들을 제쳐두고 행위를 브람만에게 바친다. 연꽃잎은 젖지 않고 물 위에 있다. 그는 행위를 하지만, 행위에 닿지 않는다.**

그는 주인을 위하여 행동하는 하인처럼 "나는 신을 위하여 행위를 한다."는 믿음으로 그 분에게 모든 행위들을 바친다. 그는 결과에 대해 심지어 해방에 대해서도 집착하지 않는다. 그렇게 행해진 행위의 결과는 마음의 순수일 뿐 다른 무엇이 아니다.

왜냐하면,

**11. 행위의 요가를 따르는 사람들은 육체, 감각 기관들, 마음과 지성은 단지 도구들**

상카라차리야의 바가바드 기타

일 뿐이다. 그는 자신이 다름이 아닌 도구일 뿐이라는 것을 안다. 그래서 그의 가슴
은 순수해진다.

행위의 요기들은 행위에 헌신하며, 그들의 모든 행위를 하면서도 자아의식에서 자유롭
고, 그 결과들에 대한 애착이 없는 사람들이다. 그들은 오로지 가슴의 정화를 위해서 행위를
할 뿐이다. 그러므로 그대의 의무는 오직 거기에 있다. 그러니 그저 행위를 하라.
그 이유는 또한,

**12. 행위의 결과들을 버려 브람만과 하나가 되면, 영원한 평화를 발견한다. 브람만이**
**없으면, 그는 행위의 노예가 된다. 그는 욕망에 의해 앞으로 끌려가는 죄수이다.**

"나는 나의 유익이 아니라 신을 위하여 행위를 한다."는 결심으로 행위의 결과들을 포기
하는 마음이 확고한 사람은 헌신의 결과들로서 해방이라 불리는 평화에 도달한다. 그는 다음
단계들을 거친다. 첫째 단계는 마음의 정화이며, 둘째 단계는 지식의 획득이고, 셋째 단계는
모든 행위의 포기이며, 마지막 단계는 지식에의 헌신이다. 그러나 마음이 확고하지 않은 사람
은 욕망에 이끌리며, "나는 나의 유익을 위하여 이 행위를 한다."고 생각하면서 행위의 결과들
에 애착한다. 그는 단단히 얽매인다. 그러므로 그대는 마음을 확고히 하라.

## 희열로 가득한 현자의 삶

그러나 지고의 실재를 보는 사람에 관해서는,

**13. 분별력으로 자신의 모든 행위들을 끊어낸 사람은 아홉 개의 문들이 있는 도시 안**

에서 행복하게 산다. 그는 행위에 연루되지 않는다. 그는 몸과 감각들에 관여하지 않는다.

행위들은 반드시 해야 하는 의무들이거나, 특정한 사건들의 발생에 따라 일어나는 행위들이거나, 혹은 어떤 특정한 목적을 이루기 위한 행위들이다. 그것들은 선택적일 뿐이며, 그 중에는 금지된 행위들도 있다.

감각들을 정복한 사람은 분별을 통하여, 그리고 행위 안에서 무행위를 봄으로써, 말하고 생각하고 행동할 때 모든 행위들을 포기하며 행복하게 머무른다. 그가 행복한 이유는 말하고 생각하고 행동할 때 모든 행위들을 포기했기 때문이며, 근심이 없기 때문이며, 마음이 고요하기 때문이며, 아트만을 제외한 모든 것에 대한 관심이 그의 마음에서 떠났기 때문이다.

그는 어디에서 어떻게 머무는가? 아홉 개의 입구가 있는 몸 안에서 머문다. 일곱 개의 입구는 머리에 있는 감각 기관이다. 아래에 있는 두 개의 입구는 소변과 대변을 내보내기 위한 것이다. 이렇듯 아홉 개의 입구를 갖고 있다고 하여 몸을 아홉 문의 성이라고 부른다. 몸은 성과 같고, 아트만은 그곳을 다스리는 왕이며, 감각들과 마음과 지성 및 그 대상들이 성안의 주민으로 거주한다. 그들 모두는 왕의 유익만을 위하여 일하며, 다양한 대상들에 대한 지각을 만들어 내고 있다. 그러한 아홉 문의 성에서 몸을 입은 존재는 모든 행위를 포기한 채 머무른다.

이의: "그는 몸 안에 머문다."라는 규정이 무슨 쓸모가 있습니까? 산야신이든 아니든 모든 사람은 몸 안에서 머물고 있습니다. 따라서 그런 규정은 의미가 없습니다.

대답: 무지한 사람들은 자신을 몸과 감각들의 단순한 집합체와 동일시하며, "나는 집 안에 머물고 있고, 땅 위에 서 있고, 자리에 앉아 있다."고 생각한다. 그런 사람은 몸 자체를 자기라고 여기며, 그가 집 안에 머물 듯이 몸 안에 머문다는 생각을 간직하지 못한다. 그러아트만을 몸과 감각 등의 집합체와 구별되는 것이라고 여기는 사람의 경우에는 자신이 몸 안에 머

문다고 볼 수 있다. 그리고 무지로 인해 아뜨만에 속하는 것으로 여겨지지만 실제로는 아트만 아닌 것에 속하는 행위를 그가 포기해야 한다는 것도 옳다. 비록 한 사람이 식별하는 지혜를 얻고(즉, 아트만 아닌 것과 구별되는 것으로서 자신의 진정한 아트만을 깨닫고) 행위와의 모든 관계를 포기했을지라도, 여전히 계속 느껴지는 현재의 몸을 존재하게 한 카르마가 소진되지 않은 부분의 흔적들 때문에 머물고 있다는 그의 개인적인 의식이 오로지 몸과 관련해서만 일어나는 한, 그는 집 안에 머무는 것처럼 아홉 문의 몸 안에 머물고 있다고 말할 수 있을 것이다. 그러므로 "그는 몸 안에 머문다."라는 규정은 지혜로운 사람과 무지한 사람의 관점 사이의 구별을 보여 주는 것으로서 의미를 갖는다.

이의: 그가 무지로 인해 그릇되게 아트만의 행위로 여긴 몸과 감각들의 행위들을 포기한다는 것은 맞습니다. 그러나 행위와 행위를 일으키는 힘은 아트만 안에 본래 내재해 있을 수 있으며, 행위를 포기한 사람 안에 남아 있을 수 있습니다.

대답: 그러나 신은 "그는 스스로 행위를 하지도 않고, 몸과 감각들이 행위를 하도록 시키지도 않는다."고 말한다.

질문: 그렇다면 행위를 하고 행위를 일으키는 힘이 아트만 안에 본래 내재해 있으며, 움직이는 사람이 움직임을 멈추듯이 그것이 포기에 의해 멈춘다는 말씀입니까, 아니면 그 힘이 아트만 안에 본래 내재하지 않는다는 말씀입니까?

대답: 행위를 하는 힘이나 행위를 일으키는 힘은 아트만 안에 본래 내재하지 않는다. 왜냐하면 신은 아트만은 변할 수 없으며(제2장 25절), "몸 안에 자리하고 있을지라도, 그는 행위를 하지 않으며 오염되지도 않는다."(제13장 31절)고 가르쳤기 때문이다. 스루티는 말한다. "그것은 말하자면 생각하고, 그것은 말하자면 움직인다."(브리. 우. 4-3-7)

# 자연이 활동의 근원이다.

더욱이,

14. "신이 우리에게 이 망상을 주셨다."라고 말하지 말라. 그대는 자신이 행위자라고 꿈꾼다. 그대는 행위가 이루어진다고 꿈꾼다. 그대는 행위가 결실들을 맺는다고 꿈꾼다. 그것은 그대의 무지이다. 그대에게 이 꿈들을 준 것은 세상의 망상이다.

몸의 주인인 아트만은 행위자를 만들지 않는다. 즉, 어떤 사람에게 "이것을 하라."고 행위를 강요하지 않는다. 아트만은 수레, 항아리, 저택, 그리고 다른 욕망의 대상들도 만들지 않는다. 그리고 아트만은 수레와 같은 것들을 만드는 사람을 행위의 결과와 연결시키지도 않는다.

질문: 만약 몸 안에 있는 아트만이 스스로 행위를 하지 않고 다른 사람들에게 행위를 하도록 만들지도 않는다면, 행위를 하고 다른 사람들로 하여금 행위를 하도록 하는 것은 무엇입니까?

대답: 들어 보라. 그것은 자연, 자신의 존재가 없는 것<sup>svabhava</sup>, 프라크리티이며, 마야 즉 '구나들로 이루어진 신성한 환영(마야)'이다.[95] (제7장 14절)

---

95  즉, 아트만은 무지를 통하여 행위자, 즐기는 자, 창조자를 이룬다.—(A.)

# 지혜와 무지

진실로,

**15. 신은 어디에나 있으며, 언제나 완벽하다. 사람의 선 또는 악을 걱정하는가?**

'어떤 사람'에는 신에게 헌신하는 사람들까지 포함된다.

질문: 그렇다면 숭배, 희생, 자선, 또는 불 속에 공물을 바치는 행위 등 헌신자들의 가치 있는 행위들은 어떤 목적으로 행해지는 것입니까?

대답: 신은 이렇게 대답한다. 분별의 지식은 무지에 의해 덮여 있다. 세상 안에 있는 무지한 사람들은 무지에 의해 미혹되며, "내가 행위를 한다. 내가 행위를 일으킨다. 내가 즐길 것이다. 내가 즐거움을 일으킨다."라는 식으로 생각한다.

**16. 아트만은 빛이다. 그 빛은 어둠으로 덮여 있다. 이 어둠은 망상이다. 그것이 우리**
**가 꿈을 꾸는 이유이다. 아트만의 빛이 우리의 어둠을 몰아낼 때 그 빛은 빛을 발한**
**다. 그러면 이 빛은 태양처럼 빛나 브람만을 드러나게 한다.**

사람들을 둘러싸고 미혹시키는 무지가 아트만을 분별하는 지식 즉 지혜에 의해 소멸되면, 마치 태양이 모든 사물들을 밝게 비추어 드러나게 하듯이 지혜는 인식할 수 있는 것 전체, 지고의 실재를 밝게 비추어 드러나게 한다.

# 현자들은 더 이상 다시 태어나지 않는다.

지고의 실재는 지혜에 의해 조명된다.

17. 헌신적인 이들은 그분과 함께 산다. 그들은 그분이 언제나 행위가 없는, 가슴 속 그곳에 있음을 안다. 그들의 모든 목표는 그분이다. 그분의 지식에 의해 자신의 과거 의 행위와 생각의 더러움으로부터 자유롭게 되어 그들은 되돌아옴이 없는 곳인 자유 의 장소를 발견한다.

그들의 의식을 브람만 안에 고정시키고 그 지고의 브람만이 바로 자신의 아트만임을 깨 닫는 사람은 모든 행위를 포기하고 오로지 브람만 안에만 거한다. 지고의 브람만은 그들의 최 고 목표이며, 그들의 기쁨은 오로지 절대적인 아트만 안에만 있다. 그런 사람의 경우에는 모 든 죄와 세상적인 존재의 다른 모든 원인들이 위에서 언급한 지혜에 의해 소멸된다. 그리고 그 들은 여기를 떠나며 다시는 몸을 입는 삶으로 돌아오지 않는다.

# 현자들은 모든 존재들 안에서 하나를 본다.

그렇다면 지식에 의해 아트만에 대한 무지가 없어진 지혜로운 사람들은 진리를 어떻게 보는가? 들어 보라.

18. 아트만을 깨달은 사람은 모든 존재들을 동등하게 본다. 브람마나, 소, 코끼리, 개, 개들을 먹는 자(카스트 바깥의 사람)에서 같은 아트만(지고의 존재, 의식, 희열)을 본다.

상카라차리야의 바가바드 기타

겸손은 평온한 마음이며, 영혼이 잘 단련된 상태이다. 위에서 언급된 피조물들 가운데에서 가장 높은 존재는 성직자 계급으로, 그들은 영적으로 거듭난 사람이며 대단히 삿트와적이다(즉, 삿트와 에너지가 우세하다). 그 다음은 소이며, 영적으로 거듭나지 않았고 라자스적이다(즉, 라자스 에너지가 우세하다). 마지막은 코끼리 등이며, 그들은 순전히 타마스적이다(즉, 타마스 에너지가 우세하다). 현자는 그 모든 존재들 안에서 똑같은 것을 본다. 그것은 본래 변함이 없는 하나이며, 삿트와나 다른 에너지들에 의해 또는 그런 에너지들로부터 생겨난 성향들에게 전혀 영향 받지 않는다.

## 현자들은 세상에 살면서도 해방되었다.

이의: 방금 언급한 현자들도 죄가 있는 사람들입니다. 그들의 음식을 다른 사람이 먹으면 안 됩니다. 왜냐하면 법은 다음과 같이 말하기 때문입니다. "자신과 동등한 사람들이 다른 방식으로 존중받는 곳, 자신과 동등하지 않은 사람들이 자기 자신으로서 똑같은 방식으로 존경받는 곳, 그곳에서는 음식을 먹지 않아야 한다." (가우타마 법전, 제17장 20절)

대답: 현자들은 죄가 없다. 왜냐하면,

19. 브람만에 잠겨 있는 사람은 세상의 삶 여기에서도 세상을 극복한다. 브람만은 하나이고, 변하지 않으며, 악에 접촉하지 않고 있다. 그분이 아닌 어떤 짐을 우리는 가지고 있는가?

하나를 보며, 그들의 직관(안타카라나)이 모든 존재 안에 있는 브람만의 평등함 즉, 동질성에 변함없이 머무르는 현자들은 여기 지상에서 사는 동안에도 탄생을 지배한다. 비록 무지한 사람에게는 개를 먹는 자와 같은 존재들의 불결한 몸 안에 있는 브람만이 그들의 불결함에 오염되는 것처럼 보일지라도, 그분은 그것들에 영향 받지 않으며 따라서 흠이 없다. 또한 그분은 자신 안에 내재하는 어떠한 이질적인 속성들 때문에 이질적이 되는 것도 아니다. 의식(차이탄야)은 속성이 없기 때문이다. 신은 욕망과 같은 것들을 크쉐트라 — 몸, 아트만 아닌 것 — 의 속성들이라고 말한다. 또한 아트만은 시작이 없고 속성들이 없으며(제13장 31절), 아트만 안에는 개인적인 특성들의 기초로서 '궁극의 특성(안티야비쉐샤)들'이라고 불리는 것들도 없다고 말한다. 왜냐하면 여러 몸들과 관련하여 그것들의 존재를 증명하기 위해 예증할 수 있는 아무런 증거가 없기 때문이다.[96] 그러므로 브람만은 동질적인 것이며, 하나이다. 따라서 현자들은 오로지 브람만안에만 머무른다. 몸의 티끌만한 오점조차도 그들에게 영향을 미치지 못한다. 그들은 아무런 자아가 없으며, 몸 등의 집합체를 자기 자신이라고 여기지 않기 때문이다. 앞에서 인용한 법전의 구절은 오직 자아의식에 사로잡혀 있고 몸 등의 집합체를 아트만으로 여기는 사람들에게만 적용될 수 있다. 왜냐하면 그것은 존경의 대상들인 사람들에 대해 말하고 있기 때문이다. 존경과 은총을 받기 위해서는, 브람만에 대한 지식, 여섯 가지 보조 과학들에 관한 지식, 네 가지 베다 등에 대한 지식 등 특별한 자격 조건들을 갖추고 있어야 할 것이다. 그러나 브람만은 좋고 나쁜 모든 속성들로부터 자유롭다. 그러므로 "현자들은 브람만 안에 머무른다."라고 말한 것이다. 더욱이 앞에서 인용한 법전은 행위에 관한 부분에서 인용한 것이지만, 기타의 이 부분은 모든 행위의 포기를 다루는 부분이다.

---

[96] 바이셰시카 철학 체계에 따르면, '안티야 비셰샤'는 하나의 영원한 본질에 내재하는 특유의 규정할 수 없는 속성으로서 그것을 다른 영원한 본질과 구별시키는 것이다. 하나의 영원한 본질 안에 있는 그것이 그 개별적인 정체성을 나타낸다. 그런 속성의 존재는 오직 다르게 지각되는 구별을 설명하기 위해서 추론되는 것일 뿐이다. 영원한 본질들은 다음과 같이 열거된다. 흙의 원자, 물의 원자, 빛의 원자, 공기의 원자, 공간(아카샤, 에테르), 시간, 아트만, 마음. 아트만 안에 있는 안티야 비셰샤는 나 안에서의 차이로부터 추론될 수 있을 뿐이다. 베단타는 그것에 대한 증거를 보지 못하기 때문이다. 몸 안의 구별들은 분명히 나 안에서의 구별을 나타낼 수 없다. 왜냐하면 요기는 동시에 여러 가지 몸을 취할 수 있기 때문이다.

샹카라차리야의 바가바드 기타

# 현자들은 슬픔과 기쁨으로부터 자유롭다.

브람만 즉 아트만은 흠이 없고 동질적이므로,

**20.** **브람만에 머무르는**(자신을 아트만과 동일시하고 있는), **마음이 차분하며**(균형을 이루고 있는), **미혹이 없는 사람은 좋은 것에 고무되지 않고, 나쁜 것에 슬퍼하지도 않는다.**

좋고 싫은 대상들은 순수한 아트만을 보는 사람이 아니라 오로지 몸을 아트만으로 여기는 사람들에게만 즐거움과 고통을 일으킬 수 있다. 전자에게는 좋고 싫은 대상들이 없기 때문이다. 그는 아트만이 망상에서 자유롭다는 것을 확실히 자각하고 있다. 그는 위에서 말한 것처럼 브람만 안에 머무른다. 즉, 그는 어떠한 행위도 하지 않으며 모든 행위를 포기한 사람이다.

## 현자들의 무한한 기쁨

더구나 브람만 안에 머무르면서,

**21.** **그의 마음은 외적인 접촉에 죽었다. 아트만의 희열에 그것은 살아 있다. 그의 가슴이 브람만을 알기에 그의 행복은 영원하다.**

그의 직관이 감각 기관들에 접촉하는 것들에 대한, 아트만에게 외부적인 소리와 다른 모든 감각 대상들에 대한 집착으로 오염되지 않을 때, 현자는 아트만 안에 있는 기쁨을 깨닫는다. 그의 직관이 요가에, 사마디에, 브람만에 대한 깊고 확고한 명상에 몰입되어 있을 때, 현자는 불멸의 희열에 도달한다. 그러므로 아트만의 한없는 기쁨을 찾는 사람은 외부 대상들이 주는 일시적인 즐거움으로부터 감각들을 거두어들여야 한다.

또한 다음과 같은 이유로 그는 외부의 대상들이 주는 일시적인 즐거움으로부터 감각들을 거두어들여야 한다.

**22. 오, 쿤티의 아들이여! 감각 대상들과의 접촉으로 오는 기쁨들은 슬픔을 잉태하는 자궁과도 같다. 그것들은 시작이 있고 끝이 있다. 현자들은 그것들에 기뻐하지 않는다.**

감각 기관들이 감각 대상들과 접촉함으로써 생기는 즐거움은 고통을 일으킬 뿐이다. 왜냐하면 그러한 즐거움들은 무지에 의해 생겨나는 것이기 때문이다. 우리 몸 안에서 일어나는 모든 문제들을 거슬러 올라가 보면 오직 그것들(즐거움들)에게만 있다는 것을 발견한다. '오직'이라는 말이 나타내듯이, 이 세상에서도 그렇고 다른 세상에서도 그렇다. 세상에는 기쁨의 흔적이 없음을 알고서, 헌신자는 감각 대상들의 신기루로부터 감각들을 거두어들여야 한다. 즐거움들은 고통을 일으킬 뿐 아니라, 시작이 있고 끝이 있다. 감각 기관들이 그 대상들과 접촉하는 것은 즐거움의 시작이며, 대상들에서 떨어지는 것은 즐거움의 끝이다. 즐거움들은 시작과 끝의 사이에 있는 순간에 일어나며 일시적이다. 분별력이 있고 지고의 실재를 깨달은 사람은 그런 것들로 기뻐하지 않는다. 가축들처럼 감각 대상들 안에서 기쁨을 발견하는 사람은 대단히 무지한 사람들뿐이다.

# 니르바나로 가는 길

그리고 희열로 가는 길에는 악한 적이 있는데, 그것은 다루기가 매우 힘들고, 모든 악의 근원이며, 물리치기가 몹시 어렵다. 그래서 그 적을 물리치기 위해서는 대단히 강력한 노력을 기울여야 한다고 신은 말한다.

**23. 이 세상을 떠나기 전에, 욕망과 화의 충동의 주인이 되게 하라. 그는 브람만을 발견한다. 그는 행복하다.**

신은 욕망과 화의 충동은 사는 동안에 피할 수 없는 것이라고 가르친다. 왜냐하면 그것을 일으키는 원인은 수없이 많으며, 죽는 순간까지 그것을 믿지 않아야 하기 때문이다. 욕망은 우리의 감각들의 범위 안에 들어올 때, 듣거나 기억할 때 우리에게 즐거움을 경험하게 해주는 좋은 대상들에 대한 갈망이다. 화는 보이거나 들리거나 기억될 때 고통을 일으켜 그런 싫은 대상들에 가지는 혐오이다. 욕망의 충동은 머리끝이 곤두서거나 기뻐하는 표정이 나타내는 것과 같은 마음의 동요이다. 화의 충동은 몸을 부들부들 떨거나 땀이 나거나 입술을 깨물거나 이글거리는 눈동자가 나타내는 정신적인 동요이다. 욕망과 화의 충동을 잘 억제할 수 있는 사람은 요기이며, 그는 여기 지상에서 행복한 사람이다.

어떠한 사람이 브람만 안에 머무르며 브람만에 도달하는가? 신은 말한다.

**24. 아트만에 행복이 있고, 아트만을 기뻐하고, 아트만의 빛을 발견한 요기는 브람만이 되며 브람만의 희열에 경탄한다.**

'안'이란 진정한 아트만 안을 말한다. 그는 여기 지상에 사는 동안 브람만 안에 있는 희열(니르바나)에 도달하며, 해방에 도달한다.

**25. 불완전함들이 모두 사라졌고, 이원성의 지각들이 떨어져 나갔고, 자신이 통제되었고, 동료 생명체들의 안녕에 헌신하는(모든 존재들이 그의 아트만이다.) 현자들은 브람만에 들어가 절대적 자유를 얻는다.**

'현자'란 올바른 지식을 가지고 행위를 포기한 사람이다.

26. 욕망과 화가 없으며, 생각들을 통제하였으며, 아트만을 깨달은 현자 가까이에는 브람만의 희열(절대적 자유)이 도처에 있다(이런 사람으로부터 신의 축복을 받을 가능성이 있다.).

모든 행위를 포기하고 올바른 지식을 얻은 사람은 살아 있든 죽었든지 간에 자유롭다.

## 명상의 요가를 통한 신의 깨달음

모든 행위들을 포기하고 올바른 지식 안에 확고히 머무는 사람은 즉각적인 자유를 얻는다고 하였다. 신에 대한 완전한 헌신으로 행해지며 신에게 바쳐지는 행위의 요가는 단계적으로 해방으로 인도한다고 신은 자주 선언했고 앞으로도 그러할 것이다. 첫째 단계는 마음의 정화이며, 다음은 지식, 그 다음은 모든 행위의 포기이며, 마지막에는 목샤에 이르게 된다. 그리고 이제 올바른 지식에 가장 가까운 수단인 명상의 요가를 자세히 설명하기 위하여 신은 다음의 몇몇 격언적인 구절들로 명상의 요가를 가르친다.

27-28. 밖으로 향하는 감각들을 차단하고, 미간에 시선을 고정시키고, 콧구멍으로 들어가고 나가는 입김을 확인하고, 감각들을 붙들고, 마음을 붙들고, 지성을 붙들고 해방을 구하는 그는 분명히 해방된다.

소리 등의 감각 대상들은 각각의 기관들을 통하여 마음 안으로 들어온다. 이러한 외부 대상들은 사람이 그것들에 대해 생각하지 않으면 안으로 들어오지 않는다. 현자는 묵상에 몰입하며, 모든 행위들을 포기하는 사람이다. 앞에서 묘사된 몸의 자세를 유지하면서, 그는 항

샹카라차리야의 바가바드 기타

상 해방을 최고의 목표로 삼아야 한다. 현자가 꾸준히 이런 삶을 살고 모든 것을 포기할 때, 그는 분명히 해방된다. 그가 해방을 위해 더 이상 할 일은 없다.

　　마음이 이와 같이 확고히 균형 잡힌 사람은 명상의 요가를 하면서 무엇을 알고 무엇에 대해 명상해야 하는가?

　　**29. 나를 모든 숭배와 고행을 즐기는 자로, 모든 세상들의 위대한 주인으로, 모든 존재들의 친구로 알 때, 오, 쿤티의 아들이여, 그는 내 존재의 평화 안으로 들어오지 않겠는가?**

　　나는 나라야나이다. 나는 모든 희생과 고행의 주인이며, 그것들을 만드는 자인 동시에 그것들을 통해 은총을 주는 신이다. 나는 모든 존재들의 벗이며, 그들을 위해 선을 행하되 어떠한 보답도 바라지 않는다. 모든 존재들의 가슴속에 있는 나는 모든 행위의 결실들을 나누어 주는 자이며, 모든 인식들의 목격자이다. 나를 아는 사람들은 평화에 이르며, 모든 삼사라가 그친다.

# 제6장
# 아르주나, 명상하라.

## 명상은 일들과 양립하지 않는다.

앞 장의 끝부분에 있는 몇몇 격언적인 구절(제5장 27-29절)에서는 올바른 지식에 가까운 수단인 명상을 통한 요가에 대한 가르침이 있었다. 이제 명상의 요가에 대한 설명에 해당하는 여섯 번째 장이 시작된다. 행위는 명상의 요가에 외적인 보조 수단이다. 행위를 명령 받은 가장은 명상의 요가를 할 수 있을 때까지 행위를 해야 한다. 이것을 마음에 두고서 신은 제6장 1절에서 행위를 찬미한다.

이의: 그런데 명령 받은 행위를 평생 동안 행해야 한다면, "그가 명상의 요가를 할 수 있을 때까지"라고 한정하는 까닭은 무엇입니까?[97]

대답: 이 이의는 여기에 적용되지 않는다. 왜냐하면 "요가에 도달하기를 원하는 현자에게는 행위가 그 방법이다."(제6장 3절)라는 설명이 있으며, 요가에 도달한 사람은 오로지 포기에만 의지해야 한다고 말하고 있기 때문이다. 만약 그 말이 요가에 도달하기를 원하는 사람과 요가에 이미 도달한 사람들이 각자 행위와 포기에 모두 의지해야 한다는 뜻이라면, 행위와 포기

---

[97] 사무츠차 바딘은 행위가 의도하는 결과를 낳으려면 행위에 지식이 결합되어야 한다고 주장한다.

는 각각 요가에 도달하기를 원하는 사람과 요가에 이미 도달한 사람을 위한 것이라고 구체적으로 말하는 것이나 그들을 두 가지 다른 부류로 구분하는 것은 쓸데없는 일이다.

반론자: 헌신한 자(아쉬람 거주자 혹은 가정 거주자)들 가운데 한 부류는 요가에 도달하고자 하는 사람들이고, 다른 부류는 이미 요가에 도달한 사람들이며, 세 번째 부류는 요가에 도달하기를 원하지도 않고 요가에 도달하지도 않은 사람들입니다. 첫 두 부류의 사람들을 세 번째 부류의 사람들과 구별하여 별개로 보아야 한다는 것은 타당합니다.[98]

대답: 그렇지 않다. "똑같은 헌신자에게"(제6장 3절)라는 말과 "그가 요가에 도달했을 때"라는 구절에서 '요가'가 반복되는 것은, 처음 요가에 도달하기를 원하던 사람은 요가에 도달한 뒤에야 행위를 포기해야 한다는 것을 암시한다. 이 포기는 요가라는 결실로 인도한다. 그러므로 행위하지 않음은 평생에 걸쳐 필요한 의무가 된다.

요가에 실패한 사람들에 대해서도 여기(제6장 37, 38절)에 언급되어 있다. 만약 제6장에서 요가가 가정 거주자를 위한 것이라고 말하려 했다면, 그의 타락을 가정할 이유는 없었을 것이다. 비록 요가에는 실패한 사람일지라도 행위의 결실을 얻을 수 있기 때문이다. 좋아서 했건 좋아하지는 않지만 의무이기 때문에 했건, 일단 행해진 행위는 반드시 그 결과를 낳는다. 물론, 행위는 해방을 낳을 수 없다. 해방은 행위의 결과로 생길 수 없으며 영원하기 때문이다. 우리는 또한 베다와 같이 위대한 권위를 가진 경전이 가르친 것처럼 의무적인 행위는 반드시 그 자체의 결과를 낳는다고 말했다.[99] 그렇지 않으면 베다는 아무런 쓸모가 없을 것이다. 또한 어떤 가정 거주자가 두 가지 길에서 모두 실패했다고 말하는 것도 적절하지 않을 것이다. 그는 여전히 행위를 행할 것이므로 거기에는 실패할 이유가 없을 것이기 때문이다.

반론자: 행해진 행위는 신에게 바쳐진 것입니다. 그러므로 그런 행위는 행위자에게 어

---

**98** 반론자는 다음과 같은 결론을 의도하고 있다. 즉, 첫째와 셋째 부류의 구도자들은 행위를 행해야 하지만, 요가에 도달한 사람들은 비록 나의 진정한 성품을 깨닫기 위해 요가를 수행할 수 있지만 가정 거주자 단계에 속해 있으므로 행위를 포기하지 않아야 한다.

**99** 제4장 18절에 대한 주해를 참조하라.

떠한 결과도 가져올 수 없습니다.

대답: 그렇지 않다. 왜냐하면 신에게 행위를 바치는 것은 반드시 더 커다란 결과로 인도하기 때문이다.

반론자: 그것은 오로지 해방으로 인도할 뿐입니다. 신에게 행위를 바치는 것은 요가와 결합될 때 해방으로 인도하며 그 밖의 다른 어떤 결과로는 인도하지 않습니다. 그러나 요가에 실패한 사람은 타락할 것이라고 가정하는 것이 맞습니다.

대답: 아니다. 왜냐하면 제6장 10절과 14절에서 행위의 포기를 명령하고 있기 때문이다. 명상을 행할 때 아내가 어떠한 도움을 줄 수 있을 것이라고는 생각할 수 없다. 만약 그것이 가능하다면, 그런 도움을 금지하기 위하여 홀로 있으라는 명령을 했다고(6장 10절) 주장할 수도 있을 것이다.[100] 그리고 제6장 10절의 "욕망 없이, 소유물 없이"라는 가르침은 가정거주자의 삶과 양립할 수 없다. 두 가지 길에서 모두 실패한 사람에 관한 제6장 38절의 질문 역시 일어나지 않을 것이다.

반론자: 제6장 1절에서, 행위를 하는 사람(카르민)은 산야신이며 요기라고 말하였고, 행위를 하지 않거나 불을 보존하지 않는 자는 요기나 산야신이 될 수 없다고 했습니다.

대답: 아니다. 제6장 1절은 단지 행위의 결과에 대한 집착의 단념을 찬미하고 있을 뿐이며, 그것의 이행은 명상의 요가에 외적인 보조 수단을 이룬다. 즉, 명상의 요가에 이르도록 인도한다. 불의 희생을 드리지 않고 행위를 하지 않는 사람만이 아니라, 행위에 헌신하는 사람도 역시 산야신이며 요기이다. 그는 행위의 결과들에 대한 집착을 버리고 마음의 정화를 위하여 행위들을 행한다. 이와 같이 후자를 찬미함으로써 후자도 산야신이며 요기라고 말하고 있는 것이다. 더욱이, 행위의 결과에 대한 집착의 포기를 찬미하면서 동시에 네 번째 삶의 단계를 금지하는 것은 하나이며 같은 제안을 주장하는 것이므로 적절하지 않다.[101] 또한 신은 계

---

**100**  바꿔 말하면, 뒤에서 가르치는 명상의 요가는 일들에 종사하는 가정거주자를 위한 것이 아니다. 왜냐하면 그는 제 6장 10, 14절 등에서 규정된 조건들을 충족시킬 수 없기 때문이다.

**101**  p147의 (두 번째) 주석을 참조하라.

시서, 전승서, 푸라나들, 이티하사, 요가 경전들을 부정하지 않았다. 그런 경전들은 불의 희생을 드리지 않고 행위를 하지 않는 사람(즉, 문자 그대로는 산야신)이 산야신이며 요기라고 가르치고 있다. 삶의 네 번째 단계를 금지하는 것은 신 자신이 제4장 13절, 제12장 16, 19절, 2장 71절에서 가르친 내용과 모순 될 것이다.

그러므로 요가에 이르기를 원하거나 이미 가정 거주자의 길에 들어선 현자들에게는 결과에 대한 욕망 없이 행해진 불의 제의와 같은 행위는 마음을 정화시킴으로써 명상의 요가에 이르게 하는 수단이 된다. 이런 이유로 그는 산야신과 요기라고 불림으로써 찬미된다.

## 행위의 포기

신께서 말씀하셨다.

**1. 행위의 결과들에 대해 기대 없이 자신에게 주어진 불의 숭배와 같은 의무를 하는 것은 마음을 정화시켜 명상의 요가를 할 수 있게 해준다.** (진정한 포기자들은 물론 아무런 의식들을 하지 않는다.)

행위의 결과를 기대하는 사람은 그것에 의존한다. 그러나 포기자이며 요기인 사람은 그와 다르며 행위의 결과에 의존하지 않는다.

이와 같이 행위의 결과에 대한 욕망에서 자유롭고, 불 숭배 즉 불의 희생과 같은 행위를, 어떤 구체적인 목표를 얻는 수단으로서 동기를 가지고 행하는 행위로서가 아니라 의무로서 행하는 사람, 이와 같이 행위들을 행하는 사람은 다른 뜻으로 행위를 행하는 사람보다 우월하다. 이러한 진실을 강조하기 위해 신은 그런 사람이 산야신이며 요기라고 말한다. 그는 포기(산야사)와 확고한 마음(요가)이라는 두 가지 특성들을 모두 지닌 사람으로 여겨져야 한다. 불의 의식을 드리지 않고 행위를 하지 않는 사람, 희생의 불을 밝히지 않거나, 제의의 불이 필요하지 않은 고행 등의 다른 행위들에 종사하지 않는 사람만이 산야신과 요기로 여겨져서는 안된다.

이의: 계시서와 전승서, 요가 경전들에서는 산야신은 불의 희생을 드리지 않고 행위도 하지 않는 사람이라고 분명히 가르치고 있습니다. 그런데 어찌하여 신은 여기에서 불을 피우는 행위를 하는 사람이 산야신이며 요기라는 이상한 가르침을 펴시는 것입니까?

대답: 그것은 잘못된 것이 아니다. 왜냐하면 그것은 행위에 헌신하는 사람을 두 가지 용어의 부차적인 의미에서 포기자(산야신)와 행위의 요기라고 말하려는 것이기 때문이다. 그는 행위의 결과들에 대한 생각을 포기하기 때문에 포기자로 간주된다. 그리고 그는 요가에 도달하기 위한 수단으로서 행위를 행하기 때문에, 또는 마음을 흔들리게 하는 행위의 결과들에 대한 생각들을 버리기 때문에 요기로 간주된다. 이와 같이 두 가지 용어들이 그에게 적용되는 것은 오직 부차적인 의미에서일 뿐이다. 그가 실제로 산야신이거나 요기라는 것을 의미하는 것이 아니다. 따라서 신은 말한다.

**2. 오, 판다바여! 그대는 (행위의) 요가가 실제로는 포기(산야사)라는 것을 이해해야 한다. 왜냐하면 행위의 결과들을 욕망하는 사람은 누구도 (명상의) 요기가 될 수 없기 때문이다.** (행위의 요가는 명상의 요가로 가는 디딤돌이다. 그래서 신은 아르주나에게 행위의 요가를 하도록 격려한다.)

행위를 행하는 데 있는 요가는 계시서와 전승서에 정통한 사람들이 산야사라고 선언하는 것이다. 산야사란 모든 행위와 그 결과까지 포기하는 진정한 포기를 말한다.

질문: 행위를 행하는 것인 행위의 요가와 행위를 그만두는 것인 순수한 산야사가 동일하다는 설명은 둘 사이의 어떤 유사성에 근거한 것입니까?

상카라차리야의 바가바드 기타

대답: 물론 행위자에 관한 한, 행위의 요가와 순수한 행위의 포기 사이에는 어느 정도의 유사성이 있다. 왜냐하면 모든 행위와 그에 따르는 것들까지 포기한 순수한 산야신은 모든 행위와 그 결과에 관한 생각들, 행위를 하도록 밀어붙이는 욕망들을 일으키는 그런 생각들을 포기한다. 행위의 요가를 따르는 사람 역시 행위를 하는 동안 결과에 대한 생각을 포기한다. 신은 다음 구절에서 이것을 가르친다. "보상에 관한 생각을 포기하지 않고서 행위에 헌신하는 사람은 아무도 확고부동한 사람인 요기가 될 수 없다. 왜냐하면 보상에 관한 생각이 마음을 흔들리게 하기 때문이다." 바꿔 말하면, 보상에 관한 모든 생각을 포기하고서 행위에 헌신하는 사람은 요기가 될 것이다. 그는 마음을 흔들리게 하는 원인인 보상에 대한 모든 생각을 포기하였으므로 확고부동한 사람이며, 마음이 한결같은 사람이다.

## 행위는 명상으로 가는 디딤돌이다.

이와 같이 순수한 행위의 포기와 행위의 요가의 두 가지 경우에 헌신자가 (행위의 결과에 관한 생각들을) 포기할 때 그 둘이 유사하다는 점을 고려하여, 제6장 2절에서는 행위의 요가를 찬미하기 위해 그것을 행위의 포기라고 표현하였다. 그리고 신이 그것을 찬미하는 까닭은 행위의 결과를 고려하지 않고 행해지는 행위의 요가는 명상의 요가에 이르는 외적인 보조 수단이 되기 때문이다. 그것은 헌신자를 차츰 명상의 요가로 인도한다. 신은 이제 행위의 요가가 어떻게 하여 명상의 요가에 이르는 수단이 되는지를 보여 준다.

3. 명상으로 가장 높은 곳에 오르려고 하는 사람은 행위의 요가를 그의 길로 택해야
한다(마음이 정화된다.). 그가 가장 높은 단계에 가까이 가면 그의 행위들은 떨어져 나가
고 이제 고요(명상에 전념하는)해질 것이다.

행위의 결과를 포기하고 요가에 도달하기를 원하는, 즉 아직 요가의 경지에 이르지는 못하고 명상의 요가에 확고히 머무르지 못하는 헌신자에게 행위는 그의 목표를 달성하는 수단이라고 한다.[102] 한편, 그가 요가에 도달했을 때는 그침, 즉 모든 행위를 그만두는 것이 그의 목표를 달성하는 수단이라고 한다. 그가 더욱 철저히 행위를 그칠수록, 그는 괴로움으로부터 더욱 자유로워지고, 감각들이 더욱 제어되며, 그의 마음은 더욱 확고부동하게 머무른다. 그 뒤에 그는 요가에 도달한 사람이 된다. 마하바라타에서는 이렇게 말한다.

브람마나에게는 이만한 재산이 없다. 즉, 하나와 (모든 창조물 안에 있는 브람만의) 동질성(에 대한 지식), 진실함, 고귀한 품성, 한결같음, 악의 없음, 솔직함, 그리고 여러 가지 행위들의 포기."(산티파르바, 175-38)

## 누가 요기인가?

어떤 사람이 요가루다라고, 즉 요가의 경지에 도달했다고 말할 수 있는 때는 언제인가? 대답은 다음과 같다.

**4. 사람이 모든 생각들을 포기하여 감각 대상들이나 행위들에 애착하지 않을 때, 그는 요가를 얻었다**(요가루다에 이르렀다. 요가에 자리를 잡았다. 브람만과 하나 된 경지에 이르렀다. 마야의 최면 위로 올라섰다.).

요기가 흔들림 없는 마음을 유지하면서 소리 등과 같은 감각 대상들에 대한 애착을 느

---

102  그의 목표는 명상의 요가이다. 그는 처음에는 마음을 정화시키고 다음에는 명상의 요가를 향한 갈망과 역량을 만드는 행위에 의해 여기에 도달한다.

상카라차리야의 바가바드 기타

끼지 않을 때, 그리고 의무적인 행위이건 의무적이고 우연한 행위이건 동기가 있는 행위이건 법으로 금지된 행동이건 간에 어떤 행위도 해야 한다고 생각하지 않으며 그것들을 자신에게 쓸모없는 것으로 여길 때, 그리고 이 세상과 다음 세상의 대상들에 대한 욕망을 일으키는 모든 생각을 습관처럼 끊임없이 포기하는 법을 배웠을 때, 그는 요가루다 즉 요가에 도달한 사람이 되었다고 한다. "모든 생각을 포기하고"라는 말은 모든 행위뿐 아니라 모든 욕망까지 포기되어야 한다는 것을 암시한다. 모든 욕망들은 생각으로부터 솟아나기 때문이다. 전승서는 말한다.

> "진실로 욕망은 생각(상칼파)에서 솟아나며, 생각에서 숭배들이 생겨난다."(마누법전 2장 2절)
>
> "오, 욕망이여! 나는 너의 뿌리가 어디에 있는지 알고 있다. 너는 생각에서 생겨난다. 내가 너를 생각하지 않으면, 너는 존재하기를 그칠 것이며 뿌리까지 뽑힐 것이다." (마하바라타, 산티파르바, 177-25)

모든 욕망을 포기하면 모든 행위의 포기가 반드시 뒤따른다. 계시서의 다음 구절은 그것을 보여 준다.

> "무엇이든지 욕망의 대상을 만들면, 그는 그것을 원한다. 무엇이든지 그가 원하면, 그는 행동한다." (브리. 우. 4-4-5)

추론을 통해서도 같은 결론에 이르게 된다. 모든 생각을 포기한 사람은 조금도 움직일 수 없기 때문이다. 그러므로 수행자가 모든 생각을 포기해야 한다고 말함으로써 신은 그가 모든 욕망과 모든 행위도 역시 포기해야 한다는 것을 암시한다.

어떤 사람이 요가의 경지에 도달했다면, 세상의 수많은 악들로부터 자신이 스스로 들어 올려진다. 그러므로

**5.** (무지 즉 삼사라에 빠져있는, 순수하지 못한) **마음을 어떻게 사용할 것인가? 아트만을 숨기기 위해서가 아니라 아트만을 드러내기 위하여 사용하라. 마음은 아트만의 친구이자 적이다.**

세상의 바다에 빠진 자기 자신을 들어 올리게 하라. 즉, 어떤 이로 하여금 자기를 단련하여 요가루다가 되게 하고, 스스로 훈련하여 요가의 경지에 이르도록 하라. 자신을 낮추지 않게 하라. 왜냐하면 그만이 자신의 벗이기 때문이다. 진실로 세상에서 해방되도록 이끌 수 있는 다른 벗이란 존재하지 않는다. 아니, 이른바 벗이라 하는 사람들은 해방을 추구하는 사람에게 장애만 될 뿐이다. 왜냐하면 그런 벗은 속박의 원인인 애정의 대상을 이루기 때문이다. 그러므로 "자신만이 자신의 벗이요."라고 강조하였다. 그리고 자신만이 자신의 적이다. 바깥에 있는 다른 벗은 오직 자신이 만든 적일뿐이다. 그러므로 "그만이 자신의 적이다."라고 강조한 것이다.

"그만이 자신의 친구요, 그만이 자신의 적이다."라고 말하였다. 그러면 이제 "어떤 부류의 사람이 자신의 벗이고, 어떤 부류의 사람이 자신의 적인가?"라고 질문할 수 있을 것이다. 대답은 다음과 같다.

**6. 마음을 통제했을 때, 마음은 아트만의 친구이다. 하지만 통제하지 못했을 때 마음은 아트만에게 적대적이다.**

자기를 다스리는 사람, 몸과 감각들의 집합체를 통제하게 된 사람에게는 자신이 자신의 벗이다. 그러나 자신을 통제하지 못한 사람의 경우에는 외부의 적이 자신에게 해를 입힐 수 있는 것처럼 자신이 자신에게 해를 입힌다.

**7. 마음을 정복한 사람은 아트만에 잠긴다. 그는 더위나 추위, 고통이나 쾌락, 명예**

와 불명예에 동요하지 않는다.

어떤 사람이 몸과 감각의 집합체를 정복했고, 그의 마음이 평온하며, 그가 모든 행위들을 포기했다면, 지고의 아트만은 실제로 그 자신의 아트만이 된다.

**8. 나에 대한 이론적 지식**(갸나)**과 개인적인 경험**(비갸나, 나가 프라크리티와 다르다는 것을 안다. 묘사할 수 없는 상태에 이른다.)**에 만족하고, 감각들을 정복하였고, 흙, 돌, 금은 모두 똑같아 보이는**(쿠타스타, 마음의 고요한 목격자, 변화가 없는 상태) **그런 요기는 브람만과의 합일을 성취했다고 말할 수 있다.**

어느 요기가 경전에서 가르친 것들을 아는 지식(갸나)과 지혜(비갸나)에 의해 충족되면, 즉 그렇게 가르쳐진 것들을 자신의 경험으로 깨달아서 충족되면, 그는 육타 즉 성자라 불린다. 그는 사마디, 즉 마음의 불변의 상태를 얻었다고 일컬어진다.

**9. 최고의 요기**(요가루다 가운데 최고)**는 호의를 베푸는 사람, 친구, 적, 친족, 무관심한 사람, 중립적인 사람, 혐오자, 심지어 올바른 사람과 올바르지 않은 사람을 동등하게 여길 수 있는 사람이다.** (사마붓디 즉 evenness of mind에 이른 사람. 동등한 시각을 가진 사람. 똑 같이 대하는 사람. 그는 모두에게 같다. 그는 모두를 자신의 나로 사랑한다.)

'그러한 사람은 존경을 받는다.'라는 말은 요가의 경지에 도달한 요가루다들 가운데에서도 그가 가장 훌륭한 사람이라는 뜻이다. ('그러한 사람은 해방되었다.'라는 뜻으로 해석되기도 한다.) '같이 대하는 사람'은 어떤 사람을 그의 모습이나 행위로 판단하지 않는 사람이다. '호의를 보이는 사람'은 다른 사람에게 선을 행하되 어떠한 보답도 기대하지 않는 사람이다. '무관심한 사람'은 대립하는 두 편 가운데 어느 편에도 치우치지 않는 사람을 말한다. '중재자'란 대립하는 두 편에 대해 호의적인 사람이다. '올바른 사람들'은 경전을 따르는 사람이며, '옳지 않은 사람들'이란 금지된 행위들을 자주 행하는 사람을 뜻한다.

## 명상 수행의 지침들

10. 요기는 한적한 곳으로 물러나 홀로 머물며, 자신의 육체와 마음에 대한 통제력을 연습해야 한다. 그는 이 세상의 희망들과 소유물들로부터 벗어나야 한다. 그는 아트만에 대해 끊임없이 명상해야 한다.

'요가 수행자'는 명상하는 사람이다. '한적한' 곳은 산속의 동굴 같은 장소를 말한다. '한적한'과 '홀로'라는 단어는 모든 것을 포기해야 한다는 것을 분명하게 보여 준다. 그는 요가를 수행할 때 세상을 떠나야 할 뿐 아니라 모든 소유물들을 버려야 한다.

이어서 신은 요가 수행자를 위해 앉고 먹는 법과 휴식 등 요가에 도움이 되는 것들을 얘기하고, 요가에 도달한 사람의 특징적인 표시를 알려 주며, 요가의 효과 및 그것과 관련된 다른 특징들을 설명한다. 맨 먼저 그분은 앉는 법에 대하여 다음과 같이 설명한다.

11. 그가 앉는 자리는 너무 높지도 않고 낮지도 않고, 안정되어야 하고, 깨끗해야 한다. 그는 그러한 장소에 자리를 잡아야 한다. 그는 먼저 신성한 풀로 그것을 덮은 다음, 사슴 가죽으로 덮는다. 그런 다음 이것들 위에 천을 덮는다.

'깨끗한' 곳이란 본래 정결하거나 사람이 그렇게 만든 곳이다. 천 등은 여기에서 열거된 순서로 자리 위에 깔아야 한다.

이렇게 자리를 마련한 뒤에는 무엇을 해야 하는가?

**12. 그는 그곳에 앉아, 감각들과 상상력을 억제하고, 마음을 한곳에 집중해야 한다.**

**이런 식으로 명상을 수행한다면, 그의 가슴은 순수해질 것이다.**

요가 수행자는 마음을 집중하기에 앞서 모든 감각 대상들로부터 마음을 철수시켜야 한다. '자기'는 내적인 감각, 마음을 가리킨다.

이와 같이 앉는 자리에 대해 설명하였다. 이제 몸의 자세는 어떠해야 하는가? 들어 보라.

**13. 몸, 머리, 목을 꼿꼿이 세우고, 마치 코끝을 바라보는 것처럼 시선을 끌어당긴 채 움직임이 없어야 할 것이다. 그는 주변을 돌아보아서는 안 된다.**

일직선으로 몸을 세운 뒤에도 움직일 수 있다. 그러므로 '움직이지 말라'는 조건을 붙인 것이다. 그는 '말하자면' 코끝을 응시해야 한다. 여기에서 우리는 '말하자면'이라는 단어를 이해해야 한다. 왜냐하면 신은 실제로 '코끝을 응시하는' 행위를 말한 것이 아니라, 시선을 (외부 대상들로부터 거두어들임으로써) 내면에 고정시키라고 말하고 있기 때문이다. 그리고 이것은 물론 마음의 확고함에 달려 있다. 만약 이와 달리 여기에서 실제로 '코끝을 응시하는' 행위를 의미하고 있다면, 마음은 아트만이 아니라 오로지 그곳에만 고정되어야 할 것이다. 사실, 요가 수행자는 제6장 25절에서 "마음이 아트만 안에 있게 하라."고 가르치는 것처럼 마음을 아트만에 집중해야 한다. 그러므로 '말하자면'이라는 단어를 이해한다면, '눈길'은 여기에서 '시선을 내면에 고정시키는 것'을 의미한다.

**14. 마음을 고요하고 두려움이 없게 하고, 경건한 삶의 맹세를 굳게 지키고, 가만히 있지 못하고 돌아다니는 마음을 붙들어, 언제나 그의 눈을 그의 상이자 그의 목적인 나에게 둔 채 항상 나에게 잠기게 하여, 나와 하나에 도달하기 위해 힘쓰게 하라.**

경건한 삶의 맹세(브람마차리 브라타)는 스승을 섬기고 탁발을 통해 얻은 음식을 먹는 것 등에 있다. 그는 경건한 삶을 살겠다는 맹세를 엄격히 지켜야 한다. 또한 마음을 제어해야 한다. 마음의 변화를 제어해야 하는 것이다. 그는 파람이슈와라인 지고의 주인인 나를 언제나 생각해야 한다. 그리고 나를 지고의 존재로 여겨야 한다. 사랑에 빠진 사람은 늘 그 여성을 생각할 수 있지만, 그녀를 지고의 존재로 여기지는 않는다. 사람들은 경우에 따라서 그의 군주나 마하데바(쉬바)를 지고의 존재로 여긴다. 이와 달리 요가 수행자는 언제나 나를 생각하며, 나를 지고의 존재로 여긴다.

이제 요가의 결실은 다음과 같이 묘사된다.

**15. 명상으로 감각들과 마음을 끊임없이 통제함으로, 안에 있는 아트만과 하나를 이룬 구도자는 나 안에 있는 변치 않는 기쁨과 평화의 상태인 니르바나에 이른다**(처음에는 사마디의 낮은 상태인 사비칼파 사마디에 이른다. 가장 높은 니르비칼파 사마디에서는 몸은 정지하고 동작이 없으며, 마음은 개인적 정체감을 잃고 우주의 마음과 하나가 된다. 가장 높은 초의식의 상태에 들어간 것이다. 평화와 지고의 희열 이외에는 아무것도 경험하지 않는다. 마음은 무한자와 하나가 된다. 이 최고로 높은 상태에 들어감으로 요기는 해방된다. 신의 바다와 하나가 된다. 니르바나는 다시 태어나게 하는 충족되지 못한 욕망들의 파괴를 의미한다.).

다음에는 요기의 음식 섭취 등에 대한 규정들이 이어진다.

**16. 오, 아르주나! 너무 많이 먹거나 너무 적게 먹는 사람들, 너무 많이 자거나 너무 적게 자는 사람들은 명상을 잘 하지 못한다.**

'너무 많이 먹는 것'은 자신에게 알맞은 양 이상을 먹는 것이다. 계시서는 말한다. "어떤 음식이든지 알맞게 먹으면 사람을 보호하며, 해를 입히지 않는다. 지나치게 많은 양은 해를 끼치며, 지나치게 적은 양은 보호하지 못한다."(사타파타 브람마나)

상카라차리야의 바가바드 기타

그러므로 요가 수행자는 자신에게 알맞은 양보다 많이 먹어서도 안 되고 적게 먹어서도 안 된다. 또는 이것은 다음과 같이 해석될 수도 있다. 즉 요가 샤스트라에 요가 수행자를 위해 규정된 양보다 더 많이 먹는 사람은 요가에 이를 수 없다. 음식의 양은 다음과 같이 규정되어 있다. "(위장을 네 등분하여) 절반은 음식과 양념을 위해, 1/4은 물을 위해, 나머지 1/4은 공기가 자유롭게 드나들도록 남겨 두어야 한다."

그러면 어떻게 요가에 이를 수 있는가? 그 대답은 다음과 같다.

**17. 그러나 먹는 것과 자는 것, 일과 오락에 있어 적당한 사람들은 명상을 통해 슬픔을 끝내게 될 것이다.**

규정된 한계 안에서 음식을 먹고 (산책 등의) 휴식을 하며, 규정된 시간에 자고 일어나는 사람은 세상의 고통을 없애는 요가에 저절로 이르게 된다.

## 완성

그는 언제 현자가 되는가? 대답은 다음과 같다.

**18. 사람이 언제 브람만과의 합일을 성취했다고 할 수 있는가? 잘 제어된 생각이 욕망의 대상들을 벗어나 오로지 아트만에 잠기게 된 때이다.**

'잘 제어된' 생각이란 마음이 한곳에 모이거나 집중된 것을 가리킨다. '오로지 아트만 안에만' 자리한 상태란 외부 대상들에 대한 모든 생각들을 버리고 생각의 원리가 아트만 안에 꾸준히 머무는 상태를 말한다. '욕망의 대상'은 보이거나 보이지 않는 대상을 모두 포함한다.

요가 수행자의 그러한 흔들리지 않는 마음을 나타내는 비유가 다음에 묘사된다.

19. "바람이 없는 곳에 놓인 램프의 불은 깜빡이지 않는다." 이것이 생각을 제어한 명
상자의 비유이다.

이 비유는 요가에 정통한 사람들, 생각의 원리가 작용하는 방식을 아는 사람들이 만든
것이다.

이와 같이 요가를 수행하여, 바람이 없는 곳의 등불처럼 마음이 한곳에 모여 집중되고
나면,

20. 명상의 수행으로 멈춘(고요해진, 정화된) 마음이 아트만을 볼 때, 그는 아트만에 완전
히 만족한다.

요가 수행으로 마음이 모든 면에서 제어될 때, 요기는 자기(내적인 감각)에 의해, 사마디
에 의하여 정화된 마음에 의해. 지고의 지성(차이탄야), 모든 곳에 눈부시게 빛나는 빛인 아트만
을 보고, 아트만 안에 만족을 얻는다.

21. 감각들 너머에 있으며 순수한 지성(붓디)으로만 알 수 있는 무한한 희열을 알아 거
기에 자리 잡을 때, 그는 진리를 결코 떠나지 않는다.

지성(붓디)에 의해 알 수 있는 그 희열은 감각들과 무관하며, 감각들의 범위 너머에 있으
며, 감각 대상들에 의해 생겨나는 것이 아니다.

22. 그것을 얻으면, 그는 그것 이상의 얻음은 없다는 것을 안다. 그 안에 자리 잡으

면, 그는 가장 큰 슬픔에도 흔들리지 않는다.

'그 안'은 진정한 자신 안이다. '슬픔'이란 칼에 베이는 것 등에 의해 생기는 아픔을 말한다. 이 요가, 진정한 자신 특유의 이런 상태들은 제6장 20절부터 시작하는 절들에서 수많은 그 특징들로 묘사되고 있다.

**23. 고통과의 연합의 단절을 요가로 알라. 그러므로 이 요가는 확고한 결심과 불굴의 정신으로 해야 한다.**

고통과 단절되는 것을 일컬어 요가(합일)라고 하는데, 이는 하나의 아이러니이다. 이처럼 요가의 효과에 대해 얘기하면서 결론을 지은 신은 확고한 결심과 불굴의 정신(자신감)이 요가에 이르는 데 필요한 수단이라는 것을 보여 주기 위해 그것의 필요성에 대해 다시 언급한다. '이 요가'란 앞에서 서술한 결과를 가져오는 요가이다.

## 명상 수행과 관련된 추가적인 지시사항들

**24. 생각과 상상에서 나온 모든 욕망들을 남김없이 버려라.** (감각들을 철수하여 마음에 들어가게 하라.) **분별력으로 감각들을 완전히 제어하라.** (강한 분별력과 초연을 지닌 마음은 감각들을 통제할 수 있을 것이다.)

'마음'은 확고한 결심을 갖춘 마음을 가리킨다.

**25. 아트만이 모든 것이며 그밖에는 어떠한 것도 존재하지 않는다는 것을 명심하고,**

마음을 끊임없이 노력하여 아트만에 잠기게 하라.

이것[103]은 요가의 가장 높은 형태이다.

이제, 마음이 아트만 안에 머무르도록 힘써 노력하는 요가수행자(요기)에 대하여 말한다.

26. (신은 마음 통제의 방법을 주고 있다.) 불안정한 마음이 여기저기로 달아날 때마다, 그것을 자제시켜 아트만 안에 있도록 해야 한다.

소리와 다른 감각 대상들은 마음을 방황하게 만드는 원인들이다. 이와 같이 감각 대상들에 이끌려 떠도는 것은 마음의 타고난 약점이다. 감각 대상들의 진정한 성질을 탐구하여 그 허상을 확신하고 세상의 대상들에 대한 무관심을 기르면, 마음은 감각 대상들로부터 자제할 수 있으며 진정한 나로 돌아와 그 안에 확고히 머물 수 있다. 이와 같이 요가를 수행하면, 요기의 마음은 진정한 나 안에서 평화에 이르게 된다.

## 명상의 결과

27. 마음이 평화롭고, 열정(라자스)이 가라앉았고, 오점이 파괴된 요기는 지고한 희열을 경험한다. 그는 브람만(무한한 의식)과 하나가 된다. (그에게는 어떠한 흠도 없으며, 그는 다르마와 아다르마에 의해 영향을 받지 않는다.)

---

103   흔들림 없이 한결같은 마음 상태.―(A.)

열정이 가라앉은 사람에게는 집착 등 고통의 원인들을 포함하여 모든 열정이 사라진다. 그는 모든 것이 브람만임을 깨달아 살아 있는 동안 영혼이 해방된 사람(지반묵따)이 된다.

**28. 그의 마음은 악의 짐으로부터 자유롭고 항상 요가를 수행하는 요기는 쉽게 브람만으로부터 오는 무한한 희열을 경험한다.**

'항상'이란 요가에 이르는 데 어떠한 장애물의 방해도 받지 않는 것을 말한다.

이제는 요가의 결과, 즉 브람만과 하나라는 지각에 대하여 설명할 것이다. 그것은 모든 세상을 끝내게 한다.

**29. 그들은 늘 브람만과 함께 있다. 직관의 눈으로 모든 존재 안에 아트만(브람만)을, 아트만 안에 모든 존재가 있음을 안다.** (나를 깨닫기 위한 과정에서는 세상으로부터 물러났지만, 나를 깨닫고 난 뒤에는 사랑을 지니고 세상으로 되돌아가는) **그들은 모든 것을 평등하게 본다.**

창조자인 브람마에서부터 풀들에 이르기까지, 그는 모든 존재를 아트만과 하나로 본다. 그리고 창조자 브람마에서부터 생명이 없는 대상들에 이르기까지 모든 다른 것들 안에서 그는 같은 것을 본다. 즉, 그는 아트만과 절대자 브람만이 하나임을 보는 것이다.

이제는 나의 단일성을 지각하면 어떤 결과가 따르는지를 설명할 것이다.

**30. 모든 것들 안에서 나를 보고, 나 안에서 모든 것들을 보는 사람들은 나 안에 있으며, 나도 그들 안에 있다.**

그는 모든 것의 아트만인 나, 바수데바를 모든 존재 안에서 보고, 모든 것의 아트만인 내 안에서 창조자 브람마와 다른 모든 존재를 본다. 이와 같이 그가 아트만의 단일성을 보게 되었을 때, 이슈와라인 나, 아트만은 결코 그의 현존을 떠나지 않으며, 그 지혜로운 사람도 결코 나의 현존을 떠나지 않는다. 왜냐하면 그의 아트만과 나는 하나이며, 자신의 아트만은 자기 자신에게 나타나지 않을 수 없기 때문이다.

이제, 앞 절에서 전한 지식, 즉 "모든 것의 아트만인 나 자신은 아트만의 단일성을 보는 자이다."를 언급하면서, 신은 그 지식의 결과로서 해방에 대하여 얘기한다.

**31. 하나에 자리를 잡은 그들은 모든 존재들 안에 있는 나를 열렬히 숭배한다. 그들이 어떤 삶을 살고 있을지라도 그들은 나 안에 살고 있다.**

올바른 지식을 가진 이러한 사람은 내 안에, 지고의 상태에, 비슈누의 상태에 머무른다. 그는 무엇에도 얽매이지 않으며, 해방으로 가는 그의 길에 아무것도 장애가 되지 않는다.

**32. 오, 아르주나! 그들은 모든 곳에서 오직 아트만을 본다. 그들은 하나라는 것에 자리를 잡는다. 따라서 그들은 자연적으로 다른 사람들의 즐거움이나 고통을 자신의 것으로 만든다. 그들은 모든 요기들 중 최고다.**

그는 자기에게 즐거운 것은 모든 존재에게도 즐겁고, 자기에게 고통스러운 것은 모든 존재에게도 고통스러움을 본다. 이와 같이 자기에게 즐거움이나 고통인 것은 모든 존재에게도 똑같이 즐거움이나 고통임을 보기에 그는 누구에게도 고통을 주지 않는다. 그는 해를 끼치지 않는다. 해를 끼치지 않고 올바른 지식에 헌신하는 그는 모든 요기들 가운데 최고로 여겨진다.

**수행과 무심은 요가에 이르는 가장 확실한 방법이다.**

앞에서 설명된 요가, 올바른 지식의 요가에 이르기가 매우 어렵다는 것을 알고서 아르주나는 그것에 이르는 가장 확실한 방법을 알고자 말했다.

아르주나가 말했다.

33. 오, 크리슈나시여! 당신은 이 요가를 브람만과 합일의 삶이라고 설명합니다. 하지만 저는 이것이 어떻게 지속적일 수 있는지 알지 못합니다. 마음은 가만히 있지 못합니다.

이것은 잘 알려진 사실이다.

34. 오, 크리슈나시여! 마음은 감각들의 손아귀에 사로잡혀 있어서 변덕스럽고, 충동적이고, 강하고, 완고합니다. 그것을 어떻게 길들일 것입니까? 진정, 제가 생각하기에 바람은 거세지 않습니다.

'크리슈나'는 '크리슈'에서 파생되었으며 벗겨 낸다는 뜻이다. 크리슈나는 자신에게 헌신하는 사람들에게서 모든 악의 원인과 모든 죄를 벗겨 내고 없애 버림으로 그런 이름으로 불린다. 마음은 끊임없이 움직일 뿐 아니라 사납게 소용돌이친다. 마음은 몸과 감각 기관들을 동요시키며, 그것들이 외부의 영향력들에 지배받게 한다. 마음은 억누를 수 없으며, 어떠한 방법으로도 제어할 수 없다. 마음을 베는 것은 탄투나가, 즉 일종의 상어인 바루나 파사를 베는 것만큼이나 불가능하다. 그러한 성질을 가진 마음을 제어하는 것은 바람을 제어하는 것보다 더 어려운 일이다.

신은 말한다. 그대가 말한 것과 같다.

**신께서 말씀하셨다.**

35. 오, 힘이 센 자여! 그렇다. 의심의 여지없이 마음은 불안정하고 그리고 통제하기
어렵다. 하지만 오, 쿤티의 아들이여! 그것은 끊임없는 수행과 무심으로 그것은 통제
될 수 있다.

'수행'은 어떤 생각의 대상들에 관하여 동일한 관념이나 생각을 계속 반복하는 데 있다.
'무심'이란 눈에 보이거나 보이지 않는 모든 즐거움들을 향한 욕망으로부터 자유를 의미하며,
그것은 그것들 안에 있는 악을 계속 지각함으로써 얻어진다. 외부 대상들을 향한 생각의 흐름
은 수행과 무심을 통하여 제어될 수 있다. 마음은 이와 같이 제어된다.
그러나 자기를 다스리지 못하는 사람이라면 어떠한가?

36. 마음을 통제하지 못하는 사람들은 명상에서 앞으로 나아가 아트만을 깨닫기에
극히 어렵다는 데 나는 동의한다. 하지만 무심과 명상으로 마음은 통제될 수 있다.
올바른 방법들을 사용하여 지속적으로 노력한다면 아트만 깨달음은 얻어질 수 있다.

'마음을 통재하지 못하는 사람'은 안타카라나가 꾸준한 수행과 세상에서 얻는 것에 대
한 무관심을 통하여 통제되지 못한 사람을 가리킨다. '자신을 다스리는'은 마음을 복종시킨 사
람을 말한다.

## 명상에 실패한 사람들과 그 후의 생애

어떤 요기가 이 세상과 다른 세상에서의 성공을 성취하는 모든 행위를 포기하고 요가
수행에 정진하였으나, 요가의 완성의 결과이며 해방에 이르는 수단인 올바른 지식을 아직 얻
지 못하고 죽을 때에 마음이 요가의 길에서 벗어나면 파멸을 맞을 것이라고 아르주나는 생각

샹카라차리야의 바가바드 기타

하였다. 그래서 그는 물었다.

37. 오, 크리슈나시여! 어떤 사람이 믿음은 가지고 있지만 충분히 열심히 노력하지 않았다고 생각해 보십시오. 그의 마음은 명상 수행으로부터 벗어나 방황하고, 그는 완벽함에 이르는 것에 실패합니다. 그러면 그는 어떻게 됩니까?

요가의 효과에 대한 믿음은 있으나 요가의 길에서 꾸준히 노력하지 않은 사람, 그리고 삶의 마지막 때에 마음이 요가로부터 벗어나 헤매며 기억을 잃어버린 사람, 요가의 결실 즉 올바른 지식을 얻는 데 실패한 사람은 어떤 결말을 맞게 되는가?

38. 오, 강한 분이시여! 둘에서 떨어진 그들은 세상적인 삶과 영적인 삶 모두를 잃은 것입니다. 그는 어디에도 의지할 곳이 없습니다. 부서진 구름이 하늘에서 사라지는 것처럼, 그는 사라지는 것이 아닙니까?

'두 가지 길'이란 카르마의 길과 요가의 길을 말한다. '브람만으로 가는 길'은 브람만에 도달하는 길이다.

39. 오, 크리슈나시여! 이것이 저를 괴롭히는 의심입니다. 그리고 오직 당신만이 이 의심을 제 마음으로부터 완전히 몰아내 주실 수 있습니다. 당신의 답을 들려주십시오.

'당신 말고는 아무도'에는 리쉬이건 신들이건 크리슈나를 제외한 모든 존재를 포함한다. 오로지 당신만이 이 의심을 없앨 수 있다는 뜻이다.

신께서 말씀하셨다.

40. 아니다. 나의 아들아! 그 사람은 이 세상에서나 다음 세상에서나 사라지지 않는
다. 깨달음을 구하려는 자는 결코 나쁜 결말을 맞지 않는다.

요가의 완성에 실패한 사람은 이번 생 보다 더 낮은 존재로 태어나지 않을 것이다. '아
들'은 산스크리트의 '타타'를 '아들'이라고 번역한 것이다. '타타'는 산스크리트로 '아버지'라는
뜻 이다. 아버지는 그의 아들이라는 형태로 자신을 번식시키기 때문에 아버지 자신은 아들이
되 며, 아들은 또한 '타타'라고 불린다. 제자는 아들이 아닐지라도 아들과 같은 존재이므로 아
들 이라고 불린다.

그러면 요가의 완성에 실패한 사람은 어떻게 되는가?

41. 설령 그 사람이 요가에 실패한다고 해도, 그는 여전히 선행을 행하는 자들이 가
는 천국을 얻고, 그곳에서 오랜 기간을 살 것이다. 그 후에 그는 순수하고 유복한 가
정에 다시 태어난다.

문맥을 보면 알 수 있듯이, 이것은 명상의 요가를 열심히 수행한 포기자에 대한 설명이
다. '의로운 사람들'은 희생 등으로 숭배하는 사람들을 말한다. 그는 그러한 사람들이 모여 있
는 세계에서 마땅한 기쁨을 완전히 누린 뒤, 순수하고 부유한 가정에 다시 태어난다. '순수하
다'는 것은 정해진 규정들에 따라 행동하는 것을 말한다.

42. 심지어 그는 깨달은 요기의 집안에 태어날 수도 있다. 하지만 이 세상에서 그런
탄생은 얻기란 아주 어렵다.

그렇지 않으면 그는 매우 다른 가정에서, 즉 가난하고 지혜로운 요기의 가정에서 태어

난다. 이와 같이 가난한 요기의 가정에서 태어나는 것은 앞에서 언급한 가정에서 태어나는 것보다 더욱 어려운 일이다.

그 이유는 다음과 같다.

**43. 오, 쿠루족의 아들이여! 그런 탄생을 가진 후에, 그는 이전의 육체에서 얻은 지식을 되찾고는 깨달음을 얻기 위해 이전보다 더욱 노력할 것이다.**

'이전보다 더욱'이란 전생에서 노력했던 것보다 더욱 강하게 노력한다는 뜻이다.

**44. 이전 삶의 수행에 의해, 그는 자기도 모르게 브람만과의 합일을 향해 내몰릴 것이다. 왜냐하면 브람만으로 가는 길을 묻기만 하여도 경전에 따라 종교적 의식들을 행하는 사람들보다 더 멀리 나아가기 때문이다.**

요가의 완성에 실패한 사람은 전생에 수행했던 힘을 통하여 요가의 완성을 향해 나아간다. 만약 그가 요가 수행에 의해 생겨난 성향을 꺾어 버릴 수 있는 그릇된 행동(아다르마)을 하지 않았다면, 요가의 경향은 더욱 우세해질 것이다. 만약 그릇된 행동이 더 강해지면, 요가 수행으로 생겨난 성향이라 할지라도 그릇된 행동에 의해 확실히 압도당하게 된다. 그러나 그릇된 행동을 버리고 나면, 요가에 의해 생긴 성향이 그 열매를 맺기 시작한다. 다시 말해서, 그 성향이 오랫동안 중지될 수 있지만 파괴되지는 않는다는 말이다. 그러므로 문맥에서 보여 주는 것과 같이 요가에 실패한 산야신(포기자)이라도 요가의 길을 수행하며 그 본질을 알고자 하는 사람은 베다들을 뛰어넘는다. 즉 말—브람만 즉 베다로부터 자유로워진다.

# 요기들 중 최고

그리고 요가를 수행하는 삶이 바람직한 이유는 무엇인가?

45. 여러 삶 동안 열심히 노력하는 요기는 자신의 모든 불순물들로부터 정화되어 마침내 최고의 목표에 이를 것이다.

46. 브람만과 함께 하고자 하는 요기는 위대하다. 고행자들[104]보다 더 낫고, 경전들의 지식을 가진 자들보다 더 낫고, 숭배의 의식을 행하는 자들보다 더 낫다. 그러므로 오, 아르주나! 그대는 온 가슴으로 요기(니르비칼파 사마디를 통한 직관으로 아트만의 직접적인 지식을 가진 사람)가 되어라.

'지식'이란 경전의 가르침에 대한 지식이다. '행위'는 성스러운 불을 숭배하는 아그니호트라와 같은 것이다.

47. 그는 나에게 그의 마음 모두를 바친다. 그는 믿음과 사랑으로 나를 숭배한다. 다른 모든 이들 중에서, 나는 그 요기를 나 자신이라 여긴다.

'요기들'은 루드라, 아디티아 등에 대하여 명상하는 자를 일컫는다. '마음을 나 안에'는 바수데바인 나 안에 확고히 거하는 안타카라나들을 말한다.

---

**104**  [역자 주] 신체적 정화나 감각들을 통제하기 위한 노력.

# 제7장
# 지식과 깨달음

〰️

## 명상으로 신을 깨달음

제6장 47절에서 추가적인 질문의 필요성을 제공한 뒤, 질문을 받지 않았지만 "나의 실재는 이러이러하고, 내면의 자아가 나 안에 머무르는 사람은 이러이러하다."라고 가르치고자 하여 신은 말했다.

신께서 말씀하셨다.

1. 오, 파르타여! 나에게 피난하고 그대의 온 마음을 나에게 집중시키면, 그대는 의심의 여지없이 나(전능, 전지, 편재, 무한한 사랑, 아름다움, 은총, 강함, 자비, 무진장한 부, 말로 표현할 수 없는 화려함, 아주 깨끗한 영광, 순수)를 알 수 있을 것이다.

그러한 요기의 마음은 지고의 신인 나에게 몰입하여 있고, 다음에 언급하는 특성들을 가지고 있다. 그는 요가 혹은 마음의 평정을 수행하며, 지고의 신인 나 안에서 안식처를 찾는다. 인생의 목적을 추구하는 사람은 그 목적을 이루기 위하여 아그니호트라나 고행, 또는 자선과 같은 행위들을 행한다. 그러나 요기는 다른 모든 수단들을 포기하고 생각을 나에게 집중시키며, 오로지 나에게만 의지한다. 이제, 어떻게 하면 그대도 역시 이와 같이 행하여 무한한 위대함과 강함, 힘, 은총과 다른 특성들을 지닌 나를 의심 없이 완전히 알 수 있는지를 말할 테니 들어 보라. 그대는 추호도 의심 없이 나를 알게 되며, "신은 오직 이러이러한 분이다."라는 것을 알게 될 것이다.

**2. 나는 그대에게 이론적 지식**(가나)**과 함께 개인적 경험**(비갸나, 깨달음)**을 남김없이 말할 것이다. 이것을 알면 더 이상 알아야 할 것은 없다.**

그리고 나 자신의 경험에 의한 나에 관한 이 지식을, 나는 그대에게 남김없이 말해 주겠다. 이 절의 뒷부분에서 신은 듣는 자로 하여금 그것을 따르도록 준비시키기 위하여, 앞으로 가르칠 지식을 찬미한다. '더 이상 없다'라는 말은 인생의 목적에 이르는 다른 수단이 없다는 것을 말한다. 진실로 나를 알면 모든 것을 알게 된다. 이와 같이 그 지식은 위대한 결과를 낳으며, 따라서 매우 얻기 힘든 것이다.

그러면 어떻게 해야 하는가? 잘 들어라.

**3. 해방을 얻고자 노력하는 사람이 누가 있겠는가? 수천 명 중 아마도 한 명일 것이다. 노력하는 사람들 가운데서도 아마도 겨우 한 사람이 성공적으로 노력할 것이다. 성공적으로 노력하는 사람들 가운데서도 아마도 겨우 한 사람이 은총으로 나의 존재를 알 것이다.**

해방을 위하여 노력하는 사람들은 실로 '완전함에 이른' 사람들이다.

# 신성한 프라크리티에서 생겨난 우주의 진화

들는 자가 가르침에 준비될 수 있도록 가르침을 맛보게 한 뒤, 신은 다음과 같이 가르침을 잇는다.

**4. 흙, 물, 불, 공기, 에테르, 마음, 지성 그리고 자아, 이 여덟 가지가 나의 자연**(샥티, 마야, 물질적 에너지)**이다.**

흙은 탄마트라(미묘한 기본 원소), 혹은 프리티비 탄마트라(흙의 미묘한 기본 원소)를 나타낸다. 그리고 물, 불, 바람, 공간은 각각 물 등의 탄마트라를 나타낸다. 마음은 그것의 원인인 자아(아함카라)를 나타내고, 지성(붓디)은 자아의 원인인 마하트 원리를 나타내며, 자아는 무지와 결합된 현현하지 않은 것(아비약타)을 나타낸다. 독과 섞인 음식이 그 자체로 독이라고 불리는 것처럼 현현하지 않은 것도 그러하다. 잠재해 있는 무의식적인 인상인 바사나와 결합된 첫째 원인은 그 자체로 여기에서 자아라 불린다. 자아가 모든 것을 일으키는 원인이기 때문이다. 사실, 우리는 자아가 모든 존재의 활동을 일으키는 원인이라는 것을 우리의 일상적인 경험으로부터 알게 된다. 이슈와라에 속하는 마야, 즉 나의 프라크리티는 이와 같이 여덟 가지로 나뉘었다.

**5. 이것들은 나의 열등한 자연**(아파라 프라크리티)**이다. 오, 강한 자여, 우주에 생명을 주는 나의 우수한 자연**(파라 프라크리티, 파라 샥티, 나, 푸루샤, 영, 순수한 자각 혹은 의식, 들을 보는 자)**을 알라. 이것이 온 우주를 지탱하고 있다.**

이 프라크리티는 열등하고, 순수하지 않으며, 악을 만들어 내고, 그 자체로 세상의 굴레를 이루고 있다. 그러나 높은 프라크리티는 순수하다. 그것은 생명을 유지하고 온 우주 안으로 들어가 그것을 지탱하는 나의 나 즉 크쉐트라갸이다.

6. 모든 존재들은 이 둘로서 만들어진다. 그러므로 온 우주는 나로부터 만들어지며 나 안으로 소멸된다.

'이 둘'이란 나의 열등한 자연(프라크리티)과 우수한 자연, 물질과 영을 말하며, 모든 창조물이 태어나는 자궁이다. 나의 프라크리티는 모든 만물의 자궁이므로 나는 온 우주의 기원이자 끝이다. 즉, 이 두 가지 프라크리티를 통하여 전지한 이슈와라인 나는 우주를 만든다. 그러므로

7. 오, 다난자야여! 오로지 나만이 우주의 원인이다. 지고의 신인 나 외에는 다른 원인이 없다. 실에 꿰어 있는 진주처럼 이 세상은 나에게 붙들려 있다.

지고의 신인 나 외에는 다른 원인이 없다. 오직 나만이 우주의 근원이다. 그러므로 이 우주 전체와 모든 존재들이 실로 짜인 직물처럼, 실에 꿰어 있는 구슬들처럼 내 안에서 엮여 있다.

## 우주를 관통하고 있는 신성한 원리

온 우주가 당신 안에서 짜여 있다는 것을 보여 주는 당신의 특징들은 무엇인가? 잘 들어 보라.

8. 오, 쿤티의 아들이여! 나는 물 안에 있는 유동성이다(나는 유동성으로 물 안에 존재한다.).

나는 달과 태양 안에 있는 빛이다. 나는 모든 베다들 안에 있는 신성한 음절 옴이다. 나는 공간 안에 있는 소리이다. 나는 사람들 안에 있는 인간성이다.

물의 본질은 그 맛 혹은 유동성에 있다. 그 맛 혹은 유동성이 나의 안에서 물이 만들어진다. 다른 모든 경우도 마찬가지이다. 나는 물의 맛 혹은 유동성이듯이 해와 달의 빛이다. 나는 프라나바이고, 모든 베다의 '옴'이다. 또한 나는 사람에게 있어 인간성이다. 즉, 나는 어떤 사람의 내면에서 그를 사람으로 여길 만하게 만들어 주는 것이다. 나의 안에서 모든 사람들이 인간답게 만들어진다. 소리는 공간의 본질이다. 나 안에서 공간은 소리로 만들어진다.

9. 나는 흙 안에 있는 달콤한 향기, 불안에 있는 광채, 모든 존재들 안에 있는 생명, 고행자들 안에 있는 마음과 감각들을 정화하는 힘(샥티)이다.

나 안에서 흙은 향기로 만들어진다. 그러한 향기는 기분 좋은 향기이다. 흙과 같은 것들에게서 나는 불쾌한 향기는 하나의 요소가 다른 어떤 요소와, 혹은 세상에 있는 개인적 영혼들의 아비디야와 아다르마의 영향 아래 있는 원소들과 결합하기 때문이다. 흙에 관하여 이와 같이 언급되는 기분 좋음은 물에 있어서 맛 등의 기분 좋음에도 역시 적용된다. 나는 모든 만물 안에 있는 생명력이며, 모든 존재가 그것에 의해 살아간다. 나의 안에서 고행자들은 고행으로 만들어진다.

10. 오, 파르타여! 나는 모든 존재들의 기원(씨앗)임을 알라. (당신의 씨앗은 누구입니까? 나는 모든 것의 기원이지만, 나는 원인이 없이 있다.) 나는 현명한 자들 안에 있는 지성이며, 용감한 자들 안에 있는 용기이다.

'씨앗'은 성장의 원인이다. '지성'은 안타카라나의 구별하는 힘이다.

**11.** 오, 바라타족의 으뜸인 이여! 강한 자들 안에서 나는 욕망과 애착이 없는 힘이다. 나는 다르마에 대립하지 않는 욕망이다. (몸의 유지에 필요한, 요가 수행에 도움이 되는 정도를 먹고 마시고자 하는 욕망)

'욕망(카마)'이란 감각 기관들 앞에 주어지지 않은 대상들을 향한 갈증이다. '애착(라가)'은 감각 기관들 앞에 주어진 대상들에 대한 애착이다. 나는 몸을 유지하는 데 필요한 활력이지만, 세상 사람들에게 감각 대상들에 대한 목마름이나 애착을 일으키는 것이 아니다. 그러므로 나는 경전의 가르침에 대립하지 않는 욕망이다. 예를 들어, 나는 몸의 유지에 필요한 먹고 마시는 등에 필요한 만큼을 위한 욕망이다.

게다가,

**12.** (각각의 카르마의 결과로써 존재하는) **샷트와**(데바들, 현자들, 우유와 푸른 이집트 콩에서 우세), **라자스** (간다르바들, 왕들, 전사들과 고추에서 우세), **타마스**(악마들, 수드라들, 마늘, 양파, 고기에서 우세)로 된 모든 존재들은 나에게서 나온다는 것을 알라. 그것들은 나 안에 있지만, 나는 그것들 안에 있지 않다.

샷트와로 이루어져 있건 라자스나 타마스로 이루어져 있건 모든 존재들은, 그리고 존재들 각각의 카르마의 결과로서 존재하게 되는 모든 살아 있는 존재들은 나에게서 나온다는 것을 알라. 비록 이같이 그것들이 나에게서 나오지만, 나는 윤회를 거듭하는 유한한 존재처럼 그것들에 종속되지 않는다. 반대로 그것들이 나에게 종속된다. 그것들은 나에게 의존 하고 있다.

샹카라차리야의 바가바드 기타

# 마야: 그것을 극복하는 방법

이제 신은 세상이 지고의 신인 그분을 이해하지 못하는 데 대해 유감을 표시한다. 그분은 본래 영원하고, 순수하고, 지성적이며, 자유롭다. 또한 모든 존재들의 나이며, 어떠한 속성들도 없다. 그분을 알게 되는 사람들은 세상의 씨앗인 악을 태워 없앨 것이다. 세상이 이처럼 무지한 것은 무슨 까닭인가? 들어 보라.

**13. 이 세상의 사람들은 자연(마야)의 세 구나들에 미혹되어 있어서, 세상과의 끈들을 깨고 마음을 변하지 않고 있는 나에게로 향하는데 실패한다.**

살아 있는 모든 존재들은 사랑, 미움, 집착과 같은 것들에 의해 미혹되는데, 그것들은 모두 구나의 변화들이다. '불변'하다는 것은 이 세상의 모든 존재들에게 속하는 탄생과 같은 것들이 없다는 것을 뜻한다.

그러면 어떻게 해야 세 가지 구나들로 이루어진 비슈누의 신성한 환영을 넘어설 수 있는가? 잘 들으라.

**14. 구나들로 만들어진 나의 이 신성한 마야(우파디, 이슈와라는 마야의 신이다.)를 넘어가기는 얼마나 어려운가! 그러나 누구든지 형식적인 다르마를 모두 버리고 그들 자신의 아트만이며 환영의 주권자인 나에게 완전히 피난한다면 이 환영을 넘어설 것이다.**

만약 당신을 의지하는 사람들이 그 환영을 넘어선다면, 왜 모든 사람들이 당신만을 의지하지 않는 것입니까?

**15. 마야에 미혹되고 있는 사람들은 분별력을 잃어 자신의 낮은 성품으로 가라앉는**

다. 그래서 그들은 사악한 행위들을 하며 나에 대한 아무런 헌신을 느끼지 못한다. 그래서 그들은 나에게 피난하지 않는다.

'나'는 지고의 신 나라야나이다. '악마들'은 잔인함, 진실하지 않음 등을 말한다.

## 헌신자들의 네 종류

그러나 사람들 가운데 으뜸인 자들은 선한 행위를 하는 사람들이다.

16. 오, 아르주나! 선한 사람들은 여러 이유로 나를 숭배하게 된다. 세상에 지친 사람(질병 등 여러 이유로 고통스러운 사람), 삶을 이해하려는 사람(감각적 쾌락이 최고의 행복이 아니라는 것을 안. 삶의 공허를 느낀), 부를 찾는 사람(돈, 배우자, 자식, 이름과 명성, 천국 등), 아트만을 깨달은 사람이다. 오, 바라타족의 최고인 자!

'지친 사람'이란 고민하고 괴로워하는 사람이며, 강도나 호랑이에게 당하거나 질병을 앓고 있는 사람 등을 말한다. '삶을 이해하려는'이란 신의 참된 성품에 대한 지식이다. '깨달은 사람'은 비슈누의 참된 성품을 아는 사람이다.

17. 이들 중에서 네 번째인 아트만을 깨달은 사람이 최고이다. 왜냐하면 그의 헌신은 안정적이며, 그는 다른 무엇보다도 나를 더 사랑하기 때문이다. 그는 나의 연인이다.

네 종류의 헌신자들 가운데 깨달은 사람은 진리를 알기에 언제나 늘 변함이 없으며, 숭배할 다른 대상을 보지 못하기에 유일자에게 헌신한다. 그러므로 유일자에게 헌신하는 사람은 모든 다른 헌신자들 가운데 가장 뛰어나다. 나는 그의 바로 아트만이므로 나는 그 지식의 사람에게 가장 소중하다. 아트만이 모든 사람에게 가장 소중하다는 것은 이 세상 모든 사람이 잘 알고 있는 사실이다. 그러므로 깨달은 사람의 아트만인 바수데바는 그에게 가장 소중하다. 그리고 지식의 사람은 나의 아트만임으로 그는 나에게 가장 소중하다.

그러면 고통 중에 있는 사람 등 다른 세 종류의 헌신자들은 바수데바에게 소중하지 않다는 말인가? 그렇지 않다. 그렇다면 무엇인가?

**18. 이 모든 이들은 의심의 여지없이 고귀하다. 하지만 나는 아트만을 깨달은 사람을 바로 나의 아트만으로 여긴다**(그는 나와 다르지 않다.). **그의 마음은 나에게 확고하게 고정되어 있다. 그는 도달해야 할 최고의 목표를 나로 여겨 오로지 나에게 피난한다**(나를 사랑한다.).

이들은 정말 모두가 고귀하다. 나머지 세 종류의 헌신자들도 나에게 소중한 것이다. 그들은 나에게 헌신하지 않지만 바수데바인 나에게는 소중하다. 그러나 다음과 같은 차이가 있다. 현자는 나에게 매우 소중하다. 왜 그러한가? 현자는 바로 아트만이며 나와 다르지 않다는 것이 나의 확신이기 때문이다. 현자는 아트만에게 도달하고자 노력하며, 그 자신이 바수데바 신이고 그와 다르지 않다고 확고히 믿기 때문이다. 그는 오로지 지고의 브람만인 나만을 추구하며, 그가 도달해야 할 최고의 목표라고 여긴다.

현자는 다시금 찬양받는다.

**19. 많은 삶들을 통해 그의 분별력은 성숙해진다. 그는 모든 곳에서, 모든 것에서 나를 본다. 그는 브람만이 전부라는 것을 안다. 그런 위대한 영혼**(마하트만)**은 얼마나 드문가!**

지혜를 얻기 위한 준비 과정으로서 많은 탄생들을 거치며 영적으로 진보한 뒤, 지혜가 무르익은 사람은 가장 깊은 곳에 있는 아트만이며 바수데바인 나에게 의지한다. 어떻게? 바수 데바가 모든 것임을 깨달음으로써. 이와 같이 모든 것의 아트만이며 나라야나인 나에게 오는 그는 고귀한 영혼(마하트만)을 가진 사람이다. 그와 동등한 사람이나 그보다 나은 사람은 아무도 없다. 그러므로 그런 사람은 찾아보기가 매우 힘들다. 따라서 "수천 명의 사람들 가운데 아마 한 사람 정도만이 완전함에 이르기 위해 노력할 것이다."(제7장 3절)라고 말한 것이다.

## 무지한 사람은 하등의 데바들을 섬긴다.

이제는 사람들이 아트만 즉 바수데바만이 모든 것이라는 사실을 보지 못하는 이유를 설명할 것이다.

**20. 여러 세상의 욕망**(자손, 부, 천국, 작은 싯디) **때문에 분별력이 빼앗긴 사람들은 그들 자신의 성품에 이끌려 하위의 데바들**(인드라, 바루나, 미트라 등)**의 축복을 받고자 그들을 숭배한다.**

자손과 가축, 천국 등에 대한 욕망은 그들의 분별력을 앗아가며, 그들은 아트만인 바수데바가 아니라 하등한 다른 신들에게 의지한다. 그들은 이런 신들을 숭배하는 의식들에 종사한다. 또한 자기의 물질적 성품에 의하여, 즉 이전의 생애들에서 얻은 특정한 성향(삼스카라)들에 의하여 그렇게 하도록 구속된다.

이처럼 욕망을 가진 사람들에 대하여,

**21. 헌신자는 숭배의 대상으로 어떤 이름이나 형태를 선택할 수 있다. 만약 그가 진**

　　　　　　　　　　　　　　　　상카라차리야의 바가바드 기타

지한 믿음(슈랏다)이 있다면, 나는 그의 믿음을 흔들리지 않게 한다.

어떠한 형태의 신(데바)이라도 욕망을 가진 사람이 헌신과 믿음으로 숭배하더라도, 나는 그 형태의 신을 숭배할 때 그의 믿음을 단단하게 한다.

어떤 사람이 어떠한 신앙에 의해서든지 자연스럽게 특정한 형태의 신(데바)을 숭배하고자 할 때,

**22. 그가 믿음을 지니고 하등의 신(데바)들을 숭배하면, 그는 그들로부터 원하는 것을 얻는다. 이것은 사실 나에 의해 주어지는 것이다.** (나는 그들의 내적 지배자이다.)

내가 주는 그러한 믿음을 가지고서 그는 그런 형태의 신을 숭배한다. 이런 형태로 숭배되는 신에게서 그는 원하는 대상을 얻는다. 그것은 지고의 신이며 전지한 내가 주는 것이다. 나만이 행위와 그 결과 사이의 정확한 관계를 알기 때문이다. 그들의 욕망들은 모두 신 자신에 의해 주어지는 것이므로 헌신자들은 그것들을 확실히 얻게 된다.

다른 해석도 있는데, 이 해석에 따르면 이 절의 마지막 부분은 욕망들이 유익하다는 것을 의미한다. 그러나 욕망들은 오로지 부차적인 의미에서만 유익할 수 있다. 엄밀히 말해서, 그것들은 누구에게도 유익하지 않기 때문이다.

그들은 어리석고 욕망으로 가득 차 있으며, 유한한 결과를 얻는 수단에만 의지한다. 그러므로,

**23. 하지만 제한된 지성을 가진 이런 사람들은 일시적이고 사라지기 쉬운 것들을 위해 기도한다. 데바들을 숭배하는 사람들은 데바들에게로 갈 것이다. 나의 헌신자들은 나에게 올 것이다.**

비록 나를 섬기는 것과 하등한 신(데바)들을 섬기는 데는 똑같은 노력이 들지라도, 사람들은 유한한 결과를 얻기를 바라기에 나에게 의지하지 않는다. 아아! 이 얼마나 비참한 일인가. 이와 같이 신은 자신의 애석함을 표현한다.

그들은 어찌하여 나에게 오지 않는가? 이러한 물음이 있을 수 있다. 이에 대한 대답은 다음과 같다.

**24. 무지한 사람들은 나타나지 않는 나를, 이제야 나타나 사람이 되었다고 생각한다. 그들은 변화하지 않고, 비교할 수 없고, 초월적인 나의 지고한 성품을 알지 못한다.**

나의 높은 성품이 지고의 아트만임을 알지 못하는 어리석은 사람들은 내가 전에는 존재하지 않다가 이제야 생겨난 사람이라고 생각한다. 그러나 나는 언제나 빛나는 신이다.

그들의 무지함은 어디에서 기인하는가? 들으라.

**25. 나는 나의 신성한 힘(마야, 환영)에 가려져 있어서, 나는 많은 사람들에게 있는 그대로 보이지 않는다. 어떻게 무지(망상)에 사로잡힌 이 세상의 사람들이 태어나지 않고 변화하지 않는 나를 알아볼 수 있겠는가?**

나는 모든 사람에게 분명하게 드러나지 않는다. 다시 말해서, 나는 오직 내게 헌신하는 일부 헌신자들에게만 드러난다. 나는 요가 마야에 의해 가려져 있다. 요가 마야란 요가와 다르지 않은 마야 혹은 세 가지 구나들의 연합체이다. 혹은, 요가는 신 즉 이슈와라의 확고한 의지이다. 그렇게 펼쳐진 베일 혹은 환영을 가리켜 요가 마야라고 한다. 그러므로 사람들은 미혹되며, 태어나지도 않고 소멸하지도 않는 존재인 나를 알지 못하는 것이다.

요가 마야로 인해 나는 가려지고 사람들이 나를 알아보지 못하지만, 그것은 내게 속한 것이다. 즉, 그것은 나의 다스림을 받고 있으며, 마치 마술사(마야빈)의 마술(마야)이 그 자신의 지식을 방해하지 못하듯이, 그것은 마야의 지배자인 나의 지식, 이슈와라의 지식을 방해하지 못한다.

그러므로,

**26. 나는 모든 존재들의 과거, 현재 및 미래까지의 모든 것을 안다. 오, 아르주나여! 하지만 아무도**(나를 섬기고 나를 찾는 사람을 제외하고) **나를 알지 못한다.**

나를 섬기고 나에게 피난처를 찾는 사람을 제외하고는 아무도 나를 알지 못한다. 나의 참된 성품에 대한 지식이 없는 까닭에 아무도 나를 숭배하지 않는다.

## 무지의 뿌리

이러한 질문이 있을 수 있다. "나의 참된 성품을 알지 못하도록 방해하는 것은 무엇인가? 이 세상의 모든 피조물들을 미혹시켜 나를 알지 못하게 하는 것은 무엇인가?" 들어 보라.

**27. 오, 바라타여! 세상의 모든 존재들은 태어나자마자 욕망과 혐오**(자신의 몸을 유지하기 위한 본능이다. 몸의 보존을 도와주는 대상들을 얻기를 바라고, 몸과 마음에 고통을 주는 대상들을 피하고자 한다.)**로 부터 일어나는 상반되는 쌍들에 미혹된다.** (지성이 상반되는 쌍들에 미혹되어 자신이 아트만이라는 것을 깨달을 수 없다.) **오, 적들을 괴롭히는 자여!**

더위와 추위 등처럼 서로 대립되는 좋아함과 싫어함, 그리고 즐거움과 고통 및 그것들의 원인과 관련되어 생기고 모든 존재들에게 교대로 일어나는 좋아함과 싫어함은 상반되는 쌍(드반드바)들이라고 알려져 있다. 즐거움과 고통 또는 그것의 원인의 발생에 따라 좋아함과 싫어함이 일어날 때, 그것들은 모든 존재들을 미혹시키며 그런 존재들의 지성이 그것들에 지배당하게 함으로써 아트만 즉 지고의 실재에 대한 지식이 일어나지 못하도록 방해한다.

마음이 좋아함과 싫어함의 열망에 지배당하는 사람에게는 심지어 외부 세상의 사물들에 대해서조차 있는 그대로 아는 지식이 일어날 수 없다. 그리고 지성이 열망에 의해 정복된 사람에게는 수많은 장애물이 있으므로 내면의 가장 깊은 곳에 있는 아트만을 아는 지식이 일어날 수 없다는 것은 말할 필요조차 없다.

모든 피조물들은 태어나면서부터 이런 망상에 사로잡힌다. 그러므로 모든 존재들은 상반되는 쌍들이라는 망상에 의하여 지성이 흐려진다. 그리고 그렇게 미혹되어 그들은 내가 아트만임을 알지 못하기에 아트만을 나로서 섬기지 않는다.


## 신의 숭배는 깨달음으로 나아가게 한다.

그러면 상반되는 쌍들이라는 망상에서 자유롭고, 경전의 가르침에 따라 당신을 그들의 아트만으로서 숭배하는 사람은 누구입니까? 이 질문에 답하여 신이 말한다.

**28. 하지만 선한 행위들을 하는 사람들은 점차로 순수해져 자신의 죄(카르마)로부터 풀려나 이원성의 미혹 위로 오른다. (그들은 가장 높은 아트만이 나라는 것을 알고) 확고한 결심으로 나를 숭배한다.**

죄들이 거의 끝나고 앞에서 말한 상반되는 쌍들이라는 망상에서 해방된, 순수한 마음을 일으키는 순수한 행위의 사람들은 그들의 가장 높은 아트만인 나를 숭배한다. 그들은 "이것이 궁극의 실재일 뿐 다른 것은 없다."라는 확고한 믿음을 가지고 단호히 다른 모든 것을 포기한다.

그들은 어떠한 목적으로 숭배하는가? 들으라.

29. 노화와 죽음으로부터 해방되기 위하여 나에게 피난하는 사람은 브람만, 아트만, 행위(재탄생으로 나아가게 하는 행위에 관한 모든 것)를 알게 된다.

지고의 신인 나 안에 확고히 마음을 두고서 쇠퇴와 죽음에서 해방되고자 애쓰는 사람들은 가장 깊은 곳에 있는 개별적인 아트만의 바탕인 실재를 완전히 깨닫게 되며, 행위에 관한 모든 것을 알게 된다.

30. (아트만 지식의 힘을 지니고, 나에 피난하는) 사람들은 내가 물질적 세상(지수화풍공으로 이루어진 물질적 세상), 데바들의 세상(아스트랄의, 빛나는 존재들의 세상), 숭배 안에 있다는 것을 안다. 그들은 이 세상을 떠날 때조차도 이 지식을 계속 지닌다.

# 제8장

# 빛의 길과 어두움의 길

❦

## 명상을 통하여 깨닫게 되는 7가지들

제7장 29, 30절에서 신이 언급한 내용은 아르주나에게 질문할 여지를 주었다. 그래서 아르주나는 다음과 같이 질문한다.

아르주나가 말했다.

1. 무엇이 브람만입니까? 무엇이 아트만입니까? 무엇이 행위입니까? 무엇이 물질적 세상입니까? 무엇이 빛나는 존재들의 세상입니까? 오, 푸루숏타마시여!

2. 이 몸 안에 있는 숭배를 받는 자는 누구이며(숭배의 비밀), 어떻게 있습니까? 죽음의 순간에 어떻게 자신을 통제한 사람에게 당신이 알려집니까?

이런 질문들에 대하여 신은 그 순서에 따라 대답한다.

신께서 말씀하셨다.

3. 브람만은 모든 존재에게 생명을 주는 불멸의 존재(악샤라), 지고한 존재(멸하지 않는, 변

하지 않는, 스스로 존재하는, 스스로 빛나는, 모든 곳에 퍼져 있는, 모든 것의 원천, 뿌리)**이다. 모든 개별적 존재의 가장 안에 아트만으로서 브람만이 있다. 모든 존재들을 나타나게 하는 움직임**(우주적 진동, 카르마의 법칙에 따라 모든 물질과 존재의 생성, 유지, 소멸을 일어나게 한다.)**이 행위**(카르마)**이다.**

브람만은 악샤라, 불멸의 존재, 지고의 아트만(파람아트만)이다. 스루티는 말하기를, "오, 가르기여! 하늘과 땅이 남아 있고 제자리에 유지되는 것은 불멸의 파람아트만인 악샤라의 명령에 따른 것이다."라고 하였다(브리. 우. 3-8-9). 악샤라는 여기에서 '옴' 음절을 의미하지는 않는다. 왜냐하면 후자는 뒤에서 "브람만 즉 '옴' 음절을 발음하고"(제8장 13절)라고 상술되기 때문이다. 그리고 '지고의'라는 형용사는 '옴' 음절보다는 모든 것을 초월하며 불멸의 존재인 브람만에게 더욱 잘 적용된다.

모든 개인의 신체 안에서 자아로, 내면의 가장 깊은 아트만으로, 즉 프라티야가트만으로 존재하는 동일한 지고의 브람만을 아디아트마라고 한다. 처음에는 자기를 몸 안에서 가장 깊은 곳에 있는 영혼으로서 나타내고, 결국에는 지고의 실재인 브람만과 동일하다고 밝혀지는 그것은 '아디아트마'라는 용어로 알려져 있다.

밥과 떡 등의 제물을 여러 신들에게 바치며 모든 피조물을 생성시키는 원인이 되는 희생의 행위를 가리켜 '카르마'라고 한다. 생명이 있거나 생명이 없는 모든 존재들이 비를 통하고 여러 생명의 영역들을 거친 뒤에 존재하게 되는 것은 이런 행위의 덕택이다.

**4. 브람만의 소멸할 수 있는 부분을 물질적 세상**(아디부타, 물질적인 영역, 다섯 원소들로 된 자연, 이름과 형상으로 된 변화하는 대상들, 프라크리티, 육체)**라 한다. 빛나는 존재**(데바)**들의 세상**(우주적 영혼을 아디다이바, 아스트랄 몸과 아스트랄 우주, 비라즈, 모든 데바들, 목격하는 의식)**은 푸루샤 혹은 영혼이라 한다. 나 자신이 그대의 몸 안에 있는 숭배를 받는 자**(몸과 우주 안에 있는 나, 영, 위대한 숭배를 받는 자, 순수 의식으로서 나 자신이 모든 희생을 받는 자이다. 모든 숭배는 아트만에게로 향한다. 우주적 영혼 혹은 지지자, 의식, 숭배를 주재하는 신)**이다. 몸을 가지고 있는 존재들 중 최고인 자여!**

물질의 영역(아디부타)은 살아 있는 피조물 전체를 포괄하며, 반드시 멸하는 존재들 전체 즉 태어난 모든 것들이다.

'푸루샤'의 본래 글자 뜻은 모든 것을 채우고 있는 혹은 몸 안에 자리하는 것이며, 이것은 모든 살아 있는 존재들의 감각 기관들을 유지하고 자극하며 태양 안에 거주하는 우주적 영혼인 히란야가르바를 가리킨다.

'아디얏나'는 자신을 모든 희생 행위와 동일시하는 자로서 비슈누라는 이름의 신성(神性)이다. 스루티에서 말하기를, "얏나 즉 희생은 진실로 비슈누이다."라고 하였다(타잇티리야 상히타, 1-7-4). 그는 바로 나 자신이다. 나는 몸을 가지고 행하는 모든 희생 행위와 관련된 신성이다. 숭배(얏나)의 행위는 몸으로 행해져야 하므로 그것은 몸 안에 내재한다고 말할 수 있다. 그것은 몸 안에 거한다고 말할 수 있다.

5. 사람이 자신의 육체를 떠나는 순간에, 나만을 생각하면서 떠나면 그는 나와 하나가 될 것이다. 그것은 의심의 여지가 없다.

'나'는 지고의 신인 비슈누를 가리킨다. '나의 존재'란 비슈누로서의 나의 진정한 존재이다. '이에 대하여는 의심할 바가 없다'는 것은 그러한 사람이 나의 존재에 도달하는지 여부에 대해서는 의심할 여지가 없다는 말이다.

## 신에 대한 끊임없는 명상이 필요하다.

이것은 나에게만 적용되는 것이 아니라 다음에도 적용된다.

6. 사람이 육체를 떠날 때, 마지막에 생각하는 오직 그것에게로 그 사람은 간다. 오,

샹카라차리야의 바가바드 기타

쿤티의 아들이여! 왜냐하면 이번 생애 동안에 그의 마음이 항상 그것에게 머물렀기 때문이다.

'존재'란 특정한 신 또는 신성을 말한다. '마지막에'란 그가 생을 마치는 순간이다. '오직 그것에게'란 다른 대상이 아니라 오직 그가 생각한 그 대상에게만 도달한다는 뜻이다. '머물렀기'는 끊임없이 명상했다는 말이다.

따라서 마지막 생각이 다음 생에 갖게 될 몸의 성격을 결정하게 된다.

**7. 그러므로 그대는 나만을 기억하면서 자신의 의무를 해야 한다. 만약 그대의 마음과 지성을 항상 나에게 고정시킨다면, 그대는 나에게로 올 것이다.**

'명상하라'는 가르침(경전)에 따라, '싸우라'는 그대의 적당한 의무인 싸움을 행하라는 뜻이다. 여기서 '나'는 바수데바이다. '나에게로 온다.'는 것은 그대가 명상함에 따라 나에게로 온다는 뜻이다.

신성한 존재에 대하여 명상하라.

**8. 나에 대한 생각에 전념하면 마음이 하나에 모아지고 그대는 신의 지고한 영광(푸루샤)을 발견할 것이다. 오, 프리타의 아들이여!**

'전념'은 다른 생각에 방해받지 않으며, 그대가 생각해야 할 유일한 대상인 나에 관하여 하나의 동일한 생각을 계속 반복하는 데 있다. 그런 수련은 그 자체로 요가라고 한다. 이와 같이 마음이 요가에만 전념하며 다른 대상에 관심 갖지 않으며, 경전과 스승의 가르침에 따라 명상하는 요기는 태양계의 초월적 존재인 푸루샤에 이르게 된다.

그러한 사람은 어떠한 종류의 푸루샤에 이르게 되는가? 들어 보라.

9. 모든 것을 아는 분이시고, 나이를 먹지 않으시고, 모든 존재들의 지배자이시며, 원자보다 더 미묘하시며, 모든 존재들의 부양자이시며, 생각할 수 없는 존재이시며 태양처럼 빛나는 분이시며, 무지라는 어둠 너머에 계시는 분을 항상 명상하는 사람 (신의 여덟 가지 내용)은

10. 육체로부터 떠나는 마지막 순간에 충실히 따른 이 요가의 힘으로 그는 강해질 것이다. 마음은 확고하고, 가슴은 아주 충만해서, 그는 그것의 사랑을 거의 담을 수가 없다. 이렇게 그는 떠날 것이다. 그리고 이제, 완전히 안으로 끌어당겨져 눈썹 사이에 단단히 고정된 그 생명력으로, 그는 자신의 신을 찾으러 간다. 그는 가장 위대한, 빛을 주는 분에 이른다.

'고대의 분'은 전지의 분이다. '지배자'는 온 세상을 지배하는 자이다. '분배하는 분'은 모든 살아 있는 존재들에게 행위와 그에 따른 다양한 결과를 정하여 나누어 주는 자이다. 비록 그는 존재하지만, 그의 형태를 상상하는 것은 누구에게나 매우 어려운 일이다. 그는 망상과 무지의 어둠 너머에 있는 그의 영원한 지성(니띠아 차이탄야)의 광채로 태양처럼 환히 빛난다. '요가의 힘'은 꾸준한 사마디 훈련의 결과로 얻어지는 확고한 마음에 있다. 먼저 마음(칫타)은 가슴(흐르다야 푼다리카)의 연꽃 속으로 가라앉고, 그 뒤에는 상승하는 나디에 의하여 물질(흙과 다른 네 가지 기본 요소)의 여러 층위를 점점 통제하게 되며, 가슴의 호흡이 위로 올라와서 조심스럽게 미간에 고정된다. 이를 통하여 지혜로운 요기는 눈부시게 빛나는 지고의 푸루샤에 도달하게 된다.

## 프라나바에 있는 신에 대한 명상

이제 신은 요기가 도달하기를 원하는 존재이며 여기에서 '베다를 아는 사람들이 설명하는' 등의 용어들로 묘사될 그 브람만에게 하나의 이름을 할당한다.

**11.** 베다들을 이해하는 사람들이 선언하고, 자신을 제어하였고 이기적 열정에서 자유롭고 경건한 삶을 영위하는 사람들만 들어갈 수 있는 불멸의 목적지를 나는 그대에게 간략히 말할 것이다.

베다의 가르침을 이해하는 사람들은 불멸의 존재에게는 어떤 속성들도 없다고 말한다. 스루티는 말하기를, "이것이 바로 네가 그토록 알고 싶어 하는 그것, 불멸의 존재다. 오, 가르기여! 브람만을 아는 브람마나들은 그것이 거칠지도 않고 미세하지도 않다고 말한다."고 하였다(브리. 우. 3-8-8). 언제나 자기 자신을 제어하며 열정에서 자유로운 산야신들은 올바른 지식을 얻어서 불멸의 존재로 들어간다. 그리고 불멸의 존재를 알고자 하여 그들은 스승과 함께 경건한 절제의 생활을 시작한다. 악샤라라고 불리는 그 불멸의 존재, 목표에 대하여 나는 그대에게 간단히 설명하겠다.

"사람들 중에서 죽는 순간까지 '옴' 음절을 명상하는 사람은 그로 인해 어떠한 영역에 도달하게 되는가?"라는 말로 시작한 뒤, 핍팔라다 사티야카마에게 말했다. "오, 사티야카마여! 가장 높은 동시에 가장 낮은 브람만이 바로 '옴'이다."(프라스나 우파니샤드, 5-1,2). 그리고 이어서 말하였다. "세 개의 글자로 된 '옴'을 통하여 지고의 푸루샤를 명상하는 사람은 사마 찬가들에 의하여 브람만의 영역(브람마 로카)에서 태어난다."(같은 책, 5-5)

다시, "다르마도 아니고 아다르마도 아닌 곳에서 그대는 무엇을 보는지 말해 보라."(카타 우파니샤드, 2-13)라는 말로 시작한 뒤, 계시서는 말하기를 "모든 베다들이 말하고 있는 그 목적지, 모든 고행자들이 말하고 있고 순결의 삶을 살면서 도달하기를 바라는 그 목적지에 대하여 나는 그대에게 간략히 말한다. 그것은 '옴'이다."(같은 책, 2-14)

이러한 글들에서 본 것과 같이 '옴' 음절은 파라 브람만의 표현 또는 그의 상징으로 여겨지고 있지만, 이러한 '옴' 음절은 우둔하고 평범한 지성을 가진 사람들을 위하여 파라 브람만을 아는 수단으로 의도된 것이다. 그리고 '옴' 음절에 대한 명상은 이후에 해방으로 인도한다고 말해진다. 이제, 이후에 해방을 낳는다는, 그리고 여기에서(제8장 9, 11절) 묘사된 파라 브람만을 아는 수단으로서 앞서 언급한 '옴' 음절에 대한 (요가 안에서 확고함과 결합된) 그 명상이 주요 주제와 연관된 몇 가지 부수적인 문제들과 함께 여기에서 설명되어야 한다. 이러한 견지에서 신은 계속해서 설명한다.

**12. 사람이 그의 육체를 떠날 때, 그는 모든 감각의 문들을 닫아야 한다. 그가 가슴의 성소 안에 마음을 확고히 두고, 눈썹 사이에 생명력을 고정시키게 하라.**

**13. 그런 다음 브람만의 이름인 신성한 음절 '옴'을 소리 내고 나에 대해 명상하면서, 꾸준한 집중력에서 위안을 구하게 하라. 그런 사람은 가장 높은 목표에 도달한다.**

지식의 모든 통로들을 닫고 가슴 연꽃 안에 생각을 집중하여 생각을 통제한 사람은 가슴으로부터 위로 올라가는 나디에 의하여 위로 상승한다. 그 뒤 그는 숨을 정수리에 모으고 브람만의 이름인 '옴' 음절을 발음하며 나를 명상한다. '몸을 떠난다.'는 말은 출발의 형태를 보여준다. 출발은 몸을 떠나는 아트만에 의해 일어나는 것이지, 소멸되는 아트만에 의해 생기는 것이 아니다.

# 신성한 존재에 이른 사람은 다시 태어나지 않는다.

**14. 오, 프리타의 아들이여! 나를 항상 생각하고, 아무것에도 집착하지 않는 요기는 나에게 이르기 쉽다. 그런 사람이 진정한 요기이다.**

지고의 신인 나를 계속해서 생각하는 사람, 즉 여섯 달이나 일 년 정도가 아니라 평생 동안 끊임없이 생각하는 사람, 언제나 확고히 나를 생각하는 요기는 나에게 쉽게 다가올 수 있다. 그러므로 다른 것을 생각하지 말고 언제나 확고히 내 안에 거주해야 한다.

이렇게 물어볼 수도 있을 것이다. "당신께 쉽게 다가갈 수 있게 되면 어떻게 됩니까?" 들어 보라. 이와 같이 나에게 쉽게 다가갈 수 있게 되면 어떤 유익이 있는지 얘기해 주겠다.

**15. 나를 발견한 위대한 영혼들은 최고의 완벽을 찾은 것이다**(점차적인 해방을 뜻한다. 그의 우파사나의 힘으로 데바야나에 이른 헌신자는 창조자의 세상인 브람마 로카 즉 일곱 세상 중 최고인 사티야로카를 얻어서 신의 모든 신성한 부와 영광을 즐기다가 최종적인 해방인 카아발야 목샤를 얻는다.). **그들은 더 이상 이 일시적이고 고통스러운 자리인 이곳에 다시 태어나지 않는다.**

이슈와라인 나에게 도달한 사람, 나의 존재에 이른 사람들은 다시 태어나지 않는다. 여기에서 탄생은 몸 등에서 일어나는 모든 고통의 자리이며 언제나 변하는 성질을 갖는다. 해방이라고 하는 가장 높은 경지에 도달한 사람들은 다시 태어나지 않는다. 반면에 나에게 이르지 못한 사람들은 이 세상으로 다시 돌아온다.

당신이 아닌 어떤 다른 존재에 이른 사람들은 다시 태어납니까? 들어 보라.

**16. 오, 아르주나여! 모든 세계들, 심지어 창조자 브람마의 세상조차도 포함하여 모든 세상들의 거주자는 재탄생의 법칙의 지배를 받는다. 하지만 나에게 오는 사람에**

게는 되돌아옴이 없다.

# 브람마의 낮과 밤

어찌하여 브람마의 세계를 포함한 모든 세계의 거주자들이 다시 돌아오는가? 그것들은 시간에 제한되기 때문이다. 어떻게 그러한가?

**17. 우주에는 낮**(우주의 진화. 나타남 혹은 투사)**이 있고 또한 밤**(우주의 해체 동안에 세상은 아비약타 즉 나타나지 않는 즉 물라프라크리티 안으로 흡수된다. 나무의 씨앗처럼 잠재적인 상태로 있다.)**이 있다. 현명한 자들은 이것을 알고, 브람마의 낮이 천년의 시간이고, 밤이 천년의 시간이라고 선언 한다.**

브람마는 프라자파티, 비라즈이다. 시간을 계산하는 법을 아는 사람들은 브람마의 낮 의 길이가 1천 유가이고, 그의 밤의 길이가 낮과 같다는 것을 안다. 세계들은 이와 같이 시간 에 의해 제한되므로 그들은 다시 돌아온다.

이제 프라자파티의 낮에는 어떤 일이 일어나고 그의 밤에는 어떤 일이 일어나는지를 설 명한다.

**18. 브람마의 우주적 날이 밝으면 잠들어 숨어 있던 모든 생명들이 나와서 자신을 내 보이며, 밤이 오면 모든 것은 잠자는 생명의 싹 안으로 사라진다.**

나타나지 않는 것이란 잠들어 있는 상태 즉 프라자파티가 잠을 자고 있는 상태이다. 낮 이 오면 즉 브람마가 깨어나면, 그것으로부터 모든 나타남들, 움직이거나 움직이지 않는 모든

샹카라차리야의 바가바드 기타

피조물들이 나타난다. 그리고 밤이 오면 즉 브람마가 잠들면, 모든 나타남의 존재들이 나타나지 않는 것이라고 하는 그곳 안으로 소멸된다.

　　자신이 행하지 않은 것의 결과를 얻거나 자신이 행한 것의 결과를 얻지 못한다는 그릇된 추측을 피하기 위하여, 속박과 해방에 관한 경전의 가르침이 그 나름의 목적이 있음을 보여주기 위하여, 그리고 그것을 보여 줌으로써 세상에 대한 집착을 버리도록 가르치기 위하여, 또한 무지와 다른 악의 근원들에 의하여 초래되는 행위의 결과로서, 모든 피조물들은 원하지 않아도 태어나고 소멸되기를 계속 반복한다. 신이 말한다.

　　19. 오, 왕자여! 이렇게 모든 것들은 낮과 함께 나타나고, 밤과 함께 새로운 죽음으로 되돌아간다. 모든 것은 무력하다. 그들은 자신이 해야 할 일을 한다.

　　움직이거나 움직이지 않는 존재들을 모두 포함하여 이전의 칼파에 존재했던 이 모든 존재들은 낮이 오면 어쩔 수 없이 나타나고, 낮이 끝나고 밤이 오면 다시 소멸된다. 다시 낮이 오면 그것은 어쩔 수 없이 나타나게 된다.

## 가장 높은 목표에 도달하는 방법

　　제8장 13절 등에서는 앞서 설명한 불멸의 존재에 도달하는 방법을 보여 주었다. 이제, 불멸의 존재의 성품을 설명하기 위하여, 그리고 이 요가의 길을 통해 도달하는 것은 이러이러하다고 구체적으로 말해 주기 위하여, 신은 다음과 같이 말한다.

　　20. 그러나 나타나지 않은 것 뒤에는, 영원하고 변함이 없는 또 다른 존재가 있다. 이 것은 우주의 모든 것들이 소멸할 때도 소멸하지 않는다.

'그러나'라는 말은 지금 설명하고자 하는 불멸의 존재가 나타나지 않는 것과 구별된다는 것을 나타낸다. 불멸의 존재는 파라 브람만이며 지고의 존재이다. 비록 나타나지 않는 것과 구별됨에도 불구하고, 어떤 사람은 불멸의 존재가 나타나지 않는 것과 동일한 성질을 가지고 있다고 생각할 수도 있다. 이러한 인상을 주지 않기 위해서 신은 '다른'이라는 표현을 사용하여 그 뜻을 한정시켰다. 이것은 그가 나타나지 않는 것과는 다른 성품을 지녔다는 의미이다. 그는 나타나지 않고 있으며, 감각 기관들로는 감지할 수 없다. 그는 앞서 언급한 무지 그 자체이고 창조된 모든 존재들의 씨앗인 나타나지 않는 것과 구별된다. 다시 말해서, 그는 나타나지 않는 것과는 분명히 다른 본성을 지니고 있다. 그는 브람마로부터 낮은 존재에 이르기까지 모든 존재들이 소멸할 때에도 소멸하지 않는다.

**21. 그것은 나타나지 않은 것**(아비약타, 비현현) **너머에 나타나지 않는 불멸의 존재**(악샤라)
**가 있다. 그것에의 도달은 모든 성취들 가운데 최고라고 말해진다. 그것이 나의 최고**
**의 존재 상태이다. 그곳에 도달한 사람들은 다시 태어나지 않는다.**

'그곳'은 불멸의 존재, 나타나지 않는 존재이다. 그 상태에 도달한 사람은 아무도 세상의 삶으로 다시 돌아오지 않는다. 그것이 비슈누인 나의 지고의 장소이다.
이제 그 상태에 도달하는 방법이 설명될 것이다.

**22. 오, 프리타의 아들이여! 모든 존재들이 그 안에 있고, 그로써 이 온 우주에 퍼져**
**있는 그 지고한 거처**(상태, 푸루샤)**는 일 점 지향의 헌신으로 얻어질 수 있다.**

그는 몸 안에 거주하고 있기 때문에 혹은 충만하기 때문에 푸루샤라고 불린다. 그보다 높은 존재는 아무도 없다. 오로지 순전한 헌신에 의해서 갸나 즉 아트만을 아는 지식에 의해서 그 에게 도달할 수 있다. 모든 피조물은 푸루샤 안에 거주하고 있다. 왜냐하면 모든 결과는 그

228                    상카라차리야의 바가바드 기타

원인 속에 있기 때문이다. 또한 온 세계는 푸루샤로 충만해 있다.

## 빛과 어둠의 길들

이제 북쪽의 길에 대하여 이야기할 필요가 있는데, 그것은 요기들이 브람만에 이르는 길이라고 말하는 '빛의 길'이다. 이 요기들은 여기에서 프라나바 안에, '옴' 음절 안에 내재하는 브람만에 대해 명상을 하며, 나중에는[105] 해방에 이르는 사람들이다. 이것은 제8장 23절부터 시작하는 부분에서 설명될 것이다. 돌아옴의 길도 설명되지만, 이것은 단지 반대의 길(빛의 길)을 찬미하기 위한 것일 뿐이다.

**23. 오, 바라타족의 으뜸인 자여! 나는 그대에게 두 가지 길(빛과 어두움의 길)을 말해주겠다. 요기가 이 육체를 떠날 때 둘 중 하나를 선택하게 하라. 다시 탄생으로 이어지는 길. 다시 돌아오지 않는 길 중.**

'어느 때'는 '죽으면'과 결합하여 해석해야 하며, '돌아오는'은 다시 돌아온다는 뜻이다. '요기'는 명상의 길을 가는 사람들(즉, 요기라고 불리는 것이 타당한 사람들)뿐 아니라, 행위의 길을 가는 사람들까지도 포함한다. 후자의 경우에는 관례상으로만 요기라고 부른다. 제3장 3절에서는 그들을 그렇게 부르고 있다. 이제, 언제 죽으면 요기가 다시 태어나지 않고, 언제 죽으면 다시 태어나게 되는지를 설명할 것이다. 신이 그 시간에 대하여 말한다.

**24. 빛의 길, 불과 낮의 길, 달이 차오르는 밝은 2주일, 태양이 북쪽을 지나는 여섯 달**

---

[105] 칼파의 끝에.

(1월에서 6월, 인간의 몸 안에 많은 나디들이 있지만 7번째 차크라인 브람마란드라가 중요하다. 그것은 뇌의 opening이다. 명상으로 프라나가 그것을 통하여 바깥으로 나가면 그 사람은 지고자에 이른다. 해방을 얻는다. 여섯 중심을 통하여 우주적 의식이 상승하는, 데바야나 즉 웃타라 마르가 즉 빛의 길. 그것에 의해 요기는 브람만으로 간다. 이 길을 따라갈 때 빛 혹은 지식이 있다.)**동안에 떠나는 브람만을 아는 사람들은 지고한 목적지에 이른다**(깨달음을 얻은 현자는 떠나지 않는다. 그는 모든 곳에 존재하는 브람만으로 흡수된다. 혹은 하나가 된다. 깨달음을 얻은 현자는 가거나 오는 여지는 없다.).

'불'은 시간을 관장하는 신이다. '빛'도 마찬가지로 시간을 관장하는 신이다. 혹은, '불'과 '빛'은 그런 이름으로 불리는 신들일 수 있다. '어느 때'와 '그때'라는 표현들로 그 길에 대해 언급한 것은 '시간'을 관장하는 신들이 길을 지배하기 때문이다. '낮'은 낮 시간을 관장하는 신이며, '달이 차오르는 밝은 2주일'은 달이 차오르는 밝은 2주일을 관장하는 신이다. '태양이 북쪽을 지나는 여섯 달'도 역시 그 길을 이루는 신이다. 이와 같은 해석이 기초하는 원리는 다른 곳에서[106] 확립되어 있다. 브람만을 명상하다가 죽는 사람들은 이 길을 따라 브람만에게로 간다. '동안에'라는 표현은 '나아간다'의 뒤에 이해되어야 한다. 왜냐하면 올바른 지식에 확고히 헌신하며 즉각적인 해방에 이른 사람들은 갈 곳도 없고 돌아올 곳도 없기 때문이다.

**25. 연기, 밤, 달이 기우는 어두운 2주일, 태양이 남쪽으로 가는 6개월**(의식이 척추의 중심을 통하여 신체의 의식으로 하강하는)**의 여정의 길이 있다. 이 길을 택하는 요기는 달의 빛에 도달했다가 다시 돌아온다.**

'연기', '밤 시간', '달이 기우는 어두운 2주일', 그리고 '태양이 남쪽 지점에 가 있는 여섯 달'은 모두 여기에서 언급한 시간의 기간들과 연기를 관장하는 신들이다. 요기, 즉 신들에게

---

**106**  사리라카 미맘사, 4장 3~4절.

희생 및 다른 행위들을 하는 행위자들은 이 길을 따라 달빛에 도달한다. 그리고 그것이 다 소진되면 다시 세상으로 돌아온다.

**26.** **밝은 길과 어두운 길이라는 이 두 가지 길**(데바들에게로 가는 데바야나와 피트리들에게로 가는, 데바들에게로 가는 밝은 길, 물질적 대상에게로 가는 어두운 길이다. 전자는 밝다고 한다. 왜냐하면 그것은 지식을 밝히며 지식에 의해 도달되고, 그것의 경로는 줄곧 밝은 대상에 의하여 표시되기 때문이다. 후자는 어둡다고 한다. 왜냐하면 그것은 지식을 밝히지 못하고 무지에 의해 도달되며, 그 길은 줄곧 연기나 어두운 것으로 표시되기 때문이다. 위로 향하는, 아래의 물질적 대상에게로 향하는 제3의 길, 즉 수슘나의 길을 여기서는 다루지 않고 있다.)[107]**은 시작이 없던 때부터 이 변화의 세상에 존재해 왔다고 할 수 있다. 사람은 하나의 길에 의해 돌아오지 않는 길로 간다. 다른 길로는 인간의 탄생으로 돌아온다.**

전자는 지식을 밝혀 주기 때문에 밝고, 후자는 빛이 없기 때문에 어둡다.[108] 이 두 가지 길은 오로지 세상에서 행위에 종사하는 사람이나 지식에 헌신하는 사람들에게만 열려 있다. 그 두 길은 세상의 모든 사람들에게 열려 있는 것이 아니다. 그것들은 영원하다. 삼사라가 영원하기 때문이다. '하나의 길'이란 밝은 길을 가리킨다.

**27.** **오, 프리타의 아들이여! 이 두 가지 길들을 아는 요기[109]들은 결코 잘못 인도되지 않는다.** (매 순간 요기의 발걸음을 비추어주는 등대 역할을 한다. 그는 늘 빛의 길에 있다.) **그러므로 아르주**

---

**107** 영성과 물질주의의 길, 이 길들은 상징적인 의미이지 꼭 물리적인 의미에서 꼭 시기라는 의미는 아닐 것이다. 위대한 요기들 중 달의 길 시간 때 자신의 삶을 마감한 사람들도 많이 있다.

**108** 두 가지 길은 각각 데바야나와 피트리야나라고 불린다. 데바야나는 데바들에게 가는 길이며, 피트리야나는 피트리들에게 가는 길이라는 뜻이다. 전자는 밝다고 한다. 왜냐하면 그것은 지식을 밝히며 지식에 의해 도달되고, 그 경로는 줄곧 밝은 대상들에 의해 표시되기 때문이다. 후자는 어둡다고 한다. 왜냐하면 그것은 지식을 밝히지 못하고 무지에 의해 도달되며, 그 길은 줄곧 연기나 다른 어두운 것들로 표시되기 때문이다.—(A.)

**109** 신과 하나 되기 위하여 노력하는 사람

나여, 그대는 항상 요가[110]에 변함없어야 한다.

앞서 말한 두 가지 길 중에서 하나는 세상으로 나아가게 하고, 다른 하나는 해방으로 인도한다는 것을 아는 요기는 더 이상 미혹에 빠지지 않는다.[111]

## 요가의 위대함

이제, 이러한 요가의 위대함에 대하여 들으라.

28. 베다들을 적절히 공부했을 때, 숭배를 빈틈없이 잘 치렀을 때, 고행을 잘 행했을 때 얻는 공덕이 무엇이라고 경전들에 기록되었건 간에, 일곱 가지 질문들에 대한 신의 대답에 담긴 그분의 가르침을 올바르게 이해하고 따르는 요기는 이 모든 공덕들 너머로 올라간다. 그리고 그는 태초부터 존재했던 이슈와라의 지고의 거처에 이른다. 그는 우주의 원인인 브람만에 도달한다.

---

110  지식 즉 진리에 대한 생각에 늘 있어라.
111  요기는 명상을 하는 동안 빛의 길에 거하기 때문에 어둠의 길을 의지해야 하는 길로 여기지 않는다.—(A.)

## 제9장
# 나는 모든 것 너머에 있다.

⌒

## 브람만 지식은 최고의 다르마다.

제8장에서는 나디[112]와 그 진행 과정[113]을 통한 집중의 요가(다라나)를 설명했다. 그리고 그것의 결과는, 이후의 기간에 '불과 빛' 등을 통하여, 브람만에 이르는 것이며 그곳에서 다시 돌아오지 않는 것임을 얘기하였다. 이제, 해방에 이르는 것은 오로지 이 방법에 의해서만 가능하다고, 다른 가정의 여지를 주지 않기 위하여 신은 다음과 같이 얘기한다.

신께서 말씀하셨다.

1. 오, 아르주나! 그대가 나를 받아들이고 의심하지 않기에 이제 나는 그대에게 가장 깊은 비밀을 말해주겠다. 이론적 지식보다 더 가까운 신에 대한 직접적이고 즉각적인 열린 시각을 줄 것이다. 이것을 알고 온갖 사악함을 가진 탄생과 죽음으로부터 영원히 자유로워져라.

---

**112**  수슘나. '밝음'. 집중(다라나)은 요가의 보조 수단일 뿐이다.
**113**  모든 입구를 닫는 것 등(제8장 12, 13절).

'이것'은 앞의 장들에서 설명되었고 이제 설명할 브람만 갸나, 즉 브람만에 대한 지식을 말한다. '이제'라는 말은 명상보다 지식이 우월하다는 것을 나타낸다. 이 올바른 지식만이 해방에 이르는 직접적인 방법을 이룬다. 계시서와 전승서에서는 다음과 같이 말한다.

"바수데바는 모든 것이다." (바가바드 기타, 제7장 19절)

"이 모든 것은 아트만이다." (찬도. 우. 7-25-2)

"두 번째가 없는 오직 하나." (같은 책, 6-2-1)

그리고 계시서의 다음 구절이 선언하듯이, 이밖에는 해방에 이르는 직접적인 방법이 아무것도 없다.

"이제 이것[114]과 달리 이해하는 다른 왕자들은 소멸하는 영역에 들어갈 것이다."
(같은 책, 7-25-2)

이 지식을 얻으면 그대는 삼사라의 속박에서 해방될 것이다.

그리고 그것은

**2. 나에 대한 지식은 최고로 성스러우며, 직접 경험되며, 옳으며, 수행하기 쉽고, 한 번 보기만 해도 불멸이 되는 지식이요, 뛰어난 비밀이다.**

그것은 과학 중의 왕이다. 왜냐하면 진실로 브람만의 과학은 모든 과학들 중에서 가장

---

**114** 이 모든 것은 하나의 브람만이라는 것.

찬란하기 때문이다.[115] 그러므로 그것은 비밀들의 왕이다. 브람만을 아는 이 지식은 모든 정화 수단들 가운데 최고의 정화 수단이다. 그것이 정화 수단이라는 것은 말할 필요가 없다. 왜냐하면 그것은 한 순간에 카르마를 뿌리째 재로 만들어 버리기 때문이다. 여기에서 말하는 카르마에는 수천 번의 탄생 동안 축적된 모든 행위, 다르마 그리고 아다르마가 포함된다. 게다가 그것은[116] 즐거움 등의 느낌과 마찬가지로 즉각적인 지각에 의해 이해될 수 있다. 탐나는 성질을 많이 가지고 있는 것은 다르마에 배치될 수도 있다. 그러나 아트만에 대한 지식은 다르마에 반하지 않는다. 반면에 그것은 다르마로부터 분리될 수 없다. 그 지식을 얻기는 매우 어려울 것으로 여겨질 수 있지만, 신은 그렇지 않다고 말한다. 그것은 보석들을 감별하는 능력[117]과 마찬가지로 얻기가 매우 쉽다. 다른 행위들의 경우에는, 힘들지 않게 쉽사리 이룰 수 있는 것들은 하찮은 결과를 낳는 것으로 보이고, 힘든 행위들은 커다란 결과들을 낳는 것으로 보인다. 그러므로 매우 쉽게 얻어지는 이 브람만의 지식도 그 결과가 소진되면 사라질 것이라고 상상할 수 있다. 이러한 추측을 방지하기 위하여 신은 그것이 소멸되지 않는다고 말한다. 그것은 결과가 소진되면 소멸되는 행위와 달리 소멸되지 않는다. 그러므로 아트만에 대한 지식은 얻을 가치가 있다.

그러나,

3. 오, 그대의 적들을 곤란하게 하는 자여! 삶의 지고한 지식에 대한 믿음이 없는 사람들은 나에 이르지 못할 것이다. 그들은 죽음에서 죽음으로 이어지는 길로 되돌아가야 한다.

---

**115** 다른 학문을 아는 사람들보다 브람만을 아는 사람들에게 더 높은 존경이 바쳐진다.
**116** 브람만 갸나 혹은 그것의 결과. 계시서와 전승서에서 설명되는 브람만의 지식(브람만 갸나)과는 달리, 그것은 설명만으로는 알려지지 않으며, 또한 직접적인 또는 직관적인 지각에 의해 알려진다.
**117** 이런 지식은 정통한 스승에게 배울 때 쉽게 얻어진다. 브람만의 지식(브람만 갸나)도 마찬가지다.

다르마(법, 종교), 즉 아트만 지식에 대한 믿음이 없는 사람들, 그것의 존재나 그것의 결과를 믿지 않는 사람들, 몸을 아트만으로 여기며 악마의 가르침을 따르는 죄 많은 사람들, 이처럼 탐욕스럽고 죄 많은 사람들은 지고의 신인 나에게 이르지 못한다. 그들이 나에게 도달하는 것은 확실히 불가능하다. 그러므로 그들은 나에게 이르는 길 가운데 하나인 사랑(헌신, 박티)에도 이르지 못할 것이다. 분명 그들은 반드시 멸하는 세상의 길에, 지옥과 동물 등의 낮은 영역들로 인도할 뿐인 그 길에 머무를 것이다.

## 모든 존재들은 신 안에 거주하고 있다.

그것을 극찬함으로 아르주나가 (이 원칙에 귀를 기울이도록), 준비를 시킨 후에 신은 말한다.

**4. 이 온 우주는 나타나지 않는 모습**(감각들로는 보이지 않는, 그러나 직관을 통해서는 인지할 수 있는)**으로 있는 나에 의해 퍼져 있다**(내가 우주를 지탱하고 지배한다.)**. 모든 존재는 나 안에 있다**(그는 아트만 안에 거주한다.)**. 그러나 나는 그들 안에 있지 않다**(나는 어떤 대상들과도 접촉하지 않고 있다. 나는 나의 존재를 그들에 의존하지 않는다. 나는 그들 안에 담기지 않는다.)**.**

이 모든 세계는 나의 최고로 높은 존재로 가득 차 있으며, 나의 모습은 감각 기관들에 보이지 않는다. 모습이 나타나지 않는 나 안에, 브람마로부터 아래로 식물에 이르기까지 모든 존재들이 거주한다. 아트만이 없는 존재는 결코 경험의 대상이 될 수 없다. 그러므로 그것들은 내 안에 거주한다. 즉, 그것들은 나, 아트만을 통하여 독립적으로 존재한다. 혹은 개별적인 존재를 가지고 있다. 그것들은 그들 모두의 바탕에 있는 나인 아트만에 의해 그것들로 존재하는 것이다. 나는 그 모든 존재들의 아트만이기 때문에, 미혹된 사람들에게는 마치 내가 그것

샹카라차리야의 바가바드 기타

들 안에 거주하는 것처럼 보일 것이다. 그러므로 나는 말한다. 나는 그런 존재들 안에 거주하지 않는다. 왜냐하면 몸을 지니고 있는 것들과 달리 나에게는 다른 것들과의 접촉이 없기 때문이다. 나는 심지어 공간 안에서조차도 가장 깊은 정수$^{essence}$이다. 어떤 대상과도 연결되어 있지 않은 그것은 그릇 안에 담기듯이 어디에 담길 수가 없다.

나는 어떤 대상과도 연결되어 있지 않으므로,

**5.** (브람만 즉 나는 매우 미묘하고 속성들이 없으며 움직임이 없다.) **모든 존재들은 실제로는 나 안에 있지 않다. 그것이 나의 신성한 신비이다. 그대는 그것의 내용을 이해하려고 노력해야 한다. 모든 존재들에게 탄생을 주고 그것들을 지탱하고 있지만, 나는 그들 안에 있지 않다.** (물질과 영은 아무런 연결이 없다. 그것은 어느 대상에도 애착하지 않거나, 관심이 없다. 이것은 큰 신비이다. 꿈꾸는 사람은 꿈과 아무런 관련이 없다. 공기는 그것이 담긴 그릇과 아무런 관련이 없다. 브람만은 대상들이나 몸과 관련이 없다. 로프는 환영의 뱀을 지지하고 있다. 그러나....)

브람마 이하 이 모든 존재들은 내 안에 거주하는 것이 아니다. 나의 신성한 행위, 신성한 불가사의, 아트만의 진정한 성품을 보라. 그러므로 계시서는 아트만이 어떤 대상과도 연결되어 있지 않음을 보고서 나의 초연한 상태를 말한다. "집착이 없는 그분은 결코 집착하지 않는다."(브리. 우. 3-9-26)

보라! 아직 또 하나의 불가사의가 있다. 비록 연결되어 있지 않을지라도 나의 아트만은 모든 존재들을 유지하고 있지만, 앞서 언급한 이유들로 인해[118], 그것들 안에 거주하지 않는다. 그런데 '나의 아트만'이라는 신의 말을 어떻게 정당화할 수 있을까? 우리는 대답한다. 물질과 다른 원소들의 집합체를 실재하는 아트만과 분리시키고 그 집합체를 '나'로 간주하여, 신은 아트만을 '나의 아트만'이라고 말한다.

---

118  왜냐하면 나는 어떠한 대상과도 연결되지 않기 때문이다.—(A.)

신은 지금까지는 자신이 믿는 바가 아니라 대중의 개념을 따르고 있다. 왜냐하면 대중들은 무지하여 아트만 즉 나가 그분 자신과 다르다고 믿기 때문이다.[119] 그리고 나아가 모든 존재들을 존재하게 하고 성장하게 하는 것은 바로 나 자신이다.

앞의 두 구절에서 가르친 것을 예를 들어 설명하기 위하여 신이 말한다.

**6. 어디든지 옮겨 다니고 광활한 지역을 두루 돌아다니는 바람이 언제나 공간 안에 있듯이, 모든 존재들이 나 안에 있음을 그대는 알라.** (관계나 연결이나 애착이 없이)

## 신은 모든 존재들의 근원이자 끝이다.

바람이 공간 안에 있듯이 모든 존재들은 세상이 지속되는 동안 내 안에 있다.

**7. 오, 쿤티의 아들이여! 시간의 한 주기가 끝날 때 모든 존재들은 나의 프라크리티 안으로 씨앗으로 모았다가 이것들을 창조의 시간에 다시 내보낸다(창조한다.).**

여기에서 말하는 '프라크리티'는 세 구나들로 이루어진 하위의 것이다. 칼파의 끝은 해체(프랄라야)의 시간이며, 칼파의 시작은 생산(우트팟티)의 시간이다.

**8. 마야(나의 자연)가 그들의 주인이기에, 그들은 무력하다. 그들의 지배자인 나는 이 마야의 주인이다. 나는 이 많은 존재들을 나의 존재로부터 계속해서 내보낸다.**

---

119  왜냐하면 나와 육체적인 집합체와의 그러한 관계는 환영이기 때문이다. —(A.)

상카라차리야의 바가바드 기타

나의 지배를 받는 프라크리티 즉 무지의 도움으로, 나는 우리가 지금 보고 있는 이 모든 존재들을 프라크리티로부터 거듭 내보낸다. 그 모든 존재들은 프라크리티, 즉 자연의 영향 아래 있는 무지와 악의 다른 근원들에 의해 무력해져 있다.

## 신은 자신의 행위들에 의해 구속되지 않는다.

그렇다면 지고의 신이신 당신은 동일하지 않은 조건들을 가진 이 수많은 존재들을 창조 하실 때, 그 행위로부터 생겨나는 다르마와 아다르마에 구속되지 않으십니까? 신이 대답한다.

9. 오, 다난자야여! 이 행위들이 어떻게 그들이 맺는 결실에 무심한 나를 구속할 것인가? 왜냐하면 나는 떨어져 있으며, (만드는 이인) 마야를 지켜보고 있기 때문이다. (무지한 사람들은 고치 안의 누에처럼 자아와 자신의 행위의 결과들을 기대하기에 묶인다.)

똑같지 않은 수많은 존재들의 창조에 관련된 행위들은 나, 이슈와라를 구속하지 못한다. 이제, 신은 자신이 행위들에 영향을 받지 않는 이유를 설명한다. 나의 불변성을 알고 있는 나는 행위의 결과에 애착하지 않으며 관심이 없는 사람처럼 남아 있다. 나에게는 "내가 한다."는 자아의 느낌이 없다. 그러므로 다른 사람들의 경우에도, 행위자라는 느낌의 부재, 결과에 대한 집착의 부재는 다르마와 아다르마로부터 자유의 원인이 된다. 이와 달리 미혹에 빠진 사람은 고치 속에 있는 누에와 같이 자신의 행위들에 매여 있다.

그런데 "나는 이 수많은 존재들을 내보낸다."(제9장 7절)라는 말과 "무관심한 사람처럼 있다."라는 말은 자기모순에 빠진다. 그것에 대한 설명으로 신은 말한다.

10. 나의 감독(목격) 아래에 자연은 움직이는 것과 움직이지 않는 것 모든 것을 만든다. 오, 쿤티의 아들이여! 그래서 세상은 탄생을 거치고 파멸을 거치며 그 바퀴를 굴리면서 계속 굴러가는 것이다.

'감독하고 있는 나'란 온 사방을 온전히 보는 자, 불변의 목격자로서 나이다. 세 가지 구나들로 구성된 나의 마야는 움직이는 것들과 움직이지 않는 것들로 이루어지는 우주를 생산해낸다. 그러므로 다음과 같이 찬미한다.

"모든 존재들 안에 숨겨져 있으며 어디에나 가득 차 있는 유일자, 빛나는 자, 모든 존재의 안에 있는 아트만, 모든 행위의 감독자, 모든 존재들의 거처, 홀로 있으며 속성들이 없는 목격자, 지각자."(스웨타스바타라 우파니샤드. 6-11)

내가 목격자이기 때문에, 내가 관장하기 때문에, 움직이는 것들과 움직이지 않는 것, 나타난 것과 나타나지 않은 것들로 이루어진 이 우주는 전 범위에 걸쳐 움직인다. "나는 이것을 즐길 것이다.", "내가 이것을 본다.", "내가 이것을 듣는다.", "나는 기쁘다.", "나는 고통스럽다.", "이것을 얻기 위해서 나는 그것을 할 것이다.", "나는 이것을 배울 것이다."와 같이 세상 안에서 행해지는 모든 행위들은 진실로 의식의 대상을 만들어 낼 목적으로 생겨난다. 모든 행위는 의식 안에 존재하며 의식 안에서 끝난다. "가슴의 지고의 천국 안에 있는 분이 이것의 목격자이다."(타잇티. 브리. 2-8-9)와 같은 찬가들은 이 관점을 가리킬 뿐이다. 따라서[120] 하나의 신성한 존재 말고는 다른 의식적인 실체가 없으므로, 별개의 즐기는 자가 있을 수 없다. 그러므로 "어떠한 즐거움과도 관계하지 않으면서 순전히 모든 것을 목격하는 영 혹은 의식, 신성, 유

---

**120** 우주의 창조자인 이슈와라는 우주의 목격자이다.

일자께서 이렇게 창조한 목적은 무엇입니까?"라는 질문[121]을 묻거나 여기에 답하는 것은 적절하지 않다. 그래서 스루티는 말한다.[122]

> "이 다채로운 창조물들이 어떻게 왜 태어났는지를 누가 단언할 수 있으며, 누가 그것을 직접 지각할 수 있겠는가?" (타잇티. 브리. 2-8-9)

신은 또한 다음과 같이 말했다.
"지혜는 무지에 싸여 있다. 무지에 의해 사람들은 미혹된다."[123](제5장 15절)

## 신을 믿지 않는 사람들의 삶

비록 나는 이와 같이 본래 영원하고, 순수하고, 지혜롭고, 자유롭고, 전지하며, 모든 존재의 나이지만,

11. 어리석은 사람들은 모든 존재들의 주인인 나의 장엄함을 알아보지 못하고 여기에서 인간의 형상(물리적 모습)을 하고 있는 나를 지나친다. 그들은 그들의 영혼의 지배자가 누구인지 전혀 알지 못한다.

---

121 "창조의 목적이 무엇인가?"라는 질문을 묻거나 이에 답하는 것은 적절하지 않다. 우리는 그것이 신의 즐거움을 위해서라고 말할 수 없다. 왜냐하면 지고의 존재는 실제로는 어떤 것도 즐기지 않기 때문이다. 그는 순수한 의식이자 단지 목격자일 뿐이다. 그리고 다른 즐기는 자도 없다. 왜냐하면 의식적인 다른 존재는 없기 때문이다. 이슈와라는 오직 하나뿐이다. 그리고 의식되지 않는 것을 즐길 수는 없다. 창조는 해방을 확고히 하기 위한 것도 아니다. 왜냐하면 그것은 해방(목샤)과 대립되기 때문이다. 따라서 그것에 대한 질문도 대답도 불가능하다. 그리고 그것의 이유도 없다. 창조는 신의 마야로 인한 것이기 때문이다.—(A.)
122 이 계시서의 구절은 지고의 나를 아는 것이 매우 힘들다는 것을 뜻한다.
123 이 구절은 창조가 무지에 기인한다는 것을 보여 준다.

분별력이 없는 어리석은 사람들은 인간의 몸을 가지고 그들 속에서 살아가는 나를 알아보지 못하고 무시한다. 이런 어리석은 사람들은 나의 더 높은 존재를 이해하지 못하고, 내가 지고의 나임을, 내가 공간과 같음을, 내가 지고의 주인임을, 모든 존재들의 아트만임을 알지 못한다. 이 가엾은 사람들은 나를 계속해서 무시하다가 파멸하고 만다.

그들의 상태는 어떻게 비참한가?

**12. (자아에 미혹된) 그들의 희망은 헛되고, 그들의 수고, 그들의 지식은 헛되다. 그들의 모든 이해는 미혹일 뿐이다. 그들의 성품은 악령과 괴물의 광기로 떨어졌다.**

그들은 헛된 희망을 지닌다. 그들에 의해 행해지는 불의 의식과 다른 행위들은 무익하다. 왜냐하면 그들은 신을 모욕하고, 그들 자신의 아트만을 무시하기 때문이다. 심지어 그들의 지식조차 무익하다. 그들은 분별력이 없다. 그들은 잔인한 존재(락샤사)들과 악마(아수라)들[124]의 성향에 참여한다. 그들은 몸 너머의 자신을 보지 못하고, 잔혹한 행위를 일삼는다. 그들의 행위 규범은 '베고, 부수고, 마시고, 먹어 치우고, 다른 사람들의 재산을 빼앗는 것'이다.

## 믿음이 깊은 헌신자들의 길들

그러나 신에 대한 헌신(박티)에 전념하는 믿음이 깊은 사람들, 즉 해방의 길을 걷는 사람들은 다음과 같다.

---

[124] 죽은 뒤에 그런 사람들은 락샤사들과 아수라들로 태어날 것이다. 락샤사들의 성향은 무자비한 행위들을 저지르는 것이고, 아수라들의 성향은 자비심과 희생 없이 다른 사람들의 재산을 강탈하는 것이다.

**13.** 오, 프리타의 아들이여! 신성한 성품을 지닌 위대한 영혼(마하트만)들이 있다. 그들만이 모든 존재들의 기원이며, 죽음이 없는 자인 나를 알아보고 나에게 변함없는 마음의 경의를 표한다.

'마하트만들'은 숭고한 영혼의 소유자들[125]이다. 신(데바)들의 성품은 친절함과 믿음 등으로 몸, 마음, 감각을 다스리는 데 있다. '존재들'은 부타들이며, 살아 있는 모든 창조물들과 모든 물질 원소들을 가리킨다. 그들은 어떻게 숭배하는가?

**14.** 항상 가슴과 입술로 나의 영광을 찬양하고 나를 얻는 공덕을 위해 애쓰거나 나 앞에 엎드리면서 그들은 자신의 아트만인 나를 숭배한다.

그들은 자신의 신이며 브람만인 나를 언제나 찬양한다. 그들은 감각들을 복종시키고, 자기 제어, 친절, 순결함 등의 미덕을 함양하기 위해 부단히 노력한다. 그들의 다짐은 확고하며, 그들은 가슴속에 있는 자신의 아트만인 나를 사랑으로 숭배한다.

그들이 숭배하는 방법에는 어떤 것들이 있습니까? 들어 보라.

**15.** 어떤 이들은 모든 것들 안에 한분의 브람만이 있다는 지식을 가지고, 나를 숭배한다(오직 하나의 존재 지식 희열인 하나의 브람만이 있다는 지식을 지니고 있다. 그들은 베단타의 길을 따르는 일원론자이다.) 어떤 이들은 나를 그들과 별개라고 보고 숭배한다(신을 스승 자신을 하인 등이라고 본다.). 어떤 이들은 나의 백만 개의 얼굴들에 불과한 수많은 신들에게 절을 한다(여러 신성들이 있다. 비슈누, 브람마, 쉬바, 루드라, 락슈미, 사라스와티….).

---

**125** 희생에 의해 마음이 정화된 사람들.

신을 아는 지식은 그 자체가 숭배이다. 이 지혜의 희생으로 숭배하면서, 다른 사람들은[126] 다른 모든 숭배 형태들을 포기하고 나를 경모한다. 그리고 그 지식은 다음과 같이 다양하다. 어떤 사람들은 "하나는 정말이지 파라 브람만이다."라는 진정한 진리에 대한 지식을 지니고 숭배한다. 어떤 사람들은 비슈누 신 그 자신이 태양과 달 등의 다양한 존재들로 존재한다는 지식으로 숭배한다. 다른 사람들은 모든 방향에 얼굴을 지닌 하나의 신이 모든 다양한 모습들 가운데 존재한다는 생각으로, 모든 모습 속에 존재하는 그분을 숭배한다.

## 모든 숭배는 신에게로 간다.

만약 그들이 매우 다양한 방식으로 숭배한다면, 어떻게 하여 그들은 당신께서 말씀하는 것처럼 당신만을 숭배하는 것입니까? 신은 말한다.

**16. 베다들이 명하는 의례들과 경전들이 가르치는 의식들, 이 모든 것들이 나이며,
나는 조상의 영들에게 바치는 공물이다. 나는 치유의 허브들과 음식이며, 만트람, 투
명하게 만든 버터이다. 나는 공물이며, 그것이 바쳐지는 불이다.**

'의례'는 베다에 기록되어 있는 희생들의 일종이다. '의식'은 전승서에서 명하는 숭배이다. '공물'는 조상들에게 바치는 음식이다. '음식'은 일반적으로 생명을 가진 모든 존재들이 먹는 식물로서 쌀과 보리를 포함한다. 혹은, 스바다는 일반적인 음식이다. 나는 조상들과 데바타들에게 봉헌물을 바칠 때 부르는 만트람이다. 나는 봉헌물이 던져지는 불이다.

---

**126** 브람만에게 헌신하는 브람만 니슈타들.

그리고,

**17. 나는 이 세상의 아버지**(이슈바라, 형상으로 있는 브람만)**이고, 이 세상의 어머니**(물라 프라크
리티, 원초적인 자연)**이며 할아버지**(순수한 브람만, 니르구나 브람만)**이다. 나는 각자에게 그의 행위
의 결과들을 주는 자이다. 나는 모든 것을 깨끗하게 만든다. 나는 옴이다. 나는 절대
적 지식이다. 나는 또한 사마, 리그, 야주르 베다이다.**

'분배자'란 행위의 결과들을 분배하는 자이다. 그리고,

**18. 나는** (이 온 우주의 모든 존재의) **기원이요, 소멸이요, 또한 토대요,** (미래 존재가 즐길 수 있는)
**보물 창고요,** (모든 존재의 원천이 되는) **불멸의 씨앗이다. 나는 목표요, 유지자요, 신이요,**
(좋고 나쁜 행위의) **목격자요,** (살아있는 모든 존재의) **거처요.** (고통받는 이의) **피난처요,** (어떤 보답도 기
대하지 않고 좋은 것을 행하는) **벗이다.**

나는 목표이며 행위의 결실이다. 나는 살아 있는 모든 존재들이 행하는 것과 행하지 않
는 것의 목격자이다. 나는 모든 살아 있는 존재들이 거주하는 거주처이다. 나는 고통 받는 자
들을 위한 안식처이다. 나는 나에게 오는 사람의 고통을 덜어 준다. 나는 친구이다. 나는 어떤
보답도 바라지 않고 선을 행한다. 나는 세상의 근원이다. 세상은 내 안에서 해체되고, 내 안에
서 유지된다. 나는 보물의 집이며, 살아 있는 존재들이 미래에 그것을 누릴 것이다. 나는 불멸
의 씨앗이다. 즉, 나는 싹을 틔우는 모든 존재들이 성장하도록 하는 원인이며, 세상이 지속 하
는 한 지속한다. 씨앗이 없이는 진정 아무것도 싹을 틔우지 못한다. 그리고 성장은 계속되므
로 씨앗의 연속성은 끊어지지 않을 것으로 이해된다. 그리고,

**19. 나는 열을 주며, 비를 내리게도 멈추게도 한다. 나는 영원한 삶**(신)**이며 또한** (유한

한 생명을 가진 자의) 죽음이다. 오, 아르주나, 나는 드러난 우주(존재. 현현)이며, 또한 숨어

있는 그것의 싹(비존재)이다.

나는 태양으로서 강력한 광선들로 열을 주며, 어떤 광선들로는 비를 내리게 한다. 그리

고 비를 내린 뒤에는 여덟 달 동안 어떤 광선들에 의해 그 비를 거두어들이며, 우기 때에는 그

것을 다시 내보낸다. 나는 신들의 불멸성이고, 유한한 생명을 가진 자들의 죽음이다. 나는 원

인과 관련하여 자신을 나타내는 존재 즉 나타난 것, 결과이며, 반대로 나는 비존재(나타나지 않

는 것. 원인)이다. 진정 신은 결코 전적으로 비존재일 수 없다. 또한 결과가 존재이고 원인이 비

존재라고도 말할 수 없다.[127]

## 베다 의식을 욕망을 가지고 행할 때의 결과들

나에게 헌신하며, 앞서 말한 희생들로 나를 경모하고, 앞에서 설명한 다양한 형태들로

은거의 삶을 살고, 나를 모든 형태 안의 유일자로 여기는 지혜로운 사람들은 그들의 지식에 따

라 나에게 도달한다. 그러나 무지하며 욕망의 대상들을 갈망하는 사람들의 경우에는,

20. 세 가지 베다에 능통한 자들은 의식들로 나를 숭배하고, 신들의 성찬의 포도주를

마시며 그들의 죄를 씻는다. 이 사람들은 천국으로 가기 위해 기도해서 거대한 집 인

드라의 영역에 이르고 그곳에서 그들은 천상의 즐거움을 누린다.

---

**127** 결과들로 나타난 세계는 '존재'라고 불리고, 나타나지 않은 원인은 '비존재'라고 불린다. 우리는 신성한 본질이 비
존재라고 주장할 수 없다. 그렇다면 우리는 허무주의에 빠지게 되기 때문이다. 또한 원인을 비존재라고 말할 수도
없다. 존재가 비존재로부터 생겨난다고는 상상할 수 없기 때문이다. 그래서 계시서는 말한다. "어떻게 존재가 비존
재로부터 생겨날 수 있겠는가?" (찬도. 우. 6)

세 가지 베다인 리그, 사마, 야주르 베다를 아는 사람들, 소마를 마시고 그로 인해 죄에서 정화된 사람들, 나를 바수들로서 숭배하고 아그니슈토마와 같은 희생들로 여러 신들을 섬기는 사람들, 그리고 희생에 대한 보상으로서 천국을 추구하는 사람들, 그들은 백 가지 희생들을 행하여 인드라의 세계로 가며, 그곳에서 초자연적인 즐거움들을 만끽한다.

21. 그것들을 얻은 공덕이 모두 소진될 때까지 그들이 잠시 맛보는 어떤 세상의 즐거움보다 더 방대한 즐거움을 즐기다가 그들은 필멸의 세상으로 돌아온다. 이같이 세 베다들의 길을 따르면서 감각의 음식들을 추구하는 사람들은 가고 온다.

'세 베다들의 길'이란 세 가지 베다에 규정된 순전한 베다 의식을 말한다. 그들은 갔다가 다시 돌아와야 하며, 어디에서도 독립을 얻을 수 없다.

## 지고의 존재는 자신의 헌신자의 필요들을 돌보아 주신다.

이제, 올바른 지식을 가지고 있으며 욕망에서 자유로운 사람들의 경우에는,

22. 그러나 그들 자신과 나가 하나라는 것을 아는 사람들은 나를 언제나 경견하게 숭배한다. 나는 그러한 헌신자들에게 필요한 모든 것들[128]을 주고 그들이 이미 가진 것을 잃지 않도록 지켜준다.

---

128 [역자 주] 해방을 보장한다고 해석하는 사람들도 있음.

어디에서나[129] 나를 숭배하며, 언제나 나를 명상하며, 자신을 나와 분리되지 않은 것으로 여기는, 즉 지고의 신인 나라야나를 그들 자신의 아트만으로 여기는 포기자(산야신)들, 실재를 보며 언제나 헌신하는[130] 이런 사람들에게 나는 필요한 것들을 채워 준다. 나는 그들이 아직 갖고 있지 않은 것들을 준다. 그리고 나는 그들이 이미 갖고 있는 것들을 지켜 준다. 제7장 17-18절에서 말했듯이, 그들은 나의 아트만을 이루며, 그들은 나에게 소중하다.

이의: 신께서는 다른 헌신자들의 필요도 채워 주시고, 그들이 가진 것들을 안전하게 지켜 주십니다.

대답: 사실이다. 그분은 분명 그렇게 하신다. 그러나 여기에는 이런 차이가 있다. 다른 헌신자들은 자신에게 필요한 것들을 얻고 이미 가진 것들을 지키기 위해 스스로도 노력하지만, 아무것도 자신과 분리된 것으로 보지 않는 사람들은 자신에게 필요한 것들을 얻고 이미 가진 것들을 지키기 위해 노력하지 않는다. 진정 후자들은 삶과 죽음에 대한 욕망을 전혀 지니지 않는다. 신만이 그들의 안식처이다. 그러므로 신이 직접 그들에게 필요한 것들을 채워 주고 이미 가진 것들을 안전하게 지켜 준다.


## 다른 헌신자들도 무지 속에서 지고자인 신을 숭배하고 있다.

이의: 만약 다른 신들이 바로 당신 자신이라면, 그들의 헌신자들도 당신 자신을 숭배하는 것입니다.

대답: 분명히 그러하다.

---

**129** 즉, 무한한 존재로 나를 도처에서 보는 사람.—(A.)
**130** 끊임없이 그리고 열심히 명상(디야나)을 하는.

샹카라차리야의 바가바드 기타

**23.** 오, 쿤티의 아들이여! 믿음을 가지고 다른 데바들(하위의 신들, 아그니, 인드라, 수리야, 바루나, 바수스 등)을 숭배하는 헌신자들조차도 바른 이해를 가진 숭배는 아니지만(숭배되어야 할 것은 아트만이다.) 나를 숭배하고 있다.

'믿음을'이란 그러한 신들을 숭배하는 것이 효과가 있음을 믿는다는 뜻이다. 왜 당신께서는 그들이 무지 속에서 숭배한다고 말씀하십니까? 왜냐하면,

**24.** 왜냐하면 나만이 모든 숭배의 유일한 즐기는 자이기 때문이다. 그러나 그들은 정말로의 나를 아는 데 실패하기 때문에, 죽음이 있는 세상으로 돌아가야 한다.

데바타로서[131] 즉, 희생들을 받는 신으로서 나는 즐기는 자이며, 계시서와 전승서에서 정한 모든 희생들의 주(主)이다. 제8장 4절에서 언급했듯이, 나는 진실로 얏냐 즉 희생의 주(主)이다. 그러므로 그들은 있는 그대로의 나를 알지 못하고 있다. 그런 이유로, 무지 속에서 숭배하는 그들은 희생의 결실을 얻지 못하게 된다.[132]

희생의 결실은 다른 신들에게 헌신하는 사람들에게도, 무지 속에서 나를 숭배하는 사람들에게도 틀림없이 생긴다.[133] 어떻게 되는가?

**25.** 하위의 신(데바, 빛나는 존재)들을 숭배하는 사람들은 하위의 신들에게로 가고, 조상의 영의 숭배자들은 조상의 영에게로 가고, 자연의 힘(부타)들을 숭배하는 사람들은 그들에게로 가고, 나를 숭배하는 사람들은 나에게 올 것이다.

---

**131** 희생들이 바쳐지는 대상인 바수들과 다른 데바타로서 나는 모든 희생들을 즐기는 자이다. 그리고 안타리야민으로서, 즉 우주의 내적 조정자로서 나는 모든 희생들의 주(主)이다.
**132** 나에게 행위들을 바치지 않는 그들은 희생의 결과로 도달하는 영역으로부터 다시 이 세상으로 돌아온다.
**133** 신들을 숭배하는 것은 전혀 쓸모없는 것이 아니다. 숭배자들은 숭배의 형태에 맞는 결과들을 얻는다. 그러나 그들은 때가 되 면 이 세상으로 다시 돌아와야 한다.

신들을 향해 헌신하고 서원하는 신들의 숭배자들은 신들에게 간다. 조상들에 대한 헌신으로 스라다 등의 의식을 행하는 아그니슈바타 같은 조상의 숭배자들은 조상들에게 간다. 부타들은 네 바그니 등 마트리들의 무리인 비나야카들이다. 비슈누인 나를 숭배하는 사람들은 나 자신에게 온다. 똑같은 수고를 들임에도 불구하고 사람들은 무지하여 나만을 숭배하지 않는다. 그러므로 그들은 매우 적은 결과만을 얻는다.


## 지고자에 대한 헌신의 쉬움


나의 헌신자들은 한량없는 결과, 즉 이 세상으로 되돌아오지 않는 상태를 얻을 뿐 아니라, 그들이 나를 숭배하는 것 또한 쉽다. 어떻게 그러한가?


**26. 누군가가 나**(우주의 신, 온 우주의 생성과 유지와 파괴의 신, 모든 욕망이 충족된, 무한하고 희열로 계시는 분)**에게 나에게 나뭇잎 하나, 꽃 한 송이, 과일 한 알, 물 한 모금을 주더라도 나는 그것을 받을 것이다. 그 선물은 사랑이며, 그의 가슴의 헌신이다.**


그러므로,


**27. 그러므로 아르주나, 그대가 무엇을 하든, 무엇을 먹든, 무엇을 숭배로 바치든, 무엇을 주든, 무슨 고행을 하든, 그것들을 내 앞에 공물로 두어라.**


그대가 자발적으로(즉, 계시서에 규정되지 않은) 무슨 행위를 하든지, 그대가 계시서와 전승서에서 명하는 대로 무엇을 희생으로 바치든지, 그대가 (브람마나들이나 다른 사람들에게 금이든 은이든) 무엇을 주든지, 그 모든 것을 나에게 바치는 공물로서 행하라.

이제 그대가 이와 같이 행할 때 어떤 유익이 생기는지 잘 들어 보라.

**28. 이런 식으로 하면 그대는 좋고 나쁜 결과(영향)들의 굴레로부터 자유로워질 것이다. 포기(산야사. 모든 행위들의 결과들의 포기. 모든 것을 신에게 바치는 행위. 그것은 또한 행위의 요가이다.)의 요가에 고정되면, 그대는 해방될 것이다. 몸이 떨어져 나갈 때 나에게로 올 것이다.**

'그렇게 하면', 즉 그대가 이와 같이 모든 것을 나에게 바치면. 이것(나에게 모든 것을 바치는 행위)은 포기의 요가를 이룬다. 모든 것을 나에게 바치므로 그것은 '포기'이다. 그리고 그것은 행위이므로 또한 '요가'이다. 이와 같이 마음에 요가와 포기를 갖추면, 그대는 살아 있는 동안 속박에서 해방될 것이다. 그리고 이 몸이 죽을 때 그대는 나에게 올 것이다.

## 지고자의 평등함

이의: 그렇다면 신이 사랑과 미움을 갖는다는 말입니다. 헌신자들에게는 은총을 베풀지만, 다른 사람들에게는 은총을 베풀지 않기 때문입니다.
대답: 그렇지 않다.

**29. 나의 얼굴은 모든 창조물들에게 동등하다. 누구도 사랑하지 않고, 누구도 미워하지 않는다. 그럼에도 불구하고, 나의 헌신자들은 언제나 내 안에 산다. 나도 그들 안에 있다.**

나는 불과 같다. 불이 자기에게서 멀리 떨어져 있는 사람들에게는 추위를 없애 주지 않지만, 가까이 있는 사람들에게는 추위를 없애 주는 것처럼, 나는 나의 헌신자들에게 은총을 베풀지만, 그렇지 않은 사람들에게는 은총을 내리지 않는다. 헌신으로 나를 숭배하는 사람들은 당연히 내 안에 있다. 그러나 그것은 내가 집착하기 때문이 아니다. 또한 그들 안에도 당연히 내가 있지만, 다른 사람들 안에는 없다. 그렇다고 하여 내가 후자를 미워한다고 말할 수는 없다.[134]

## 낮은 태생일지라도 헌신으로 구원을 얻는다.

이제 나는 그대에게 나에 대한 헌신이 얼마나 훌륭한지를 말해 주겠다.

**30. 가장 악한 사람이 전적인 헌신으로 나를 숭배한다면, 그는 성자로 변형될 것이다. 나는 누구도 죄인으로 보지 않는다. 그 사람은 거룩하다.**

'그는 바르게 결심했다.'라는 말은 그가 선한 결심을 했다는 뜻이다.
외적인 삶의 악한 방식을 포기함으로써, 그리고 내적인 올바른 결심의 힘에 의해서,

**31. 거룩함은 곧 그의 성품을 영원한 평화로 바꿀 것이다. 오, 쿤티의 아들이여, 이것을 확신하라. 나를 사랑하는 사람, 그는 사라지지 않는다(삼사라로 가지 않는다. 곧 목샤를 성취한다.).**

---

[134] 자기 삶의 단계와 카스트의 의무를 행하며 나에게 헌신하는 사람들은 상상할 수 없는 위대한 그 헌신 덕분에 마음이 순수해진다. 그리고 그들은 내 안에 있다. 즉, 그들의 마음은 나의 현존에 적합해진다. 그리고 당연히 그들 안에 있는 나는 그들에게 언제나 좋은 일을 행한다. 어디나 가득 채우지만 깨끗한 거울 안에 비치는 햇빛처럼, 지고의 신은 헌신에 의해 마음의 때가 모두 씻긴 사람들 안에 당연히 현존한다. 제9장 13절에서는, 데바들의 본성에 참여하는 사람들은 신에게 헌신하는 사람들이라고 하였다. ―(A.)

들어라, 이것은 실제 진실이다. 내면의 영혼으로 나에게 헌신하는 사람은 결코 사라지지 않음을 그대는 선언하라.

32. 오, 프리타의 아들이여! 나에게 피난하는 사람들은 출생이나, 성이나, 신분에 관계없이 가장 높은 영적 깨달음에 도달할 수 있다.

## 헌신의 요가

33. 그렇다면 이것이 거룩한 브람민과 경건한 철학자–왕들에게도 사실이라고 내가 그대에게 말해야 하는가? 그대는 이 일시적이고, 기쁨이 없는 세상에 있는 자신을 발견한다. 그것으로부터 돌아서서 내 안에서 기뻐하라.

'성스러운', 즉 순수하게 탄생한. '이 세상'은 인간 세상을 가리킨다. 인간으로 태어나는 것[135]은 영적인 열망을 이루는 수단이며, 매우 얻기 힘든 것이다.
나아가,

34. 그대의 가슴과 마음을 나로 가득 채우고, 나를 흠모하고, 그대의 모든 행동이 나에게 공물이 되게 하고, 항복으로 나에게 엎드려라. 만약 그대가 이렇게 나에게 그대의 가슴을 두고 나를 다른 모든 것들보다 위에 있는 그대의 이상으로 삼는다면, 그대는 나의 존재 안으로 들어올 것이다.

---

[135] 동물들의 몸과 같이 인간이 아닌 몸들은 신을 향한 헌신의 삶에 적합하지 않다. 인간으로 태어난 존재들은 신을 향한 헌신의 삶을 살아야 한다.

'나에게', 즉 바수데바에게. '흔들리지 않을 것이며'란 생각 안에서 흔들리지 않는다는 것을 말한다. 나는 모든 존재의 나이며, 나는 지고의 목적지이다.

샹카라차리야의 바가바드 기타

# 제10장
# 무엇을 명상해야 합니까?

❧

## 신은 모든 현현들의 근원이다.

제7장과 제9장에서는 신의 성품과 그의 나타남들을 언급하였다. 이제 신은 어떤 모습으로 존재하고 있는 것으로 보아야 하는지를 언급하는 것이 필요하다. 그리고 비록 앞에서 설명하였지만 이해하기 힘들기 때문에 신의 성품을 설명하는 것도 필요하다.

이러한 목적으로 신이 말한다.

신께서 말씀하셨다.

1. 오, 전사여! 그대가 나의 말에 크게 기뻐하기에, 그대의 행복을 바라 내가 반복하

여 말을 할 것이니 다시 나의 지고한 말을 들어보라.

'지고한'이란 능가될 수 없는 것이다. '기뻐하기에'란 아르주나가 신의 말을 듣고 마치 불사의 감로를 마시는 것처럼 기뻐한다는 뜻이다.

왜 신은 그것을 말해야 하는가? 신은 말한다.

2. 위대한 리쉬들과 데바들이 어떻게 나의 기원을 알 수 있겠는가? 왜냐하면 나는 리

쉬들과 데바들의 기원이며 그들을 지탱하는 자이기 때문이다.

여기에서 '기원'으로 해석된 프라바바는 '위대한 신적인 힘'이라는 뜻도 있다. '리쉬들'이란 브리구와 같은 현자들이다.

그리고,

3. 내가 탄생이 없고, 결코 시작이 없으며, 세상들의 위대한 지배자라고 아는 사람들
만이 모든 죄들로 얼룩지지 않고 있으며, 망상으로 마음이 괴롭지 않다.

나는 신들과 위대한 현자들의 근원이므로 다른 그 어느 것도 내 존재의 근원으로 존재하지 않는다. 그러므로 나는 태어남도 없고 시작도 없다. 나는 시작이 없으므로 태어남이 없다. '모든 죄들'은 의식적으로나 무의식적으로 범하는 모든 죄를 포함한다.

또한 다음의 이유로 인해 나는 세계들의 위대한 주인이다.

4. 지성(미묘한 대상을 파악하는 힘), 나에 대한 지식, 망상(환영) 없음, 인내, 진실(정직), 감각
과 마음의 통제(자제), 기쁨(모든 존재들을 호의적으로 대함으로 오는), 고통(슬픔, 모든 존재들을 비우호적
으로 대함으로 오는), 탄생, 죽음, 두려움, 두려움 없음(안정),

5. 어떤 생명체에게도 해를 끼치지 않는 것(천진), 흔들리지 않는 마음(평등, 평온), (무슨 대
상에라도) 만족하는 가슴, 고행(감각들의 자제, 음식의 절제 등), 주는 자의 손, 명예, 오명(부끄러
움) 등. 이것들은 오직 나에 의해 배당되는 것들이다.

'지성(붓디)'은 내적인 감각이 생각의 미묘한 대상들을 이해하는 힘이다. 이 힘을 가진 사람을 지성적이라고 한다. '지식(갸남)'는 아트만과 다른 그러한 것들에 대한 지식이다. '환영 없

음'은 당장 어떤 일을 하거나 알아야 할 때 분별력을 가지고서 행하는 것이다. '인내'는 비난이나 공격을 받을 때 마음이 동요하지 않는 것이다. '진실'이란 자신이 듣거나 본 것처럼 실제로 경험한 것들을 다른 사람의 마음에 인식시키기 위하여 말해 주는 것이다. 감각들의 통제'는 외적인 감각들을 고요히 하는 것이다. '침착한 정신'이란 내적인 감각이 평온하다는 뜻이다. '어떤 생명체에게도 해를 끼치지 않는 것'은 살아 있는 존재들에게 해를 끼치지 않는 것이다. '만족'은 현재 자신이 갖고 있는 것에 만족하는 것이다. '금욕적인 의지'는 감각을 억제하고 신체에 고통을 가하는 것이다. '주는 자의 손'은 자신의 소유물을 능력껏 다른 사람들에게 나누어주는 것이다. '명예'는 다르마로 인한 명예를 가리킨다. '악명'은 아다르마로 인한 것이다. 살아 있는 존재들의 이처럼 다양한 성질들은 각자의 카르마에 따라서 오직 나, 이슈와라에게서 생겨난다.

또한,

**6. 나의 생각으로부터 일곱 명의 위대한 현자들**(대우주의 생성과 관련)**, 고대의 네 마누들**(소우주의 생성과 관련)**이 나왔다. 이렇게 나는 지구의 모든 아이들을 처음으로 낳은 자들을 낳았다. 세상의 생명체들이 그들로부터 나왔다.**

브리구 등 푸라나들에서 알려져 있는 일곱 명의 위대한 리쉬와 사바르니들로 알려진 고대의 네 명의 마누(창시자)들은 그들의 생각을 오로지 나에게만 향하였으므로 비슈누의 힘을 받았다. 그들은 오로지 나에 의해서, 마음에 의해서 생겨났다. 움직이는 존재들과 움직이지 않는 존재들로 이루어진 이 모든 피조물들은 이 마누들과 위대한 리쉬들의 창조로 생겨난 것이다.[136]

---

[136] 신은 만물의 물질적인 원인일 뿐만 아니라, 만물의 전지의 신이다. 신은 또한 위대한 리쉬와 마누들을 태어나게 했기 때문에 모든 것들의 지배자이다. 브리구에서 바시슈타까지 위대한 리쉬들은 전지한 분들이었고 전통적인 지혜의 최초의 스승들이었다. 마누들은 피조물들의 통치자이고 신이었다. 이들 모두는 원시 시대에 속했고, 신의 마음

# 신의 영광에 대한 지식은 요가에 도움이 된다.

7. 나의 힘과 현현들의 신비를 진정으로 아는 사람은 의심할 여지없이 나와 하나에 살며 그것이 흔들리지 않을 것이다. 이것을 확신하라. (개미에서 창조자에 이르기까지 신을 제외하면 아무것도 없다. 모든 존재들에서 신을 보며 신 안에서 모든 존재들을 본다. 그는 신과 그분의 현현들이 하나라는 것을 깨닫는다.)

이처럼 광대한 나의 존재[137]와 나의 성취(요가) 혹은, 여기에서 요가는 요가에서 생겨나는 것, 즉 강력한 것들을 다스리고 성취하는 힘과 전지함[138]을 나타낼 수도 있다. 그를 진실로 아는 사람은 흔들림 없는 요가가 주어지며, 올바른 지식 안에서 확고해진다.[139]

그들에게 주어지는 부동의 요가는 무엇입니까? 답은 다음과 같다.

8. 나는 모든 것의 근원이다. 나로부터 모든 것이 나온다. 현명한 사람들은 이것을 이해하고 지고의 실재를 깊이 명상한다. (그래서 기술할 수 없는 무상 사마디의 희열을 즐긴다.)

바수데바라는 이름으로 불리는 지고의 브람만인 나는 온 세계의 원천이다. 오직 나에게서[140] 온 우주가 나오며 존재와 소멸, 행위, 결과, 기쁨 등 모든 변화들을 거친다. 이와 같이 생각하며 지고의 실재를 아는 현자들[141]은 나를 숭배하며, 지고의 실재를 열심히 명상한다.

---

에서 태어났다. 위대한 리쉬와 마누들은 그들의 생각을 전지한 신에게로 향했으므로 비슈누의 힘을 받았고 지혜와 능력을 얻었다. 이 세상에 있는 모든 존재들은 태생에 의해, 지식에 의해 그들의 피조물이다.—(A.)

**137** 나의 무한한 존재.—(A.)

**138** 즉, 그는 위대한 리쉬와 마누들이 그들의 힘과 지혜를 가지고 있다는 것을, 그리고 그것은 신의 힘과 지혜를 아주 조금 받은 것이라는 것을 안다.—(A.)

**139** 조건 지어진 세상에 대한 지식은 조건 지어지지 않은 본질에 대한 지식으로 들어가는 입구이다.—(A.)

**140** 내적 조정자인 나에 의해 제어되고 추진되어, 모든 것은 법에 따라 움직인다.—(A.)

**141** 세상의 삶의 덧없음을 아는 그러한 사람들만이 신에 대한 헌신의 삶에 적합하다. 신이 모든 것의 나이고, 모든 것의 원인이며, 모든 것을 아는 분임을 알 때, 사람들은 나에게 헌신하게 된다. 지고의 실재를 아는 지식은 사랑, 존

더욱이,

9. **그들의 마음과 감각은 나에게 잠겨있다. 나만이 그들의 담화의 주제**(이 세상을 포기할

무슨 이유가 있는가? 내가 나의 것이라고 부를 수 있는 것은 아무것도 없다. 모든 것은 이미 당신의 것이다.) **이렇게**

**그들은 서로 기뻐하며, 희열과 만족함으로 살아간다.**

눈 등 그들의 모든 감각들(프라나들)은 나에게 흡수된다. 혹은, 다른 해석에 따르면, 그들의 삶 자체가 나에게 바쳐진다. 그들은 나에게 지고의 지혜와 힘, 능력과 다른 특성들이 있다고 항상 이야기한다. 그리하여 그들은 만족을 얻으며, 사랑하는 사람과 함께 있는 것처럼 기뻐한다.

## 신은 자신의 헌신자들에게 지식을 준다.

앞에서 언급한 방식들로 경건하게 나를 숭배하는 사람들에 대해 말하자면,

10. **그들은 언제나 그들의 지배자를 자각하고, 항상 사랑**(헌신)**한다. 그러므로 그들의**
**생각의 힘에 불**(붓디. 신과 조율됨으로 그는 받는다. 그는 사마디 속에서 하나에 들어갈 수 있다. 그는 변하고 사

라지는 모든 것들에서 하나를 보는 지식을 가진다.)**이 비추어져 나에게로 인도된다.**

언제나 경건하며, 자신의 어떤 목적을 위해서가 아니라 나에 대한 사랑으로 나를 숭배하는 그들에게 나는 나의 성품을 아는 올바른 이해의 요가(지식의 헌신, 붓디 요가)를 주며, "그들

경, 진지함으로 인도한다. 그리고 이것들은 신에 대한 헌신으로 인도한다.—(A.)

의 생각은 나에게 있으며"(제10장 9절) 등으로 나를 숭배하는 그들[142]은 이를 통해 지고의 신이며 아트만인 내가 그들 자신의 아트만임을 알게 된다.

당신은 왜 당신의 헌신자들에게 지식의 헌신을 주십니까? 그리고 당신이 헌신자들에게 주는 지식의 헌신은 당신에게로 인도하는 길에서 어떤 장애물을 없애게 합니까? 이 질문에 답하여 신이 말한다.


**11. 그들에 대한 연민으로 나는 그들의 무지한 가슴 안에 살고 있다. 나는 지식이고, 그것의 어두움을 몰아내는 빛나는 등불이다.**


'연민'은 어떻게 하면 그들이 희열에 이를 수 있을까 하고 염려하는 자비심이다. 나는 나만 생각하고 있는 그들의 안타카라나 안에[143] 거하며, 지혜의 등불로, 분별하는 지식의 등불로, 분별력이 없어 생기는 환영적인 지식 즉 무지의 어둠을 소멸시킨다. 이 지식의 등불은 순수한 헌신(박티 프라사담)이라는 기름으로 밝혀지고, 나에 대한 진지한 명상이라는 바람으로 밝아지며, 경건함과 순결함 및 다른 덕들의 함양으로 정화된 올바른 직관이라는 심지를 갖추고, 모든 세상의 관심사에 대한 집착에서 완전히 초연한 안타카라나 안에서 유지되며, 감각 대상들로부터 철수하고 좋아함과 싫어함에 물들지 않은 마음이라는 바람막이 울타리 안에 자리하고, 끊임없는 묵상과 명상의 수행으로 밝아지는 올바른 지식의 빛으로 빛난다.

---

**142** 이와 같이 신에 대해 헌신하는 자들만이 붓디 요가(지성의 요가)에, 즉 명상에 의해 생겨난 안타카라나의 지극히 높은 상태에 이를 수 있으며, 이를 통해 그들은 어떠한 한계도 없는 신의 모습에 도달하게 된다.—(A.)

**143** 즉, 오로지 영적인 차원에서 기능하는 안타카라나 안에서. 여기에서 어둠은 시작이 없는 무지와 그 무지로 생겨나는 환영적인 지각을 모두 포함한다. 그것은 어떠한 물질 현상이나 물질로 제거될 수 없다. 물질적인 것들은 어둠과 같은 종류에 속하기 때문이다. 그러므로 신은 신 그 자신이 어둠을 소멸시킨다고 말했다. 그러나 영(靈)은 직접 어둠을 제거할 수 없다. 전에 알려지지 않은 대상을 밝혀 주는 것은 오로지 지성적인 상태뿐이다. 그러므로 계시서의 가르침에 의해 인도된 사람과 같은 지성의 상태를 통해 빛을 비춤으로써 영은 어둠을 제거하게 되는 것이다. 무지와 환영적인 지식을 소멸시킬 수 있는 것은 지성적인 상태를 통하여 스스로 드러내는 영, 혹은 영으로 가득 찬 지성적인 상태이다.

# 신의 현현들에 대한 아르주나의 질문

신의 영광과 그의 신비로운 능력에 대해 듣고서 아르주나가 말한다.

아르주나가 말했다.

12. 당신께서는 최고의 거처, 지고한 존재, 지고한 정화자, 스스로 빛을 내는 영, 신들 중의 최초, 태어남이 없는 영원한 브람만이십니다.

13. 위대한 현자들과 예언가들, 즉 나라다, 아시타, 데발라, 비야사도 그랬습니다. 그리고 당신의 입술이 그것을 확신시켜 주었기에 이제 저 또한 들었습니다.

'지고의 브람만'은 지고의 아트만이다. '최초의 신'은 다른 모든 신들 이전에 존재한 신을 말한다. '리쉬들'은 바시슈타와 같은 현자들을 가리킨다.

14. 크리슈나시여, 이것이 당신께서 말씀하시는 진리입니다. 저의 가슴은 당신을 믿으라고 명령합니다. 데바들의 신, 세상의 지배자, 삶의 근원, 오, 모든 생명체들의 왕이시여! 데바들이나 악마들이 당신의 영광의 정도를 어떻게 알겠습니까?

당신은 데바들과 다른 신들의 근원이므로,

15. 오, 지고한 푸루샤(푸루숏타마)시여, 오, 존재들의 근원이시여! 오, 존재들의 신이시여! 오, 신들의 신이시여! 오, 세상의 지배자시여! 당신이 누구이신지는 당신만이 아

십니다.[144] 당신의 가장 안에 있는 성품의 그 빛으로.

'당신 자신을 아십니다.'란 당신 자신을 최고의 지혜와 통치권 및 다른 능력들을 가진 이슈와라로서, 우주의 주인[145]으로서 안다는 뜻이다.

16. 그러니 이제 저를 가르쳐주십시오.[146] 어떤 것도 숨기지 마십시오. 당신의 모습 전체가 세 세상들에 널리 퍼져계십니다.

17. 오, 요기의 위대한 스승이시여! 저의 명상이 어떻게 당신을 알게 만드는지 말해 주십시오. 어떤 형상과 변장 아래에서 제가 당신을 보는 법을 배워야 하는지 보여주 십시오.[147] 오, 주인이시여!

18. 오, 자나르다나시여! 당신의 신비로운 힘들과 당신의 현현들에 대하여 번호를 붙여가며 자세하게 말씀하여 주십시오. 저는 불멸의 말씀을 듣는 것에 결코 싫증 나지 않을 것입니다.

당신의 신비로운 힘과 통치권, 그리고 명상해야 할 다양한 것들을 상세하게 말씀해 주십시오. 전에도 설명해 주셨지만 그것들을 한 번 더 제게 말씀해 주십시오. 왜냐하면 당신의

---

**144** '당신은 스스로', 즉 배우지 않고 스스로. '당신 자신을 아십니다.'란 당신 자신의 절대적인 성품을 안다는 뜻이다. '나로서', 즉 외부적인 어떤 것으로서가 아니라.—(A.)

**145** 심지어 우주의 주인이라는 당신의 한정된 성품조차도 다른 이들에게는 보이지 않는다.—(A.)

**146** 모두가 알아야 하는 당신의 성품이 다른 사람들의 눈에는 보이지 않기 때문이다.—(A.)

**147** 저의 지성이 정화되어 당신의 절대적인 존재를 알 수 있으려면, 이해력이 무딘 제가 어떤 방식으로 당신을 끊임없이 명상해야 합니까?—(A.)

입에서 나오는 불멸의 말씀을 듣는 것은 전혀 싫증나지 않기 때문입니다.

## 신의 현현들에 대한 그분의 열거

신께서 말씀하셨다.

19. 이제 나는 그대에게 나의 신성한 현현들을 알려주겠다. 그러나 이것들 중에서 두드러진 것들만 말할 것이다. 쿠루 족 가운데 최고인자여! 왜냐하면 덜 중요한 것들까지 말한다면 끝도 없을 것이기 때문이다.

이제 나는 나의 두드러진, 즉 가장 두드러진 몇몇 거룩한 영광들을 그대에게 말해 주겠다. 그 모든 것을 설명하려면 진정 백 년이라도 부족할 것이다. 나의 영광들의 범위에는 끝이 없기 때문이다.

이제, 먼저 이것에 대하여 들어 보라.

20. 오, 구다케사여! 나는 모든 필멸의 생명체의 가슴(붓디, 미간)에 있는 아트만(지성과 자아는 나의 그림자)이다. 나는 모든 존재들의 시작, 삶의 기간이며, 끝이다(죽음 이후에는 바사나로서 있을 것이다.).

그대는 나를 가장 내부의 아트만, 즉 모든 존재들의 가슴속에 자리 잡고 있는 아트만으로 생각해야 한다. 나를 아트만으로 생각할 수 없는 사람은 나를 다음에 말하는 것들로 생각해야 한다. 나는 모든 존재들의 근원이고, 유지이며, 끝이다.

21. 아디티야(12의 빛의 데바, 열두 명의 천계에 있는 빛나는 존재들)들 중에서는 나는 비슈누(우주의 유

지자)이다. 나는 빛을 주는 것들 중에서는 빛나는 태양이다. 나는 바람의 데바 마리치(태양과 달의 빛)이다. 밤의 별들 중에서는 나는 달이다. (이러한 것들을 신의 형상으로 명상할 수 있다.)

열두 명의 아디티야들 중에서, 나는 비슈누로 알려진 아디티야다. '마루트'들은 신들의 일종이다.

**22.** 베다들 중에서는 나는 사마 베다(리그베다의 정수. 송가에 아름다운 멜로디가 있어서 넷 중에서 최고라고 여겨진다.)이다. 나는 천상의 왕 인드라(하늘에 있는 데바들 중 최고)이다. 감각들 중에서는 나는 마음이다. 나는 살아 있는 것들 안에 있는 지성이다.

'신들'은 루드라와 아디티야들 같은 존재들을 가리킨다. '바사바'는 인드라를 말한다. 열한 가지 감각들 가운데서는 나는 마음이다. '체타나'는 지각력 또는 지성이며, 몸과 감각들의 집합체 안에서 자신을 드러내는 지성의 상태이다.[148]

**23.** 무지를 추방하는 자(루드라)들 중에서는 나는 쉬바이다. 나는 부의 신인 쿠베라(아스트랄 부의 데바)이다. 나는 불의 정령(아그니)이다. 나는 산봉우리들 중에서는 메루(신화에 나오는 가장 높은 황금의 산. 우주의 중심으로 여겨진다. 비유적으로 신이 영혼으로서 거주하고 있는 뇌의 가장 높은 부분. 몸 안에 있는 신성한 의식의 최고 자리)이다.

열한 명의 루드라들이 있으며 그들 중 쉬바가 두드러진다. 쉬바를 샹카라라고도 한다. 여

---

**148** 지성은 집합체 속에서 자기를 드러내며, 죽는 순간까지 계속 몸에 가득 차 있고, 영 혹은 의식(차이탄야)의 나타남을 위한 매개물을 이룬다.—(A.)

덟 명의 바수들이 있다. '부의 신'은 쿠베라를 가리킨다.

**24.** 오, 프리타의 아들이여! 나는 사제들 가운데 첫 번째인 브리하스파티(기도의 신. 모든 진정한 구루 안에 자신이 나타난다고 선언한다.)이다. 전사들 중에서는 나는 사령관인 스칸다(카르티케야. 스브라만얌의 다른 이름. 쉬바의 아들. 데바들의 전사)이다. 물들 중에서는 나는 바다(어느 의미에서 의식. 신의 편재성의 상징)이다.

'브리하스파티'는 사제들 가운데 첫 번째이다. 왜냐하면 그는 인드라의 왕실 사제이기 때문이다. '스칸다'는 신들 가운데 대장이다. 신이 만든 자연 저수지들 가운데 나는 바다이다.

**25.** 위대한 리쉬들 중에서는 나는 브리구(창조자의 아들의 아들. 불의 영으로 그의 신비로운 힘으로 제단의 불이 켜진다. 그는 자각을 잃지 않은 채 활동할 수 있었다 한다.)이다. 말들 중에서는 나는 신성한 음절 '옴'(절대자의 이름. 신의 힘이 축적되어 있다고 한다.)이다. 나는 자파(만트라의 조용한 반복)의 맹세이다. 움직일 수 없는 것들 중에서는 나는 히말라야이다.

'브리구'는 고행의 보고이다.

**26.** 나무들 중에서는 나는 거룩한 무화과나무(아슈왓타. 우주적 나무의 상징. 인간의 몸의 상징. 뿌리는 신에 있으며 가지는 지상에 있다.)이다. 신성한 현자들 중에서는 나는 나라다(크리슈나의 현신자이자 깨달음을 얻은 현자. 그는 지상과 아스트랄의 많은 현자들을 깨닫도록 도왔다.)이다. 천상의 음악가들 중에서는 칫트라타이다. 완벽한 영혼들 중에서는 나는 카필라(의지로 감각 대상들로부터 마음을 철수시켜 한 분과 하나 된 이라는 의미. 상키야 철학의 영감을 받아 쓴 저자. 그의 철학은 파탄잘리, 바가바드 기타, 카타 우파니샤드, 붓다 등에 영향을 줌. 마음 너머로 가서 의식의 바탕에 이른 사람이라는 의미.)이다.

'신성한 현자들'은 데바인 동시에 리쉬들, 즉 만트라의 현자들을 말한다. '성인(싯다)들'은 태어나면서부터 매우 높은 수준의 다르마, 지식, 그리고 세상의 관심사들에 집착 하지 않음(바이라기야), 탁월함에 이른 사람들이다.

**27. 말들 중에서는 나는 불사의 암리타의 바다로부터 태어난 웃차이스슈라바스**(삼사라는 탄생과 죽음이 끝없이 있는 이 세상의 삶. 유일한 희열은 아트마 지식을 얻는 것이다. 우유의 바다를 휘저음으로 태어난 말. 태양의 신의 말들 중 하나. 생명의 흐름을 위로 들어 올리는 것을 의미한다. 웃차이스는 위로, 높은 곳으로, 슈라바스는 생명력의 활발한 흐름의 의미)**이다. 위엄 있는 코끼리들 중에서는 나는 아이라바타**(우유의 바다가 저어졌을 때 나온 인드라의 코끼리. 인드라는 감각을 정복한 이라는 의미. 신은 감각 정복자의 놀랄만한 지혜 안에서 나타난다.)**이다. 사람들 중에서는 나는 왕**(자아와 감각들과 동일시될 때, 그는 노예라고 말해진다. 요가로 그가 영혼의 초의식의 희열의 왕관으로 올라갈 때, 그는 자신의 몸의 왕국의 지고한 통치자가 된다. 감각의 노예가 된 사람보다는 왕과 같은 요기에서 신이 나타난다.)**이다.**

'웃차이스슈라바스'는 불사의 감로가 휘저어졌을 때 바다에서 태어난 왕다운 말이다. 나는 위엄 있는 코끼리들 가운데 인드라의 흰 코끼리이자 아라바티의 후예인 아이라바타임을 알라. '왕'은 자신의 국민들에게 봉사한다.

**28. 무기들 중에서는 나는 금강저**(데바의 우두머리인 인드라가 지니고 있는 우주적 악마를 이겼던 무기. 다디치의 뼈로 만들어진 무기 벼락. 지상의 어떤 힘으로도 부서질 수 없는 자기 없음의 상징. 데바들은 세상의 힘과 폭력에 매우 고통스러워했다. 그래서 그들은 인드라에게로 가서 이 폭력과 분리를 정복할 방법을 가질 수 있기를 희망했다. 그러자 그는 내가 우선 무적의 무기를 가져야겠다. 그 무기는 순수하고 완전한 현자의 뼈로 만들어져야 한다고 그는 생각했다. 많은 현자들을 만났지만 뼈를 내주는 현자를 발견할 수 없었다. 그런데 한 현자가 그들의 말을 듣고 말했다. '나의 몸은 당신의 것입니다. 내가 명상을 하여 신과 하나가 되고 몸을 벗을 테니 그것을 인류의 행복을 위해 사용하십시오.'고 했다. 빛과 소리를 내는 강력한 벼락은 우주적 창조의 진동이라고 할 수 있다. 신은 종종 우레를 통해서 말한다.

물질에서 신의 첫 번째 표현은 말 즉 우주적 진동이다. 인간의 몸이라는 소우주에서는 프라나이다. 이 가공할 힘의 마스트가 미혹에 대항하는 요기의 최선의 무기이다.)이다. 소들 중에서는 나는 천상의 소 카마두크(카마데누, 바시슈타의 신비로운 젖소. 바라는 모든 것을 생산해 냈다. 오점이 있으면 젖소는 그것을 생산해 내지 않을 것이다.)이다. 나는 성의 힘인 칸다르파(카마데바라고도 함. 욕망. 신은 성의 힘. 성은 생명의 열쇠. 모든 것을 창조하려는 우주적 의식)이다. 파충류들 중에서는 나는 바수키(우주의 바다를 휘젓을 때 사용된 뱀. 그것은 또한 아스트랄 척추의 기저에 있는 구불구불한 창조적 에너지인 쿤달리니의 상징. 이 힘이 미혹 속에서 잠자고 있을 때, 그것은 아래로, 바깥으로 흐르며 모든 감각들을 부양한다. 순수한 쿤달리니의 힘이 요가에 의해 일깨워질 때, 그것은 의식의 가장 중심인 뇌로 올라가 영의 희열로 변형된다. 이 위로 올라가는 구불구불한 흐름이 바수키. 그것은 신성한 깨달음의 결과를 낳는다.)이다.

'금강저'는 성자 다디치의 뼈로 만든 바즈라를 말한다. 인드라가 애용한 무기. 카마두크는 바시슈타의 젖소이며 바라는 모든 대상들을 생산해 냈다. 일반적으로는 많은 우유를 생산해 내는 젖소를 가리킨다. '칸다르파'는 카마데바 즉 사랑의 신이다. 바수키는 파충류들의 데바이다.

29. 성스러운 우주의 파충류들 증 중에서는 나는 아난타(뱀의 영원한 왕인 아난타는 우주적 미혹 즉 창조를 명하게 하는 모든 기만적인 힘의 데바이다. 28 수트라에서 언급한 파충류는 바수키인데, 인간 존재의 소우주 내에 있는 쿤달리니의 힘의 나선모양의 힘인 데 반해, 아난타는 우주적 원리의 대우주에 대한 것이다. 아난타의 의미는 끝이 없는 이다. 아난타의 다른 이름인 세샤는 창조의 기간 사이에 있는 해체 기간 동안 잠자고 있는 보존자인 비슈누 위를 천개의 덮개로 닫집 모양을 만들고 있다. 세샤 즉 '머무르는 것'은 다음 창조의 기간에 새로운 표현을 기다리는 잠재된 상태에 있는 보존된 잠재력을 의미한다. 활동적인 창조 동안에 세샤 즉 아난타는 현현의 모든 것을 지지하는 것으로 나타난다. 프라크리티는 활동과 정지의 상태에서 영원한 즉 아난타이다.)이다. 물에 사는 존재들 중에서는 나는 바루나(모든 것을 에워싸고 있는 바다의 데바. 신은 바다 같은 우주적 의식이다.)이다. 선조들 중에서는 나는 아리야만(조상에서 고귀한 모든 것의 상징. 우리 전에 간 사람들에게 큰 빚을 지고 있다는 것

에 대한 기억. 그것은 창조적 빛 즉 부모의 부모이다. 신과 그의 배우자인 마하 프라크리티가 아리야마의 빛, 즉 아스트랄 형상의 최초의 부모인 지고한 우주적 광선을 만들어낸다.)이다. **지배하는 힘 중에서는 나는 죽음의 데바인 야마**(우주를 통제하는 힘들 중에서는 나 야마 즉 죽음의 데바이다. 야마는 문헌에서는 두려운 모습을 하고 있지만, 그의 메시지를 듣기를 원하는 사람에게는 그는 스승이다. 그는 우리에게 명상이 왜 필요한지를 말할 것이며 또한 몸과의 동일시를 처음이자 마지막으로 극복하라고 가르칠 것이다. 그렇지 못한 개인이 죽으면, 그는 그 개인의 카르마의 공적에 따라 아스트랄 세계의 어둡거나 밝은 지역으로 안내한다. 야마의 문자적 의미는 통제이다. 자기 통제의 모든 유형 중 최고는 생명의 원리의 통제와 관련이 있다. 완전한 자기 통제를 얻은 요기는 삶과 죽음을 의식적으로 통제할 수 있다. 야마는 죽은 후의 지역의 자유로운 여행자이며 또한 진동의 오점 너머에 있는 한계가 없는 영에 있다. 야마는 모든 살아있는 존재의 좋고 나쁜 행위의 목격자이자 기록자이다.)이다.

'아난타'는 파충류들의 왕이다. '바루나'는 물의 신들 가운데 왕이다. '물의 존재들'은 물과 관련된 신들이다. '아리야만'은 피트리들 즉 조상의 영혼들의 왕이다.

30. **악마의 자손들 중에서는 나는 프라흘라다**(아버지는 비슈누의 이름조차도 미워한 악마 히란야카시푸였다. 그는 폭력이 난무하는 곳에서 자랐다. 어릴 때부터 모든 나쁜 행위들을 포기하고 마음에 신이 자리 잡았다. 그의 아버지는 그런 아들을 여러 방법으로 고문했다. 그러나 그는 삶에 있는 신성한 하나에 자신의 눈을 확고하게 고정시켰다. 그의 이름은 신성한 축복으로 가득 찬, 신성한 즐거움에 기뻐하는 자라는 의미이다. 그는 아버지의 분노와 박해를 견디면서 신에 대한 무한한 헌신에 흔들리지 않았다. 요기가 자신의 몸에 있는 미혹에 묶인 힘을 거슬러 그것을 신 쪽으로 돌릴 때, 그는 프라흘라다가 된다. 그와 같은 신성한 사람은 신과의 결합을 얻는다. 그는 헌신자의 예로 추앙받고 있다.)이다. **측정하는 것들 중에서는 나는 시간**(신은 변화하지 않고 나눌 수 없는 영원한 의식이다. 꿈꾸는 사람이 자신의 꿈속에서 세상을 두루 여행할 때, 그는 시간과 공간 안에서가 아니라 단지 자신의 의식 속에서 그렇게 한다. 이와 마찬가지로 우주적 꿈은 거대한 공간 내에서나 과거, 현재와 미래의 시간 시리즈 내에서가 아니라, 신의 꿈의 의식의 영원한 현재 내에서 일어나고 있다. 신은 역사와는 관련이 없다. 시간은 인간의 잘못된 개념일 뿐이다. 왜냐하면 신은 자신의 늘 현재인 꿈의 의식에서 온 우주를 만들고 또 소멸시킬 수도 있다. 소멸시키려면 해야만 하는 모

든 것은 이 세상을 꿈꾸기를 그만두는 것이다. 그러면 그것은 존재하기를 그칠 것이다..., 변덕스러운 시간과 공간이라는 범주는 우주의 꿈꾸는 자의 환영이다. 이 우주의 꿈의 내용과 신의 꿈꾸는 힘을 깨달은 사람은 잘못으로 나아가게 하는 자연의 환영에 더 이상 의존하지 않는다. 그들은 영원한 의식을, 유일한 시간을 바라보며, 변화를 고통스러워하지 않는다.)**이다. 짐승들 중에서는 나는 사자**(동물의 왕)**이다. 새들 중에서는 나는 나를 등에 태워 안전하게 나를 수 있는 가루다**(비슈누의 이동수단. 그 새는 뱀의 적이다. 부분적인 발전을 본 헌신자는 사마디라는 자유로운 하늘을 올라갈 수 있지만, 뱀과 같은 포식자 즉 미혹의 힘으로 다시 되돌아와야만 한다. 그러나 자유롭게 된 영혼은 미혹으로부터 영원히 떠나 신과 하나가 된다. 그는 황금빛의 가루다 즉 신은 미혹을 먹는 분이다.)**이다.**

'프라흘라다'는 악마 히란야카쉬푸의 아들이었지만 신의 위대한 헌신자. '짐승들의 왕'은 사자 또는 호랑이를 가리킨다.

**31. 정화하는 것들 중에서는 나는 바람**(바람 혹은 공기는 생멸의 숨결이다. 그것을 통해서 신은 식물, 동물과 사람을 지탱한다. 그분의 정화하는 힘이 우주 전체에 활동하는 모든 바람의 흐름으로 나타난다. 바람은 공기 중에 있는 냄새와 병균을 날려버린다. 바람은 강력한 정화자이다. 불순물을 막아주는 바람이 없이는 대기는 생명을 지탱하기를 계속하지 못할 것이다. 고대 문화에서 바람은 선과 악 둘 다에 대해 굉장한 영향을 지닌 신성한 힘으로 정의되었다. 다른 사람에게 유익하게 사는 사람은 정화자이기도 하다. 또 생명을 주는 미묘한 바이탈 공기를 프라나라고도 한다. 프라나의 통제는 영혼을 몸에 묶고 있는 코드의 통제를 낳는다. 사마디의 호흡이 없는 신 의식을 일어나게 한다.)**이다. 전사들 중에서는 나는 라마**(비슈누의 화신으로 존경을 받고 있다. 그는 완벽한 아들, 완벽한 남편, 완벽한 왕이었다. 고대 인도의 위대하고 고결한 왕. 그가 통치할 때는 죽음도 질병도 그의 왕국에 닿지 않았다고 한다. 위대한 정의의 행위에서 그는 모든 사악한 적을 정복시킨 신성한 무기를 가지고 있었다. 그 무기 가운데서 가장 강한 것은 미혹이라는 자신의 내적 적의 정복자이다. 그도 그랬다. 그의 아내는 시타였다. 영적인 의미에서는 라마는 신을 시타는 인간의 영을 상징한다고 할 수 있다.)**이다. 물고기들 중에서는 나는 상어**(바다의 데바인 바루나의 운송수단. 카마데바의 휘장에 보인다. 영적인 의미로는 인간의 의식에 내재하고 있는 신의 현존, 헌신자의 갈망의 모든 작

은 물고기를 잡아먹는 신성한 포식자이다. 인간의 의식에 내재하는 신의 현존이 사마디 의식에서 활동적이게 된다.)이

다. 강들 중에서는 나는 갠지스 강(강가라고도 한다. 인도의 모든 강들 중에서 가장 성스럽다고 여겨진다.

그 강에서 목욕하고 그 강둑에서 명상했던 해방을 얻었던 많은 성자를 통하여 신의 축복을 받는다고 한다. 상징적으로

갠지스는 해방된 요기에게 내재하는 끊임없이 흐르는 직관의 지혜이다. 그것은 또한 오점이 없는 수슘나의 생명의 흐름

을 나타낸다. 그것은 아스트랄 척추의 미저골에서 뇌의 천 개의 연꽃으로 흐른다고 한다. 요기의 생명력과 영혼의 자각

은 신체의 물질적 족쇄들로부터 풀려나 영의 축복의 해안이라는 이 생명의 강으로 흐른다고 한다.)이다.

무기들을 쓰는 자들 가운데 나는 다사라타의 아들인 라마이다.

32. 나는 모든 창조물들 중에서는 그들의 시작이요, 중간이며 끝(신은 모든 존재들을 창조하

고, 유지시키고, 그리고 자신에게로 불러들인다. 그들의 오고 감의 모든 책임을 떠맡고 있다. 신은 모든 대상화된 꿈 이

미지를 그분의 의식 안으로 불러들인다. 신은 모든 것 안에 있는 본질적 정수이다. 그분이 없으면 아무런 생명이 없을

것이다. 생명이 없이는 창조는 불가능하다.)이다. 모든 지식들 중에서는 나는 나를 아는 지식(심지

어 신은 존재의 덧없는 필멸의 형태로 있는 모든 존재 안에 있는 내재하는 영원한 나이다. 인간의 지식은 아무리 확장된

다 하더라도 창조자의 유일한 드러남인 영혼의 지혜 직관적인 지각이 없이는 항상 제한적이다.)이다. 논쟁자들

중에서는 나는 식별의 논리(바다vada, 신의 내재하는 현존이 없이는 인식, 이성, 논쟁에는 아무런 힘이 없을

것이다.)이다.

나는 모든 진화의 시작이고, 유지이며, 끝이다. 서두(제10장 20절)에서는 신이 의식이 있
는 모든 존재들의 시작이고, 중간이며, 끝이라고 말했었다. 그러나 여기서는 창조물 전체를
가리키고 있다. 나를 아는 지식은 해방으로 인도하기 때문에 모든 지식들 가운데 최고이다.
'논쟁들'에 관해 말하자면, 논쟁의 종류에는 바다vada, 잘파, 비탄다[149] 등 여러 가지가 있

---

**149** '바다Vada'는 어떤 질문에 대하여 진실에 이르는 것을 목적으로 하는 논쟁의 방식이다. '잘파Jalpa'는 논쟁자가 위압

다. '바다'는 진실을 결정하는 수단이므로 그것들 가운데 최고이다.

**33.** 알파벳 중에서는 나는 철자 A(크샤라는 소멸하는 것이고, 악샤라는 소멸하지 않는 것이다. 아이 때 배우는 알파벳은 죽을 때까지 아니면 무의식적으로 나온다. 글자는 모음과 자음으로 나뉘어 있다. 어떤 자음도 모음의 도움이 없이는 발음될 수 없다. 글자 a는 알파벳에서 첫 번째이다. 이들 가운데 '아'는 aum의 첫 번째 글자이다. 옴이라는 우주적 소리는 모든 소리의 어머니이다. 옴은 자연의 창조적, 보존적, 파괴적 진동의 집단이다. 그러므로 그것은 신의 단어이다. 왜냐하면 그것은 기원, 존재의 무한한 근원, 자연의 양상을 내보내는 힘이기 때문이다. 힌두 경전에서는 신성한 단어 옴을 찬팅하는 것을 강조한다. 신이 창조 안에 존재한다는 것을 선언하는 이 성스러운 진동의 소리를 깊은 명상 중에 듣는 것을 강조한다.)이다. 합성어들 중에서는 연결사 드반드바(산스크리트는 물리적 수준에서 상반되는 것을 나타내는 연결어가 많다. 쾌락과 고통, 이익과 손실, 승리와 패배. 이원성은 변화하는 세상의 본질이다. 만약 우리가 자유 속에서 살고자 한다면, 분리를 낳고 삶이 하나라는 것을 가로막는 이원성이라는 안개를 추방하는 것을 배워야 한다.)이다. 나는 끝이 없는 시간(신은 또한 무한한 시간이라고 말한다. 이것은 영원한 현재를 의미한다. 우리는 변화하는 세상에 대한 모든 자각을 불러들인 깊은 명상의 상태에서 이를 느낀다. 시간의 변화를 지각하는 것은 마음이다. 영원불변의 시간 속에서 환영이라는 춤을 춘다. 이 장의 수트라 30은 인간의 시간에 대한 이해에 대해, 자연에 의하여 부과된, 자연의 현상에 불과한 '측정하는 것의 하나' 중 하나로 언급했다. 이 수트라는 신의 영원한 지속하는 의식, 유일한 시간을 언급한다. 신은 늘 변하는 모든 창조의 환영과 같은 꿈의 영원한 그릇으로 여긴다.)이다. 나는 행위의 결과들을 배분하는 자(운명이 권위적인 신에 의해 완전히 정해진다는 것을 의미하지는 않는다. 우리는 결과가 우리의 노력 때문이라고 생각하지 않아야 한다. '결과는 신의 축복'이라는 태도를 지녀야 할 것이다. 삶이라는 어려운 시기에 대해서 신에게 감사해야 할 것이다. 신은 우리에게 과거의 우리 죄를 처벌했고 그래서 우리로 하여금 바사나의 흔적을 태우도록 도와주고 있다고 생각해야 한다. 그러나 신은 인간에게 운명에 반응할 힘을 주었다. 모든 인간은 신으로부터 자유 의지를 선물 받았고 그것을 사용하여 그 자신과 세상의 환경을 변화시킬 수 있다. 자

---

적인 응답이나 논쟁적인 답변을 통해 자신의 견해를 옹호하거나 상대의 견해를 반박하는 논법이다. '비탄다Vitanda'는 질문에 대해 반대 의견을 제시하려고 하지 않고 상대방의 논거나 주장에 대해 쓸데없이 트집 잡는 방식이다.

유의지라는 바로 이 힘이 인간에게 내재하는 신의 모습의 표현이다.)이다. **나의 얼굴은 어디에나 있다.**

여기서 말하는 '시간'은 일반적으로 시간이라고 부르는 것, 즉 시간의 근본적인 요소인 하나의 순간(크샤나)일 수도 있고, 혹은 대 시간(측정하는 신인 칼라)인 지고의 신일 수도 있다. 나는 행위의 결과들을 온 세상에 배분하는 분배자이다.

**34. 나는 모두를 잡아채는 죽음**(이 장에서 신은 계속해서 우리를 집으로 오게 하고 있다. 신은 생명과 사랑이지만, 또한 죽음이다. 아무리 훌륭한 스승일지라도 죽음을 우리의 의식에 각인시키지는 못할 것이다. 각인된다면 모든 시간을 수행에 사용할 것이다. 삶과 죽음은 우주 현현의 번갈아 일어나는 과정이다. 하나는 다른 것이 없이는 있을 수 없다. 파괴와 창조는 함께 한다. 신은 인간이 죽음 너머로 가기를 인내심을 가지고 기다린다. 그러기 전에는 우주의 현상인 삶과 죽음의 지배를 받을 것이다.)**이다. 나는 또한 태어날 모든 것의 근원이다. 나는 영광, 번영, 아름다운 말, 기억, 한결같음과 용서이다.**

죽음은 두 가지 종류가 있다. 재산 등을 앗아가는 자와 생명을 앗아가는 자이다. 이들 가운데 생명을 앗아가는 자는 모든 것을 앗아가는 자이며, 나는 그이다. 즉, 나는 모든 것을 앗아가는 자인 지고의 주인이다. 나는 해체의 때에 모든 것을 앗아간다. 나는 미래에 번영하도록 되어 있고 번영을 얻기에 적합한 자들의 번영이며, 그것을 달성하는 수단이다. 나는 여성적인 것들 중에서는 최고의 것인 명예 등이다. 사람들은 그것들과 비슷해 보이는 것들만을 소유하고서 자신들이 인생에서 성공했다고 여긴다.

**35. 나는 베다 찬가들 중에서는 아름다운 브리하트 사마**(수트라 22에서는 신은 베다들 가운데 사마 베다라 한다. 사마베다의 모든 송가들 중에서 브리하트는 가장 어렵고 복잡하다. 이 운율로 노래할 송가가 브리하트 사마이다. 브리하트 사마는 사마 베다 가운데 최고이다. 운율 그리고 분절법의 특별한 공식인 신성한 베다 송가는 강한 진동의 힘 때문에 노래 부른다.)**이다. 시의 운율들 중에서는 나는 가야트리**(태양의 신에게 드리는 송

가. 그 뜻은 '우리는 신성한 태양의 더할 나위 없는 빛을 명상합니다. 당신이시여 우리의 마음을 비추어 주소서.'이다.)

**이다. 윌들 중에서는 나는 1월**(겨울. 11월과 12월에 걸쳐있는 말가시르샤 달은 일 년 중 가장 상서롭고 건강한 기간으로 여긴다. 이 시원한 겨울의 달은 앞선 여름의 열기와 몬순의 습기 속에 퍼져 있던 많은 세균과 박테리아를 파괴하거나 활동을 정지시킨다.)**이다. 계절들 중에서는 나는 꽃피는 계절인 봄**(쿠수마카라. 꽃이 만발한 봄에 자연히 바삐 그녀의 재탄생을 준비하여 방대한 자손을 돌볼 때 신은 그의 배우자인 자연을 비길 데 없는 장신구인 색의 꽃으로 장식한다. 꽃이 만발한 이라는 것은 영혼의 성취 시간을 비유적으로 말한 것이다. 수련 기간 동안의 요기는 여러 해 동안의 격렬한 명상의 시기에 태어나기 전의 본능과 정신적 동요와 투쟁한다. 헌신적 끈기의 결과로 그는 마침내 지혜의 찬란한 꽃을 맞이한다. 그의 척추의 미묘한 중심의 미세한 부분에서 영적인 꽃이 만발하고, 두뇌가 열려 많은 깨달음의 향기로 그를 채운다. 이 꽃이 만발한 정원에서, 요기의 명상의 노력은 탄생 전과 후의 카르마의 모든 흔적, 자아와 자아의 환영의 힘에 맞서고 적절한 시기에 그것을 제거한다. 그는 척추의 중심부를 통해 열린 신성의 길을 따라 뇌의 가장 높은 부위에 있는 우주적 의식의 정상까지 올라 거기서 영혼의 해방에 이른다. 이것은 상서로운 달인 말가시르샤의 인용 즉 말가 '신성한 길', 시르샤는 말 그대로 '머리 또는 가장 높은 부분' 즉 뇌의 우주적 의식의 최고의 중심, 해방을 향한 문, 요기의 노력의 '최고의 정점'을 상징적으로 보여준다.)**이다.**

'브리하트 사만'은 사마베다 가운데 최고이다. 가야트리와 여러 운율들로 지어진 리그베다 가운데 나는 가야트리 리그이다. '꽃피는 계절'은 바산타 즉 봄이라고 불리는 계절이다.

**36. 나는 속이는 것 중에서는 주사위 놀이**(지성이라고 번역하는 사람이 있다. 지성을 사용한다고 해석한다. 크리슈나는 도박을 장려하지 않는다. 그는 좋고 나쁜 모든 것에서 같다. 그는 행위 뒤에 있는 원리이다. 행위는 게임이다. 게임을 진정한 정신에서 너무 멀리 데려가서는 안 된다.)**이다. 화려한 것들 중에서는 나는 화려함**(다음에 나오는 것을 포함하여 이 모든 것들은 그분의 현현이다. 자신의 화려함은 자신의 자기 노력으로 취해진 것이 아니다. 신의 은총이다.)**이다. 나는 승리이다. 나는 강한 자들의 힘이다. 나는 인내**(성공으로 나아가게 한다. 그것은 신성한 자질이다. 인내 바로 그 자체에 신이 있다.)**이다. 나는 선한 자들의 선함**(삿트와 구나. 이것은 나에 가깝다. 신의 우주적 환영의 영화를 통과할 때, 타마스와 라자스와 삿트와라는 세 가지 구나로 드리

워진 그늘을 통과하게 된다. 사악하거나 어두운 개념으로부터 자신을 온전히 분리시키지 못하는 사람도 있다. 그러나 무애착, 옳은 행동, 요가의 수행으로 우주적 환영에게 맞서 형세를 역전시키고 우위를 차지하는 법을 배우는 사람도 있다. 신은 선량하고 순결함인 삿트와가 자신을 정복한 자 안에서 드러난다. 이윽고 간혹 모습을 드러내는 신의 숨바꼭질에 그는 황홀하게 놀란다. 요기가 잠깐일지라도 그의 의식 속에서 신의 완전한 깨달음을 성취하면, 그의 몸과 마음은 찬란히 빛나는 에너지로 전율하고 그의 몸이 털이 쭈뼛하게 선다. 내면의 신성한 광휘는 그의 몸 전체, 마음 그리고 영혼을 위없는 희열로 채우고, 하물며 거친 몸조차도 신성한 영적 광채로 미묘하게 빛나며 고요한 눈은 보이지 않는 축복의 눈물로 반짝인다. 그는 모든 것을 포용하는 영혼의 흠모로 우주적 사랑의 영혼을 숭배하고 자신의 영혼이 영적 축복이 된다. 궁극적 사마디 상태에서 요기의 의식은 자신의 나의 자각을 놓치지 않고 편재하는 신의 의식으로 확장된다.)이다.

'속이는'은 주사위 놀이와 같은 것들을 말한다. 나는 승리한 자들의 승리이다. 나는 노력하는 자들의 노력이다.

### 37. 브리슈니들 중에서는 나는 크리슈나(바수데바의 아들. 크리슈나는 영원하고 변하지 않는 무한한 실재이다. 모든 기쁨, 모든 안전, 모든 아름다움과 모든 지혜의 근원이 신이다. 그것은 우리 의식의 가장 근원에 있다. 그러나 역사적 측면에서는 지상에 태어난 화신이다.)이다. 판다바들 중에서는 나는 아르주나(그는 황홀에 녹았음에 틀림이 없다. 그는 자신의 모든 것을 크리슈나에게 주었다. 그의 눈은 오직 크리슈나만을 보았다. 그는 크리슈나 외는 다른 것을 생각하지 않았다. 그의 모든 의식은 신에 대한 사랑으로 채워져 있었다.)이다. 현자들 중에서는 나는 비야사(신과의 무아의 교감에 고정된 성인. 무니 중 가장 중요한 분으로 여겨진다. 그는 사마디 상태 즉 움직임이 없는 상태에 있다.)이다. 시인들 중에서는 나는 우샤나스(카차의 구루. 죽은 이를 살려내는 힘을 지닌 고대의 시인이자 현자.)이다.

'바수데바'는 그대의 친구인 나 자신, 즉 크리슈나를 가리킨다. '브리슈니들'은 야두의 자손들이다. '현자들'은 방대한 지식을 가지고 있고 모든 것을 아는 존재들을 뜻한다.

상카라차리야의 바가바드 기타

**38.** 나는 형벌을 할당하는 홀(笏)(회초리는 신의 원인과 결과의 법칙, 카르마, 궁극의 훈육자이다. 신은 입법자이지만 또한 법이며 법을 집행하는 자이다. 그것은 때리는 막대기가 아니라 법이다. 신은 분노와 마음으로 벌하는 것이 아니라 교정과 교육으로 한다. 그릇된 사람이 인간이 만든 법의 형벌을 피할 수는 있지만 카르마의 정의는 막을 수 없다. 성경도 또한 "너의 회초리와 너의 지팡이, 그것들이 내게 위안을 준다"에서 카르마의 법칙을 '회초리'로 언급하고 있다. 욥은 정의로운 이들이 고통을 받고 사악한 이들이 큰 물질적 성공과 기쁨을 누린다고 애통해하며 '그들의 집은 두려움으로부터 안전하고, 신의 회초리는 그들에게 미치지 않습니다.' 라고 했다. 그러나 그는 '얼마나 자주 사악한 이들이 촛불이 꺼지고 얼마나 자주 그들에게 파멸이 다가오는지! 신은 그의 분노 속에서 슬픔을 배분합니다.'라고 다 알고 있다는 듯 결론짓는다. 카르마의 법칙은 정의를 실천한다. 사악한 이들이 잠시 지난 과거의 좋은 카르마의 보상을 즐길지도 모른다. 그러나 현재의 사악함은 분명히 그 대가를 치를 것이다.)이다. 정복하고자 하는 자들의 정치력(모든 것을 정복하는 신의 힘은 바른 행위와 고귀한 동기 그리고 목표에서 드러난다. 이것은 신선한 과학이며 예술이다. 그것을 통해 신의 카르마의 법칙은 용맹한 이들에게 승리를 선사한다.)이다. 비밀스러운 것들 중에서는 나는 침묵(신은 창조되지 않는 침묵이다. 신은 우주 내에 존재하는 자연의 모든 힘과 물질에 숨어 있는 잠재된 침묵이다. 자연의 존재는 오직 마야가 내보이는 거친 모습이다. 숨어 있는 미스터리는 보기 어렵다. 우주의 꿈 같은 현상계에 내재하는 신의 고요한 현존은 최고의 비밀이다. 한계를 지닌 인간의 마음으로는 결코 발견할 수 없다.)이다. 나를 아는 현자들 중에서는 나는 지식(오직 신성한 깨달음을 통해서만 우리는 신과 진리를 알고 그가 안다는 사실을 이해한다. 신은 그 아는 사람의 지각, 의식이다. 구도자의 몸 의식과 생각이 고요해지면 그는 그 고요함 안에서 자신에게 내재하는 신의 상상할 수 없는 환희를 발견한다. 그는 진정으로 아는 사람, 영원불멸의 지혜가 함께하는 이가 된다.)이다.

**39.** 나는 모든 존재의 씨앗이다. 오, 아르주나! 이 세상에는 내가 아니고는 움직이는 것이든 움직이지 않는 것이든 아무것도 존재할 수 없다(나는 모든 창조물의 씨앗이다. 나는 모든 것의 나이다. 나가 없으면 모든 것은 순야 즉 텅 빌 것이기 때문이다. 그러므로 모든 것은 나의 성품을 가지고 있다. 즉 나는 모든 것들의 본질이다. 이것을 알면 우리는 신이 우리 안에 있으며, 우리의 주위에 있으며, 모든 곳에 있다는 것을 깨달을 것이다. 씨앗은 또한 잠재적 상태이다. 좋은 환경이 있으면 그것은 나타나고 성장할 것이다. 우리의 매일의 삶에서 우리가 잠을 잘 때 우리는 잠재적 상태에 있다. 깨어나면 활동을 한다. 히란야가르바 즉 잠재적 상태가 온 우주의 씨

앗이다. 이렇게 말을 함으로써 신은 자신을 온 우주의 전체 원인과 동일시한다. 자연은 그분의 몸이다.).

이 부분을 결론 짓기 위하여 신은 자신의 영광을 다음과 같이 요약한다. 나 없이는 어떤 존재도 없다. 왜냐하면 내가 들어가지 않은 것은 어느 것도 나가 없을 것이며, 존재할 수 없을 것이며, 텅 빌(순야) 것이기 때문이다. 그러므로 모든 것은 나의 성품을 가지고 있다. 즉, 나는 모든 것의 본질이다.

**40.** 나의 신성한 현현들에는 한계가 없고, 그것들을 셀 수도 없다. 오, 적들을 정복하는 자여! 내가 그대에게 설명한 것은 나의 셀 수 없는 형태들 중의 일부분(실제로 누구도 모든 것의 나인 신성한 영광의 정확한 범위를 알거나 묘사할 수는 결코 없다. 물질적 우주의 창조, 보존, 그리고 소멸 속에서 그리고 그들의 꿈속 배우의 경험 안에서 상연되는 꿈의 드라마는 셀 수 없이 많다. 모든 것이 신의 힘의 현현이다. 끊임없이 변하는 무한함. 어떻게 그 무한함이 온전히 정의 내려질 수 있겠는가?)**일 뿐이다.**

실제로, 어느 누구도 모든 것의 나인 신의 신성한 영광들의 정확한 범위를 알거나 묘사할 수는 결코 없다.

## 간단히 기술한 신의 영광

**41.** 이 세상에 있는 어떤 것이 아무리 힘이 있고, 아름답거나 영광스러운 것이라고 해도, 그것이 나의 능력과 영광의 한 조각으로부터 나왔음을 알라.

'나'는 이슈와라를 가리킨다.

42. 하지만 그대가 이 방대하게 많은 것들을 알 필요가 있는가? 오, 아르주나! 오직 내가 존재한다(I am)는 것과 나의 한 부분이 우주를 지탱한다는 것을 그냥 기억하라.

이 지식은 방대하지만, 상세히 설명하지 않는다면 무슨 도움이 되겠는가? 들어라, 나는 그대에게 그것에 대해 완전하게 말해 줄 것이다. 나는 나의 한 부분으로, 사지 하나로, 하나의 발로 이 온 세상들을 확고하게 지탱하면서 서 있다. 나 자신의 한 부분이 모든 존재들을 이루고 있는 것이다. 그러므로 찬가는 말한다.

"모든 존재들이 그분의 발을 이룹니다."(타잇티리야 아란야까, 3-12)

# 제11장

# 우주: 나의 현현

우주의 모습을 보기 위한 아르주나의 기도

신의 영광들이 묘사되었다. 그런데 "나는 이 모든 세계를 나 자신의 한 부분으로 지탱하며 서 있다."는 신의 말을 듣고서, 아르주나는 우주로서 나타나는 신의 그 근원적인 모습을 자신의 눈으로 직접 보고 싶어졌다. 그래서 그는 말했다.

아르주나가 말했다.

1. 당신의 은총으로, 당신께서는 저에게 아트만에 관한 진리를 말씀해 주셨습니다. 당신의 말씀은 신비롭고 숭고합니다. 그것은 저의 무지를 몰아냈습니다.

'아트만'란 나와 나 아닌 것에 대한 구별을 다루는 것이다. '무지'는 분별하지 못하는 것을 말한다.

2. 오, 연꽃과도 같은 눈을 가지신 당신으로부터, 저는 모든 생명체들의 기원과 소멸, 그리고 당신 자신의 무한한 영광에 대해 자세히 배웠습니다.

'자세히' 들었다는 말은 간략하지 않게 들었다는 뜻이다.

3. 오, 지고하신 신이시여! 당신 자신에 대해 스스로 설명하신 그대로이십니다. 저는 그것을 의심하지 않습니다. 오, 지고한 푸루샤시여! 그럼에도 불구하고 저는 당신의 신성한 모습(이슈와라로서의 당신의 모습)을 보기를 원합니다.

'모습 등'은 (무한한) 지식, 지배권, 힘, 능력, 용맹함과 광휘를 가진 비슈누의 모습을 말한다.

4. 오, 신이시여! 제가 그 모습을 볼 자격이 있다고 생각하신다면, 저에게 당신의 우주의 모습을 저에게 보여주십시오(신의 은총으로만 얻어질 수 있다.). 오, 요기들의 스승이시여!

'그렇다면', 즉 제가 몹시 보고 싶어 하므로.

### 아르주나가 우주의 모습을 볼 수 있는 신성한 눈을 받다.

이러한 아르주나의 간청을 받고서,

신께서 말씀하셨다.
5. 오, 왕자여! 무수히 많은 색들과 모양들을 하고 있는 나의 수많은 신성한 형상들을 보아라.

'신성한'이란 초자연적이라는 뜻이다. '색상들'은 파란색, 녹색 등과 같은 색채이다. '모
습'은 부분들이 조합된 것들을 가리킨다.

6. 아디티야들, 바수들, 루드라들, 아스빈들, 또한 마루트들을 보아라(이것들은 자연세계
의 데바들이다.). 어떤 인간도 전에 본 적이 없는 많은 경이로움을 보아라. 오, 바라타의
자손이여!

열두 명의 아디티야들, 여덟 명의 바수들, 열한 명의 루드라들, 두 명의 아스빈들, 일곱
조(일곱 명이 한 조)의 마루트들을 보아라. 이 모두가 자연의 영들이다. 또한 이 인간 세상에서
어느 누구도, 그대도 결코 본 적이 없는 수많은 다른 경이로운 것들을 보아라.
이것만이 아니다.

7. 오, 나태함의 정복자여! 나의 육체 안에서 움직이고 있는 전체 우주를, 그대가 보
고 싶어하는 다른 것들을 보아라.

'다른 것들', 즉 그대가 의문을 품었던 그대의 성공이나 실패(제2장 6절). 그러나,

8. 그러나 그대의 육체의 눈으로는 이것들을 볼 수가 없다. 그러므로 나는 그대에게
장엄한 힘들을 지각할 수 있는 영적 눈을 준다. 보라. 이것이 나의 능력이다.

'나'는 여기에서 우주적인 모습을 하고 있는 나를 말한다. '이 눈'은 프라크리티의 눈, 타
고난 눈, 몸의 눈, 지상의 눈이다. 나는 그대에게 나를 볼 수 있는 신성한 눈을 주겠다. 그 눈으
로, 이슈와라인 나에게 속하는, 나의 위대하고 기적적인 요가의 힘을 보아라.

# 신이 우주의 모습으로 나타나다.

산자야가 말했다.

9. 오, 왕이시여! 그는 이런 말씀을 한 다음, 모든 요기들의 스승인 슈리 크리슈나는 아르주나에게 그의 가장 고귀한 신적인 모습을 보여주셨습니다.

'왕'은 드리타라슈트라를 가리킨다. '모습'은 우주의 모습이다.

10. 수없이 많은 입들로 말하고, 무수히 많은 눈들로 보며, 많은 놀라운 측면들을 가지고 있고, 무수히 많은 신성한 장신구들로 치장되고, 온갖 종류의 천상의 무기들을 휘두르시고

그리고

11. 천상의 화환들과 천국의 옷들을 두르시고, 천상의 향기를 가진 향수를 바르시고, 계시로 충만하시고, 눈부시게 빛나시고, 무한하시고, 어디에나 관심을 두신

'어디에나 관심을 두신'을 한 까닭은 그분이 모든 존재들의 나이기 때문이다. 그분은 그런 모습을 보여 주셨습니다. 또는, 아르주나가 그러한 모습을 보았습니다.

이제 신의 우주의 모습의 영광을 예를 들어 설명한다.

12. 천 개의 태양들이 하늘로 동시에 떠오른다고 생각해 보십시오. 무한한 신의 모습의 영광이 그럴 것입니다.

'하늘'은 중간의 로카를 가리킨다. 또는, (이 세상으로부터) 세 번째 영역을 이루는 천상의 영역을 가리킨다. '강력한 존재'란 우주의 모습이다. 만약 그러한 것이 존재할 수 없다면, 우주의 모습의 광휘는 다른 모든 것을 능가한다.

또한,

13. 그때 아르주나는 무수히 많은 다양성을 가지고 있는 전체 우주가 신의 몸 안에 하나로 있는 것을 보았습니다.

'무수히 많은'은 데바들, 피트리들, 사람들과 다른 종류의 존재들을 가리킨다. '신들의 신'은 하리이다.

14. 그러자 아르주나는 몹시 놀라 머리카락은 곤두섰습니다. 그는 경배하며 신 앞에 고개 숙여 절하고, 그의 손을 꼭 모으고는 말했습니다.

'그러자', 즉 그분을 보고서. '신'이란 우주적 모습을 취한 그분이다. '두 손을 모으고'는 절하기 위하여 모은 것이다.

어떻게? 아르주나는 자신의 경험을, 즉 신이 보여 준 우주의 모습을 본 것에 대하여 말한다.

아르주나가 말했다.

15. 오, 신이시여! 저는 당신의 몸 안에서 모든 데바들을 봅니다. 그 정도가 각각인 아주 많은 생명체들을. 그리고 연꽃 위의 왕좌에 앉은 창조주인 브람마 데바를 봅니다. 모든 현자들과 천상의 파충류들을 봅니다.

'다양한 종류의 존재들'은 생물과 무생물, 다양한 모습의 존재들을 가리킨다. '브람마'는 네 개의 얼굴을 가진 창조주이다. 그는 지상의 연꽃 중심에, 혹은 지상의 연꽃의 꽃받침을 이루고 있는 메루 위에 앉아 있다. '리쉬들'은 바시슈타와 같은 존재들이다. '파충류들'은 바수키와 같은 존재들이다.

16. 저는 무수히 많은 팔들, 눈들, 입들과 배들이 있는 무한한 우주적인 형상의 당신을 봅니다. 끝, 중간, 또는 시작을 볼 수도 찾을 수도 없습니다. 당신께서는 모든 창조물의 신이시고, 우주는 당신의 육체이십니다.

'중간'은 두 끝 사이를 말한다. 그리고

17. 당신은 왕관을 쓰시고, 전곤과 원반(철퇴)을 들고 계십니다. 그러나 당신의 광휘는 눈이 부셔 저는 당신을 바라보기가 힘듭니다(저의 눈은 당신을 피합니다.). 그것은 불처럼 맹렬하고 한계가 없습니다.

## 비슈누는 조건 지어지지 않는 것과 하나이다.

당신의 경이로운 요가의 힘의 비전을 보고서 저는 추측합니다.

18. 당신께서는 우리가 알아야 할 한 가지인, 지고하고 변함이 없는 실재입니다. 당신께서는 확실하게 놓인 이 세상의 받침판이며 절대 흔들리지 않는 안식처입니다. 영원한 법칙의 수호자이시며, 죽지 않는 생명의 영혼(푸루샤)이십니다.

'알아야 할' 존재란 해방을 찾는 구도자들에게 알려져야 할 존재라는 뜻이다.

## (계속되는) 우주의 모습

더구나,

19. 당신의 힘은 엄청납니다. 탄생이 없고, 죽음이 없습니다. 무수히 많은 팔들을 가지고 계시며, 태양과 달은 당신의 눈이십니다. 당신의 입은 우주를 불태워버리는 불을 가지고 계십니다.

20. 천상과 땅 사이의 모든 공간과 모든 곳이 오로지 당신만으로 가득 차 계십니다. 당신의 놀라운 그리고 무서운 모습을 보고서 세 세상이 전율하고 있습니다. 오, 지고한 영혼의 존재시여!

'당신으로', 즉 우주적 모습으로 있는 당신으로.

이제, 아르주나가 그의 성공에 대해 품었던 의심(제2장 6절)을 없애기 위하여 신은 판다바들의 승리가 확실하다는 것을 보여 주기 시작한다. 그분을 보면서 아르주나가 계속 말한다.

21. 데바의 무리들이 당신 안으로 두려워서 두 손을 모은 채 들어갑니다. 리쉬들과 싯다들은 "모든 것이 잘 되기를!"이라고 하면서 경배의 찬가들로 당신을 칭송하며 노래합니다.

'이 데바들의 무리'는 지금 싸우고 있는 이 전사들을 가리키며, 이들은 모두 바수와 여러 데바들이다. 그들은 지상의 짐을 덜어 주기 위하여 인간으로 태어났다. 그들이 당신 안으로 들어가는 모습이 보인다. 그들 가운데 어떤 이들은 당신을 외쳐 부를 뿐, 도망칠 수도 없다. 전쟁이 다가옴에 따라 좋지 않은 전조와 다른 조짐들을 알아차리고서, 리쉬와 싯다들은 "세상이 안녕하기를!"이라고 말하며, 완전한 찬가들로 당신에게 기도를 바친다.

## 우주의 모습의 경이로움

더구나,

22. 루드라들, 아디티야들, 바수들, 사디야들, 비스와들, 아스윈들, 마루트들과 우슈마파들, 간다르바들의 무리, 약샤들, 아수라들과 싯다들(수많은 데바들, 반신반인들, 악마들), 그들 모두가 놀라서 당신을 바라봅니다.

'우슈마파들'은 피트리들의 한 부류이다. '간다르바들'은 하하와 후후 같은 존재들이다. '약샤들'은 쿠베라와 같은 존재들이다. '아수라들'은 비로차나와 같은 존재들이다. '싯다들'은 카필라와 같은 존재들이다.

## 우주의 모습의 무서움

왜냐하면,

23. 오, 전능한 분이시여! 당신의 무한한 모습과 많은 입들과 눈들, 많은 발들, 허벅

지들과 배들로 가득하고, 끔찍한 송곳니들이 있는 엄청나게 거대한 당신의 모습, 이 광경에, 오, 힘센 주인이시여, 온 세상들은 두려움에 사로잡히고, 저 또한 그렇습니다.

'세상들'은 세상 속의 모든 살아 있는 창조물들을 말한다. 이제 (나의 두려움의) 원인이 이어진다.

24. 오, 비슈누시여, 어디에나 있고, 하늘을 어깨에 짊어지고, 무지갯빛 색조로, 입을 딱 벌리고 타오르는 눈으로 노려보는 당신을 볼 때, 저의 모든 평화는 사라집니다. 저의 가슴은 괴롭습니다.

25. 이제 무시무시한 치아들이 있는 당신의 입들은 최후 심판의 날 아침의 불처럼 타오르고 있습니다. 북쪽, 남쪽, 동쪽, 서쪽이 모두 혼란스러워 보입니다. 데바들의 지배자시여, 이 세상의 거처이시여, 제게 은총을 베풀어 주십시오.

'시간의 불꽃들', 즉 해체(프랄라야)의 때에 세상들을 태워 없애는 불꽃들. '네 방향들을 알 수 없습니다.'란 동쪽과 서쪽도 분간하지 못하겠고 달리 방향들을 구별하지 못하겠다는 말이다.

## 적이 패배하는 모습을 보는 아르주나

적의 손에 패배하는 데 대한 저의 두려움도 역시 사라집니다. 왜냐하면,

26-27. 드리타라슈트라의 자손, 많은 군주, 비슈마, 드로나 그리고 카르나의 아들,
그들과 우리의 전사들도 역시 넓은 치아가 있는 끔찍한 당신의 턱을 향해 급히 가고
있습니다. 거기에서 그 턱 사이에서 짓이겨진 머리들이 으스러지는 것을 봅니다.

'아들'은 두료다나와 같은 아들이다. '우리 편'은 드리슈타듐나와 같은 전사들이다. '사
이에'는 살점처럼 끼어 있는 모습을 말한다.
　그들은 어떻게 당신의 입 속으로 들어가는가? 아르주나가 말한다.

28. 홍수가 난 강들의 폭우가 돌진하며 바다로 흘러 들어가듯, 저 영웅들도 당신의
무시무시한 입들 속으로 빠르게 돌진합니다.

'저 영웅들'이란 비슈마와 같은 영웅들을 가리킨다. 그들이 왜, 어떻게 들어가는가? 아
르주나가 말한다.

29. 나방이 타오르는 불길 속으로 뛰어들어 사라지듯이, 그들의 파멸의 불길을 맞이
하기 위해 이들은 곤두박질쳐서 당신에게로 뛰어들어 죽습니다.

## 우주의 모습의 광채

그러나,

30. 당신은 세상을 불타는 입 속으로 집어넣어 그것들을 삼키십니다. 오, 비슈누시
여! 견디기 힘든 빛줄기들로 당신께서는 하늘의 가장 높은 곳들을 살피십니다.

'비슈누'는 어디에나 퍼져 있는 신이다. 당신은 몹시 사납습니다. 그러므로,

31. 당신이 누구이신지, 그리고 처음부터 누구셨는지 말씀해 주십시오. 당신께서는 단호한 면을 가지고 계십니다. 오, 신들의 신이시여! 당신께서는 자비로우십니다. 신이시여, 저의 경의를 받으십시오. 당신의 길은 저에게 가려져 있습니다.

## 세계들을 파괴하기 위한 신의 출현

신께서 말씀하셨다.

32. 나는 세상들을 파괴하는 시간이다. 나는 그것들의 파멸을 무르익게 할 그 시간을 기다리고 있다. 그대가 참여하지 않는다 해도 모든 전사들이 여기에 모여 죽을 것이다.

'전사들'은 비슈마, 드로나, 카르나 그리고 다른 전사들을 가리킨다. 그러므로,

33. 그러므로 명예를 얻어라. 왕국, 부, 영광을 얻어라. 아르주나여, 일어나라. 오, 양손잡이 궁수여, 그대가 죽이는 것처럼 보인다. 이들은 나에 의해 이미 죽임을 당했다. 그대는 단지 나의 도구가 될 것이다.

'명예'는 적군에 포진하고 있는 비슈마와 여러 위대한 전사들이다. 데바들조차도 정복하기 어려운 그들이 아르주나에 의해 패배당하는 것을 뜻한다. 그러한 명예는 오로지 선한 카르마의 결과이다. '적들'은 두료다나와 같은 자들을 말한다.

**34.** 그대는 단지 나에 의해 이미 죽은 드로나와 비슈마, 자야드라타, 카르나와 같은 영웅들을 공격하는 것이다. 싸우라. 두려워하지 말라. 이 전투에서 싸우면, 그대는 적을 정복하게 될 것이다.

신은 이 전사들, 아르주나가 두려워할 만한 이유를 가지고 있는 이들을 그분이 직접 죽였다고 말한다. 드로나와 비슈마에 관련해서는 왜 아르주나에게 망설임이 있었는지가 명백하다. 드로나는 그의 궁술 스승이었고 천상의 무기들을 가지고 있었으며, 특히 아르주나가 존경하는 가장 위대한 스승이었다. 비슈마는 그 자신의 명령에 따라 죽게 되어 있었고 천상의 무기들을 가지고 있었다. 그는 한때 파라수 라마와 일대일 결투를 벌였으나 패하지 않았다. 자야드라타의 경우, 그의 아버지는 고행을 행하였으며, "누구든지 내 아들의 머리를 땅에 떨어지게 하는 자는 그의 머리 또한 떨어뜨릴 것이다."라고 맹세했었다. 카르나 또한 인드라 신에게서 받은 무기인 반드시 적중하는 샥티 즉 미사일을 갖추고 있었다. 그는 태양의 아들이었고, 처녀의 몸에서 태어났다. 그러므로 그의 이름도 언급되었다. '적들'은 두료다나와 같은 자들을 가리킨다.

## 우주의 모습에 대한 아르주나의 숭배

산자야가 말했다.

**35.** 아르주나가 신 크리슈나의 이 말씀을 들은 후, 그는 떨면서 손바닥을 모아 고개 숙여 절 했습니다. 그는 크게 두려워하며 엎드려서, 목이 멘 소리로 크리슈나에게 다시 한번 말했습니다.

어떤 사람이 두려움이나 사랑에 파졌을 때, 고통의 엄습이나 기쁨의 용솟음으로 인해 그의 눈은 눈물로 가득 차게 된다. 그 다음에 그는 점액으로 목이 메고, 이로 인해 다시 말투가 분명하지 않고 흐릿해진다. 이와 같이 아르주나는 더듬거리는 말투로 말했다.

이 일에 대한 산자야의 말은 매우 의미심장하다. 왜 그런가? 산자야는 만약 드로나를 포함하여 네 명의 정복하기 어려운 사람들이 아르주나에 의해 죽게 되면, 드리타라슈트라의 아들도 지원을 받지 못하여 틀림없이 죽게 될 것이라는 점을 알고서, 드리타라슈트라가 승리를 단념하고 평화를 이끌어 내기를 바랐다. 이와 같이 그는 양쪽 모두가 행복해지기를 바랐다. 그러나 심지어 산자야의 이 말조차 드리타라슈트라는 강한 운명의 탓으로 듣지 않았다.

아르주나가 말했다.

36. 오, 감각들을 제어한 분이시여! 세상이 즐거워하며 당신을 경배하는 것은 당연합
   니다. 악마들은 겁에 질려 사방으로 흩어지고, 싯다의 무리들은 당신을 경배하며 절
   합니다.

'찬양'은 당신의 영광에 대한 묘사를 말한다. 이 구절은 또한, 신은 모든 존재들의 본질이고 친구이기 때문에 기쁨과 사랑에 적합한 대상이라는 의미를 나타내기 위한 것일 수도 있다. '싯다들'은 카필라와 같은 존재들이다. 당신에 관한 한 이와 같이 해야 하는 것은 당연하다.

다음의 이유로도 신은 기쁨 등의 대상이다.

37. 오, 힘센 분이시여! 어떻게 그들이 당신에게 경의를 표하지 않을 수 있겠습니까?
   오, 모든 것의 최초의 원인이시여! 브람마조차도 당신에게서 나왔습니다. 죽음이 없
   으시며, 우주의 집이시며, 데바들의 지배자이십니다. 당신께서는 존재하는 것과 존
   재하지 않는 것이시며, 그것들을(이원성을) 초월하는 분이십니다.

'브람마'는 히란야가르바이다. 당신은 강한 존재이므로 당신은 기쁨과 숭배에 적합한 대상이다. 베단타(우파니샤드)에서 계시된 것처럼 당신은 지고의 존재이다. 당신은 샷이고 아샷이다. 존재이자 비존재이다. 존재인 것과 비존재인 것 즉, 비존재의 우리의 의식에서 일어나는 것은 불멸의 존재 즉 악샤라의 조건들을 형성하며, 그것 때문에 그분은 샷(존재) 혹은 아샷(비존재)이라고 말해진다. 실제로, 베다를 아는 자들이 존재와 비존재를 초월한다고 말하는 불멸(악샤라)은 바로 당신 자신이며 다른 무엇이 아니다.

그는 다시 신을 이렇게 찬미한다.

**38. 당신은 하늘에서 처음이자 가장 높은 분이십니다. 오, 오래된 영이시여! 우주는 당신 안에서 편하게 쉽니다. 당신은 아는 분(자각, 의식 그 자체)이시고, 알려지는 것이십니다. 당신께서는 우리의 모든 분투의 목표이십니다. 당신의 변화들은 끝이 없습니다. 당신께서는 창조를 일으키십니다.**

'분투의 목표'인 것은 당신이 우주의 창조자이기 때문이다. '편하게 쉰다.'란 대 해체와 다른 기간들 동안에 온 우주가 휴식하는 곳이다. '아는 분'이란 알려질 수 있는 모든 것을 아는 자를 말한다. '궁극의 거처'는 비슈누의 거처이다.

그리고

**39. 당신께서는 불과 죽음의 신, 바람과 달과 물의 신, 태어난 존재들의 아버지(창조자인 프라자파티)이시며, 이 세상의 아버지의 아버지(악샤라, 변치 않고 있는, 무행위로 있는 신)이십니다. 경배를! 당신께 모든 경배를, 천 번의 경배를.**

'프라자파티'는 카샤파와 같은 존재들을 말한다. '위대한 할아버지'는 심지어 창조자인 브람마의 아버지를 뜻한다. '또 다시'는 아르주나의 지극한 믿음과 헌신으로 인해 경배가 불충분함을 나타낸다.

그리고,

**40.** 신이시여, 사방으로부터 우리의 경배들을 받으소서. 힘은 무한하시고, 당신의 영광에서는 한이 없으십니다. 어디에서나 우리는 당신을 발견하기에, 당신께서는 존재하는 모든 것입니다.

'온 사방으로부터'는 당신이 사방에 현존하시므로 그렇게 경배 드린다는 뜻이다. '오, 존재하는 모든 것'은 당신 없이는 어떤 것도 존재하지 않는다는 것을 뜻한다. 어떤 사람이 강하다 하여도 적들을 죽일 만큼 용감하지 못할 수 있으며, 또는 용기를 내는 데 시간이 걸릴 수도 있다. 그러나 당신은 힘과 용맹에서 무한하다. '어디서나 당신을 발견하기에'는 것은 당신의 유일한 나에 의해 스며들어 있다는 뜻이다.

## 신의 용서를 구하는 아르주나의 기도

저는 당신의 위대함을 알지 못하였기에 죄인이었습니다. 그러므로

**41.** 경솔하게도 저는 당신을 '크리슈나', '나의 전우'라고 불렀습니다. 죽지 않는 신을 친구이자 죽는 자라고 여기고 사랑으로 지나치게 대답했으며, 당신의 위대함을 몰랐습니다.

'위대함'은 이슈와라로서의 우주적인 모습을 가리킨다.

42. 우리가 먹을 때, 군중 속에서, 혹은 걸어갈 때, 혹은 함께 누워 쉴 때, 종종 저는
농담을 하고 친근하게 대했습니다. 제 말이 기분 상하게 했습니까? 그러한 행동들을
용서하십시오. 영원한 신이시여.

'그러한 행동들'은 그러한 모든 무례한 행동들을 말한다.
왜냐하면,

43. 움직이거나 움직이지 않는 이 세상을 만드신 분이시여. 가장 높은 분이신 당신만
이 숭배를 받아 마땅합니다. 세 세상 어디에서 당신과 필적할 만한 존재를 찾겠습니
까?

'당신과 필적하는 것'이 존재하지 않는 이유는 두 명의 이슈와라 또는 두 명의 주(主)는
있을 수 없기 때문이다. 만약 이슈와라가 한 명 이상이라면 세계는 지금처럼 될 수 없었을 것
이다.[150] 당신과 필적할 만한 존재조차도 없는데, 어찌 당신을 능가하는 존재가 있을 수 있겠습
니까?
그렇기 때문에,

44. 그러므로 저는 고개 숙이고 엎드려서 용서를 구합니다. 이제 저를 용서해 주십시
오. 신이시여. 친구로서 당신의 전우를 용서하소서. 아버지는 자식을 용서하고, 사
람은 자신의 연인을 용서합니다.

---

150 한 명의 이슈와라가 창조하기를 바랄 때, 다른 이슈와라는 파괴하고자 할 수도 있다. 모든 다른 이슈와라들의 마음
이 하나일 것이라고는 단정할 수는 없다. 그리고 그들은 모두 서로 독립적일 것이기 때문에, 한쪽 방향으로 이끌려
는 한 명의 이슈와라의 노력은 반대 방향으로 이끌려는 다른 이슈와라의 노력에 의해 무효가 될 것이다. 그러면 세
계는 지금처럼 존재할 수가 없다.—(A.)

'아버지는 자식을 용서하고'란 아버지가 자식들의 무례한 행동들을 용서하듯이 용서해 달라는 뜻이다.

## 크리슈나가 평소의 모습으로 돌아오기를 바라는 아르주나의 기도

45. 저는 당신 앞에서 이전에 누구도 보지 못했던 것을 보았습니다. 저의 기쁨은 깊었지만, 그럼에도 저의 두려움이 더 큽니다. 이제 당신의 다른 모습을 보여주십시오. 오, 신이시여. 자비를 베풀어 주십시오. 오, 신들의 신이시여! 오, 우주의 거처이시여!

'이전에 보지 못했던 것'은 나 또는 다른 누구도 이전에 본 적이 없는 우주적인 모습을 뜻한다. 그러므로 나의 친구로서의 그 모습만을 저에게 보여 주십시오.

46. 오, 천 개의 팔을 가진 우주적 존재이시여. 이제 제가 알던 예전의 네 개의 팔을 가진 이. 왕관을 쓰고 곤봉을 든, 원반을 가진 이의 모습을 저에게 보여주십시오.

'제가 알던 예전의'는 비슈누의 모습을 취해달라는 것으로 보인다. '천개의 팔을 가진'은 현재 나타난 우주적인 모습을 가리킨다. 당신의 우주적인 모습을 거두시고, 당신의 이전의 모습을 보여 주십시오.

## 신이 그분의 보통의 모습으로 돌아오다.

아르주나가 무서워하는 것을 보고, 신은 우주적인 모습을 거두어들였다. 그리고 부드러운 말로 아르주나를 위로하며 말하였다.

신께서 말씀하셨다.

47. 오, 아르주나! 나 자신의 요가의 힘으로 나는 그대에게 이 우주의 모습을 보여 주었다. 빛으로 가득하며, 원시적이며, 한계가 없는 나의 이 우주의 모습은 그대 말고는 이전에 아무도 본적이 없다.

신은 "그대(아르주나)는 나의 이 모습을 봄으로써 그대의 모든 목적을 이룬 것으로 여겨야 한다."라고 하여 그 모습을 찬양한다.

48. 베다들의 공부로도, 베다들의 낭송으로도, 자선들로도, 의식(아그니호트라 같은 의식) 들로도, 엄격한 고행들로도 오, 판두의 영웅이여! 그대 외에는 누구도 나의 이 모습을 보지 못했다.

네 가지 베다들을 정식으로 공부하는 것에는 희생들에 대한 공부가 포함되지만, 낭송들에 대한 지식이 필요하다는 것을 암시하기 위하여 낭송들이 별도로 언급되었다.[151] '의식들'은 불의 의식과 같은 의식을 말한다. '고행'은 찬드라얏나[152]와 같은 고행이다.

49. 이 무서운 나의 무서운 모습을 보고 당황하거나 두려워하지 말라. 두려움을 없애고 기쁜 나의 이전의 모습을 다시 보아라. 변신한 내가 여기에 있다.

---

**151** 어떤 이들은 베다 공부를, 의미에 대한 이해 없이 기계적으로 구절을 암송하는 것이라고 믿는다. 그러므로 베다들의 의미를, 즉 그것들 안에서 다루고 있는 희생의 내용들의 본질을 배워야 한다는 것을 별도로 명시하는 것이 필요하다.—(A.)

**152** 보름날인 15일부터 시작되는 그 달의 어두운 절반의 시기 동안 매일 먹는 음식의 양을 일정량씩 줄여서 새 달이 시작될 때까지 0으로 줄이고, 그 다음에는 달이 차오르는 2주일 동안 같은 방식으로 양을 늘리는 방식이다.

'이전의 모습'은 팔이 넷이고 소라와 원반과 전곤을 들고 있는 모습으로서 아르주나에게 아주 친근한 모습을 말한다.

산자야가 말했다.
50. 아르주나에게 이렇게 말하고는, 크리슈나는 그분의 원래의 모습을 다시 취하셨습니다. 자신의 부드러운 모습을 취하시고 난 뒤 위대한 존재는 두려워하고 있는 아르주나를 진정시켰습니다.

'원래의 모습'이란 바수데바의 가문에서 태어난 자로서의 모습이다.

아르주나가 말했다.
51. 오, 크리슈나시여! 당신의 부드러운 인간의 모습을 다시 보니, 이제 제 마음이 평온해져 저는 저의 보통의 상태로 돌아왔습니다.

## 사랑 DEVOTION 은 우주의 모습을 깨닫는 유일한 방법이다.

신께서 말씀하셨다.
52. 그대가 본 나의 이 모습은 보기가 아주 어려운 것이다. 데바들조차도 나의 이 모습을 보기를 원한다.

'보기를 늘 갈망한다.'는 말에는, 비록 그들이 그 형상을 보기를 갈망하지만, 그들은 그대가 본 것처럼 그것을 보지 못했고 앞으로도 보지 못할 것이라는 뜻이 담겨 있다.

53. 베다들의 공부로도, 고행들로도, 자선을 베푸는 것들로도, 의식들로도, 그대가 보았던 모습의 나를 볼 수 없다.

어떻게 하면 당신을 볼 수 있습니까? 잘 들어라.

54. 그러나 오직 흔들리지 않는 사랑에 의해서만, 그대는 이 모습의 나를 알 수 있고, 나를 볼 수 있으며, 나 안으로 들어올 수 있다. 오, 적을 정복하는 자여!

'흔들리지 않는 사랑'은 신 이외에는 결코 그 어떤 것도 찾지 않으며, 그것으로 인해 바수데바 이외에는 어떤 대상도 감각들로 지각하지 못하는 헌신을 말한다. '이 모습'은 우주적인 모습을 뜻한다. 이러한 헌신에 의해서, 그대는 경전들에 선언된 것과 같은 나를 알 수 있을 뿐 아니라, 직관을 통해 나를 있는 그대로 깨달을 수 있으며, 나 안으로 들어올 수 있다. 즉 해방을 얻을 수 있다.

## 기타의 전체 가르침의 정수

이제 지고의 희열로 이끄는 기타 전체의 본질적인 가르침이 여기에서 요약될 것이다. 이 가르침은 모두가 따라야 하는 것이다.

55. 나를 위해서 모든 행위를 하는 사람, 지고의 목표로 나를 받아들이는 사람, 나를 사랑하는 사람, 애착이 없는 사람, 어떤 생명체도 미워하지 않는 사람은 나 안으로 들어올 것이다. 오, 왕자여.

하인은 그의 주인을 위해 일하지만, 그는 주인을 죽은 뒤에 도달할 지고의 목적지로 여기지는 않는다. 그러나 나의 헌신자들은 나를 위해 일하며, 또한 나를 지고의 목적지로 여긴다. 나는 이 지고의 목적지다. 그는 나에게 헌신한다. 그는 그의 가슴과 영혼으로, 모든 방법들로 나만을 섬긴다. 그는 재산에도, 자손에도, 친구들에도, 아내에도, 친척들에도, 즐거움들에도 애착되지 않는다. 그는 그것들에 대한 애정과 애착을 갖지 않는다. 비록 어떤 창조물들이 그에게 큰 해를 끼치더라도, 그는 그들에 대하여 어떤 적대감도 품지 않는다. 그러한 사람은 나에게 온다. 나는 그의 최고의 목적지이며, 그는 그 밖의 어떤 것도 구하지 않는다. 이것이 내가 그대에게 주어야 하는 가르침이다, 오 판다바여!

# 제12장
# 나를 사랑하라.

∽

## 이슈와라(현현의 신)의 숭배자와 악샤라(무형의, 불멸의 신)의 숭배자들 중 누가 더 우수한가?

이제 아르주나는 신에게 다음과 같이 질문하게 된다. 제2장에서 시작하여 제10장까지 신의 영광들에 대하여 다루는 가르침들에서, 당신은 어떠한 조건들도 없는 지고의 나, 불멸의 브람만을 숭배하라고 가르쳤다. 그리고 또한 모든 진화의 과정을 수행하고 모든 것을 아는 힘을 가진 에너지(삿트와)의 조건들과 결합된 우주의 신으로서의 당신 자신을 숭배하라고 여기저기에서 가르쳤다. 그리고 우주적인 모습을 다룬 제11장에서, 당신은 온 우주의 모습으로 드러나는 이슈와라로서의 당신의 근원적인 모습을 보여준 뒤 그것을 숭배하라고 하였다. 그 모습을 보여 준 뒤, 크리슈나는 아르주나에게 오로지 당신을 위해서만 일하라고 간곡히 타일렀다(제11장 55절). 그러므로 아르주나는 이 두 가지 방법들 가운데 어느 것이 더 나은지 알고 싶어 질문한다.

아르주나가 말했다.

1. 어떤 이들은 한결같은 사랑으로 현현의 당신(사구나, 인간 모습의 신)을 숭배(이 요가에서는

신과 가까운 관계를 만든다. 성향이나 능력에 따라 천천히 다섯 태도 중 하나를 발전시킨다. 그 첫 번째는 평화로운 숭

배의 태도, 두 번째는 주인을 향한 하인의 태도, 세 번째는 친구의 태도, 네 번째는 부모와 아이의 태도, 마지막은 연인

의 태도이다. 이중 마지막의 것이 헌신의 절정이다. 그것은 신속으로의 잠김이다.)합니다. 다른 이들은 나타나지 않고 있고, 변함이 없는 당신(니르구나, 형상이 없으며, 감각으로 이해할 수 없는, 언어와 마음을 초월한 신)을 숭배합니다. 어떤 헌신자가 요가에 더 잘 자리를 잡습니까?

'한결같은'은 확고한 마음으로 중단 없이 신을 위해 일하고 앞에서 가르친 다른 것들을 행하는 것을 말한다. 이런 헌신자들은 다른 누구에게서도 안식처를 찾지 않고, 앞서 나타난 우주적인 모습으로 있는 당신에 대해 명상한다. 다른 사람들은 모든 욕망을 버리고 모든 행위들을 포기한 채, 불멸의 브람만에 대해 명상한다. 그 브람만은, 앞에서 말했듯이, 어떤 조건들도 없으므로 나타남이 없는 즉 감각들로 이해할 수 없는 존재이다. 감각들에 보일 수 있는 것을, '비약타'라는 단어의 어원이 암시하듯이, 나타난 존재라고 한다. 그러나 이 불멸은 나타남이 없다. 후자의 사람들은, 다음에 열거되는 여러 특성들에 의해 규정되는, 사라질 수 없는, 나타나지 않는 존재를 명상한다. 두 부류의 사람들 가운데 누가 요가에 더 정통한가?

## 현현의 신에 대한 숭배자들

신은 말한다. 바르게 보고 욕망들을 포기했으며 불멸(악샤라)을 숭배하는 사람들은 그대로 놓아두어라. 그들에 대해서는 나중에 이야기할 것이다. 그러나 다른 사람들에 대해서는,

신께서 말씀하셨다.
2. 한결같은 사랑으로 현현의 나에게 그들의 생각을 고정시키는 사람들이 있다. 그들은 절대적인 믿음으로 나를 명상(숭배)한다. 나는 그들이 요가에 더 잘 자리를 잡는다고 생각한다(최고의 요기이다).

그러한 헌신자 즉 박타들은 우주적인 모습으로 있는 지고의 신인 나에게 그들의 마음을 고정시키고, 모든 요가 스승들을 주재하는 신으로서 나를 숭배한다. 주재하는 신인 나는 전지하며, 나의 비전에는 애착과 다른 나쁜 열망들의 침침함이 없다. 앞 장의 마지막 절에서 열거한 방식대로 언제나 나를 확고하게 묵상하며 지고의 믿음을 가지고 있는 헌신자들은 내 생각에 최고의 요기들이다. 정말로 그들은 밤낮으로 끊임없이 나를 생각한다. 그러므로 그들을 최고의 요기라고 말하는 것은 적절하다.

## 비현현의 신의 숭배자들

그렇다면 다른 사람들은 최고의 요기들이 아닙니까? 잠시 멈추고, 그들에 관해 내가 하는 말들을 들어 보라.

3-4. 비현현의 신의 박타(헌신자, 사랑하는 자)들은 불멸(끊임없이 존재)이며, 생각의 범위 너머에 있으며(마음과 언어가 미치는 범위 너머에 있어서 이해가 가능하지 않는, 그러므로 고요한 명상으로 나아가게 한다.), 모든 곳에 있으며(공간처럼), 영원하며, 변화하지 않으며(쿠타스타, 금속의 형태를 변화시키기 위하여 두드리는 작업을 가능하게 하는 모루, 그 위에 놓인 것의 형상은 변화하지만, 모루는 그대로 있다. 삼사라는 변하지만 브람만은 그대로 있다.), 움직이지 않는(아찰람) 브람만을 숭배한다. 그들은 감각들을 제어한다. 그들은 고요한 마음을 가지고 있으며 인류의 행복에 헌신한다. 그들은 모든 생명체 안에서 아트만을 본다. 그들 역시 분명히 바로 나에게 올 것이다.

불멸의 존재인 악샤라는 나타남이 없기 때문에 말로 표현할 수 없으며, 따라서 정의될 수 없다. 그는 나타남이 없으며, 어떠한 지식의 기관들에도 나타나지 않는다. 그들은 어디에서나 항상 불멸의 존재를 명상한다. 명상은 명상의 대상을 경전의 가르침에 따라 명상함으로써 다가가며, 흘러내리는 기름 줄기처럼 끊임없이 이어지는 동일한 생각의 흐름 속에 오랫동안 꾸준히 머무르는 것이다. 명상의 대상인 불멸의 존재는 다음과 같은 특성들로 묘사된다. 그는 어디에나 편재해 있으며, 공간처럼 모든 것에 스며들어 있다. 그는 나타남이 없기 때문에 그를 생각할 수가 없다. 감각들에 보이는 것들은 무엇이나 마음에 의해서도 생각될 수 있지만, 불멸의 존재는 감각들에 보이지 않으므로 생각될 수도 없다. 그는 움직이지 않는다(쿠타스타). '쿠타'는 겉보기에는 다 좋지만 속은 나쁜 것을 의미한다. 따라서 그것은 여기에서 무지와 다른 것들을 포함한 세상의 씨앗을 가리키며, 그것의 속은 악한 것들로 가득 차 있고, 스베타스바타르 우파니샤드(제4장 10절)와 기타(제7장 14절)에서 보듯이 마야, 분별되지 않은 등 다양한 용어들로 불린다. '쿠타스타'는 마야의 목격자로서, 마야의 신으로서 마야 안에 자리하고 있는 존재를 의미한다. 혹은, '쿠타스타'는 산더미처럼 남아 있다는 것을 의미할 수도 있다. 그러므로 그는 불변하며 영원하다. 불멸의 존재에 대해 명상하고 모든 감각들을 억제하며, 좋아하는 것을 만나든지 싫어하는 것을 만나든지 언제나 평정을 유지하는 사람들은 나 자신에게 온다. 실은 그들이 나에게 온다고 말할 필요도 없다. 왜냐하면 "현자는 바로 나의 나로 여겨진다."(제7장 18절)라고 하였기 때문이다. 그들이 최고의 요기라고 말할 필요도 없다. 그들은 신 자신과 하나이기 때문이다.

**5. 그러나 비현현의 나에게 마음을 고정시키고자 하는 헌신자들의 어려움은 더 크다.**
**왜냐하면 육체를 입은 영혼들이 비현현의 나를 깨닫는 것은 매우 어렵기 때문이다.**

나를 위한 일을 행하는 데 전념하는 등의 사람들의 어려움은 정말로 크다. 그러나 그들 자신을 불멸과 동일시하며 지고의 실재를 명상하는 사람들의 어려움은 훨씬 더 크다. 그 어려움은 몸에 대한 집착을 포기해야만 하는 필요성 때문에 생긴다. 몸을 가진 사람들, 몸에 집착하는 사람들이 목적지인 불멸에 이르는 것은 매우 힘들다.

그러므로[153] 그들의 어려움은 더 크다.

## 현현의 신의 숭배에 의한 구원

나중에, 우리는 불멸의 숭배자들의 삶의 행위에 대해 얘기할 것이다.

6. 모든 행위를 나에게 바치고, 흔들림 없는 사랑으로 나만을 그들의 가장 간절한 기쁨으로 숭배하는 자들에게 나는 곧 간다.

7. 왜냐하면 그들은 나를 사랑하고, 그들은 내가 보증하는 사람들이기에, 오, 프리타의 아들이여, 나는 죽음이 있는 삼사라의 모든 파도들로부터 그들을 구원할 것이기 때문이다(니르구나 브람만을 깨달은 사람은 영원한 희열, 나 깨달음, 카이발야에 이른다. 사구나 브람만을 깨달은 사람은 브람마 로카로 가서 신의 모든 힘과 부를 즐긴다. 그리고 나서 그는 절대자의 신비로 입문되며 신의 은총으로 깨달음을 얻는다.).

'나'는 주(主) 이슈와라를 가리킨다. '전적인'이란 우주적인 모습의 신인 나 자신 외에는 다른 어떤 숭배의 대상을 갖지 않는 것을 말한다. '헌신(요가)'은 사마디 즉 마음의 확고부동함을 말한다. 오로지 신인 나만을 전적으로 명상하는 사람들은 죽을 수밖에 없는 세상의 바다에서 들어 올려질 것이다. 그들의 생각이 우주적인 모습의 나에게 고정되어 있기 때문이다. 삼사라는 바다이다. 왜냐하면 그것을 가로질러 건너는 것이 매우 힘들기 때문이다.

그러므로

---

**153** 몸에 대한 집착을 버려야 하기 때문이다.

**8.** (감각 대상들에 대한 모든 생각들을 전적으로 포기하고) **그대의 마음을 나**(우주의 모습의 신)**에게 고정 시켜라. 그대의 지성을 나에게 고정시켜라. 그러면 그대는 분명히 이 몸이 죽을 때 내 안에 거할 것이다. 그것을 의심하지 말라.** (명상을 말하고 있음)

우주적인 모습의 신인 나에게 그대의 마음을, 그대의 목적과 생각들을 고정시켜라. 결심하고 결정하는 그대의 지성 또한 나에게 고정시켜라.

# 수행의 요가

**9. 만약 그대가 마음을 나에게 지속적으로 고정시킬 수 없다면,** (그대가 좋아하는) **집중**(특별한 한 대상이나 아트만)**의 수행으로 나에게 도달하기를 바라라. 오, 다난자야여!**

만약 내가 말한 대로 그대의 생각을 나에게 지속적으로 고정시킬 수 없다면, 부단한 수련의 요가를 통해 우주적인 모습의 나에게 도달하기를 구하라. 수행이란 생각을 사방에서 철수시켜 하나의 특정한 대상에 거듭하여 고정시키는 것이다. '아비야사 요가'는 그런 수행을 통해 얻어진 사마다나 즉 마음의 확고부동함을 의미한다.

# 신에 대한 봉사

**10. 집중하는 수행을 할 수 없다면,** (수행이 없이) **나를 기쁘게 할 일**(모든 것 안에 있는 신에 대한 봉사, 나라야나 바바)**들에 전념하라. 왜냐하면 오직 나를 위해 일함으로써 그대는 완벽에 이를 것**(처음에는 마음의 정화를 얻고, 그 다음에 집중과 명상을, 그 다음에 지식을, 그 다음에 궁극의 완성을 얻을

상카라차리야의 바가바드 기타

것이다.)이기 때문이다.

비록 그대가 요가의 수행 없이 단지 나를 위한 행위만을 한다고 할지라도, 그대는 완성에 이를 것이다. 그대는 먼저 마음이 순수해질 것이며, 다음에는 요가 즉 확고부동함에 이를 것이며, 그 다음에는 지식에 이르고, 마지막으로 완성에 이를 것이다.

## 행위의 결과들의 포기

**11. 나를 위한 봉사(일)조차 할 수 없다면**(즉 개인적인 욕망들에 추진되는 행위들을 하길 원한다면, 그것들을 의무로 알고 하라.), **그때는 나에게 완전히 복종(굴복)하라. 가슴의 욕망들을 통제하고, 모든 행위의 결과를 포기하라**(차분한 마음으로 일의 모든 결과들을 신의 은총으로 받아들이기를 배워라.).

만약 그대가 방금 전에 들은 것처럼 나를 위한 행위를 하는 데에도 열중할 수 없다면, 행위들을 하되 그 행위들의 결실을 버려라.
이제 그는 모든 행위들의 결실에 대한 버림을 찬미한다.

**12.** (경전들로부터 얻어진 나에 대한 이론적인, 간접적인) **지식이** (몸과 감각들과 마음을 통제하기 위하여) **맹목적으로 하는 수행보다는 확실히 더 깊다. 명상이** (이론적인) **지식보다는 더 낫다. 그러나** (지식이나 명상을 잘 모르는 경우에는) **행위의 결과들에 대한 애착의 포기**(행위의 결과들의 포기는 구도자의 가슴을 정화시키기 위하여 처방된다. 그것은 지혜의 적인 욕망을 없앤다. 현자들 역시 행위의 결과들을 포기한다. 그렇게 하는 것이 그들에게는 너무나 자연스럽게 되었다.)**가 명상보다 더 낫다. 그러나 포기는 마음에 즉각적인 평화를 가져다준다.**

지식은 무지를 동반하는 수행[154]보다 더 낫다.[155] 그런 지식보다 나은 것은 지식을 갖춘 명상이다. 지식을 갖춘 명상보다 나은 것은 행위의 결과들에 대한 포기이다. 앞서 말한 요건 [156]들을 갖추고서 행위의 결과들을 그렇게 포기하면, 세상과 그 원인이 즉시 그치게 된다. 그것은 지체될 여지가 없다.

행위에 열중하는 무지한 사람들에게는 모든 행위의 결과들을 포기하는 것이 희열에 이르는 방법이라고 가르친다. 그러나 처음부터 그렇게 하는 것이 아니라, 이전에 배운 방법들을 따를 수 없을 때에만 그렇게 한다. 그러므로 이 구절에서, 모든 행위의 결과들을 포기하는 행위는 하나가 다른 하나보다 우월하다는 선언에 의해 찬미된다. 왜냐하면 그 길은 어떤 사람이 앞에서 가르친 길들을 따를 수 없을 때 택해야 하는 과정으로 가르쳐지기 때문이다.[157]

그 선언은 어떤 면에서 찬미가 되는 것인가?

카타 우파니샤드(제6장 14절)에서는 모든 대상에 대한 욕망들을 포기할 때 불멸에 이른다고 말한다. 그리고 이것은 모든 사람들에게 매우 익숙한[158] 진실이다. 그리고 모든 대상에 대한 욕망들은 계시서와 전승서에 언급된 행위들의 결과이다. 한결 같이 명상에 전념하고 있는 깨달은 사람의 경우에는 욕망을 포기하자마자 즉시 평화가 뒤따른다. 이제, 욕망들에 대한 단순한 포기는 심지어 무지한 사람의 경우에도 행위의 결과들에 대한 포기의 한 요인을 이룬다. 그리고 이런 유사점 때문에, 모든 행위들의 포기에 대한 단순한 포기를 찬미하며, 이것은 그 길을 따르고자 하는 열망을 일으키기 위한 것이다. 이는 영적 계급(브람마나)의 현자 아가스티야가 바닷물을 다 마셔 버렸는데, 이 시대의 브람마나들조차도 그들 역시 브람마나라는 이유만

---

154  원문과 주석에서 등장하는 '아비야사(수행)'는 (1) 지식을 얻기 위해 스루티들의 가르침을 잘 듣는 행위, 또는 (2) 굳은 결심으로 명상(디야나)을 수행하는 것을 의미할 수 있다.—(A.)
155  원고에서는 '바쉬야'의 두 가지 해석이 발견된다. (1) 비베카 푸르바카트, (2) 아비베카 푸르바카트이다. 전자는 '분별력을 갖춘'이라는 뜻일 것이다.
156  '자기 통제'라는 요건(12장 11절).—(A.)
157  행위들의 결과에 대한 포기는 여기에서 찬미의 주제를 이룬다. 왜냐하면 그것은 이러한 연결 속에서 가르쳐져야 하는 길이기  때문이다.—(A.)
158  스루티에서 가르쳐졌음으로(브리. 우. 4-4-6).—(A.)

샹카라차리야의 바가바드 기타

으로 칭송받는다고 말하는 것과 마찬가지이다.

이와 같이 행위의 결과들을 포기하면서 행하는 행위의 요가는 희열에 이르는 하나의 방법이라고 가르쳐지고 있다.


# 불멸(비현현의 신)의 숭배자들의 삶

여기에서 우주적인 모습의 신에게 생각을 집중하는 요가 그리고 신을 위한 행위의 수행에 대한 가르침은 이슈와라와 아트만, 신과 아트만의 구별을 전제로 하는 것이다. "만약 그대가 이것조차도 할 수 없다면"(제12장 11절)이라는 구절에서 보듯이, 행위의 요가는 무지와 연관되어 있다는 것이 암시된다. 따라서 여기에서 신이 말하는 뜻은 행위의 요가는 (신과 아트만 사이의) 분별을 보지 않는 사람인 악샤라의 숭배자를 위한 것이 아니라는 점이다. 마찬가지로, 신은 카르마 요기는 악샤라를 숭배할 수 없음을 보여 준다. 설명을 하자면, 신은 "그들 역시 나에게 올 것이다."(제12장 3절)라는 구절에서 악샤라의 숭배자들은 해방의 성취에 관하여 독립적이라고 선언한 뒤, "그들을 위해서 나는 구원자가 된다."(제12장 7절)라는 구절에서 다른 사람들은 신에게, 외적인 존재에게 의지한다는 점을 보여 주었다.

만약 그들이 신의 바로 아트만으로 여겨진다면, 그들은 자신을 깨달았기 때문에 자신이 바로 불멸(악샤라) 자체일 것이다. 그러므로 그들을 신에게 구원받는 사람으로 간주하는 것은 부적절할 것이다. 게다가,[159] 아르주나가 잘 되기를 무척 바라는 신은 그에게 행위의 요가만을 권하는데(제4장 15절), 행위의 요가는 구분이라는 개념에 근거한 것이며 올바른 지식과는 상당히 멀리 떨어진 것이다. 그리고 올바른 지식의 적절한 원천들을 통하여 자신이 신이라는 것

---

[159]  이것은 카르마 요가가 불멸의 숭배자(악샤라 우파사나)와 한 사람에게서 동시에 결합될 수 없는 또 하나의 이유이다.—(A.)

을 알게 된 사람은 다른 존재에게 종속되려 하지 않을 것이다. 왜냐하면 그 둘은 서로 상반된 상태이기 때문이다. 그러므로[160] 이제 신이 불멸에 이르는 직접적인 수단을 이루는, '어떤 존재에 대한 미움의 부재'와 같은 특성들을 가르치는 것은 모든 욕망들을 포기하고 올바른 지식에 헌신하는 산야신들, 불멸(악샤라)의 숭배자들에 대한 것이다.

**13.** (신과 하나에 있기를 바라는 헌신자들은) **어떤 존재도 미워하지 않으며**(자신에게 엄청난 고통을 주는 존재에게도, 모든 존재들에게 완전한 안전을 주는), **모두에게 다정하고 연민을 가지며**(모든 존재들을 자신으로 여기는), **'나'**(자아. 그의 마음에는 나라는 것이 결코 일어나지 않는다.)**와 '나의 것'**(소유물, 그는 어떤 것도 자신의 것이라 생각하지 않는다. 즐거움을 주는 대상들조차도)**이라는 망상**(애착)**에서 벗어났으며, 즐거움과 고통을 동등한 평온으로 받아들이며**(그는 동등한 시각을 가지고 있다. 그는 모든 곳에서 신을 본다. 태양은 궁전이나 오두막에도 빛을 준다. 소나, 호랑이나, 사자나, 말이나, 부유한 사람이나 가난한 사람이나 성자나 그 어떤 존재라도 와서 강물을 마실 수 있다. 램프는 어느 가정에는 빛을 주고, 어느 가정은 지나치지 않는다.), **관대하며**(용서하는, 평온한, 모욕하거나 심지어 때리는 사람에 대해서도, 땅처럼 그는 자신의 무릎에 만족을 가진)

그는 아무것도 싫어하지 않는다. 심지어 자신에게 고통을 주는 것조차 싫어하지 않는다. 그는 모든 존재들을 그 자신으로 여긴다. 그는 다정하고 자비롭다. 그는 고통 받는 사람들에 대한 연민으로 가득 차 있다. 어떤 존재에게도 해를 끼치지 않는다. 그는 산야신이다. 그는 어떤 것도 '나의 것'이라고 여기지 않으며, 이기심이 없으며, '나'라는 개념이 없다. 고통과 즐거움은 그에게 싫어함과 집착을 일으키지 않는다. 그는 모욕을 당하거나 맞아도 영향을 받지 않는다. 그는 항상 만족한다. 그는 몸을 유지하는 수단을 얻건 얻지 못하건 충분하다고 생각한다.

---

**160** 나를 모르면서 행위(카르마)의 요가의 길을 따르는 사람들은 다음에 언급되는 특성들을 모두 계발할 수 없으므로.—(A.)

샹카라차리야의 바가바드 기타

**14. 늘 만족하며**(자신에게 오는 모든 것은 과거의 자신의 행위들의 결과로 온다는 것을 알기에. 또한 유한한 대상들을 얻고자 하지 않는다. 바다는 늘 가득 차 있다.), **자신을 통제하며**(마음을 가라앉힌), **확고한 확신을 가지고 있는, 자신의 마음과 지성을 나에게 고정시키며**(나에게 바친. 나를 떠나지 않는. 명상이 꾸준한), **나에게 헌신하는**(나를 사랑하는) **사람, 나는 이러한 사람들을 사랑한다**(그들은 나의 아트만이다.).

그는 아무것도 싫어하지 않는다. 심지어 자신에게 고통을 주는 것조차 싫어하지 않는다. 그는 모든 존재들을 그 자신으로 여긴다. 그는 다정하고 자비롭다. 그는 고통 받는 사람들에 대한 연민으로 가득 차 있다. 어떤 존재에게도 해를 끼치지 않는다. 그는 산야신이다. 그는 어떤 것도 '나의 것'이라고 여기지 않으며, 이기심이 없으며, '나'라는 개념이 없다. 고통과 즐거움은 그에게 싫어함과 집착을 일으키지 않는다. 그는 모욕을 당하거나 맞아도 영향을 받지 않는다. 그는 항상 만족한다. 그는 몸을 유지하는 수단을 얻건 얻지 못하건 충분하다고 생각한다.

그는 또한 좋은 것을 만나건 좋지 않은 것을 만나건 만족한다. 그는 요기이며, 언제나 마음이 확고부동하다. 그는 나의 성품에 대하여 강한 확신을 가지고 있다. 이 산야신은 그의 목적과 생각(마나스)과 결정의 능력(붓디)을 오로지 나에게로 향한다. 그러한 헌신자는 나에게 소중하다. 앞서 말한 "나는 그 지혜로운 자에게 매우 소중하고, 그는 나에게 소중하다."라는 제7장 17절과 같은 진실이 여기에서는 길게 표현되었다.

**15. 세상을 위축시키지 않으며**(신의 헌신자들은 생각과 말과 행위로 다른 존재에게 결코 상처를 입히지 않는다. 그는 모든 존재들에게 생명의 안전을 준다. 그러므로 아무도 그를 두려워하지 않는다. 바다 생물들은 바다를 두려워하지 않는다. 바다도 그렇다. 그처럼 그와 같은 사람들은 아름다운 세상으로부터 고통을 느끼지 않는다. 세상도 그러한 사람들로부터.) **세상에 의하여 위축되지 않으며**(자신이 방해받도록 두지 않는. 세상이 자신의 몸, 자신의 나라고 느낀다. 그는 결코 다른 사람들에게 말이나 행동들로 상처를 주지 않는다.), **기쁨**(욕망의 대상을 얻었을 때

오는 마음의 들뜬 기분, 머리카락이 곤두서거나 눈물이 나는)과 **부러움과 두려움**(걱정)과 **걱정**(기쁨과 부려

움과 두려움과 걱정은 마음의 변화들인데, 숲에 불이 났을 때 새들과 짐승들이 떠나는 것처럼, 그러한 것들이 마음에서

사라졌다.)**이 없는 사람, 나는 이러한 사람들을 사랑한다**(그들은 나의 아트만이다.).

'그'는 산야신이다. '기쁨'은 욕망의 대상을 얻어서 마음이 들뜨거나 흥분된 상태를 말하며, 소름이나 눈물 등으로 표현된다.

16. **기대하지**(원함과 의존으로부터 자유로운, 몸과 감각들 및 감각의 대상들과의 연결에 무심한) **않으며, 순수하며, 유능하며**(예상하지 못한 것에 대처할 수 있는, 모든 것에 대비하는), (육체적 욕망에) **무심하며, 어떤 것에도 동요되지 않으며**(불안으로부터 자유로운), **자기 행위의 결과들에 대해서 뽐내지 않는 사람, 나는 이러한 사람들을 사랑한다**(그들은 나의 아트만이다.).

그는 몸, 감각, 감각 대상들과 그것들의 상호 관계에 무심하다. 그는 안팎으로 순수를 유지한다. 그는 신속한 처리를 요구하는 문제들을 당했을 때 즉시 바르게 결정을 내릴 수 있다. 그는 친구 등의 편을 들지 않는다. 그는 이번 생에 속하건 다음 생에 속하건 욕망의 대상들을 얻고자 계산된 모든 행위들을 습관적으로 포기한다.

그리고,

17. (즐거운 것을 바라거나 즐거운 것에 대해) **기뻐하거나 싫어하지 않으며**, (즐겁지 않은 것을 두려워하거나 그것이 오더라도) **슬퍼하거나 욕망하지 않으며, 좋은 것이나 나쁜 것을 포기한 사람**(행운이나 불운에 흔들리지 않는) **사람, 헌신으로**(나에 대한 사랑으로) **가득한 사람, 나는 이러한 사람들을 사랑한다**(그들은 나의 아트만이다.).

그는 탐나는 것을 얻어도 기뻐하지 않는다. 그는 원치 않는 것을 받을까 봐 초조해하지

않는다. 그는 사랑하는 대상과 헤어져도 슬퍼하지 않는다. 그는 자기에게 없는 것을 바라지 않는다.

**18. 친구와 적, 명예와 모욕이 같으며, 더위나 추위, 즐거움(쾌락)과 고통이 같으며, 애착으로부터 자유로운(balanced 마음을 가지고 있다.)**

똑같이 여기는 사람

**19. 칭찬과 비난이 같으며(무심한), 고요하며(그는 말의 기관과 생각들을 통제하고 있어서), 무엇으로도 만족하며(몸을 유지하기 위한 최소한의 것들로 만족), 어떤 장소에 집착하지 않으며(세상을 자신이 사는 곳으로 여기는), 안정적인 마음을 가지고 있으며(자신의 마음은 신에게 고정되어 있다.), 헌신으로 가득한 사람, 나에게 이런 사람은 소중하다(그들은 나의 아트만이다.).**

그는 어떤 종류의 대상들에도 집착하지 않는다. 그는 몸을 유지하는 최소한의 것들에도 만족한다. (마하바라타에서는) 이렇게 말한다.

"어떤 것이라도 입고, 어떤 음식이라도 먹으며, 어디에서도 자는 사람, 신들은 그를 브람마나라고 부른다."(샨티파르바, 목샤 다르마, 245-12)

그는 고정된 거처를 갖고 있지 않다. 또 다른 전승서에서 말하듯이, 그에게는 "집이 없다." 그의 생각은 끊임없이 지고의 실재에 고정되어 있다.

지고의 실재를 아는 지식에 끊임없이 헌신하는 불멸의 존재(악샤라)의 숭배자, 산야신들의 다양한 특성들에 대한 제12장 13절에서 시작되는 열거는 다음과 같이 결론지어진다.

**20. 내가 가르친 이 지혜는 그대를 불멸로 인도할 것이다. 이 불멸의 다르마(가치)를 완전히 믿고 행하는 사람, 나를 그들의 가장 높은 목표로 삼는 사람들은 그들의 마**

음과 가슴을 나에게 바친다. 그들에 대한 나의 사랑은 아주 크다(그들은 바로 나의 아트만이다.).

'이제까지'는 제12장 13절부터 시작되는 부분을 가리킨다. '불멸의'는 불멸에 이르게 하는 것을 말한다. '나를 지고자로 여기며'는 나를 자신의 비할 바 없는 최고의 목적지로 불멸의 나로 여긴다는 뜻이다. '헌신하는'은 지고의 실재를 아는 지식인 지고의 헌신에 의지한다는 뜻이다. '그들'은 포기자 즉 산야신을 가리킨다. "나는 그 현자들에게 극히 소중하다."(제7장 12절)라는 구절에서 암시되는 것이 충분히 설명되었고, 여기서는 이와 같이 결론지어진다. "그들은 나에게 지극히 소중하다." 이 구절의 의미는 다음과 같다. 즉, 지금 설명된 불멸의 법을 따르는 그는 지고의 신인 비슈누에게 가장 소중한 존재가 된다. 따라서 해방을 추구하는 모든 구도자는, 비슈누의 지고의 거처에 이르기를 바라는 모든 사람은 이 불멸의 법을 열심히 따라야 한다.

# 제13장
# 현현의 목격자

## 이 장의 주제

    제7장에서는 지고의 신의 두 개의 프라크리티(자연)를 보여 주었다. 하나는 세 가지 구나들로 구성되어 있고 여덟 겹으로 나뉘어 있으며, 하위(아파라)의 프라크리티를 이룬다. 이것은 삼사라 즉 세상의 삶의 원인이다. 다른 것은 상위(파라)의 프라크리티인 생명 자체(지바)를 형성한다. 크쉐트라갸 즉 '물질을 아는 자'는 본질적으로 신과 하나이다. 이 두 물질을 통해서 신은 우주의 창조, 유지, 소멸의 원인이 된다. 이제 크쉐트라와 크쉐트라갸라는 두 프라크리티를 묘사함으로써 그것들의 소유자인 신 즉 이슈와라의 본성을 설명하기 위하여 물질에 관한 이 장이 시작된다.

    앞 장의 13절에서 마지막까지는, 진리의 지식을 갖는 산야신들의 길, 즉 그들이 영위하는 삶의 방식이 묘사되었다. 이제 의문이 생긴다. 어떤 종류의 진리의 지식을 가졌기에 그들은 앞에서 말한 삶의 법칙을 따름으로써 신에게 소중하게 되었는가? 이 장은 이 질문에 대한 대답이기도 하다.

# 몸과 영혼

아르주나가 말하다.

이제, 크리슈나시여, 저는 프라크리티와 브람만, 들판과 그것을 아는 자에 대해 배우고 싶습니다. 지식은 무엇입니까? 알아야 할 것은 무엇입니까?

세 가지 구나들로 구성된 프라크리티는 자기 자신을 몸들(카리야), 감각(카라나)들, 감각 대상(비샤야)들 등 모든 외적인 형태들로 변형시키며, 푸루샤 즉 영(靈)의 두 가지 목적인 즐김과 해방을 돕기 위하여 몸과 감각들의 다양한 집합체와 결합된다. 그와 같은 집합체가 우리의 신체이다. 이 신체에 대하여 신은 말한다.

**신께서 말씀하셨다.**
**1. 오, 쿤티의 아들이여! 사람은 육체 안에 행위의 씨앗을 뿌리고 그 결실들을 거두기 때문에 이 그것은 들판(크쉐트라)이라고 불린다. 현명한 사람들은, 들판을 아는 자(크쉐트라갸)란 이 육체 안에서 일어나는 것을 지켜보는**(목격하는, 이해하는) **자라고 말한다.**

신은 대명사 '이것'이 가리키는 것을 '몸'라는 단어로 나타낸다. 들, 신체, 물질 등을 뜻하는 크쉐트라라는 그런 이름으로 불리는 까닭은, 그것이 손상으로부터 보호를 받고 있기 때문이거나, 파괴될 수 있기 때문이거나, 쇠퇴하기 쉽고, 행위의 결실들이 밭으로서의 그것 안에서 수확되기 때문이다. 이 몸은 '크쉐트라', '들', '물질'이라고 불린다. 이 들을 아는 자, 즉 그것을 머리 끝에서 발끝까지 이해하고 아는 자, 그것이 자기 자신과 별개라는 것을 스스로 혹은 다른 사람에게 배워서 지각하는 자를, 크쉐트라와 크쉐트라갸를 아는 자들은 그를 가리켜 크쉐트라갸, 즉 '들의 아는 자' 혹은 '물질을 이해하는 자'라고 부른다. 그들은 들과 들을 아는 자이다.

## 영혼은 신과 하나

들과 들을 아는 자는 이와 같이 서술되었다. 그것들에 대해 알아야 하는 지식은 이것이 전부인가? 아니다. 들어 보라.

**2. 내가 모든 육체 안에 있는 들판을 아는 자임을 알라. 나는 들판과 아는 자 사이의 분별을 최고의 지식으로 여긴다.**

앞에서 말했듯이, 그대는 크쉐트라갸가 나 자신임을, 지고의 신임을 알고, 세상의 존재가 아님을 알아라. 그 의미는 이것이다. 즉, 모든 들 안에 있으며, 브람마와 아래로 풀들에 이르기까지 여러 가지 조건 또는 들들과 구별되는 그는 진정 모든 다양한 조건들이 없으며, '삿'이나 '아삿' 즉 존재나 비존재와 같은 생각으로도 어떤 말로도 접근할 수 없다는 것을 그대는 알아라. 크쉐트라, 크쉐트라갸와 이슈와라의 성품과 별개로 알아야 할 것은 아무것도 남아 있지 않으므로, 크쉐트라와 크쉐트라갸라는 지식의 두 대상들을 알게 하는 그 지식을 비슈누 신인 나는 올바른 지식으로 여긴다.

## 영혼은 오로지 무지로 인해 악에 지배된다.

이의: 만약 유일한 실재 즉 이슈와라만이 모든 크쉐트라 안에 존재한다면, 만약 그와 별개의 다른 존재, 다른 즐기는 자가 존재하지 않는다면, 이슈와라가 삼사라에 매여 있다는 말이거나, 아니면 삼사라에 매여 있는 사람이 아무도 없기 때문에 세상이 없다는 말일 것입니다. 이슈와라와 별개로는 아무도 존재하지 않기 때문입니다. 어떤 결론도 타당하지 않습니다. 그렇다면 속박과 해방, 그리고 그것들 각각의 원인들을 얘기하는 경전들은 어떤 효용성도 없

을 것입니다. 더욱이 그런 결론은 감각적인 지각을 포함하여 모든 증거들에 위배됩니다. 무엇보다도 먼저, 함께 모여 세상을 이루는 즐거움과 고통 그리고 그것들의 원인들을 우리는 직접적인 지각을 통하여 알고 있습니다. 그리고 세상 안의 다양성에 대한 우리의 지각을 통해서도 다르마와 아다르마로부터 일어나는 세상의 존재는 추측될 수 있습니다. 만약 아트만과 이슈와라, 즉 나와 신이 동일하다면, 이 모든 것은 설명될 수 없을 것입니다.

대답: 아니다. 갸나 즉 지식과 아갸나 즉 무지는 구별되기 때문에 그것은 설명될 수 있다. 다음과 같은 말이 있다.

"지식으로 알려진 것과 무지로 알려진 것은 매우 다르며 다른 목적지로 인도한다."(카타 우. 2장 4절)

그리고 또한 지식과 무지의 결과가 올바름과 달콤함이라는 매우 상반된 결과를 낳는다는 것이 (같은 우파니샤드, 같은 맥락에서) 지적되었다. 지식은 올바름으로 인도하지만, 무지의 결과는 달콤함인 것이다. 그러므로 비야사는 말한다.

"이들 두 가지 길이 있다."(목샤 다르마. 24-6)
"오로지 이들 두 가지 길만이 있다."

여기 기타 경전에서도 두 가지 길이 말해지고 있다. 이제 우리는 계시서, 전승서 그리고 추론으로 무지와 그 결과가 제거되어야 한다는 것을 배운다. 계시서의 다음의 구절들이 인용될 수 있다.

"만약 이 세상에서 어떤 사람이 아트만을 안다면, 그 진정한 목적이 이루어진다. 만약 이 세상에서 어떤 사람이 아트만을 알지 못한다면, 큰 불행이 있을 것이

샹카라차리야의 바가바드 기타

다.”(케나 우. 2-5)

“그 즉 지고의 아트만을 아는 사람은 이와 같이 여기에서 불멸의 존재가 된다. 목적지에 도달할 다른 길은 없다.”(푸루샤 슉타)

“지혜로운 사람은 아무것도 두려워하지 않는다.”(타잇티. 우. 2-4)

무지한 사람에 대해서는,

“그러나 그에게는 (삼사라 즉 세상에 대한) 두려움이 있다.”(같은 책, 2-7)

“아비디야 즉 무지의 가운데에서 사는 사람들은…… 윤회하며, 장님에게 인도되는 장님처럼 미혹되어 잘못된 길을 밟는다.”(카타 우. 2-5)

“브람만을 아는 사람은 브람만 그 자체이다.”(만두. 우. 3-2-9.)

“누구든지 다른 신을 숭배하면서 ‘그는 다르고, 나도 다르다.’고 생각하는 사람은 알지 못한다. 왜냐하면 그는 신에게 짐승과 같기 때문이다.”(브리. 우. 1-4-10)

아트만을 아는 사람에 대해서는,

“그는 이 모든 것이 된다.”(같은 책, 1-4-10)

“사람들이 하늘을 가죽처럼 말 수 있을 때, (오로지 그때에만) 슬픔이 끝날 것이다.”(스베. 우. 6-20)

그리고 바가바드 기타 제5장 15절, 19절 그리고 제13장 28절의 구절들도 인용될 수 있다. 추론에 의해서도 우리는 같은 결론에 이르게 된다. 다음과 같이 말해진다.

“지식이 있는 사람은 파충류와 가시와 우물을 피한다. 무지한 사람은 그것들에게

당한다. 지식의 결과를 어떻게 짐작할 수 있는지를 보아라."(목샤 다르마, 201-16)

또한[161] 우리는 무지한 사람이 몸 등을 아트만이라고 여기고, 집착과 미움 등에 사로잡히며, 정당하거나 정당하지 않은 행위들을 행하며, 태어나고 죽지만, 반면에 해방된 사람들은 아트만이 몸 등이 아님을 알고, 집착과 미움을 포기하며, 그런 열망들이 인도하는 정당하거나 정당하지 않은 행위들에 더 이상 관여하지 않는다. 이것은 누구도 부인하지 못한다.

그러므로[162] 개별적인 나 즉 아트만이 무지에 의해 몸 등과 동일한 것처럼 보이는 것과 마찬가지로, 이슈와라 자신인 크쉐트라갸는 무지로 생겨난 조건들로 인해 구별되는 까닭에 삼사라에 매여 있는 존재로 보인다. 마치 깜깜한 밤에는 기둥이 무지로 인해 사람이라고 착각되는 것처럼, 모든 유한한 창조물들에게 공통적으로 개별적인 아트만이 몸 등 아트만 아닌 것과 동일하게 여겨지는 것은 무지로 인한 것이라는 점은 잘 규명된 진실이다. 그러나 그렇다고 하여 인간의 본질적인 특성이 실제로 기둥으로 옮겨가는 것은 아니다. 마찬가지로 의식은 결코 몸에 속하지 않는다. 즐거움과 고통, 둔함 등 몸의 어떤 속성들도 실제로 의식에, 아트만에 속할 수는 없다. 쇠퇴와 죽음 같은 그런 속성들은 무지로 인하여 아트만에 속하는 것으로 여겨질 뿐이다.

## 들판을 아는 자는 세상에 의해 정말로는 영향을 받지 않는다.

이의: 아닙니다. 두 가지 경우는 같지 않습니다. 기둥과 사람은 둘 다 인식의 대상들이며 즉, 아트만에게 외부적이며, 무지로 인하여 인식하는 자에 의해 하나가 다른 하나로 착각

---

161  이제 앞에서 언급한 추론이 이어진다.—(A.)
162  앞에서 보여 주었듯이, 지식과 무지는 종류와 결과에서 구분되므로. 비록 붓디와 같은 조건들을 통하여 나가 삼사라에 매여 있는 것처럼 보일지라도, 지고의 존재와 개별적인 나는 본질적으로 동일하다.—(A.)

되는 것이지만, 선생님은 각각 인식의 대상과 인식하는 자인 몸과 아트만이 서로 착각된다고 말합니다. 따라서 이것은 적절한 사례가 아닙니다. 그러므로[163] 몸은 비록 인식의 대상이지만 그것의 속성은 인식하는 자인 아트만에 실제로 속합니다.

대답: 아니다. 그러면 아트만도 무의식적인 것이 되기 때문이다. 만약 즐거움, 고통, 망상, 욕망, 미움 등과 같은 몸의 속성들이, 즉 인식의 대상인 크쉐트라의 속성들이 인식하는 자인 아트만에 속할 수 없다면, 그 차이의 이유를 설명할 필요가 있을 것이다. 즉, 어찌하여 무지로 인해 아트만에 속하는 것으로 여겨지는 인식의 대상인 크쉐트라의 몇몇 속성들은 실제로 아트만에 속하며, 쇠퇴와 죽음 같은 다른 속성들은 속하지 않는지를 설명할 필요가 있을 것이다. 이와 반대로, 우리는 크쉐트라의 그런 성질들은 실제로 아트만에 속하지 않는다고 추론한다. 왜냐하면 쇠퇴와 죽음처럼 그것들도 무지에 의해 아트만에 속하는 것으로 여겨지기 때문이다. 또한 그것들은 피하거나 추구하는 대상들이기 때문이다. 따라서 인식의 대상에 뿌리를 두고 있으며 행하고 즐기는 데 있는 삼사라는 오로지 무지에 의해 인식자에게 속한다고 여겨질 뿐이다. 인식자는 그것으로 인해 영향을 받지 않는다. 이것은 마치 어린 아이들이 무지로 인해 아카샤 즉 에테르가 더러움과 오목함이라는 속성들에 영향 받는다고 생각하지만 실제로는 그렇지 않은 것과 마찬가지다.

따라서 비록 모든 크쉐트라들 안에 존재하지만 신인 크쉐트라갸가 세상에 매여 있는 자의 성질을 지닐 수 있다는 것은 상상할 수 없다. 우리의 경험 어디에서도 우리는 무지로 인해 물질을 아는 자에 속한다고 그릇되게 여겨지는 어떤 성질에 의해 그것이 영향 받았다는 증거를 찾을 수 없다.

비유가 비슷하지 않다는 주장에 대해서는, 그렇게 말하는 것은 잘못이라고 우리는 대답한다. 왜 그런가? 예와 예를 든 것 사이의 일치에서 의도된 요점은 어떤 것이 무지로 인하여

---

**163**　나를 몸과 동일시하는 것은 단순한 환영(브람마bhrama)이 아니므로.

그릇되게 귀속된다는 점이었다. 이런 점에서는 둘 다 그렇다. 그러나 대상의 성질들의 주체에 대한 그릇된 귀속은 경험되지 않는다는 주장에 대해서, 그런 논쟁조차 쇠퇴와 죽음의 경우에는 옳지 않다는 점을 앞에서 보여 주었다.

## 무지는 아트만에게가 아니라 기관에 내재해 있다.

이의: 무지를 가지고 있기 때문에 크쉐트라갸가 삼사라에 매여 있습니다.

대답: 아니다. 무지는 타마스에서 생겨나기 때문이다. 무지는 베일의 성질을 띠고 있다. 따라서 진실에 반대되는 지각을 일으키건, 의심을 일으키건, 진실의 비지각을 일으키건, 무지는 타마스적인 개념이다. 분별의 빛이 밝아 오면, 그것은 사라진다. 예를 들면 우리는 또한 티미라 즉 시야를 침침하게 하는 눈병에서도 비지각 등 무지의 세 가지 형태와 동일한 것이 일어나는 것을 발견한다. 티미라는 베일의 성질을 띠고 있으므로 타마스적이다.[164]

이의: 무지는 인식하는 자가 본래 가지고 있는 성질(다르마)입니다.

대답: 아니다. 왜냐하면 우리가 알듯이, 티미라라는 질병에 걸린 것은 시각 기관이기 때문이다.

대답에 대한 설명: 당신(반론자)은 말한다. 무지는 인식하는 자가 본래 가지고 있는 성질이다. 이 무지를 가지고 있기 때문에 물질을 아는 자는 세상에 매여 있는 사람이다. 그러므로 크쉐트라갸가 삼사린 즉 세상의 사람이 아니라 이슈와라 자신이라고 말하는 것은 타당하지 않다.

우리는 대답한다: 그렇게 말하는 것은 옳지 않다. 왜냐하면 우리는 진실에 반하는 지각 등으로 이끄는 그런 질병들은 눈에, 기관에 속한다는 것을 알기 때문이다. 진실에 반하는 지

---

164  다시 말하면, 세 가지 형태 혹은 무지는 어떤 장애로 인한 것이며, 따라서 나의 속성들이 아니다. —(A.)

각도, 그것 즉, 티미라라는 질병의 원인도 지각하는 자에게 속하지 않는다. 눈이 치료되어 티미라가 제거되면, 지각하는 자는 더 이상 그런 지각에 빠지지 않기 때문이다. 따라서 그것은 지각하는 자의 성질이 아니다. 마찬가지로, 비지각, 그릇된 지각과 의심 및 그것들의 원인도 기관 즉 이런저런 감각 기관들에 속할 뿐, 인식하는 자인 크쉐트라갸에 속하는 것이 아니다. 더욱이, 그것들은 모두 인식의 대상들이며, 따라서 등잔의 불빛과 마찬가지로 인식하는 자의 성질을 이룰 수 없다. 그리고 그것들은 인식될 수 있으므로, 그것들 또한 인식하는 자와 별개인 어떤 기관을 통해서만 인식될 수 있는 것이다. 그리고 모든 감각 기관들이 부재하는 해방의 상태에서 무지와 같은 악이 있다는 것을 인정하는 철학자는 아무도 없다. 열이 불의 본질적인 특성이듯이, 그것들 즉 그릇된 지각 등이 나 즉 크쉐트라갸의 본질적인 특성들이라면, 언제라도 그것들을 없앨 수는 없을 것이다. 그리고 변함이 없고 형태가 없으며 공간처럼 모든 곳에 편만한 아트만이 어떤 무엇과 합쳐지거나 나뉘는 것은 불가능하다. 그러므로 우리는 크쉐트라갸는 언제나 이슈와라와 동일하다는 결론을 내린다. 신은 또한 "시작도 없고 속성들도 없는 존재"[165]라고 말한다(제13장 31절).

## 경전의 명령들은 오로지 속박의 상태에서만 적용된다.

이의: 그런데 세상과 세상의 사람들이 존재하지 않는다면, 필연적으로 경전은 아무런 소용이 없다는 결론에 이르게 됩니다.

대답: 아니다. 왜냐하면 그것은 모두에 의해 인정되고 있기 때문이다. 아트만의 존재에 대해 논쟁하는 모든 철학자들이 그들의 체계 안에서 인정한 사항에 이의를 제기한다면, 그것을 설명할 책임은 그들 가운데 한 사람에게만 있는 것이 아니다. 모든 부류의 철학자들이 어떤

---

**165** 여기에서 신 크리슈나는 나는 속성들이 없다고 가르친다.—(A.)

식으로 그들의 체계 안에서 이 이의를 인정하고 있는가? 아트만의 존재를 인정하는 모든 철학자들은 해방된 아트만이 삼사라 혹은 삼사라에 묶여 있는 존재 상태를 의식하지 않는다는 점에 동의한다. 경전이 아무런 소용이 없다는 이의에 그들의 체계들이 개방되어 있다고는 믿어지지 않는다. 그러므로 우리의 견해에 따르면, 크쉐트라갸들이 신과 하나가 될 때, 경전이 아무런 소용이 없도록 놓아두어라. 그렇지만 무지가 있는 곳에는 소용이 있다. 모든 부류의 이원론자들에게는 경전이 해방의 상태가 아니라 속박의 상태에서만 소용이 있는 것처럼, 우리에게도 역시 마찬가지다.

## 속박과 해방은 아트만의 실제 상태가 아니다.

반론: 모든 이원론자들은 속박과 해방의 상태가 아트만의 실제 상태이며, 말 그대로 실재한다고 주장합니다. 그러므로 피해야 하는 것과 얻어야 하는 것이 실제로 존재하고, 그곳에 이르는 수단들도 역시 존재하므로 경전은 소용이 있다고 합니다. 그러나 비이원론자들이 보기에, 이원적인 세계는 실재하지 않습니다. 그리고 아트만의 속박은 무지로 인한 것이므로 그것 또한 실재가 아닙니다. 그러므로 경전은 다룰 주제를 가지고 있지 않으며, 따라서 그것은 소용이 없습니다.

대답: 아니다. 아트만은 여러 상태들에서 실제로 존재할 수 없다. 만약 속박과 해방이 아트만의 상태들이라면, 그것들은 동시에 존재하거나 연속적으로 존재해야 한다. 그것들은 서로 상반되므로 아트만의 동시적인 상태들이 될 수 없다. 그것은 움직임과 정지가 어떤 것의 동시적인 상태일 수 없는 것과 마찬가지다. 만약 연속적이라면, 그것들은 다른 하나에 기인하거나 기인하지 않는다. 만약 다른 하나에 기인하지 않는다면, 해방은 있을 수 없다. 만약 다른 하나에 기인한다면, 그것들은 아트만 안에 본래 내재할 수 없으며, 따라서 실재일 수 없다. 그

샹카라차리야의 바가바드 기타

리고 이것은 가정에 상반된다.[166] 더욱이, 만약 우리가 그것들의 발생 순서를 결정한다면, 속박의 상태가 먼저 와야 하며, 그것의 시작은 없지만 끝은 있어야 한다. 그리고 이것은 모든 증거에 상반된다. 마찬가지로, 해방의 상태는 시작이 있고 끝이 없다는 점이 인정되어야 한다. 그것도 역시 모든 증거들에 상반된다. 하나의 상태에서 다른 상태로 이동하는 것이 영원성을 지니고 있는 것도 가능하지 않다.

그런데 만약 비영원성의 반론을 피하기 위하여 속박과 해방의 상태가 아트만에 속하지 않는다고 주장한다면, 심지어 이원론자들조차 경전이 아무런 소용이 없다는 반론을 피할 수 없을 것이다. 이원론자들과 비이원론자들은 이와 같이 비슷하게 위치해 있으므로, 그 이의에 대답해야하는 책임은 비이원론자들에게만 있는 것이 아니다.

## 경전의 명령들은 깨닫지 않은 사람들에 관한 것이다.

사실상, 경전이 아무런 소용이 없을 것이라는 반론은 비이원론에 적용될 수 없다. 왜냐하면 경전은 사물들을 자신의 의식에 나타나는 대로 보는 무지한 사람들에 대한 것이기 때문이다. 무지한 사람들은 자신을 원인과 결과에[167], 아트만이 아닌 것에 동일시한다. 그러나 지혜로운 사람들은 그렇지 않다. 그들은 아트만이 원인 및 결과와 별개라는 것을 알기에 자신을 원인 및 결과와 동일시하지 않는다. 가장 우둔한 사람들이나 가장 비정상적인 사람들조차도 물과 불, 빛과 어둠이 동일하다고 여기지 않는다. 지혜로운 사람들은 얼마나 덜 그러하겠는가. 그러므로 경전의 명령과 금지들은 아트만이 원인 및 결과와 별개임을 아는 사람에게 적용되지

---

**166**  속박과 해방의 상태들이 나의 실제 상태라는 가정.
**167**  원인은 행위자이고 결과는 즐김이다. 혹은, 원인은 카르마, 아드리슈타이고, 결과는 카르마로 인해 생기는 몸이다.—(A.)

않는다. 물론, 어떤 사람이 "이렇게 해라, 오, 데바닷타여."라는 말로 행위를 하도록 명령 받았다면, 가령 비슈누 미트라라는 이름의 다른 사람은 비록 가까이 있다가 그 명령의 말을 들어도 자신이 그렇게 명령 받았다고 생각하지 않는다. 그렇지만 만약 그 명령이 누구에게 내려진 것인지를 그가 잘 몰랐다면, 그는 그렇게 생각할 수도 있을 것이다. 여기에서 원인과 결과의 경우에도 이와 마찬가지다.

이의: 비록 지혜로운 사람이 아트만은 원인 및 결과와 연관이 없다는 것을 알고 있다고 하더라도, 자신이 하나의 바람직한 목적을 얻게 하는 어떤 행위 방식을 택하도록, 혹은 악으로 이끄는 어떤 다른 행위 방식을 피하도록 명령 받았다고 생각하며, 자신을, 아비디야(프라크리티)에 의해 일단 확립된 (아트만과 몸 등 사이의) 연결에 관하여, 여전히 경전의 명령에 매여 있다고 여기는 일은 충분히 가능합니다. 이것은 마치 아버지와 그의 아들들[168]이 비록 자신이 모두 서로 별개의 사람들이라는 것을 알더라도, 그들 각자가 자신들 가운데 나머지 사람들에게 내려진 명령과 금지들에 의해 매여 있다고 여기는 것과 같습니다.

대답: 아니다. 어떤 사람이 아트만을 자신과 동일시하는 것은 아트만이 원인 및 결과와 연관이 없다는 지식보다 우선한다. 왜냐하면 어떤 사람이 아트만은 원인 및 결과와 전혀 관련이 없다는 지식에 도달하는 것은 경전의 명령과 금지들을 잘 준수한 다음일 뿐이기 때문이다. 그 이전이 아니다.[169] 그러므로 경전의 명령과 금지들은 오로지 무지한 사람들에 관한 것이라는 결론에 이르게 된다.

이의: 아트만이 몸으로부터 독립적이라는 것 등을 아는 사람들도, 몸을 아트만으로 여기는 사람들도, 비이원론자들에 따르면 "천국을 원하는 사람은 희생을 해야 한다.", "누구도 칼란자를 먹어서는 안 된다."와 같은 명령들에 관심이 없습니다. 이와 같이 경전의 명령들을

---

**168**  브리. 우. 1-5-17을 보라.
**169**  베단타 수트라 Ⅲ. 4. 26~27을 보라.

지킬 사람이 아무도 없으므로 경전은 아무런 소용이 없습니다.

대답: 경전을 통해서만 아트만을 아는 사람의 경우에는 명령 받은 행위를 행하는 것과 금지된 행위를 삼가는 것이 가능하다. 브람만을 알고 크쉐트라갸가 신과 하나임을 깨달은 사람은 확실히 베다 의식에 참여하지 않는다. 아트만과 다른 세계의 존재를 부정하는 사람도 그런 의식에 참여하지 않는다. 하지만 오로지 경전의 명령들에서만 아트만에 관한 개념을 얻는 사람 즉, 어떤 행위들을 명령하고 어떤 행위들을 금지하는 경전의 가르침을 다른 방식으로는 납득할 수 없으므로 아트만의 존재를 믿는 사람[170]은 베다 의식의 결과들에 대한 갈망을 품고서 그것들을 열심히 행한다. 이것은 우리 모두에게 명백한 사실이다. 그러므로 경전이 아무런 소용이 없다고 말할 수는 없다.

이의: 지혜로운 사람이 베다 의식을 행하지 않는 것을 보게 되면, 그들을 따르는 사람들도 역시 그런 의식들을 행하지 않을 것입니다. 그러면 경전은 아무런 소용도 없어질 것입니다.

대답: 아니다. 왜냐하면 지혜에 이르는 사람은 매우 드물기 때문이다. 사실, 우리가 지금 보듯이, 지혜에 이르는 사람은 수많은 사람들 가운데 한 명 정도에 불과하다. 무지한 사람은 지혜로운 사람을 따르지도 않는다. 집착과 다른 악한 열망들은 반드시 행위로 나아가게 하기 때문이다. 우리는 사람들이 검은 마법을 행하는 데 몰두하는 것을 본다. 결국, "행위를 하는 것은 바로 자연이다."(제5장 14절)라고 앞서 말했듯이, 행위는 사람에게 자연스러운 것이다.

그러므로 삼사라는 오직 무지에 기초할 뿐이며, 자신에게 나타나는 대로 세상을 보는 무지한 사람에게만 존재한다. 무지와 그것의 결과는, 순수하고 단순한 크쉐트라갸에게 속하지 않는다. 환영적인 지식도 실재하는 것에게 영향을 줄 수가 없다. 예를 들어, 신기루의 물은 결코 습기를 머금은 진흙 토양을 만들 수 없다. 마찬가지로, 무지도 역시 크쉐트라갸에게 아

---

**170** 나가 존재하며 몸이 죽어도 살아 있다는 것 정도를 아는 사람. 이런 확신은 카르마 칸다의 가르침에 기초하여 형성된다.

무엇도 할 수 없다. 그러므로 "내가 크쉐트라갸임을 알아라."(제13장 2절) 그리고 "지혜는 무지에 의해 덮여 있다."(제5장 15절)라고 하였다.

## 배웠으나 미혹된 사람들

이의: 판디트 즉 학자들도 세상 사람처럼 "나는 이런저런[171] 사람이다.", "이것[172]은 나의 것이다."라고 느끼는 것은 어째서입니까?

대답: 들어 보아라. 그들은 몸 자체를 자신의 아트만이라고 여기는 것을 배웠을 뿐이다.[173]

반면에, 만약 그들이 불변하는 크쉐트라갸를 진정으로 안다면, 그들은 "그것이 나의 것이기를."이라는 애착이 담긴 행위나 즐거움을 바라지 않을 것이다. 행위와 즐거움은 상태의 변화에 불과하기 때문이다.

결과들을 갈망하며 행위에 관여하는 사람은 무지한 사람이다. 이와 반대로, 불변하는 아트만을 보는 지혜로운 사람은 결과들에 대한 갈망을 간직하지 않으며, 따라서 행위에 관여하지 않는다. 그리고 그 결과로 몸과 감각 기관들의 집합체의 행위가 그칠 때 우리는, 오직 비유적으로, 그는 행위를 그친다고 말한다.

그리고 다른 부류의 학자들이 배우는 또 다른 종류의 학식이 있다. 그것은 다음과 같이 말할 수 있을 것이다. 즉, 신 자신이 크쉐트라갸이며, 크쉐트라는 그것을 인식하는 크쉐트라갸와 확실히 다르다. 그러나 나는 즐거움과 고통에 매인 삼사린 즉 세상 사람이다. 삼사라를

---

171  우월한 탄생 등을 가리킨다.
172  아내, 자식 등을 가리킨다.
173  즉, 이런 믿음을 가진 사람들은 올바른 의미의 판디트가 아니다. 우리는 그런 믿음의 존재를 인정하며, 그것을 환영으로 인한 프라티바시카로 여길 뿐이다. 반면에, 절대 진실의 관점에서는, 나는 삼사라에 영향 받지 않는다.

그치게 하려면, 나는 먼저 크쉐트라와 크쉐트라갸를 분별하는 지식을 얻어야 하며, 그 뒤에는 신에 대한 명상을 통해 신인 크쉐트라갸를 직접 지각해야 한다. 그리고 그 다음에는 신의 진정한 성품 안에 거해야 한다.[174] 이와 같이 배우고 이와 같이 가르치는 사람[175] 둘 다 크쉐트라갸가 아니다.

이런 관점을 가진 채 속박과 해방에 관한 경전의 의미를 이해하려고 하는 자는 학자들 가운데 가장 수준 낮은 사람이다. 그는 아트만을 죽이는 자다. 그는 자신도 모르면서 다른 사람들까지 미혹에 빠뜨린다. 그는 경전의 가르침들을 이해하는 전통적인 열쇠를 가지고 있지 않기 때문이다. 경전에서 직접적으로 가르치는 것[176]을 무시하고서 그는 가르치지 않은 것을 주장한다. 그러므로 전통적인 해석에 정통하지 않은 사람은 비록 모든 경전들을 배웠다고 해도 무지한 사람으로 간주하고 무시해야 한다.

## 아트만이 삼사라와 관련이 있다는 것은 거저 망상이다.

이제, 만약 이슈와라가 크쉐트라갸와 하나라면 이슈와라는 삼사린일 것이며, 만약 크쉐트라갸들이 이슈와라와 하나라면 삼사린이 없기 때문에 삼사라도 없을 것이라는 이의에 대해 말하자면, 이런 이의들은 지식과 무지는 종류와 결과 면에서 별개라는, 모두가 인정하는 말[177]에 의해 반박되었다. 설명을 하자면, 진정한 실체 즉, 이슈와라는 그 진정한 실체에 대한 무지로 인하여 그에게 귀속된다고 여겨지는 결함에 의해 영향을 받지 않는다. 이것은 또한 신기루의 물이 토양을 적시지 않는다는 사실을 예로 들어 설명하였다. 그리고 삼사린이 없다면

---

**174** 개별적인 자아는 신과 별개이며, 명상을 통해 얻어질 수 있는 지식에 의해 이슈와라의 상태에 이르도록 노력해야 한다. — (A.)

**175** 즉, 학생과 선생.—(A.)

**176** "그대는 그것이다.", "이 나는 브람만이다."(만두. 우.)와 같은 구절에서.

**177** 즉, 신과 영혼은 실상은 하나이지만, 환영이 크쉐트라갸를 삼사린으로 만든다는 말.—(A.)

삼사라도 있을 수 없다는 것에 바탕을 두고 제기된 이의는 세상과 세상에 묶인 사람은 무지의 창조물이라는 설명에 의해 대답되었다.

이의: 크쉐트라갸가 무지에 사로잡혀 있다는 사실이 바로 그를 삼사린으로 만듭니다. 그리고 행복과 고통 등 그것의 결과는 직접적으로 지각됩니다.

대답: 아니다. 왜냐하면 지각되는 것은 크쉐트라의 속성이기 때문이다. 그리고 크쉐트라갸 즉 인식하는 자는 그것으로 인한 흠에 의해 손상될 수 없다. 설명을 하자면, 어떤 흠이든지 크쉐트라갸에게 본래 내재하는 것이 아니지만 그대가 그에게 속한다고 보는 것은 인식의 대상에 속하게 되며, 그러므로 크쉐트라갸의 특성이 아니라 물질의 특성을 이룬다. 크쉐트라갸는 그것에 영향 받지도 않는다. 왜냐하면 인식자와 인식 대상의 그런 밀접한 연합은 불가능하기 때문이다. 만약 그런 연합이 있다면, 그런 흠은 인식될 수 없을 것이다. 즉, 만약 고통과 무지가 아트만의 특성들이라면, 어떻게 그것들이 직접적인 지각의 대상들일 수 있겠는가?[178] 혹은, 그것들이 어떻게 아트만의 특성들로 간주될 수 있겠는가?[179] 알려질 수 있는 모든 것은 크쉐트라이며(제13장 5-6절) 크쉐트라갸가 바로 아는 자라는 것은 이미 명백히 증명되었다. 따라서 무지와 고통 등은 크쉐트라갸의 속성들과 특유의 특성들이며 그것들은 그렇게 직접적으로 지각된다고 말함으로써 앞의 내용에 반하는 주장을 한다면, 그것은 순전한 무지로 인한 것이다.

## 무지 등이 아트만과 관계가 있다는 지각은 망상에서 온 것이다.

반론자: 이 무지는 누구의 것입니까?

---

**178** 만약 나가 그 자신의 특성들을 지각할 수 있다면, 그는 또한 자기 자신을 지각할 수 있을 것이다. 그것은 어불성설이다. 왜냐하면 하나이며 같은 것은 행위자인 동시에 행위의 대상일 수 없기 때문이다.
**179** 예컨대, 색깔과 모양 등 지각되는 것은 무엇이든지 지각하는 자의 특성일 수 없다.

상카라차리야의 바가바드 기타

[질문에 대한 설명: 잘못된 이해의 원인인 이 무지는 독립적인 실체가 아니며, 독립적인 존재를 갖는 다른 어떤 것 안에 내재해야 한다. 그러나 그것은 본래 칫 즉 의식에 내재할 수 없으며, 칫 바깥에는 독립적인 실체가 없다. 그러므로 이런 질문을 하는 것이다.―(A.)]

대답: 그것을 본 사람이면 누구나에 의해.

[대답에 대한 설명: 당신은 무지가 독립적인 실체인 어떤 것의 속성으로서 내재하는지를 알기 위해 질문했는가, 아니면 그것이 내재하는 그 실체가 무엇인지를 알기 위해 질문했는가? 우선, 질문할 이유가 전혀 없다. 왜냐하면, 만약 무지가 인식된다면, 그것은 스스로 존재할 수 없으므로 다른 어떤 것에 내재하는 것으로 인식되어야 한다. 반면에 만약 무지가 인식되지 않는다면, 당신은 무지가 존재하는지 여부를 어떻게 알겠는가?

아마도 반론자는 무지는 어떤 실체에 내재하는가를 묻고자 한 것으로 보인다. 따라서 다음의 질문이 이어진다.―(A.)]

반론자: 그것은 누구에게 보입니까?

대답: 이 점에 관하여 우리는 말한다. "무지는 누구에게 보이는가?"라고 질문하는 것은 아무런 소용이 없다. 왜냐하면, 만약 무지가 지각된다면, 당신은 또한 그 무지를 가진 사람도 지각하기 때문이다. 그것의 소유자가 지각될 때, "그것은 누구의 것인가?"라고 묻는 것은 적절하지 않다. 소들의 소유자가 보일 때는 "저 소들은 누구의 것인가?"라고 물을 이유가 없다.

[대답에 대한 설명: 무지는 인식의 대상이고, 그것이 내재하는 아트만은 사람의 의식 안에서 자신을 드러낸다. 따라서 거기에는 질문할 이유가 없다.―(A.)]

반론자: 그 예화는 적절한 예라고 볼 수 없습니다. 소들과 그 소유자는 직접적인 지각의 대상들이기 때문에 그들의 관계도 역시 직접적인 지각의 대상입니다. 따라서 질문은 의미가 없습니다. 하지만 무지와 그 소유자는 둘 다 직접적인 지각의 대상이 아닙니다. 만약 직접적인 지각의 대상이라면, 질문은 의미가 없을 것입니다.

대답: 비록 무지가 관련되는 어떤 특정한 실체를 당신이 안다고 해도 그것을 직접 지각하지 못한다면, 당신에게 무슨 소용이 있겠는가?

[그 의미는 이렇다. 즉, 비록 당신이 무지가 어떤 실체에 내재하는지를 안다고 할지라도, 무지의 소유자가 직접 지각되지 않는다면, 당신이 질문할 이유가 어디에 있겠는가?

반론자는 대답의 진정한 취지를 이해하지 못하고 다음과 같이 말한다.—(A.)]

반론자: 무지는 악의 근원이기 때문에 제거되어야 합니다. [그래서 나는 무지가 누구의 것인지를 알기 위해 질문합니다.—(A.)]

대답: 무지를 가진 사람이 그것을 제거할 것이다. [그리고 다른 사람은 그렇게 할 수 없다.—(A.)]

반론자: 무지를 가지고 있는 것은 나이고, 내가 그것을 노력하여 없애야 합니다.

대답: 그렇다면 당신은 무지와 그것의 소유자인 아트만을 알고 있다. [따라서 당신의 질문은 의미가 없다.—(A.)]

반론자: 나는 알지만, 직접적인 지각에 의한 것은 아닙니다. [그래서 질문하는 것입니다.—(A.)]

대답: 그렇다면 당신이 아트만을 아는 것은 추론에 의한 것이다.[180] 당신은 어떻게 하여 아트만과 무지의 관계를 지각할 수 있는가? 당신의 아트만이 무지를 인식하는 동시에 당신이 당신의 아트만을 무지와 관련된 것으로 지각하는 것은 불가능하다. 왜냐하면 인식하는 자인 아트만은 그 순간 무지의 지각자로서 행동하기 때문이다.[181] 지각하는 자 즉 아트만과 무지 사이의 관계를 인식하는 별개의 인식자도 있을 수 없고, 그 관계에 대한 별개의 인식도 있을 수 없다. 그렇다면 당신은 무한회귀의 오류를 범할 것이기 때문이다. 다시 말하면, 만약 인식자인 아트만과 인식 대상 사이의 관계가 인식될 수 있다면, 또 다른 인식자가 존재한다는 것이 가정되어야 하며, 그 다음에는 그 인식자를 인식하는 또 다른 인식자가 존재해야 하고, 그 다

---

**180** 추론이 여기에서 의미하는 것은 다음과 같다고 할 수 있을 것이다. 즉, 나는 고통과 같은 무지의 결과들을 느끼기 때문에 나는 분명히 무지의 소유자일 것입니다. 만약 내게 무지가 없다면, 나는 그것의 결과들을 느끼지 않아야 합니다. 왜냐하면, 예컨대 해방된 영혼들처럼 무지가 없는 사람들은 무지의 결과들을 느끼지 않기 때문입니다.—(A.)
**181** 나는 동시에 지각하는 자 이면서 지각되는 대상일 수 없다.—(A.)

음에는 그 인식자를 인식하는 또 다른 인식자가 다시 존재해야 한다. 이것은 계속된다. 이와 같은 연속은 끝이 없을 것이다. 반면에, 만약 무지 혹은, 그 문제에 관한 다른 어떤 것이 인식의 대상이라면, 그것은 늘 오직 인식의 대상일 뿐이다. 그러므로 인식자도 늘 인식자이다. 그는 결코 인식의 대상이 될 수 없다. 따라서[182] 크쉐트라갸 즉 인식자는 무지나 고통 등에 의해 전혀 오염되지 않는다.

이의: 이런 오점은 아트만 안에 있습니다. 즉, 그는 오점들로 가득 찬 크쉐트라 즉 물질의 지각자인 것입니다.

대답: 아니다. 변함없는 의식인 아트만을 인식자라고 하는 것은 단지 말의 표현일 뿐이다. 이것은 마치 불이 그 열로 열을 내는 행위를 하고 있다고 표현하는 것과 같은 것이다. 우리는 여기 제2장 19절, 제3장 27절, 제5장 15절 등에서, 아트만은 본래 행위나 그것의 부속물 혹은 그것의 결과들과 아무런 관계가 없으며, 그것들은 무지에 의해 아트만의 탓으로 돌리고 있으며, 따라서 그것들은 오직 말의 표현에 의해 아트만에 속한다고 말해지는 것뿐임을 신이 가르치는 것을 보았다. 그리고 우리는 또한 어떻게 신이 동일한 진리를 계속해서 가르치고 있는지를 보여줄 것이다.

이의: 만약 아트만이 행위 혹은 그것의 부속물들이나 그것의 결과들과 아무런 관계가 없다면, 그리고 만약 그것들이 무지로 아트만에 돌려지고 있다면, 의식ritual(카르마)들은 지혜로운 자들이 아니라 오로지 무지한 자들을 위한 것이라는 결론이 뒤따르게 됩니다.[183]

대답: 그렇다.[184] 제18장 11절에 대한 주석에서 우리가 설명하듯이 그런 결론이 뒤따르게 된다. 그리고 모든 경전의 가르침들이 요약되는 부분 즉 제18장 50절에서, 우리는 이 점을 더욱 상세히 다룰 것이다. 여기에서는 이 주제에 대해 더 상세히 설명할 필요가 없다. 따라서

---

**182** 왜냐하면 나는 그 너머의 어떤 것에 의해 인식될 수 없으며, 무지가 나 안에 내재한다는 어떤 증거도 없기 때문이다. 그리고 나는 의식의 모든 면 안에서 그 자신을 드러낸다.―(A.)
**183** 그리고 이것은 지식으로 희생 의식들을 행해야 한다고 빈번히 얘기하는 경전과 반대된다.―(A.)
**184** 의식을 행하는 자들에게 경전은 나에는 배고픔 등 모든 속성들이 없다는 지식뿐 아니라, 나가 몸 너머에 존재한다는 지식을 요구한다.

지금은 이만 결말을 짓는다.

## 가르침의 요약

이제 크쉐트라에 관한 대화 즉, 제13장의 가르침을 요약하는 구절이 이어진다. 이것은 이미 13장 1, 2절에 간략히 포함되어 있다. 왜냐하면 다음에 상세히 설명되는 가르침 전체의 요약을 미리 알리는 것이 적절하기 때문이다.

**3. 이제 들어보라. 들판이 무엇인지, 그것의 내용, 변형들과 기원을 내가 그대에게 간략하게 말해주겠다. 또한 들판을 아는 자가 누구이며, 그의 능력이 무엇인지도 말 해주겠다.**

'크쉐트라'는 '이 몸'(제13장 1절)이라고 언급된 것을 가리킨다. '크쉐트라가 무엇인지'는 그것 자체에서 그것이 무엇인지이다. '그것의 내용에는 어떤 것들이 있는지'는 그것의 속성들에서 그것이 무엇인지이다. '그것이 어디로부터 오는지'는 어떤 원인들로부터 어떤 결과들이 나오는지를 말한다. '그가 누구인지'는 크쉐트라갸라고 일컬어진 자는 누구이며, 조건(우파디)들 즉 눈 등의 환경들로부터 일어나는 그의 힘들(보는 능력 등 프라바바들, 샥티들)은 무엇인지를 말한다. 그대는 크쉐트라와 크쉐트라갸의 진정한 성질을 이 모든 구체적인 면들로써 간략히 설명하는 나의 말을 들어라. 그 말을 들으면 그대는 진리를 이해할 것이다. '이것을'은 크쉐트라와 크쉐트라갸를 이 모든 면들에서 이해해야 한다는 것을 암시한다.

# 가르침들에 대한 찬미

이제 신은 듣는 자의 마음에 관심을 불러일으키기 위하여 자신이 가르치겠다고 제안한 것 즉, 크쉐트라와 크쉐트라갸의 진정한 성질에 관한 가르침을 찬미한다.

**4. 이러한 진리들은 여러 방법들로 위대한 현자들에 의해 노래되었다. 특히 브람만에 관해서는 정확한 논거로 자세히 설명되었다.**

'현자(리쉬)들'이란 바시슈타와 같은 현자들이다. '찬가'란 리그베다와 같은 찬가들이다. 크쉐트라와 크쉐트라갸의 진정한 내용은 브람마 수트라들에서도 설명되었다. 즉, "그분을 오로지 나로서만 묵상하라."(브리. 우. 1-4-7) 등 브람만을 다루는 구절들에서도 설명되었다. 그것들은 논거들로 가득하며, 의심의 여지를 남기지 않는다. 그것들은 분명한 지식을 전한다.

# 모든 형상들에 있는 물질

(가르침에 대한) 이 칭찬을 듣고서 들을 준비가 된 아르주나에게 신은 말한다.

**5. 나는 그것들에게 간단하게 이름을 붙여 말하겠다. 눈에 보이지 않는 프라크리티**(아비약타 프라크리티 즉 비현현의 자연, 물라 프라크리티, 프라크리티의 바탕)**와 눈에 보이는 것들로 된 우주**(비약타 프라크리티)**이다. 눈에 보이는 것들로는 자아**(나라는 개념인 아함카라)**와 지성**(판단을 내리는)**, 마음**(자극이나 충동을 받아 그것의 반응을 행위기관에 보내는)**, 흙과 물과 불과 공기와 공간이라는 다섯 대 원소들**(공간, 공기, 불, 물, 흙, 물질의 모든 변형들은 이것들로 퍼져 있다)**, 다섯 감각 기관들**(눈, 피부 등)**과 다섯 행위 기관들**(손, 발, 입, 항문과 생식기)**, 다섯 감각의 대상들**(소리, 촉감, 형상

대 원소(마하부타들, 5대 원소)들은 그것들이 모든 비카라들, 즉 모든 물질의 변형들에 가득 차 있기 때문에 그런 이름으로 불린다. 여기에서 가리키는 원소들은 미세한 원소들(숙슈마)이며, 거친(스툴라) 원소들이 아니다. 후자는 '감각의 대상들'이라고 불릴 것이다.

'자아(아함카라)'는 자기의식, 자아의 의식이며 대 원소들이 일으킨 것이다. '이성(붓디)'은 결심이라는 말로 정의되며 자아가 일으킨 것이다. 이성의 원인은 나타나지 않는 것(아비얕타), 아비야크리타 즉 분화되지 않은 것이며, 제7장 14절에서 말하는 신의 에너지(이슈와라 샥티)[185]이다. '열 가지 감각들'은 다섯 가지 지식의 감각들 즉 듣는 것 등이며, 그것들이 지식을 낳기 때문에 이런 이름으로 불리는데 이것들과 다섯 가지 행위의 감각들 즉 말과 손 등이며, 그것들이 행위를 일으키기 때문에 이런 이름으로 불리는데, 이것들로 이루어져 있다. '마음'은 마나스이며, 이것은 생각과 목적들 등으로 이루어져 있고 열한 번째 감각이다. '다섯 감각의 대상들'은 소리 등을 가리킨다. 샹키야는 이것들을 스물넷의 탓트바 즉 원리들이라고 부른다.

6. **욕망**(대상들에 대한 강렬한 바람, 라자스에에서 일어난 생각의 파동)**과 미움, 고통과 쾌락, 지성과 마지막으로 인내**(드리티, 의지, 결심, 확고함, 용기), **이 모든 것들이 육체 안에 섞여 있다. 이 것들이 한계들과 변화들을 일으키는 들판을 만든다.**

이제 신은, 바이세시카들이 아트만에 내재하는 속성들이라고 말하는 것들조차도 크쉐트라갸의 속성들이 아니라 단지 크쉐트라(물질)의 속성들일 뿐이라고 가르친다. '집합체'는 몸과 감각들의 결합이다. '갈망'은 즐거움의 어떤 대상을 한 번 경험한 사람으로 하여금 그와 유

---

**185** 여기에서 말하는 이슈와라 샥티는 생명이 없는 물질, 7장 14절에서 마야라고 하는 것의 근원이며, 의식(차이탄야) 즉 여덟 가지 변형들을 갖는 물라프라크리티의 근원이 아니다.—(A.)

사한 대상을 다시 지각할 때, 즐거움을 얻기 위하여 이 대상을 붙잡으려 하도록 추진시키는 것이다. 이것 즉 갈망은 내적 감각의 특성이며, 그것은 인식될 수 있기 때문에 물질이다. '혐오'는 고통을 주는 어떤 대상을 한 번 경험한 사람으로 하여금 그와 유사한 대상을 지각할 때 그것을 싫어하도록 만드는 것이다. 이것 즉 혐오는 인식될 수 있기 때문에 물질일 뿐이다.

'즐거움'은 삿트와 원리로 이루어진 것으로서 마음에 들고 편안한 것이다. 심지어 이것도 인식될 수 있기 때문에 물질이다. '고통'은 불쾌한 것이다. 그리고 그것도 인식될 수 있기 때문에 물질이다. '지성'은 마치 불이 벌겋게 달구어진 쇳덩어리 안에서 자기를 드러내듯이 집합체 안에서 자기를 드러내는 정신적 상태이며, 나 의식과 유사한 것으로 가득한 것이다. 그것은 인식될 수 있기 때문에 크쉐트라(물질)이다. '용기'는 몸과 감각들이 위축되었을 때 그것들을 고양시키는 것이다. 그리고 이것은 인식될 수 있기 때문에 크쉐트라(물질)이다. 여기에서 언급된 욕망과 여러 성질들은 내적 감각의 모든 성질들을 대표한다. 신은 현재의 주제를 다음과 같이 결론짓는다. 크쉐트라는 마하트 등 그것의 변형들과 함께 이와 같이 간략히 묘사하였다.

## 아트만 지식에 도움이 되는 덕들

'이 몸'(제13장 1절)이라고 말해진 그것들의 전체에서 다양한 변화의 크쉐트라가 '대 원소들'로부터 '용기'[186]에 이르기까지 모든 그것의 다양한 형태들의 변화로서 묘사되었다. 크쉐트라갸의 특징적인 표시들은 간단히 묘사될 것이다. 제13장 12절에서 신은 크쉐트라갸를 직접 상세히 묘사할 것이다. 크쉐트라갸의 능력들의 지식을 통하여 불멸성에 이를 수 있다. 그러나 지금 신은 그 지식에 이르는 수단으로서 겸허와 같은 미덕들을 권하는데, 그것은 사람으로 하

---

**186**   우주적인 몸(사마스티데하)과 개별적인 몸(비야스티데하)들에 무관심해진(비락타) 사람만이 지식을 얻기에 적합하다는 것을 보여 주기 위하여 그 몸들이 여기에서 묘사되었다.—(A.)

여금 알 수 있는 존재the Knowable에 대한 지식을 얻기에 적합하도록 한다. 그 지식에 전념하는 산 야신은 지식의 길에 확고히 헌신한 사람이라고 불린다. 그리고 그것들은 지식을 얻는 수단이 므로 지식(갸나)이라고 불린다.

7. 그러므로 나는 그대에게 말한다. 겸손 하라. 해를 가하지 말라. 허세를 부리지 말라. 정직하라. 인내하라. 진정한 순종으로 그대의 스승을 섬겨라.

'겸손'은 자만심의 부재이다. '소박'은 자기의 미덕들을 자랑하지 않는 것이다. '해 끼치지 않음'은 어떤 살아 있는 존재에게도 해를 끼치지 않는 것이다. '인내'는 다른 사람들이 해를 끼칠 때 영향을 받지 않는 것이다. '스승을 섬김'은 해방에 이르는 방법을 가르치는 스승을 섬기는 행위를 하는 것이다. '순수'는 물과 흙을 이용하여 몸의 먼지를 씻어 내는 것이다. 마음의 내적 순수는 마음으로부터 집착과 다른 열망들을, 그것들과[187] 대립적인 개념들을 함양함으로써 제거하는 데 있다. '확고부동함'은 오로지 구원의 길에 모든 노력을 집중하는 것을 말한다. '자기통제'는 몸과 감각들의 집합체, 즉 자기를 제어하는 것이다. 이 집합체는 자기라고 말해진다. 왜냐하면 그것이 진정한 아트만에게 어느 정도 봉사하기 때문이다.[188] 자기 제어는 본래 온갖 방향들에 끌리는 몸과 마음을 오로지 바른 길로만 향하도록 이끄는 데 있다.

8. 감각의 대상들로부터 떨어져 있고(바이라기야), 자아를 벗어나라(안아한카라, 나는 모두보다 우수하다는 생각이 아한카라). 탄생, 노화, 고통, 죽음이 있는 인간 성품의 나약함을 자각하라.

---

**187** 모든 감각 대상들 안에 있는 악의 인식.—(A.)
**188** 주해서의 다른 해석에서는 '집합체'가 적대적이므로 억제되어야 한다고 말한다.

'애착이 없음'이란 소리 등 감각 대상들에 대한, 보이거나 보이지 않는 즐거움들에 대한 집착이 없는 것이다. '출생'의 고통은 자궁 안에 머물러야 하고 자궁을 통하여 태어나야 하는 데 있다. '죽음'도 비슷하다. '노령'의 고통은 지성과 힘의 쇠퇴 및 경멸을 당하는 데 있다. 두통과 같은 '질병'으로 인한 고통이나 '아픔'으로 인한 고통도 역시 알 수 있다. 그것은 자기 자신에게서 일어날 수도 있고, 외부의 행위자에 의해 생겨날 수도 있으며, 초자연적인 존재들에 의해 생길 수도 있다. '지각'이란 출생 등에 각각 어떤 고통이 있는지를 생각하는 것이다.

혹은 이 구절은 다음과 같이 해석될 수도 있다. 즉, 아픔 그 자체가 고통이다. 출생 등도 앞에서 본 것처럼 고통스러운 것으로 여겨져야 한다. 출생은 고통이다. 죽음은 고통이다. 노령은 고통이다. 질병은 고통이다. 출생 등은 모두 고통들이다. 왜냐하면 그것들은 고통을 낳기 때문이다. 그것들 자체는 본래 고통이 아니다.

출생 등에 있는 고통에 대한 이러한 지각으로부터, 몸과 감각들의 즐거움들에 대한 무관심이 일어난다. 그러면 감각들은 내면 가장 깊은 곳에 있는 나를 향하여 나를 일견하게 된다. 출생 등에 있는 고통에 대한 지각이 지식에 공헌하므로 그것은 자체로 지식이라고 불린다.

**9. 어느 것에도 노예가 되지 말라(무애착). 자식이나 배우자, 집이나 가정을 소유하기를 바라지 말라. 고통스러운 것과 즐거운 것을 차분하게 마주하라.**

'무애착'은 애착의 대상들을 이룰 수 있는 것들에 대한 선호의 부재를 말한다. '애정'은 애착의 강렬한 형태이며, 다른 사람과의 완전한 동일시를 가리킨다. 예를 들면, 다른 사람이 행복하거나 괴로워할 때 자신이 행복하거나 괴로워하고, 그리고 다른 사람이 살아 있거나 죽었을 때 자신이 살아 있거나 죽었다고 느끼는 것이다. '등'은 매우 소중한 다른 사람들, 다른 종속물들을 가리킨다. 집착 없음과 동일시의 부재는 지식으로 인도하기 때문에 지식이라고 불린다. '늘 유지되는 평온함'은 바라는 것을 얻어도 좋아하지 않고, 바라지 않는 것을 얻어도 괴로워하지 않는 것이다. 이 평온함도 역시 지식에 공헌하는 것이다.

**10. 흐트러지지 않는 가슴으로 나만을 흠모하라. 군중의 소란함 그것의 쓸데없는 소동을 물리치고, 그대의 모든 생각을 한적한 곳으로 돌려라.**

'흔들리지 않는 헌신'은 신 바수데바보다 높은 존재는 아무도 없으며, 따라서 그분만이 우리의 유일한 의지처라는 생각으로 유일자를 흔들림 없이 확고히 명상하는 것이다. 그리고 이 헌신은 지식에 공헌하는 것이다. '조용한 곳'은 자연적으로 불순들이 없거나 그렇게 만들어진 곳, 그리고 파충류와 도둑과 호랑이들에 대한 두려움에서 자유로운 곳이다. 밀림이나 강의 모래톱, 신의 사원 등이 그런 곳이다. 마음은 홀로 있을 때 고요해지며, 나에 대한 명상은 오직 홀로 있는 곳에서만 가능하다. 그러므로 인적 드문 곳에 자주 가는 것은 지식에 공헌하는 것이라고 말해진다. '군중이 모인 곳'은 깨달은 사람이나 수련된 사람들이 모인 곳이 아니라 깨닫지 못하고 수련되지 않은 사람들이 모인 곳이다. 전자의 사람들이 모인 곳은 지식에 도움이 되기 때문이다. 보통 사람들이 모인 곳을 싫어하는 것은 지식이다. 그것은 지식으로 인도하기 때문이다.

**11. 멈추지 말고 아트만을 알기 위해 노력하라. 이 지식을 구하고 왜 그대가 그것을 구해야 하는지 분명히 이해하라. 그것이 바로 진정한 지혜의 뿌리라고 말해진다. 무지는 단지 그것들을 부인하는 모든 것이다.**

'아트만 지식'은 아트만 등을 아는 지식이다. '지각'에 대해서는, 진리의 지식은 제13장 7절에서 말한 겸손 등의 속성들이 충분히 성숙한 결과로 생기며, 그런 속성들은 지식을 얻는 수단이 다. 이 지식의 목표는 목샤, 즉 삼사라라고 하는 유한한 존재의 그침이다. 그 목표는 늘 명심 되어야 한다. 왜냐하면 사람이 진리 지식의 목표를 지각할 때에만 비로소 그는 그 지식을 얻는 수단인 속성들을 함양하기 위해 노력할 것이기 때문이다. '겸손'으로부터 '진리의 지식의 끝에 대한 지각'에 이르기까지 이런 속성들은 지식이라고 선언된다. 그것들은 지식에 공헌하기 때문이다. 자만, 위선, 잔인성, 조급함, 불성실 등은 무지이며, 이것은 세상을 영속시키는데 이바지하므로 잘 알고 피해야 한다.

## 알려져야 하는 것, 브람만

이 지식에 의해 알려져야만 하는 그것은 무엇인가? 이 질문에 대하여 신은 제13장 12절 등에서 대답한다.

이의: 겸손 등은 오직 자기제어(야마와 니야마)의 형태들일 뿐입니다. 그것들에 의해서는 아는 자가 지각될 수 없습니다. 우리는 앞에서 언급된 겸손과 여러 속성들이 어떤 것의 성질을 결정하는 데 도움이 되는 것을 결코 본 적이 없습니다. 그리고 모든 경우에, 지식의 대상의 성질을 결정하는 것으로 발견된 것은 오직 대상에 관한 지식이거나 의식입니다. 그리고 분명코 어떤 대상도 다른 대상에 관한 지식을 통하여 정해질 수는 없습니다. 이것은 마치 항아리에 대한 지식을 통해 불이 지각될 수 없는 것과 마찬가지입니다.

대답: 이 이의는 여기에 적용되지 않는다. 왜냐하면 우리는 겸손 등이 지식에 도움을 주므로, 혹은 그것들이 지식의 부차적이거나 보조적인 원인들이므로 지식이라고 불린다고 말했기 때문이다.

12. 이제 그것을 아는 자가 불멸을 얻을 수 있는 알아야 할 것에 대해 설명하겠다. 브람만은 시작이 없고, 초월적이고, 영원하다. 그는 존재와 비존재[189] 너머에 있다.

---

**189** 삿과 아삿

알려져야만 하는 것을 나는 있는 그대로 충분히 묘사할 것이다. 그리고 나서 신은 그 지식의 결과가 무엇일지를 묘사하기 시작한다. 이는 듣는 자 안에 그것을 알고자 하는 욕망을 생기게 함으로써 그의 관심을 불러일으키기 위한 것이다. 단지 '알려져야만 하는 것'이라고 일컫는 그것, 능가될 수 없는 유일자, 브람만은 시작이 없다.

동어 반복[190]을 피하기 위하여 어떤 사람들은 '아나디맛파람'을 '아나디 맛파람'으로 나눈다. 그리고 그것을 다음과 같이 다르게 설명한다. 즉, 브람만은 시작이 없으며, 나는 그것의 파라샥티, 곧 바수데바라고 불리는 지고의 에너지이다.

(그러나 우리는 말한다): 그렇다. 이 해석이 가능하다면, 그런 식으로 동어 반복을 피할 수는 있다. 하지만 그 해석은 유효하지 않다. 왜냐하면 여기에서 의도하는 바는, 특정한 종류의 에너지를 가진 모든 특별한 특성들을 부정하고 있다. 브람만을 어떤 특별한 종류의 에너지를 가지고 있으면서 동시에 어떤 특정한 특성이 없는 존재로 지칭하는 것은 스스로 모순이기 때문이다. 그러므로 동어 반복은 운율을 맞추기 위해 불가피했기 때문이라고 설명되어야 한다.

## 브람만은 말과 생각 너머에 있다.

불멸로 인도하는 것으로서 알아야 할 가치가 있는 것에 대해 말하겠다고 함으로써 지식에 대한 욕망을 일으켜 듣는 자의 관심을 불러일으킨 뒤, 신은 말한다. 그것은 '존재'라고도 '비존재'라고도 말 할 수 없다.

이의: 신은 알려져야만 하는 것에 대해 얘기하겠다고 큰소리로 선언하고 나서, 그것을 '존재(삿)'도 아니고 '비존재(아삿)'도 아니라고 말하는 것은 타당하지 않습니다.

---

190  바슈야카라가 그랬던 것처럼 '아나디맛'을 하나의 복합어로 보는 것을 포함한 동어 반복.

대답: 아니다. 신의 말은 매우 올바른 것이다. 왜 그런가? 말로는 접근할 수 없으므로, 아는 자인 브람만은 모든 우파니샤드에서 오직 모든 특성들에 대한 부정에 의해서만 정의될 뿐이다. 즉, "이와 같지 않다."(브리. 우. 2-3-6) 그리고 "거칠지도 않고 미세하지도 않다."(같은 책, 3-8-8)와 같이 "그것은 이것이 아니다."라는 식으로 정의되고 있다.

이의: 존재하고 있는 것으로 말해질 수 있는 그것만이 존재합니다. 만약 아는 자가 존재하고 있는 것으로 말해질 수 없다면, 그것은 존재할 수 없습니다. 그리고 그것은 알려질 수 있으며 동시에 그것은 존재하고 있는 것으로 말해질 수 없다는 말에는 모순이 있습니다.

대답: 그것은 존재하지 않는 것도 아니다. 왜냐하면 그것은 비존재의 의식의 대상이 아니기 때문이다.

이의: 의식의 매 상태는 존재의 의식과 비존재의 의식을 모두 포함합니다. 따라서 아는 자는 존재의 의식을 동반하는 의식의 상태에 의해서나, 혹은 비존재의 의식을 동반하는 의식의 상태에 의해서 이해되어야 합니다.[191]

대답: 아니다. 감각의 범위 너머에 있기 때문에, 그것은 존재나 비존재의 개념을 수반하는 의식의 대상이 아니다. 항아리처럼 감각들에 의해 지각될 수 있는 것은 정말로 존재라는 개념이 수반된 의식의 대상이거나, 아니면 비존재라는 개념이 수반된 의식의 대상일 수 있다. 반면에, 아는 자는 감각들의 범위 너머에 있으며, 따라서 '샵다 즉 말씀 혹은 계시'라고 불리는 지식의 도구를 통해서만 알려질 수 있다. 그것은 항아리처럼 존재나 비존재의 개념을 수반한 의식의 대상일 수 없으며, 따라서 '존재'라고도 '비존재'라고도 말할 수 없다.

이제, 아는 자를 '존재'나 '비존재'라고 할 수 없다는 말에 자기모순이 있다고 하는 주장에 대해서는, 거기에는 아무런 모순이 없다고 우리는 말한다. 왜냐하면 스루티는 다음과 같이 말하기 때문이다.

---

191 그렇지 않다면, 당신은 브람만을 규정할 수는 없다는 결론을 피할 수 없습니다.—(A.)

"그것은 알려진 것과 다르며, 알려지지 않은 것 너머에 있다."(케나 우. 2-3)

이의: 방금 인용한 경전의 그 구절도 자기 모순적입니다.[192] 이것은 경전은 희생을 위한 전당을 마련한 뒤, "다음 세상에 어떤 좋은 점이 존재하는지 누가 알겠는가?"(타잇티리야 상히타, 6-1-1)라고 말할 때 자기모순적인 것과 같습니다.

대답: 아니다. "그것은 알려진 것과 다르며, 알려지지 않은 것 너머에 있다."라고 말하는 구절은 진실이라고 인정되어야 하는 어떤 것을 가르친다.[193] 반면에, 반론자에 의해 인용된 구절 즉 "다음 세상에 (어떤 좋은 점이) 존재하는지 누가 알겠는가?"는 단지 아르타 바다이다. 즉, 그것의 의미를 충분히 이해하기 위해서는 그것이 종속되는 권고와 함께 읽어야 하는 말인 것이다.

게다가, 브람만을 '존재(삿)'와 같은 단어로 표현할 수 없다고 말하는 것은 사리에 맞는다. 왜냐하면 어떤 것을 나타내기 위해 채용되는 모든 단어는 그것을 다른 사람이 들었을 때 어떤 종류, 어떤 행위, 어떤 성질, 혹은 어떤 관계 방식과 결합된 것으로 나타내기 때문이다. 예를 들어, 소와 말은 종류를 암시하고, 요리사와 선생은 행위를 암시하며, 흰색과 검은색은 성질을 암시하며, 부자와 가축 주인은 소유를 암시한다. 하지만 브람만은 어떤 종류에도 속하지 않는다.[194] 그러므로 그것은 '삿(존재)'과 같은 단어들로 나타낼 수 없다. 속성들이 없으므로 그것은 어떤 성질도 없다. 만약 그것이 성질들을 가지고 있다면, 그것은 어떤 성질을 암시하는 단어로 표현될 수 있을 것이다. 행위가 없으므로 그것은 행위를 암시하는 단어로 표현될 수 없다. 경전들은 말한다.

---

192   만약 그렇다면, 우리는 그 구절을 권위 있는 것으로 인정하지 않는다. 왜냐하면 인정된 어떤 권위와도 모순되지 않는 그 구절만이 권위 있는 것으로 인정되기 때문이다.—(A.)

193   즉, 우리는 그 구절을 새로운 진실을 가르치는 것이 아니라고 거부해서는 안 된다. 왜냐하면 그것은 이 새로운 진실, 즉 브람만은 바로 개인 자신의 내면의 나라는 진실을 가르치고 있으며, 따라서 그것은 권위 있는 것으로 인정되어야 하기 때문이 다.—(A.)

194   브람만은 어떤 부류에도 속하지 않으며, 어떤 색도 갖지 않는 것 등으로 경전(스루티)에서 묘사되고 있다.—(A.)

"그것은 부분이 없고, 행위가 없으며, 평온하다."(스웨. 우. 6-19)

그것은 다른 어떤 것과도 관련되어 있지 않다. 왜냐하면 그것은 하나이며, 두 번째가 없고, 그것은 어떤 감각의 대상도 아니며, 그것은 바로 나이기 때문이다. 그러므로 그것이 어떤 단어로도 표현될 수 없다고 말하는 것은 매우 타당하다. 그리고 계시서의 다음과 같은 구절들은 같은 것을 말하고 있다.

"거기에서, 모든 말들이 되돌아가고 생각들이 절대 닿을 수 없는 그것을 깨달으면, 사람은 브람만의 희열을 알고 더 이상 두려움을 모른다."(타잇티. 우. 2-4-1)

## 브람만은 모든 활동의 근원이다.

아는 자인 브람만은 '존재(삿)'라는 생각이나 단어로 접근할 수 없다고 말하면, 아마도 사람들은 그것이 '아삿(비존재)' 즉 비존재라고 추측할 것이다. 이런 추측을 방지하기 위하여 신은 그것의 존재를 조건들을 통하여, 모든 살아 있는 존재들의 감각들을 통하여 나타난다고 선언한다.

[설명: 어떤 조건들도 없고 모든 말과 생각의 너머에 있는 것은 아무것도 발견하지 못하기 때문에, 아니 우리가 경험하는 모든 것은 이와 반대의 성질을 가지고 있기에, 우리는 앞에서 묘사된 브람만이 공(쏘) 즉 비실체(순야)임에 틀림없다고 추측할 수 있다. 이런 추측을 방지하기 위하여 신은 브람만이 (1) 내면의 아트만(프라티약)로서, (2) 감각들 등 모든 활동의 근원으로서, (3) 환영적인 모든 이원성들을 일으키는 우리의 존재들의 의식이 일어나는 근원으로서, (4) 이슈와라 즉 우주의 주재자로서 존재한다고 가르친다. 먼저 여기에서 신은 추론을 통하여 브람만의 존재를 내적인 아트만 의식으로서 증명한다. 몸과 같은 활동의 의식이 없는 원리

들 뒤에는 반드시 어떤 자기의식의 원리가 있어야 한다. 왜냐하면 우리는 움직이고 있는 수레와 같이 활동 중인 모든 의식 없는 대상들 뒤에는 언제나 자기의식이 있음을 발견하기 때문이다.—(A.)]

**13. 어디에나 그의 손들, 발들, 눈들, 발들이, 그의 머리들, 그의 얼굴들이 있다. 이 온 세상은 그의 귀다. 그는 우주의 모든 것에 스며들어 있다**(그분은 이 세상을 감싸고 채우고 있다. 이전 장에서는 브람만이 존재도 비존재도 아니라고 하였다. 그래서 그것을 실체가 아닌 공 또는 무라고 생각할 수 있다. 이 잘못된 이해를 피하기 위하여 신은 이 장을 말한다. 그것은 마음과 감각이 적절한 기능을 하도록 한다. 이것은 사구나 브람만 즉 속성을 지닌 브람만의 측면이다.).

아는 자는 모든 곳에 손과 발들을 가지고 있다. 모든 살아 있는 존재들의 감각 기관들의 조건들은 몸을 아는 자(크쉐트라갸)의 존재를 가리킨다.[195] 감각 기관들 뒤에 살아 있는 자기의식(크쉐트라갸)의 원리는 몸(크쉐트라)의 조건 때문에 그런 이름으로 불린다. 그리고 이 크쉐트라는 손, 발 등의 다양한 형태들을 하고 있다. 크쉐트라의 조건들 안의 다양성에 의해 크쉐트라갸 안에 초래된 모든 다양성은 환영적일 뿐이며, 따라서 "그것은 '삿'이라고도 '아삿'이라고도 말할 수 없다."라는 말에서 그것은 모든 다양성이 없는 존재로 알려져야 한다고 말해진 것이다. 비록 조건들에 의해 크쉐트라갸 안에 초래된 것이 환영적이지만, 그럼에도 불구하고 "그것은 모든 곳에 손과 발이 있고"라는 말에서 그것이 마치 아는 자의 속성인 것처럼 말해지고 있는데, 이것은 그의 존재를 나타내기 위한 것일 뿐이다. 그러므로 삼프라다야비드들 즉 가르침의 올바른 전통적인 방법을 아는 사람들은 다음과 같이 말한다. "모든 이원성이 없는 그것은 아디야로파 그리고 아파바다에 의해 묘사된다." 즉, 덧붙임과 부정에 의해, 귀속과 부인에 의해 묘사된다는 것이다. 모든 곳에 있는 모든 몸들의 사지를 이루는 손과 발 등은 인식될 수 있

---

195  감각 기관들의 활동 뒤에는 자기의식이 있기 때문이다.—(A.)

는 자 안에 내재하는 에너지로부터 그들의 활동을 이끌어낸다.[196] 그러므로 그것들은 단지 그 것의 존재를 나타내는 표시일 뿐이며, 그것에 속하는 것으로 말해지는데, 이는 오직 말의 표 현에 불과하다. 나머지도 이와 비슷하게 해석되어야 한다. 그것 즉 브람만은 세계 안에, 동물 계 전체 안에 존재하며, 모든 것에 스며들어 있다.

## 브람만은 조건화되어 있지 않다.

이 구절의 목적은 아는 자가 단지 그것 위에 덧씌워진 것들에 불과한 조건들 즉 손, 발 등의 감각 기관들을 정말로 소유하고 있다는 가정을 방지하려는 것이다.

**14. 모든 감각들이 기능을 하지만, 그 자신은 감각들이 없다. 그는 떨어져 있지만, 그 는 지탱한다. 그는 구나들이 없지만, 그것들을 느낀다**(그는 자연의 속성들이 없이 있지만, 그러나 그는 속성들을 즐기는 자이다. 브람만은 정말로 신비롭다.).

'모든 감각들'이란 지식의 기관과 행위의 기관들 즉 붓디 인드리야와 카르마 인드리야 들을 말한다. 아는 자의 조건들을 이루는 내적 감각들인 마나스와 붓디는 '감각들'이라는 용어 안에 포함된다. 더욱이, 청각 기관 및 다른 감각 기관들조차 오로지 내적 감각인 안타카라나 의 조건들을 이룬다. 그러므로 우리는 브람만이 외적, 내적 감각들의 조건들을 통하여, 모든 감각 기관들의 기능들 즉 결정, 목적들과 생각들, 듣기, 말하기 등을 통하여 그 자신을 드러낸 다고 이해해야 한다. 다시 말해, 아는 존재the Knowable는 말하자면, 모든 감각들의 기능들을 통하 여 기능하는 것이다. 계시서는 말한다.

---

**196** 즉, 그것들은 그 에너지의 존재 자체 덕분에 활동한다.—(A.)

"그것은 말하자면 명상하고, 그것은 말하자면 움직인다."(브리. 우. 4-3-7)

왜 그것이 실제로 기능한다고 말하지 않는가? 신은 말한다. 그것은 어떤 감각도 가지고 있지 않다. 그러므로 아는 자는 감각들이 기능할 때도 실제로는 기능하지 않는다. 그리고 그 구절에 대해서는,

"손과 발이 없이도 그는 재빨리 움직이고 붙잡는다. 그는 눈 없이 본다. 그는 귀 없이 듣는다."(스웨. 우. 3-19)

여기에서 스루티는 아는 존재<sup>the Knowable</sup>가 그것의 조건들인 모든 감각들의 다양한 기능들을 수용할 능력이 있지만, 그것이 실제로 재빠른 움직임과 다른 활동들을 갖는 것은 아니라는 것을 암시한다. 이 구절은 "장님이 보석을 보았다."(타잇티. 아란야카. 제1장 11절)라는 구절과 같이 해석되어야 한다.[197] 왜냐하면 그것은 감각들이 없으며, 따라서 그것은 어디에도 의지하지 않으며, 어떤 집착도 없기 때문이다.


## 브람만, 모든 환영의 현상 안에 있는 기본적 실재

비록 그러하지만 그것은 모든 것을 지탱하고 있다. 진정, 모든 것은 '삿(존재)'의 바탕 위에 있다. 왜냐하면 어디에나 '삿'이라는 개념은 존재하기 때문이다. 신기루와 같은 것들조차도 기초가 없이는 존재하지 않는다. 그러므로 그것이 모든 것을 지탱한다고 말하는 것이다.

---

**197** 즉, 아르타바다 구절은 글자 뜻 그대로 이해되어서는 안 된다. 그것은 단락의 주요 주제와 모순되지 않도록 그렇게 해석되어야 한다.—(A.)

## 브람만, 구나들의 지각자

아는 자의 존재를 아는 지식에는 또 하나의 문이 있다. 비록 삿트와, 라자스, 타마스 등 구나들이 없지만, 그럼에도 불구하고 아는 자는 소리 등 감각의 대상의 형태들을 취하며 스스로를 즐거움, 고통, 망상으로 변형시키는 구나들을 즐기는 자이며 지각하는 자이다.

## 브람만은 모든 것이다

더구나

15. 그는 안과 밖에 있다. 그는 생명이 있는 것과 생명이 없는 것들 안에 산다. 마음이 이해할 수 없을 만큼 미묘하다(현자는 안다.). 그는 우리에게 아주 가깝고(자신의 나이기에. 가슴 안에), 완전히 멀리 있다(세상이거나 감각의 쾌락을 지닌 무지한 사람에게는).

'바깥'은 무지로 인해 자기 자신이라고 여겨지며 피부를 포함하는 몸의 바깥에 있는 것을 말한다. 그리고 '안'은 몸 안에 있는 내적 아트만을 가리킨다. 그것이 안과 밖에 있다는 말은 그것이 중간에는[198] 없다는 것을 암시할 수도 있다. 이런 암시를 방지하기 위하여 신은 그것이 "움직이지 않으면서 또한 움직이는"이라고 말한다. 밧줄이 뱀으로 보이듯이, 움직이거나 움직이지 않는 몸들로 보이는 것은 브람만, 곧 아는 자the Knowable이다.

브람만은 현자들에 의해서만 이해된다.

이의: 만약 우리가 지각하는 모든 것, 움직이는 것과 움직이지 않는 모든 것이 알 수 있

---

[198] 즉, 내적 나(프라티야가트만)와 외부 대상들 사이에 개입하는 몸 안에는.

는 것the Knowable이면, 어찌하여 브람만은 모든 사람들에게 "이것이 그것이다."처럼 직접 이해되지 않습니까?

대답: 그렇다. 그것은 자신을 모든 것으로서 나타낸다. 그러나 그것은 공간처럼 미묘하다.[199] 이같이 그것은, 비록 그 자체로 인식될 수 있지만, 깨닫지 않은 사람들에게는 이해될 수 없다. 그렇지만 그것은 깨달은 사람에게는 다음 내용에서 드러나듯이 언제나 알려지고 있다.

"이 모든 것은 아트만이며 오로지 아트만일 뿐이다."(브리. 우. 2-4-6)
"이 모든 것은 브람만이며 오로지 브람만일 뿐이다."(같은 책, 2-5-1)

그것은 알려지지 않을 때는 멀리 떨어져 있다. 왜냐하면 그것은 깨닫지 않은 사람에게는 수백만 년이 걸려도 도달될 수 없기 때문이다. 그리고 깨달은 사람에게는 그것은 매우 가깝다. 왜냐하면 그것은 그들 자신의 아트만이기 때문이다.

## 브람만은 모든 것 안에 있는 아트만이다.

16. 그는 (여러 몸으로) 나누어지지 않지만(공간처럼), 대상들과 생명체들에서 나누어지는 것처럼 보인다. 그는 그 자신으로부터 창조를 내보내고 그것을 유지하고 그것을 불러들인다.

그것은 다양한 몸들 안에서 나뉘지 않으며, 공간처럼 하나이다. 그것은 몸들 안에서만 자신을 나타내므로 모든 다양한 몸들 안에서 다르게 나타난다.

---

199  감각의 범위 너머에 있다.

## 브람만은 우주의 원인이다.

아는 자인 브람만은 우주가 유지되는 기간에는 존재들을 유지한다. 그리고 해체의 때에는 그것들을 삼킨다. 그리고 우주가 시작될 때에는 그것들을 창조한다. 이것은 마치 밧줄이 환영적인 뱀을 발생시키는 것과 같다.

## 브람만은 모든 것에 빛을 주는 자이다.

이의: 만약 아는 자인 브람만이 모든 곳에 존재할지라도 지각되지 않는다면, 그것은 어둠(타마스)일 뿐입니다.

대답: 아니다. 그렇다면 무엇인가?

**17. 그는 모든 빛들 중의 빛**(그것은 지성, 마음, 태양, 달, 별, 불과 번개를 빛나게 한다.)**이며, 우리의 무지한 어두움 너머에 있다. 그는 우리가 공부하거나 알아야 할 진정한 한 가지인 지식이며, 가슴**(붓디, 지성, 태양의 광선이 거울같이 밝고 깨끗한 대상에서 더욱 밝게 빛나듯이, 비록 브람만이 모든 대상 안에 있지만, 지성은 브람만으로부터 받은 특별한 광채로 빛난다.) **속에 사는 이다.**

아는 자인 그것은 심지어 태양과 같은 빛들의 빛이다.[200] 진실로 그런 빛들은 아트만의 의식the consciousness of the Self의 빛이 비출 때에만 빛나게 된다. 찬가는 말한다.

"그 빛을 받아서 태양이 빛난다."(타잇티. 우. 3-12-9)

---

200  인식될 수 있는 자, 브람만의 존재는 태양 등과 지성(붓디) 등을 비추는 빛으로서 인식될 수 있다.—(A.)

"그것의 빛에 의해서 모든 것이 빛난다."(스웨. 우. 6-14)

전승서도 그렇고 여기에서도(바가바드 기타 제15장 12절에서) 그렇게 말한다. 그것은 따마스에 의해, 아갸나에 의해, 무지에 의해 더럽혀지지 않는다고 말해진다.


## 빛은 모든 존재의 가슴 안에 있다.

이제, 브람만의 지식을 얻기가 몹시 어렵다고 생각하여 낙담한 것처럼 보이는 아르주나의 기운을 북돋기 위하여 신은 말한다. 겸손 등(제13장 7-11절)으로서의 '지식', 제13장 12-17절에 묘사된 '아는 자the Knowable'가 알려지면 지식의 결실이 된다. 따라서 그것은 '지식의 목적지'라고 말해진다. 알려져야 하는 것은 아는 자the Knowable가 된다. 이 세 가지(지식, 지식의 대상, 지식의 목적지)는 살아 있는 모든 존재의 가슴(붓디)속에 명백히 심겨져 있다. 이 세 가지가 분명히 나타나는 곳은 진정 그곳이다.


## 사랑(헌신)으로 빛을 찾아라.

이제 지금까지 다룬 주제를 결론짓는 구절이 이어진다.

18. 이제 들판(5와 6수트라)이 무엇이고, 지식(7-11수트라)이 무엇이며, 알아야 할 그 하나의 실재(12-17수트라, 내재하고 있는 영원한 신성)가 무엇인지를 그대에게 간략하게 말했다. 이것들을 알 때, 그는 나와 하나가 되기에 적합하다.

상카라차리야의 바가바드 기타

이와 같이 앞에서(제13장 5-6절) 설명한 크쉐트라는 '대 원소'들로 시작하고 '용기'로 끝난다. 일일이 열거된 속성들을 포함하고 있는 '지식'은 '겸손'으로 시작하고 '진리 지식의 끝에 대한 지각'으로 끝난다(제13장 7-11절). 그리고 아는 자 the knowable 는 제13장 12-17절에서 묘사되었다. 이것들이 간략히 묘사되었다.

그것이 진정 베다들의 가르침과 기타의 가르침의 모든 가르침이다. 이것이 간략히 설명되었다.

질문: 올바른 지식을 얻기에 적합한 사람은 누구입니까?

대답: 나에게 헌신하는 사람이다, 바수데바이며 지고의 주재자이며 전지하며 지고의 스승인 나를 모든 것의 아트만(영혼, 에센스)로 여기는 사람, 즉 자신이 보고 듣고 만지는 모든 것이 다만 신 바수데바임을 아는 자가 그런 사람이다. 이와 같이 나에게 헌신하며 앞서 설명한 올바른 지식을 얻은 사람은 나의 상태 즉 목샤에 이를 수 있다.


## 프라크리티와 푸루샤는 영원하다.


제7장에서는 크쉐트라와 크쉐트라갸에 대응하는 두 가지 프라크리티, 즉 상위의 프라크리티와 하위의 프라크리티가 설명되었다. 그리고 그것들은 모든 창조물들의 자궁이라고 하였다(제7장 6절). 이제 이렇게 물을 수 있다. 어떻게 크쉐트라와 크쉐트라갸, 두 가지 프라크리티가 모든 존재들의 자궁이라고 말할 수 있습니까? 이 질문에 대해 이제 대답할 것이다.


19. 자연(프라크리티)과 브람만(푸루샤의 의식의 원리)은 둘 다 시작이 없음을 그대는 이해해야
한다. 모든 진화와 모든 구나들은 프라크리티로부터 나온다.

프라크리티와 푸루샤, 물질과 영은 신 이슈와라의 두 프라크리티이다. 프라크리티와 푸루샤 이 둘은 시작이 없음을 알아라. 이슈와라는 영원한 신이므로 그의 프라크리티들도 역시 영원해야 한다는 것은 옳다. 이슈와라의 주재권은 진정 그가 우주의 시작과 유지와 해체를 행하게 하는 두 프라크리티의 소유에 있다. 두 프라크리티는 시작이 없으며, 따라서 그것들은 삼사라 즉 세상의 원인이다.

어떤 사람들은 이 구절을 두 프라크리티가 처음부터 존재한 것이 아니라는 뜻이라고 해석한다. 그들은 이렇게 해석하면 이슈와라의 인과율이 확립될 수 있다고 주장한다. 그리고 만약 반대로 프라크리티와 푸루샤가 영원하다면, 그것들은 우주의 원인이며 이슈와라는 우주의 창조자가 아니라는 것을 의미하게 된다고 말한다.

그렇게 말하는 것은 잘못이다. 그러면 이슈와라는 더 이상 이슈와라가 아닐 것이다. 왜냐하면 프라크리티와 푸루샤의 생성에 앞서 그가 다스릴 것이 아무것도 남지 않을 것이기 때문이다. 더욱이, 만약 삼사라에 이슈와라 외에는 원인이 없다면, 그것의 그침도 없을 것이다.[201] 따라서 경전은 아무런 쓸모가 없을 것이다. 마찬가지로, 속박도 구원도 있을 수 없을 것이다.[202]

## 삼사라의 원인으로서 프라크리티와 푸루샤

반대로, 만약 이슈와라의 프라크리티들이 영원하다면, 이 모든 것은 설명될 수 있다. 어떻게? 붓디 즉 지성으로부터 몸에 이르기까지 모든 형태들, 모든 발산들, 그리고 즐거움, 고

---

**201** 만약 이슈와라가 두 프라크리티와 완전히 별개로 우주의 유일한 원인이라면, 삼사라는 끝이 없을 것이다. 심지어 해방된 영혼들조차도 삼사라로 내던져지는 것을 막을 것이 아무것도 없게 된다.—(A.)

**202** 두 프라크리티가 생겨나기 전에는 속박도 있을 수 없고, 따라서 목샤도 있을 수 없다. 만약 속박도 없고 해방(목샤)도 없다면, 그것들을 존재하게 하는 원인도 있을 수 없다.—(A.)

상카라차리야의 바가바드 기타

통, 망상과 이 다음에 묘사될 여러 마음의 상태들로 나타나는 것들과 같은 모든 구나 즉 속성들은 세 가지 구나들로 이루어진 프라크리티, 마야, 그리고 모든 발산들의 원인인 이슈와라의 에너지에서 나온다는 것을 알아라. 그것들은 모두 프라크리티의 변형들임을 알아라.

그렇다면 프라크리티에서 생겨난다고 하는 이런 형태와 성질들은 무엇인가? 신은 말한다.

**20. 육체와 감각들의 진화는 프라크리티로부터 생겨난다고 한다. 우리 안에 있는 개**
**별성의 감각은 쾌락과 고통의 경험을 초래한다고 말해진다.**

'결과(카리야)'는 신체이며, '기관(카라나) instrument'은 몸에 있는 열세 가지[203]이다. 몸을 구성하는 다섯 가지 요소들, 그리고 앞에서 언급한 것처럼 프라크리티의 발산물들인 다섯 가지 감각 대상들은 '결과'라는 용어 아래 포함된다. 그리고 프라크리티에서 생겨난 즐거움, 아픔, 망상 등 모든 성질들은 '기관(카라나)들'이라는 용어 아래 포함된다. 왜냐하면 이런 성질들은 기관(카라나)들 즉 감각들 안에 자리 잡고 있기 때문이다. 몸 및 감각 기관들과 그것들의 감각들이 만들어 내는 것에 대하여, 프라크리티는 그 원인이라고 한다. 왜냐하면 그것이 그 모든 것들을 발생시키기 때문이다. 이와 같이 몸과 감각들을 낳으므로 프라크리티는 삼사라 즉 세상의 원인이다.

'카라나'를 어떤 사람들은 기관이 아니라 원인을 뜻한다고 해석한다. 어떤 다른 것의 변형인 것은 모두가 그 다른 것의 결과 혹은 발산이다. 그리고 그것이 발산되어 나오는 근원은 원인이다. 프라크리티는 원인과 결과의 근원이며, 그것은 '결과와 기관(카라나)들'이라는 용어에 의해 표시되는 동일한 것들을 포함한다. 아니면, 열여섯 가지 비카라[204] 또는 발산들은 여기

---

**203**　다섯 가지 감각 기관, 다섯 가지 활동, 마나스, 붓디, 그리고 아함카라.
**204**　열 가지 감각 기관들, 마나스, 그리고 다섯 가지 감각 대상들.—(A.)

에서 결과로 불린다. 그리고 동시에 프라크리티와 비크리티 즉 원인과 결과이므로 프라크리티 비크리티라고 불리는 열일곱 가지[205]가 원인이라고 말해진다. 이런 것들이 생겨나는 원인은 프라크리티이다. 프라크리티가 그 모든 것을 발생시키기 때문이다.

그리고 이제는 푸루샤가 어떻게 하여 삼사라의 원인인지를 보여 줄 것이다. '푸루샤', '지바', '크쉐트라갸', '복트리 즉 즐기는 자'[206]는 모두 동의어이다. 푸루샤는 즐거움, 고통, 그리고 다른 경험 대상들을 지각하므로 원인이라고 불린다.

이의: 프라크리티와 푸루샤가 각각 원인들과 결과들을 발생시키고 즐거움과 고통을 경험한다고 하여 왜 삼사라의 원인으로 간주되어야 합니까?

대답: 프라크리티가 그 자체를 원인과 결과들로, 몸과 감각 기관들로, 즐거움과 고통으로 변형시키지 않는다면, 그리고 의식이 있는 푸루샤가 그것들을 경험하지 않는다면, 어떻게 삼사라가 존재할 수 있겠는가?[207] 반면에, 경험자인 푸루샤와, 그 짝으로서 몸과 감각 기관들로, 즐거움과 고통으로, 원인과 결과들로 변형되는 경험의 대상인 프라크리티가 아비디야 즉 무지의 형태로 결합할 때에만 삼사라는 가능하다. 그러므로 프라크리티와 푸루샤가 삼사라 즉 세상의 원인이라고 말하는 것은 옳다. 전자는 몸과 감각 기관들을 발생시키고, 후자는 즐거움과 고통들을 경험한다.

반대: 그렇다면 이 삼사라는 무엇입니까?[208]

대답: 삼사라는 즐거움과 고통의 경험이다. 푸루샤는 즐거움과 고통의 경험자로서 삼

---

**205** 즉, 마하트, 나 의식(아함카라), 그리고 다섯 가지 탄마트라 즉 기본 요소들. 이것들은 각각 그 선행자로부터의 발산이며, 또한 그 후임자의 원인이다. 이 모든 것들을 낳으므로 물라프라크리티는 그것들의 원인이며 기초이다.―(A.)

**206** 뒤의 세 가지 용어들은 각각 여기에서 가리키는 푸루샤가 파람아트만 즉 지고의 나가 아니라 지성적인(체타나) 원리이고 조건 지어진 존재라는 것을 보여 주기 위한 것이다.―(A.)

**207** 왜냐하면 언제나 삼사라에서 자유로운(니티야 묵타) 아트만은 스스로 삼사라에 종속될 수 없기 때문이다.―(A.)

**208** 질문자가 의도하는 바는 다음과 같다. 즉, 만약 아트만이 상태의 변화들에 종속되지 않고 변함이 없다면(아비크리야), 아트만이 삼사라에 종속된다고 말하는 것은 적절하지 않다.―(A.)

상카라차리야의 바가바드 기타

사린이다.[209]

## 무지와 욕망은 재탄생들의 원인이다.

푸루샤가 즐거움과 고통을 경험하므로 삼사린이라고 했다. 즐거움과 고통을 경험하는 것은 무엇 때문인가? 신은 말한다.

**21. 프라크리티와 잘못 동일시된 브람만인 개별적 자아는 프라크리티에서 나오는 구나들을 경험한다. 그것은 가장 집착한 그 구나에 따라 순수하거나 순수하지 못한 부모들로부터 태어난다.**

경험자인 푸루샤가 무지로 프라크리티 안에 자리하므로, 즉 그가 자신을 프라크리티의 발산인 몸과 감각들과 동일시하므로, 그는 프라크리티에서 생겨나 즐거움, 고통, 망상들로 나타나는 성질들을 경험한다. 그는 "나는 행복하다. 나는 불행하다. 나는 미혹되었다. 나는 현명하다."고 생각한다. 탄생의 원인인 무지에 더하여, 그가 경험하는 것들 즉, 즐거움과 고통과 망상의 성질들에 대한 집착, 즉, 그것들과 자신의 동일시는 푸루샤의 탄생의 주요 원인을 이룬다. 스루티는 말한다.

"그의 욕망이 있듯이, 그의 의지가 있다."(브리. 우. 4-4-5)

---

**209** 즉, 즐거움과 고통을 경험하는 동안, 경험자인 나는 전혀 변하지 않는다. 그의 삼사라를 이루고 그를 삼사린으로 만드는 것은 이 경험(보가)이다.—(A.)

따라서 신은 여기에서 다음과 같이 말한다. 속성들에 대한 경험자의 집착이 그를 좋고 나쁜 자궁들에 태어나게 한다.

혹은 이 구절의 뒷부분은 '삼사라'라는 단어를 추가하여 이렇게 해석할 수도 있다. 즉, 속성들에 대한 집착은 좋고 나쁜 자궁들에 태어나게 한다. 그것이 그의 삼사라의 원인이다.

좋은 자궁들은 데바들과 같은 부류의 자궁이다. 나쁜 자궁들은 하위 동물들의 자궁이다. 우리는 또한 여기에서 암시되는 대로, 가르침에 위배되지 않은 채, "일부는 좋고 일부는 나쁜 사람들의 자궁"이라고 덧붙일 수도 있다.

이 구절의 의미를 다음과 같이 설명할 수도 있다. 프라크리티 안에 자리한 푸루샤의 것으로 말해지는 무지(아비디야)와 속성(까라)들에 대한 집착은 함께 삼사라의 원인을 이룬다.[210]

## 아트만 지식은 삼사라의 원인을 없앤다.

여기에서는 이중의 원인을 피하도록, 우리가 그것을 없애려 하도록 가르쳤다. 이중의 원인을 없애게 하는 방법은 기타 경전에서 명백히 가르치고 있는 산야사 즉 포기와 결합된 지식(갸나)과 초연(바이라기야)이다.[211] 이 지식, 즉 크쉐트라와 크쉐트라갸에 관한 지식은 이 장의 첫머리에 전해졌다. 그리고 또한 제13장 12절 이하에서 관련이 없는 요소들을 없애고(제13장 12절) 이질적인 속성들을 귀속시킴으로써attribute(13장 13절 이하) 가르침을 전했다. 이제 신은 그 지식이 무엇인지를 직접적으로 가르치기 시작한다.

**22. 이 육체 안에 있는 지고의 브람만은 또한 목격자, 동의하는 자, 옹호자, 경험하게**

---

210  물질적인 원인(우파다나)인 아비디야와 니미타 즉 결과를 일으키는 원인인 카마. —(A.)
211  초연(바이라기야)은 포기(산야사)로 인도하고, 포기(산야사)와 결합된 지식은 아비디야와 카마를 그치게 한다. —(A.)

하는 자, 가장 높은 것(마헤슈바라, 전능한 신), 지고의 아트만(푸루숏타마)이라 불린다.

　　'관중'은 방관자이자 목격자이며, 그 자신은 행위를 하지 않는다. 사제와 희생자들이 희생의 행위를 하고 있을 때, 거기에는 또 다른 존재가 있는데, 그는 희생에 관한 일에 전문가로서 그들의 옆에 앉아 있으며, 행위에 참여하지 않으며, 희생을 하는 자와 사제들의 행위들에서 무엇이 좋고 무엇이 좋지 않은지를 판별하고 있다. 그와 같이 몸과 감각들의 활동에 참여하지 않는 나는 그것들과 별개이며, 몸과 감각 기관들과 그것들의 모든 행위들의 가까이에서 목격하는 자이다. 혹은, 다음과 같이 설명될 수도 있다. 즉, 몸, 시sight 감각, 마나스, 붓디, 나는 보는 자들이다. 이들 가운데 몸은 가장 바깥의 보는 자이다. 그리고 몸 안으로 볼 때, 나는 가장 안쪽에 있고 가장 가까운 보는 자이며, 그보다 더 안쪽에는 보는 자가 없다. 이와 같이 가장 가까운 보는 자인 그는 '우파드라슈트리'라고 말해진다. 혹은, 나는 희생 의식에서 우파드라슈트리처럼 모든 것을 지켜보므로 우파드라슈트리이다. 그는 또한 행위에 참여한 자들의 행위들에 관하여 허가나 만족을 표현하는 '허락하는 자'이다. 혹은, 비록 그 자신은 몸과 감각들이 활동할 때에도 행위에 관여하지 않을지라도, 그는 그것들과 협동하여 행위를 하고 있는 것으로 보인다. 혹은, 그것들의 단순한 목격자로서 그는 결코 각각의 활동들에 종사하고 있는 그것들을 가로막지 않는다. 나는 '유지하는 자'이다. 왜냐하면 다른 어떤 존재 즉 지성적인 나의 목적들에 봉사하기 위하여 함께 결합하는, 그리고 지성의 반영들이거나 그 반영들을 전달하는 몸과 감각 기관들, 마나스와 붓디는 그 지성적인 나에 의해 만들어질 때만 그렇게 존재하기 때문이다. 나는 '복트리 즉 즐기는 자'이다. 왜냐하면 열이 불의 본성이듯이 '니티야 차이탄야 스와루파'인 나는 자신의 본성이 영원한 지성이기에, 즐거움, 고통, 망상들로 이루어진 마음의 모든 상태들과 그것들의 상호 관계들 안에 분명히 지각되며, 그러한 것들이 존재하게 될 때, 지성적인 나에 의해 말하자면 퍼져 있기 때문이다. '위대한 신'에 관해서는, 온 우주와 하나이며 모든 것으로부터 독립되어 있으므로 그는 위대한 존재이며 신이다.

　　'지고한 아트만'에 대해서는, 관중 등으로 정의되는 아트만은 지고의 존재이다. 왜냐하면 그는 몸으로부터 나타나지 않은 것에 이르기까지 무지로 인해 내면의 아트만으로 오인되는 그 모든 것들 보다 우월하기 때문이다. 그러므로 그는 계시서에서도 '파람아트만'이라고 일컬어진다. 그는 어디에 있는가? 제15장 17절에서 묘사되겠지만 나타나지 않는 것을 초월하는 푸루샤는 여기 이 몸 안에 있다.

제13장 2절에서 다루기 시작한 아트만이 상세히 묘사되었고, 그 주제가 결론이 지어졌다. 아트만을 아는 사람에 대해서는 다음과 같이 묘사되었다.

**23. 직접 브람만을 경험하고, 우리의 모든 행위들을 가능하게 한 것이 프라크리티이고 구나들이라는 것을 안 사람은 자신이 어떤 삶을 살든 다시 태어나지 않을 것이다.**

앞에서 언급된 방식으로 푸루샤를 아는 사람, 즉 그가 자신의 아트만임을 "이것이 나이다." 와 같이 직접적으로 지각하는 사람, 앞에서 묘사된 프라크리티 즉 무지를 그 모든 변형들과 함께 아는 사람, 즉 프라크리티가 지식에 의해 무(無, 아바바)로 용해됨을 아는 사람, 그는 어떤 삶을 살든지(즉, 그가 경전에 기록된 의무들을 행하건, 금지된 행위들을 행하건, 다시 태어나지 않는다.) 다시 말해, 그는 이 몸이 죽어도, 즉 지혜를 얻은 탄생이 끝날 때, 다른 몸을 입을 필요가 없다. 의무의 길에 굳건히 서 있는 지혜로운 사람은 얼마나 더 하겠는가!

이의: 어떤 행위들이 지식에 의해 무효가 됩니까? 여기에서 정말로 가르치는 것은 지식의 획득에 이은 탄생의 부재입니다. 그러나 지식을 얻기 이전에 현생에서 행해진 행위들이, 또는 그 다음에 행해질 행위들이, 또는 많은 전생들에 행해진 행위들이, 그것들 각각의 결과들을 낳기 전에, 없어진다고 가정하는 것은 옳지 않으므로 적어도 세 번의 탄생이 더 있어야 합니다. 왜냐하면 이런 행위들이 없어진다고 가정하는 것은, 현생에서 결과들을 거두어들이는 행위들이 없어진다고 가정하는 것처럼 옳지 않기 때문입니다. 그리고 우리는 그 두 가지 종

샹카라차리야의 바가바드 기타

류의 행위들 사이의 구분을 보지 않습니다.[212] 따라서 세 가지 종류의 행위들은 한 번의 탄생을 일으킬 것입니다. 그렇지 않으면 이미 이루어진 행위를 없앨 수 있다는 것은 모든 면에서 불확실할 것이며, 모든 경전의 가르침들은 쓸모가 없을 것입니다. 그러므로 "그는 다시 태어나지 않는다."라고 말하는 것은 옳지 않습니다.

대답: 아니다. (그것은 옳다.) 스루티의 다음 구절이 그것을 보여 준다.


"그의 행위들은 사라진다."(문다. 우. 2-2-8)

"브람만을 아는 사람은 브람만 그 자체가 된다."(같은 책. 3-2-9)

"현재의 몸에서 해방되지 않는 한, 그에게는 오직 자연만이 있다."(찬도. 우. 6-14-2)

"이쉬카 갈대의 부드러운 수염뿌리가 불에 타듯이, 그의 모든 행위들은 타서 없어진다."(같은 책. 5-24-3)


모든 행위들의 소진에 대해서는 여기 제4장 37절에서도 말하고 있으며, 이다음에도[213] 가르쳐질 것이다. 그리고 이것은 이치에도 맞다. 왜냐하면 모든 악들의 씨앗[214]인 무지로부터, 욕망과 다른 애착들로부터 일어나는 그런 행위들만이 미래의 탄생들을 초래할 수 있기 때문이다. 그리고 다른 행위들이 아니라 그릇된 자아의식과 욕망을 수반하는 행위들이 결과들을 발

---

**212** 모든 행위들은 무지에서 생기므로 지식에 의해 무효가 되어야 한다. 그렇다면 지식에 의해 무효가 될 수 있는 행위들은 현재의 몸을 발생시킴으로써 그 결과들을 이미 내기 시작한 행위들이 아니라 아직 결과들을 시작하지 않은 행위들이라는 주장은 힘을 잃을 것이다.—(A.)

**213** 제18장 66절에서 신은 아르주나에게 모든 다르마들을 버리라고 가르침으로써 지식이 모든 행위들을 소진시킨다는 것을 보여 준다.—(A.)

**214** 클레샤들이라고 하는 이런 악의 씨앗들은 무지(아비디야), 아스미타, 라가, 드베샤, 그리고 아비니베사이다. 이런 클레샤들이 원인이 된 다르마와 아다르마의 행위들만이 환생을 일으킬 수 있다. 그러나 지혜로운 자의 행위들에 관해서는, 그들의 씨앗들은 지식에 의해 불탔다. 그런 행위들은 그의 의식 즉 프라티티마트라데하에 나타나는 동안에만 존재한다고 말해진다. 겉보기에만 카르마와 비슷한 그것들은 결과들을 낳는 원인들이 아니며, 탄생을 낳을 수 없다. 예를 들면, 불에 탄 옷감은 옷감으로서 쓸모가 없다.—(A.)

생시킨다는 것은 또한 신에 의해 기타의 여기저기에서 언급되었다. 또한 다른 곳에서도 말하고 있다.

"불에 탄 씨앗이 다시 싹을 틔우지 않듯이, 지혜에 탄 애착들은 다시 몸을 이루지 못한다."

이의: 지식을 얻은 뒤에 행해지는 행위들을, 그 행위들이 지식과 함께 이루어지는 한, 그 지식이 행위들을 소진한다는 것은 인정할 수 있습니다. 그러나 그 지식이 어떻게 하여 지식을 얻기 전에 현생에서 행해진 행위들과 여러 전생들에 행해진 행위들을 소진할 수 있는지는 설명할 수 없습니다.

대답: '모든 행위'(제4장 37절)의 요건 때문에 그렇게 말하지는 말라.

이의: 그 말은 지식을 얻은 뒤에 행해지는 모든 행위들을 의미할 수도 있습니다.

대답: 아니다. 제한을 둘 이유가 없기 때문이다.

이제 현재의 탄생을 오게 한 방식으로 그들의 결과들을 시작한 행위들이 지식에도 불구하고 소멸되지 않듯이, 아직 결과들을 내지 않은 행위들도 소멸될 수 없다는 논쟁에 대하여, 이것은 옳지 않다고 우리는 말한다. 왜 그런가? 왜냐하면 전자는 발사된 화살처럼 그것의 결과들을 내기 시작했기 때문이다. 마치 과녁을 향하여 활에서 일단 발사된 화살이, 심지어 과녁을 꿰뚫은 뒤에도, 자기를 쏘아 보낸 모든 힘이 소진되어[215] 땅에 떨어지기 전에는 행위를 멈추지 않듯이, 비록 몸의 존재의 목적은 이루어졌을지라도, 몸을 낳은 행위들의 결과들은 내재된 에너지가 소진될 때까지 이전처럼 계속된다. 반면에 마치 동일한 화살이라도 그것의 활동

---

[215] 도중에 어떤 강력한 장애에 의해 그 행위가 방해받지 않는다면. 그리고 나 지식은 현생을 일으킨 카르마를 가로막는 그런 장애물이 아니다. 왜냐하면 비록 그 지식이 일어나는 동안에도, 카르마가 이미 활동을 시작했으므로, 그것은 카르마에 의해 그 힘을 방해받으며 일어나기 때문이다. 따라서 프라랍다 카르마의 결과들은 완전히 이행되어야 한다.—(A.)

상카라차리야의 바가바드 기타

의 원인인 에너지로 아직 나아가지 않은 즉 발사되지 않은 화살은 이미 활에 고정되었을지라도 철회할 수 있듯이, 아직 결과들을 내지 않고 자신의 자리[216]에 머물고 있을 뿐인 행위들은 진리의 지식에 의해 중화될 수 있다. 그러므로 지혜로운 사람의 몸이 소멸될 때 "그는 다시 태어나지 않는다."라고 말하는 것은 옳다.

## 아트만 지식에 이르는 네 가지 길들

그런데 아트만 지식으로 가는 여러 가지 길들이 있고, 그 길들은 여기에서 다음과 같이 언급된다.

**24. 어떤 사람들은 명상으로 그들 자신 안에 있는 아트만을 깨닫는다. 어떤 사람들은 지식의 요가로 아트만을 깨닫는다. 또 어떤 사람들은 행위의 요가로 그것을 깨닫는다.**

'명상'은 청각과 다른 감각들의 집중을 통하여 소리 등과 같은 여러 감각 대상들로부터 마음 안으로 철수시키고, 그 다음에는 마음을 내면의 지성으로 철수시키며, 그 다음에는 내면의 나를 명상하는 데 있다. 그러므로 다음과 같은 비유가 나오게 되었다. "두루미는 말하자면 명상을 한다. 땅은 말하자면 명상을 한다. …… 산들은 말하자면 명상을 한다."(찬도. 우. 7-6-1) 명상은 흐르는 기름 줄기처럼 끊이지 않고 계속되는 생각이다. 명상으로 요기들은 자신에 의해, 그들 자신의 지성에 의해, 즉 명상에 의해 정제된 내적인 감각에 의해, 붓디 즉 자신 안에서 아트만인 내면의 지성을 본다.[217] 샹키야는 다음처럼 생각하는 데 있다. "이것들, 즉 삿트

---

**216** 스바스라야, 사바사 안타카라나, 즉 영적인 지성의 반영을 담고 있는 내적인 감각, 마나스.—(A.)
**217** 가장 높은 부류의 구도자(우타마디카린)들인 이런 요기들은 명상으로 파람아트만과 동일한 나를 본다.—(A.)

와와 라자스와 타마스들은 구나들이다. 아트만은 그것들의 활동을 목격하는 자이고, 영원하며, 구나들과 별개이다." 샹키야 요가[218]로 어떤 사람들[219]은 자신에 의해 자신 안에서 아트만을 본다. 카르마는 요가이다.[220] 즉, 이슈와라 즉 신을 섬기기 위하여 행해진 행위는 요가이다. 그런 행위의 길은 요가로 인도하므로, 말하자면, 요가이다. 어떤 사람들은[221] 마음의 순수(삿트와)로 인도하고 지식을 낳는 이런 행위의 요가로 나를 본다.

**25. 그러나 이런 길들을 모르는 사람들이 있다. 그들은 스승이 가르쳐준 것을 성실하게 따른다면, 그들 역시 죽음의 힘을 넘어설 것이다.**

그러나 이미 지적한 여러 가지 방법들 가운데 하나로도 앞서 설명한 나를 알 수 없지만, "이것에 대해 이렇게 명상하라."고 말하는 스승들로부터, 다른 사람들로부터 배우는 사람들이 있다. 그 다음에 그들은 숭배를 한다. 즉, 완전한 믿음으로 그 개념을 명상한다. 그들조차도 죽음을, 죽음과 연합된 세상을 뛰어넘는다. 그들 자신은 무지하지만, 그들이 해방의 길을 걷기 시작할 때 그들이 가진 최선의 것은 그들이 들은 내용이다. 다시 말해, 그들은 오로지 다른 사람들의 가르침의 권위에 의지한다. 이런 사람들조차도 죽음을 뛰어넘는다. 그렇다면 스스로 증거를 평가하고 식별할 수 있는 사람들은 얼마나 더 하겠는가.

---

218 샹키야는 지적인 탐구(비차라)를 통해 얻는 지식이다. 요가로 인도하므로 그것은 그 자체로 요가라고 말해진다.—(A.)
219 이런 사람들은 중간 부류의 구도자(마디야마디카린)들이다.—(A.)
220 마음의 순수로 인도하는 것으로서. 카르마는 마음의 집중으로, 요가로 인도한다.—(A.)
221 이런 사람들은 가장 낮은 부류의 구도자들이다.—(A.)

# 아트만 바깥에는 아무 것도 없다.

제13장 2절에서 가르친 것처럼 크쉐트라갸가 신과 더불어 있는 개인적 영혼인 이슈와라와 동일함을 아는 지식은 제13장 12절에서 해방에 이르는 수단으로 설명되었다. 어째서 그러한가? 신은 그 이유를 설명한다.

**26. 이것을 알라. 오, 왕자여! 생명이 있는 것이든 생명이 없는 것이든 간에 생겨나는 모든 것은 들판과 아는 자 즉 프라크리티와 브람만의 결합으로부터 나온다는 것을 알라.[222]**

이의: 크쉐트라와 끄쉐트라갸의 이 합일은 어떤 종류의 것을 의미하는 것입니까? 크쉐트라와 크쉐트라갸의 합일은 분명히 밧줄과 그릇의 관계처럼 서로의 부분들의 접촉(삼요가)을 통한 관계일 수는 없습니다. 크쉐트라갸는 공간(아카샤)처럼 부분이 없기 때문입니다. 또한 그것은 분리될 수 없는 천성(사마바야)의 성질을 갖고 있을 수도 없습니다. 크쉐트라와 크쉐트라갸가 원인과 결과로서 서로 관련되어 있다고 볼 수는 없기 때문입니다.

대답: 본래 서로 반대인 객체와 주체, 크쉐트라와 크쉐트라갸 사이의 합일은 상호 착각의 본성을 가지고 있다. 즉, 그것은 크쉐트라와 크쉐트라갸의 성질을 식별하지 못하여 그것들과 그것들의 속성들을 서로 분간하지 못하는 데 있다. 이것은 마치 분별력이 없어서 하나를 다른 것으로 착각할 때 각각 밧줄과 뱀, 그리고 진주조개와 은이 합일되는 것과 같다. 하나를 다른 것으로 착각하는 성질을 가진 들, 크쉐트라와 크쉐트라갸의 합일은 일종의 환영이다. 그리고 이런 환영은 올바른 지식과 반대되므로, 어떤 사람이 경전에 규정된 것처럼 크쉐트라

---

**222** 모든 것은 물질(크쉐트라)과 크쉐트라갸의 합일에서 태어난다. 파람아트만과 하나인 '물질을 아는 자'와 별개로 존재하는 것은 아무것도 없다. 그러므로 그 단일성의 지식만이 해방(목샤)으로 인도할 수 있다.—(A.)

와 크쉐트라갸를 분별하는 지식을 얻을 때, 문자<sup>munja</sup>풀로부터 이쉬카 갈대를 분리하듯이 크쉐트라로부터 크쉐트라갸를 분리할 수 있을 때, 그리고 "그것은 존재한다고도 존재하지 않는다고도 할 수 없다."(제13장 12절)라는 말에서 묘사된 것처럼 어떤 조건도 없는 브람만, 아는 자 <sup>the Knowable</sup>가 자기 자신의 나라는 것을 깨달을 때, 또한 마술사의 마술에 의해 투영되는 코끼리들과 궁전들처럼, 꿈속에 보이는 어떤 것처럼, 하늘에 있는 간다르바나가라 즉 상상의 도시처럼, 크쉐트라는 존재하지 않으며 오직 존재하는 것처럼 보일 뿐이라는 것을 그가 확신할 때, 이런 환영은 사라진다. 탄생의 원인은 그런 사람의 경우에 사라지므로 지혜로운 자는 다시 태어나지 않는다는 제13장 23절의 말은 이치에 맞는다.

## 모든 것에 있는 아트만

올바른 지식의 결과는 세상의 씨앗을 이루는 무지와 같은 것들[223]의 제거를 통해서 탄생이 끝나는 것이라고 앞서 말했다(제13장 23절). 또한 탄생의 원인은 무지에 의해 초래된 들과 들을 아는 자의 합일이라고 말했다. 그러므로 유일하게 무지를 없앨 수 있는 올바른 지식이, 이미 설명했지만, 다시 다음과 같이 다른 말들로 설명될 것이다.

27. 모든 존재들 안에서, 모든 인간들 사이에서 불멸로 있는 신을 보는 사람은 진실로 보는 것이다.

지고의 신은 브람마로부터 움직이지 않는 물체에 이르기까지 모든 살아 있는 존재들 안에서 어떤 차이도 없이 존재한다. 그분은 몸, 감각 기관들, 마음, 지성, 아비약타(나타나지 않는

---

223  즉, 무지의 결과들(삼스카라).—(A.)

것, 즉 원인의 몸, 카라나 사리라, 아비디야), 그리고 개별적인 영혼(아트만, 지바)에 비하여 지고의 신이다. 모든 살아 있는 존재들은 소멸하지만, 지고의 신은 소멸하지 않는다. 이와 같이 지고의 신과 창조된 존재들 사이에는 커다란 차이가 있다. 왜냐하면 어느 존재의 모든 변화하는 상태들 가운데 탄생이라고 하는 상태의 변화가 그 뿌리이며, 탄생 뒤에는 소멸로 끝나는 모든 다른 변화들이 일어나기 때문이다. 소멸 뒤에는 상태의 변화들이 있을 수 없다. 그 사물 자체가 존재하지 않기 때문이다. 속성들은 오로지 그 사물이 존재할 때만 존재할 수 있다. 그러므로 상태의 최종 변화의 부정은 모든 선행 변화들과 그것들의 결과들의 부정까지 포함한다. 그러므로 지고의 신은 모든 존재들과 전혀 다르며, 그분은 모든 것 안에서 하나이며 불변한다는 것을 볼 수 있다. 지고의 신을 지금 묘사한 것처럼 보는 사람은 바르게 본다.

이의: 온 세상 사람들이 봅니다. 그런데 왜 특별히 이런 사람만 본다고 합니까?

대답: 그렇다. 온 세상 사람들이 본다. 그러나 그릇되게 본다. 그러므로 "그만이 본다."라고 한정하는 것이다. 티미라에 감염된 눈을 가진 사람은 여러 개의 달을 본다. 그리고 하나의 달만을 보는 사람은 이와 같이 "그만이 본다."라고 한정될 수 있을 것이다. 여기에서도 마찬가지로, 앞에서 언급된 것처럼 하나의 나뉘지 않은 나를 보는 사람은 "그만이 본다."라는 말로 그릇되게 수많은 별개의 자기들을 보는 사람들과 구별된다. 다른 사람들은 보지만 보지 못한다. 그들은 여러 개의 달을 보는 사람들처럼 그릇되게 본다.

## 아트만에 대한 지식은 해방으로 인도한다.

앞에서 묘사한 올바른 지식을 그 결과에 대해 얘기함으로써 찬미하기 위하여 신은 다음과 같이 말한다.

28. 이렇게 언제나 모든 곳에 편재하고 있는 신을 항상 자각하라. 그는 자신의 아트만에 화를 내지 않는다. 더 이상 자아 아래에 신을 숨기지 말라. 그래서 그는 가장 높은 희열에 이른다.

앞의 절에서 묘사된 이슈와라가 똑같음을 깨닫는 사람 즉, 신이 모든 창조물 안에 똑같이 거주함을 보는 사람은 자신에 의해 나를 파괴하지 않는다. 그는 나를 파괴하지 않으므로 지고의 목표에 도달한다. 해방에 이른다.[224]

이의: 어떤 살아 있는 존재도 자신에 의해 자신을 파괴하지 않습니다. 그렇다면 "불은 땅 위도 아니고 하늘 안도 아니고 천국 안도 아닌 곳에서 봉헌되어야 한다."(타잇티. 상. 5-2-7)라는 금지[225]와 마찬가지로, "그는 자신에 의해 자신을 파괴하지 않는다."라는 부정이 무슨 필요가 있겠습니까?

대답: 이 반대는 여기에 적용되지 않는다. 왜냐하면 무지한 사람들은 아트만을 간과하는 잘못을 범하고 있다는 것을 근거로 설명될 수 있기 때문이다. 무지한 사람은 모든 존재에게 조용하고도 분명하게 자신을 나타내며 직접적으로 보일 수 있는 아트만을 간과하고, 아트만 아닌 것 즉 몸 등을 자기 자신으로 여긴다. 다르마와 아다르마 즉 좋은 일과 나쁜 행위들을 행하며, 그는 심지어 자신이 받아들인 이 자기 즉 몸 등조차도 죽이고 다른 새로운 자기를 받아들인다. 그는 다시 이 자기를 죽이고 또 다른 자기를 받아들인다. 이와 같이 그는 자신이 받아들인 새로운 모든 자기를 계속해서 죽인다. 따라서 무지한 사람은 자기를 죽이는 자이다. 진

---

**224** 지식은 무지를 파괴하며, 그러면 모든 악이 파괴된다. 나의 진실한 본성을 감추고 있는 두 베일, 즉 무지(아갸나)와 그릇된 지식(미티야 갸나)이 파괴되면, 현자는 지고의 목적지, 사람의 지고의 목적, 지고의 희열(파람아난다)에 도달한다.—(A.)

**225** 지상에 제단을 세우지 말라는 금지는 의미가 있다. 왜냐하면 지상에 제단을 세우는 것은 가능하기 때문이다. 그러나 하늘과 천국에 제단을 세우지 말라는 금지는 의미가 없다. 어차피 그렇게 할 수는 없기 때문이다. 그러므로 후자의 경우에서 금지는 글자 뜻 그대로 해석되지 않아야 한다고 결의되었다. 마찬가지로 우리는 여기에서 부정을 글자 뜻 그대로 이해하지 않아야 한다.—(A.)

상카라차리야의 바가바드 기타

정한 아트만조차도 늘 무지에 의해 죽는다. 나의 존재를 인지할 수 있는 그 무엇이 없기 때문이다. 이와 같이 모든 무지한 사람들은 자기를 죽이는 사람들이다. 반면에, 앞에서 묘사한 대로 아트만을 보는 사람은 앞에서 언급한 방법 가운데 어느 것으로도 자기에 의해 자기를 죽이지 않는다. 그러므로 그는 지고의 선에 도달한다. 그는 앞에서 언급한 결실을 거둔다.

## 아트만이 아니라 프라크리티가 행위를 한다.

모든 존재 안에 똑같은 것으로 머무는 신 즉 아트만을 보는 사람은 자신에 의해 자신을 파괴하지 않는다고 말했다. 각자의 행위와 속성들에서 차이들로 구별되는 많은 자기들이 있다는 근거로 이 말에 반대를 제기할 수도 있다. 이런 반대를 없애기 위하여 신은 말한다.

**29. 모든 행위들은 오로지 프라크리티에 의해서만 행해진다는 것을 보는 사람은 진실로 보는 것이다. 아트만은 행위가 없다(목격자로 있다).**

프라크리티는 세 구나들로 이루어진 신의 마야이다. 따라서 만트라는 말한다.

"마야는 프라크리티이며, 위대한 신이 마야의 주인이라는 것을 그가 알게 하라."(스웨. 우. 4-10)

프라크리티 즉, 마야, 샥티, 신의 내적 에너지에 의해 말로, 생각으로, 행동으로 행해지는 모든 종류의 행위들이 행해진다. 자기를 마하트와 같은 원인과 결과들로 변형시키는 것으로 묘사된 샹키야의 프라크리티, 스스로 존재하는 것에 의하여 행위들이 행해지는 것은 아니다. 아트만(크쉐트라갸)은 모든 조건들이 없다는 진실을 깨닫는 사람은 바르게 보고 있다. 그는 지고의 진리를 보고 있다. 행위자가 아니며 조건 지어지지 않고 모든 특성들이 없는 그 안에 다양성이 있다는 것을 보여 주는 증거는 없다. 이것은 마치 아카샤 안에 다양성이 없는 것과 같다.

## 아트만은 모든 것의 근원이며 거처이다.

올바른 지식이 다시 다른 말들로 설명된다.[226]

**30. 모든 다양한 존재들이 브람만 안에 있으며, 브람만으로부터 모든 다양한 존재들이 생겨난다는 것을 보는 사람은 브람만을 발견한다.**

경전들과 스승들의 가르침대로, 모든 다양한 종류의 존재들이 하나 안에, 나 안에 거하는 것을 볼 때, 즉 우리가 지각하는 모든 것이 오로지 아트만일 뿐임을 직관적으로 깨달을 때[227], 그리고 나아가 "아트만으로부터 생명이 나오고, 아트만으로부터 욕망이 나오며, 아트만으로부터 사랑이 나오고, 아트만으로부터 아카샤가 나오며, 아트만으로부터 빛이 나오며, 아트만으로부터 물이 나오며, 아트만으로부터 나타남과 사라짐이 나오며, 아트만으로부터 음식이 나온다."(찬도. 우. 7-26-1)는 구절에서 말한 것처럼 모든 것의 기원과 전개가 그 하나, 아트만에서 나오는 것을 볼 때 그는 진정 브람만이 된다.[228]

---

226 샹키야들이 말하는 것처럼, 프라크리티와 그 변형들이 푸루샤와 전혀 다르고, 그의 외부에 있다는 가정을 방지하기 위하 여.—(A.)

227 설명하자면, 프라크리티로부터 아래로 궁극의 입자(비세샤)에 이르기까지 모든 우주 존재가 그 다양성을 포함하여 나로부터 전개되며, 나에서 나와 존재하게 된다는 것을 보는 사람은 우주와 나의 본질적인 단일성을 깨닫는다. 이 단일성을 깨닫기 위해서는 프라크리티도 나와의 단일성에 합일시켜야 한다. 왜냐하면 온 우주의 근원이며 나 안에 있는 프라크리티를 합일시키지 않고는 형태들의 우주를 순수한 나와 합일시킬 수 없기 때문이다.—(A.)

228 다시 말해, 그는 모든 한정의 원인이 나와의 단일성 안으로 몰입되었으므로 어디에나 편만한 나의 본성을 깨닫는

상카라차리야의 바가바드 기타

# 아트만은 행위의 결과들에 영향을 받지 않는다.

만약 하나의 아트만이 모든 몸에 있는 아트만이라면, 그는 필연적으로 그것들의 결점들에 영향을 받아야 한다. 이런 결론을 피하여 다음과 같이 말한다.

**31.** 지고한 아트만은 변화의 지배를 받지 않으며, 시작이 없으며, 구나들을 초월하여 있다. 오, 쿤티의 아들이여! 비록 그것이 육체 안에 자리하고 있을지라도 아무런 행위를 하지 않는다. 행위의 결실들을 느끼지 않는다.

아트만은 시작도 없고 원인도 없다. 원인을 가진 것은 저절로 소멸하지만, 이 아트만은 소멸하지 않는다. 왜냐하면 그는 원인이 없고 부분이 없기 때문이다. 그리고 그는 속성들이 없기 때문에 소멸하지 않는다. 속성들을 가진 것은 속성들의 상실에 의해 소멸한다. 반면에 아트만은 속성들이 없기 때문에 소멸하지 않는다. 이와 같이 지고의 아트만은 소멸하지 않는다. 그는 파괴를 겪지 않는다. 그러므로 비록 몸 안에 있지만 아트만은 몸 안에 나타나기 때문에 몸 안에 있다고 말해진다. 그는 행위를 하지 않는다. 그는 행위를 하지 않기 때문에 행위의 결과에도 영향을 받지 않는다. 그 의미는 다음과 같다. 즉, 행위자는 행위의 결과에 영향 받는다. 그러나 이 아트만은 행위자가 아니므로 행위의 결실에 오염되지 않는다.

이의: 그렇다면 몸 안에서 행위를 하고 오염되는 것은 누구입니까? 만약 지고의 아트만과 별개로 몸을 입은 자기가 행위를 하고 오염된다면, 제13장 2절 등에서 말한 크쉐트라갸와 이슈와라의 동일성은 설명될 수 없을 것입니다. 반면에, 만약 이슈와라와 별개로 몸을 입은 자기가 없다면, 누가 행위를 하고 오염되는지 말해 보십시오. 아니면, 이슈와라가 지고자

다.—(A.)

가 아니라고 말해야 할 것입니다.[229] 신이 가르친 우파니샤드 또는 교리doctrine는 이와 같이 모든 면에서 이해하기 어렵고 설명하기 어렵기 때문에 바이세시카들, 샹키야들, 아라하타들, 그리고 불교도들은 그것을 버렸습니다.

대답: 이 이의에 대해서는 신 자신이 다음과 같이 대답하였다.[230] "행위를 하는 것은 자연이다."(제5장 14절) 행위를 하고 오염되는 자가 있다는 개념은 단지 무지일 뿐이다. 하나의 지고의 아트만 안에는 행위가 실제로 존재하지 않는다. 바로 이런 이유 때문에 신은 지혜의 헌신자들, 파라마함사 파리브라자카 종단, 지고의 진리(파람아르타 샹키야 다르사나)에 관한 이 가르침을 고수하고 무지와 무지로 인한 모든 경험을 넘어선 사람들은 행위들을 행할 필요가 없다고 여기저기에서 지적하였다.

어떤 것처럼 그는 행위를 하지 않으며, 어떤 것처럼 그는 오염되지 않는가? 이제 그 예를 들어 설명한다.

32. 모든 것들에 스며들어 있어 공간이 너무나 미묘하여[231] 어떤 것에 의해서도 오염되지 않는 것처럼, 이 아트만 역시 모든 육체들 안에 살지만 결코 오염되지 않는다.

# 아트만은 모든 것을 빛나게 한다.

33. 하나의 태양이 이 세상을 빛나게 한다. 오, 바라타여! 한 명의 아는 자가 온 들판

---

229 만약 이슈와라가 행위자이며 즐기는 자라면, 그는 더 이상 이슈와라가 아니며 우리 자신과 다를 바가 없을 것이다.—(A.)
230 대답은 다음과 같다. 즉, 지고자는 실상 행위자도 아니고 즐기는 자도 아니다. 그가 행위를 하며 즐긴다고 보는 것은 무지(아비디야) 때문이다. 그러므로 신 크리슈나의 가르침은 진실하다고 받아들여져야 한다.—(A.)
231 공간(아카샤)은 매우 미묘하여 방해받지 않고 모든 곳에 퍼져 있지만, 그것이 가득 차 있는 진창 등에 의해 전혀 영향 받지 않는다.—(A.)

들을 빛나게 한다.

몸에 있는 하나(크쉐트린), 지고의 아트만(파람아트마)은 하나이며, 우주의 나타나지 않는 물질적 원인으로부터 아래로 움직이지 않는 물체들에 이르기까지, 대 원소들로부터 아래로 집합체들에 이르기까지(제13장 5-6절) 물질적 존재 전체(크쉐트라)인 모든 몸들을 비추고 있다. 태양의 비유는 여기에서 아트만에 관한 두 가지 뜻을 지니고 있다. 즉, 아트만은 태양처럼 모든 몸 안에 있지만 오직 하나이다. 그리고 태양처럼 그는 오염되지 않는다.

## 가르침의 요약

이 장 전체의 가르침은 다음과 같이 결론지어진다.

34. 아트만을 아는 지식의 눈이 열려 들판이 그것을 아는 자와 어떻게 다른지, 또한 자연의 올가미로부터 자유롭게 되는지를 아는 사람은 자신의 그의 목적이 완수되었다. 그는 최고의 존재에게 들어간다.

지금 지적한 것처럼 지혜의 눈으로, 경전들과 스승들이 가르친 아트만을 아는 지식으로 크쉐트라와 크쉐트라갸 사이의 정확한 차이를 이런 방식으로 식별하는 사람들, 그리고 존재들의 물질적 원인인 프라크리티, 무지, 나타나지 않은 것의 비존재를 지각하는 사람들은 브람만, 실재, 지고의 아트만에 도달하며 더 이상 몸을 취하지 않는다.

# 제14장
# 현현의 세 표현(구나)들

---

## 이 장의 주제

태어난 모든 것은 크쉐트라와 크쉐트라갸의 결합에서 발생한다고 앞에서 말했다. 어떻게 그럴 수 있는가? 이 장은 이 질문에 답하기 위한 것이다.

이 결합은 다음과 같이 설명될 수도 있다. 즉, 우주의 원인을 이루는 것은 샹키야들이 주장하듯이 원래 독립적인 것이 아니라 이슈와라에 둘 다 의존하고 있는 크쉐트라와 크쉐트라갸라는 점을 보여 주기 위하여, 크쉐트라갸가 크쉐트라 안에 거주하는 것 즉, 그가 크쉐트라를 자기로 동일시하는 것과 구나들에 대한 그의 애착이 세상의 원인이라고 말했다(제13장 21절). 그는 어떤 구나들에 어떤 방식으로 애착되는가? 구나들은 무엇인가? 그것들은 어떻게 그를 구속하는가? 어떻게 하면 구나들로부터 해방될 수 있는가? 해방된 영혼의 특성들은 무엇인가? 이런 질문들에 답하기 위하여 신은 다음과 같이 말한다.

## 우주의 기원에 대한 지식은 구원에 필수적이다.

신께서 말씀하셨다,

1. 다시 한번 나는 그대에게 그 최고의 지식을 가르쳐주겠다. 그것을 발견한 현자들

은 육체의 속박으로부터 벗어나 모두 완벽해졌다.

앞에서 한 번 이상 설명했지만, 나는 지고의 존재에 관련된 것임으로 숭고하고, 최고의 결과를 낳으므로 모든 지식들 가운데 최고인, 그 지식을 다시 한 번 설명할 것이다. '모든 지식들'은 제13장 7-10절에서 지식으로 말한 것들이 아니라, 희생들과 같은 것들에 관한 지식들을 가리킨다. 이런 것 즉 후자의 종류의 지식들은 구원으로 인도하지 않지만, 이 장에서 설명될 지식은 구원으로 나아가게 한다. 따라서 신은 듣는 자들의 마음속에 흥미를 불러일으키기 위하여 '숭고한'과 '최상의'라는 형용사를 써서 이 후자의 지식을 찬미한다. 그리고 이 지식을 배워서, 모든 현자(무니)들 즉 묵상에 전념하는 산야신들은 이곳에서, 즉 이 몸의 구속에서 해방이라고 알려진 높은 완성으로 건너갔다.

신은 이제 이 지식은 확실히 완성으로 인도한다고 선언한다.

**2. 그들은 그 지식 안에서 살았고, 나의 거룩한 성품과 하나가 되었다. 이제 그들은 새로운 시대가 시작이 될 때 다시 태어나지 않고, 그것이 끝날 때 헤어지지도 않는다.**

'하나'는 여기에서 '동일성'을 의미한다. 그것은 속성들이 동등하다는 것을 뜻하지 않는다.[232] 왜냐하면 기타 경전에서는 이슈와라와 크쉐트라갸 사이에 어떤 구별도 이루어지지 않기 때문이다. 그리고 지식의 진정한 주요 목적의 선언은 여기에서 그 지식을 찬미하는 데 필요하다. 이 지식에 의지하여, 즉 그 지식을 얻는 데 필요한 방법을 실천하여 지고의 신인 나와 하나에 도달한 사람들은 창조의 때에도 태어나지 않고 해체의 때에도 고통을 당하지 않는다. 즉, 그들은 브람마의 해체의 때에도 영향을 받지 않는다.

---

232  만약 여기에서 동등성을 의미한다면, 그것은 신이 여기에서 말하고 있는 것의 그 지식의 결실이 아니라, 단지 명상의 결실만을 말하는 것에 불과할 것이다.—(A.)

# 영과 물질의 합일에서 우주가 나온다.

신은 이제 크쉐트라갸의 어떤 종류의 결합이 모든 존재들의 원인인지를 설명한다.

**3. 프라크리티는 이 엄청난 자궁이다. 나는 그 안에 생명의 씨앗을 심는다. 몸으로
탄생을 더욱 활발하게 만든다. 거기서 오, 바라타의 아들이여! 그래서 많은 생명체들
이 생겨난다.**

'나의 자궁'이란 나 자신의 프라크리티 즉 물질이다. 즉, 그것은 나에게 속하는 프라크
리티, 세 가지 구나들로 이루어진 마야, 모든 존재들의 물질적인 원인이다. 이 물질은 모든 결
과들보다 더 위대하기 때문에 위대하다고 말해진다. 그리고 그것은 모든 변형들의 근원이며
육성하는 에너지로서, 그것은 브람마라는 용어로 일컬어진다. 그 위대한 브람마 안에 나는 씨
를 두는데, 이 씨는 히란야가르바의 탄생의 씨앗, 즉 모든 존재들을 생겨나게 하는 씨앗이다.
크쉐트라와 크쉐트라갸의 두 가지 프라크리티, 두 가지 샥티 즉 잠재력을 가진 나는 크쉐트라
갸를 크쉐트라와 결합시키며, 크쉐트라갸는 자신을 무지, 욕망 그리고 행위라는 조건들과 일
치시킨다. 이러한 수태 행위는 히란야가르바의 탄생을 통해 모든 존재들의 탄생을 낳는다.

**4. 많은 형태의 살아있는 것들이 있으며 그것들을 품고 있는 자궁들도 많다. 프라크
리티는 모든 자궁들의 자궁이고, 나는 씨앗을 주는 아버지이다.**

'자궁들'은 신들, 피트리들, 사람들, 가축들, 짐승들의 자궁들을 모두 포함한다. '형태
들'은 여러 부분과 사지들을 가지고 형성된 몸들을 말한다. 모든 물질 상태들을 거치는 위대한
브람마가 이런 형상들의 원인이다. 그리고 이슈와라인 나는 아버지이며, 자궁 안의 씨를 수태
시키는 창조자다.

# 구나들이 영혼을 속박한다.

구나들은 무엇인가? 그것들은 어떻게 속박하는가? 대답이 이어진다.

**5. 오, 힘이 센 자여! 프라크리티로부터 삿트와, 라자스, 타마스라는 구나들이 나온다. 이것들은 불멸의 존재를 육체 안에 묶어두는 속박이다.**

삿트와(선함), 라자스(활기, 활동, 열정), 타마스(어두움), 구나들은 이렇게 이름 붙여졌다. '구나'는 기술적인 용어이다. 구나는 그것이 내재한다고 말해지는 실체와 반대되는 것으로서 색깔과 같은 어떤 특성, 속성, 성질을 의미하지 않는다.[233] 여기에서는 구나와 구닌, 즉 속성과 실체의 분리된 존재를 말하고 있는 것이 아니다. 여기에서 구나들이 그렇게 불리는 까닭은 물체들의 속성들처럼 그것들은 언제나 다른 것 즉 크쉐트라갸에 의존하기 때문이다. 그것들은 무지의 형태들에 불과하다. 그리고 그것들은 크쉐트라갸를 단단히 속박하는 것처럼 보인다. 그것들이 크쉐트라갸를 속박한다고 말해지는 이유는 그것들이 자기 존재의 기초로서 크쉐트라갸와 함께 생겨나기 때문이다. 신의 마야에서 생겨난 그것들은 몸을 입은 자, 파괴될 수 없는 나를 몸에 단단히 속박하는 것처럼 보인다. 아트만이 파괴될 수 없다는 것은 제13장 31절에서 설명되었다.

이의: 몸을 입은 자는 오염되지 않는다고 말했습니다(제13장 31절). 그런데 어째서 반대로 여기에서는 구나들이 그를 속박한다고 말하는 것입니까?

대답: 우리는 '말하자면'이라는 말을 덧붙임으로써 이 이의에 답한다. "그것들은 말하자

---

233 구나들은 물질(프라크리티)의 근본적인 구성 요소들이며, 모든 물체들의 기초들이다. 그러므로 그것들은 이런 물체들에 내재하는 성질들이라고 말해질 수 없다.―(A.)

면 그를 속박한다."

## 구나들의 내용과 기능들

6. 오, 죄 없는 자여! 빛나는 삿트와는 그것의 순수한 빛으로 아트만을 보여줄 수 있
다. 그렇지만 삿트와는 행복과 지식에 대한 애착을 일어나게 한다.

그것은 조약돌과 같이 더럽혀지지 않는다. 그래서 빛나고 건강하다. '삿트와'는 아트만
을 "나는 행복하다."고 생각하게 하여 속박한다. 그것은 그를 행복에 애착하게 함으로써, 주체
(아트만)와 대상(행복)을 결합시킴으로써 그를 속박한다. 그것은 그로 하여금 "행복이 나에게 생
겼다." 라고 생각하게 한다. 행복에 대한 이러한 애착은 환영이다. 그것은 무지이다. 대상의
속성은 진정 주체에게 속할 수 없다. 그리고 신은 욕망으로부터 용기에 이르기까지(제13장 6절)
모든 성질들은 모두 크쉐트라(물질) 즉 대상의 속성들이라고 말하였다. 이와 같이 삿트와가 아
트만을 그 자신의 것이 아닌 행복에 애착하는 것처럼 보이게 만드는 것, 모든 애착에서 자유로
운 아트만을 행복에 열중하는 것처럼 보이게 만드는 것, 행복을 소유하지 않은 그로 하여금 행
복을 느끼는 것처럼 만드는 것은 오로지 무지를 통해서이다. 마찬가지로, 삿트와는 지식에 대
한 애착에 의해 아트만을 속박한다. 여기에서 행복과 함께 언급된 것으로 보아 여기에서 말하
는 지식은 아트만의 속성이 아니라 내적 감각의, 물질의, 대상의 속성임이 분명하다. 왜냐하
면 만약 그것이 아트만의 속성이라면, 그것은 애착이 될 수 없고 속박이 될 수 없기 때문이다.
지식에 대한 애착은 행복에 대한 애착이 일어나는 것과 같은 방식으로 일어난다.

7. 열정의 성질을 지니고 있는 것인 라자스는 그대로 하여금 쾌락과 소유를 갈망하게
만들 것이다. 오, 쿤티의 아들이여! 라자스는 그대로 하여금 행위를 갈망하게 만들

것이다.

'라자스'는 열망의 성질을 가지고 있으며, 붉은 분필처럼 영혼을 색칠한다. 그것으로부터 갈증과 애착이 일어난다는 것을 알아라. 그것은 얻지 못한 것에 대한 '갈증'과 얻은 것에 대한 '애착' 즉 정신적 애착을 일으킨다. 그것은 행위에 애착하게 함으로써, 즉 아트만으로 하여금 보이거나 보이지 않는 결과들을 낳는 행위들에 애착하게 함으로써 몸을 입은 아트만을 단단히 속박한다.[234]

8. 그러나 무지를 일으키는 타마스는 모든 사람들을 혼란스럽게 만든다. 오, 바라타여! 그것은 망상, 게으름, 우둔함의 속박들로 그대를 묶을 것이다.

세 번째 구나인 '타마스'는 미혹 혹은 무분별을 일으킨다. 구나들의 활동은 다시 다음과 같이 간략히 묘사된다.

9. 삿트와의 힘은 행복의 노예로 만들고, 라자스의 힘은 행위의 노예가 되게 하고, 오, 바라타여! 타마스의 힘은 미혹의 노예가 되게 하고 그들의 판단을 어둡게 한다.

타마스는 베일로서의 본래 성질에 의해 삿트와에 의한 판단을 가리고 무분별에 애착하게 만든다. 즉 필요한 의무를 행하지 않는 데 애착하게 만든다.

---

**234** 비록 나는 행위가 아니지만, 라자스는 "내가 행위자다."라는 개념으로 행위를 하게 만든다.—(A.)

## 구나들의 상호 작용

구나들은 앞에서 묘사한 결과들을 언제 낳는가?[235] 대답이 이어진다.

10. 오, 바라타여! 삿트와가 라자스와 타마스보다 우세할 때, 사람은 그 삿트와를 느낀다. 라자스가 삿트와 타마스보다 우세할 때, 사람은 그 라자스에 장악된다. 타마스가 라자스, 삿트와보다 우세할 때, 사람은 그 타마스에 굴복한다.

삿트와가 증가하여 라자스와 타마스보다 우세해지고 자기를 내세우면, 삿트와는 자기의 결과인 지식과 행복을 낳는다. 마찬가지로, 라자스 구나가 증가하여 삿트와 타마스보다 우세해지면, 그것은 농사를 짓는 행위와 같은 그것 자신의 결과를 일어나게 한다. 또한 타마스라고 하는 구나가 증가하여 삿트와 라자스보다 우세해지면, 그것은 지혜 등을 가리는 등 그것 자신의 결과들을 낳는다.

## 어느 특별한 구나가 우세한 때를 아는 방법

언제 어느 구나가 우세한지를 알 수 있는 특징적인 표시는 무엇인가? 대답이 이어진다.

11. 이해가 육체의 문들인 감각들을 통해 빛날 때, 삿트와가 있음을 알라.

---

235 그 질문은 이것이다. 즉, 그것들은 자기의 결과들을 동시에 낳는가, 다른 때에 낳는가, 각자 자기 차례에 낳는가? 앞의 경우, 그것들은 서로 협력하여 활동하는가, 불화하여 활동하는가? 대답은 그것들이 다른 때에, 각자 자기 차례에 활동한다는 것이 다.—(A.)

청각과 같은 모든 감각 기관들이 나를 위한 지각의 문이다. 이 몸에 있는 모든 문들에서 빛, 조명(프라카샤) — 즉, 안타카라나인 붓디의 현존 — 이라고 불리는 것이 발생될 때, 우리는 지식(갸나)이라고 불리는 것을 갖는다. 이와 같이 지식의 빛이 솟아날 때, 지식의 그 표시로 삿트와가 우세하다는 것을 알 수 있다.

라자스가 우세하다는 특징적인 표시는 다음과 같다.

**12. 오, 바라타족의 으뜸인 자여! 탐욕적일 때, 행위가 한창일 때, 아주 진취적일 때, 가만히 있지 못할 때, 모든 욕망 중에서 라자스가 지배적임을 알라.**

'탐욕'은 다른 사람의 소유물을 가지려고 하는 욕망을 뜻한다. '활동'은 일반적인 행위를 말한다. '쉬지 못함'은 기쁨, 집착 등을 발산하는 것을 말한다. '갈망'은 일반적인 모든 것을 얻고자 하는 갈증이다. 이것들은 라자스가 우세할 때 보이는 특징적인 표시들이다.

**13. 오, 쿠루족의 후손이여! 마음이 어둡고, 혼란스럽고, 나태하고, 미혹에 빠져 있을 때, 타마스가 지배적임을 알라.**

'어두움'은 분별력이 없는 것을 말한다. '부주의'는 어두움의 결과로 극도로 비활동적인 것을 말한다. '둔함과 실수'도 어두움의 결과들이다.

## 구나들에 지배를 받은 죽음 뒤의 삶

어떤 결과이든지, 집착과 욕망으로 인한 것이든 모두 구나들로 인한 것이든, 죽음 뒤에 얻어진다. 이 점에 대해서 다음과 같이 가르친다.

14. 삿트와의 시간에 죽음을 만나는 사람은 (라자스와 타마스가 결코 지배적일 수 없는) 가장 순수한 높은 세계(브람마 로카로 간다. 해방을 얻는 것은 셋을 초월할 때 일어난다.)[236]에 이를 것이다.

'몸을 입은 존재'는 아트만을 가리킨다. '가장 높은 것'은 마하트 등의 원리(탓트바)들을 말한다.

15. 라자스에서 죽는 사람은 행위에 애착하는 사람들 사이에서 태어난다. 타마스에서 죽는 사람은 비이성적인 존재들의 자궁으로 돌아갈 것이다.

만약 라자스가 우세할 때 죽음을 맞으면, 그는 행위에 애착하는 사람들 사이에서 태어난다. '비이성적인 존재'는 가축 등을 말한다.
이제 앞의 구절들에서 가르친 것의 요약이 이어진다.

16. 선한 행위의 결실은 삿트와이다. 그것은 가장 순수한 즐거움이다. 라자스의 행위들에서는 고통이 그것들의 결실이다. 타마스의 행위들에서는 무지가 그것들의 결실이다.

'선한 행위'는 삿트와적인 행위이다. '그들'은 현자들이다. '라자스'는 라자스적인 행위를 뜻한다. 이 부분은 행위들을 다루기 때문이다. 라자스적인 행위들의 결실은 고통일 뿐이며, 그것은 라자스적이다. 왜냐하면 결과는 원인과 일치해야 하기 때문이다. '타마스'는 타마스적인 행위, 아다르마 혹은 죄를 뜻한다.

---

[236] 브람마 로카 등을 말한다.

## 구나의 기능들의 요약

그런데 어떤 것들이 구나들에서 일어나는가?

**17. 지식은 삿트와에서 생겨난다. 탐욕은 라자스에서 생겨난다. 혼란스러움, 망상과 어둠은 타마스에서 생겨난다.**

'삿트와에서'는 삿트와가 그것 자신을 내세울 때를 말한다.
그리고,

**18. 삿트와 안에 살면 더욱 높은 영역들로 간다. 라자스 안에 살면 이 세상에 남는다. 가장 낮은 성품인 타마스에 살면 아래로 가라앉는다.**

삿트와 구나의 방식을 따르는 사람들은 데바들 등의 세계에 태어날 것이다. 라자스적인 사람들은 사람들 사이에 거주할 것이다. 가장 낮은 구나인 타마스의 방식을 따르는 타마스적인 사람들은 아래로 내려갈 것이다. 즉, 그들은 가축과 같은 생물들의 자궁 안에서 태어날 것이다.

## 구나들 너머에 있는 아트만 깨달음은 불멸로 인도한다.

앞 장에서는 삼사라의 원인 즉 높고 낮은 창조물들의 자궁들에서 푸루샤가 태어나는 원인은 푸루샤가, 그를 프라크리티와 동일시하도록 만드는 환영적인 지식의 영향 아래 있을 때, 경험의 대상들에 대해 갖는 애착이라고, 즉 즐거움과 고통, 망상의 형태들을 띠는 구나들에 대해 갖는 애착이라고 간략히 설명하였다. 그는 그 애착으로 인해 "나는 행복하다, 비참하다, 미혹되었다."라고 느끼게 된다. 여기(제14장 5절 이하)에서도 같은 내용이 상세하게 묘사되었다. 구나들의 성질, 그것들의 기능, 그것들이 어떻게 하여 그것들의 기능들에 의해 매이는지, 구나들의 기능들에 의해 포로가 된 사람들의 도착지, 그리고 환영에 뿌리를 둔 속박의 원인이 설명되었다. 이제, 올바른 지식으로 해방에 이른다는 것을 가르치기 위하여 신이 말한다.

19. 이 구나들만이 모든 행위의 행위자임을 현명한 사람이 알게 하라. 또한 그것들 너머에 있는 그것도 그가 배워서 알게 하라. 그래서 그는 나에 도달할 것이다.

자기를 몸들, 감각 기관들과 감각 대상들로 변형시키는 구나들 외에는 다른 행위자가 없다는 것을 알고 깨달을 때, 자기의 모든 변형들로 모든 행위를 하는 행위자를 구성하는 것은 바로 구나들임을 볼 때, 구나들과 별개이며, 구나들과 그것들의 기능들을 지켜보는 목격자인 그를 볼 때, 그는 나의 존재에 도달한다. 즉, 모든 것이 바수데바임을 볼 때 그는 바수데바가 된다.[237]

이제 신은 그가 어떻게 그것에 도달하는지를 가르친다.

20. 몸의 원천인 이 세 구나들을 건너가는 사람은 탄생과 죽음, 고통과 쇠퇴로부터 자유로워진다. 그는 불멸이 된다.

지혜로운 자는 환영의 조건을 구성하며 몸을 발생시키는 씨앗인 세 가지 구나들 너머로 살아 있는 동안 건너간다. 그는 살아 있는 동안 탄생, 죽음, 노쇠와 고통에서 해방되고, 불멸에 이른다. 이런 식으로 그는 나의 존재에 도달한다.

---

237  그러면 그가 브람만과 하나라는 것이 드러나게 된다.—(A.)

# 해방된 영혼의 표시들

지혜로운 사람은 살아 있는 동안 구나들 너머로 건너가고 불멸에 이른다는 말을 듣고서, 아르주나는 의문이 생겨 질문했다.

아르주나가 말했다.

**21. 오, 신이시여! 저 세 구나들 너머로 건너간 사람의 표시들은 무엇입니까? 그는 어떻게 행동을 합니까? 그리고 어떻게 하여 저 세 구나들 너머로 갔습니까?**

이와 같이 아르주나가 구나들 너머로 건너간 사람의 특징적인 표시들이 무엇이며 구나들을 건너는 수단들이 무엇인지를 묻자, 신은 이 두 가지 질문에 대답한다. 먼저, "구나들 너머로 건너간 사람을 어떤 표시들로 알 수 있습니까?"라는 질문에 대한 다음 대답을 들어 보라.

신께서 말씀하셨다.

**22. 오, 판다바여! 빛, 활동과 망상이 있을 때 그는 그것들을 싫어하거나, 그것들이 없을 때 바라지 않는다.**

'빛'은 삿트와의 결과이고, '활동'은 라자스의 결과이며, '망상'은 타마스의 결과이다. 그는 이것들이 있을 때, 이것들이 의식의 대상들로서 분명히 나타날 때, 이것들을 싫어하지 않는다. 어떤 사람이 "나는 나를 미혹시키는 타마스적인 개념을 지금 가지고 있다. 고통스러운 라자스적인 활동이 내 안에서 일어났고, 이 라자스의 작용으로 인해 나는 나의 진정한 성품에서 떨어졌으며, 내 성품에서 이렇게 떨어지는 것은 고통스럽다. 그리고 빛나는 삿트와적인 구나는 분별을 나에게 속하는 것으로 여기게 하고 행복에 집착하게 함으로써 나를 속박한다."라고 생각하며 그것들을 싫어하는 것은 올바른 지식이 없을 때뿐이다. 그러나 구나들을 초월한 사람은 그것들이 그의 의식에 나타날 때 그것들을 이와 같이 싫어하지 않는다. 먼저 그의 의식에 나타났다가 그 뒤에 사라진 삿트와적인 혹은 라자스적인, 타마스적인 상태들을 갈망하는 삿트와 혹은 라자스, 타마스적인 사람과 달리, 구나들을 초월한 사람은 사라진 것들을 갈망하지 않는다. 이것은 다른 사람들이 지각할 수 없는 표시이다. 그것은 그 자신을 위한 표시이다. 그것은 그 자신에 의해서만 지각될 수 있기 때문이다. 다른 사람의 의식에 나타나는 싫어함과 좋아함을 지각할 수 있는 사람은 진정 아무도 없다.

## 해방된 사람의 삶에서의 행동

이제 "구나들을 초월한 사람은 어떻게 행동합니까?"라는 질문에 대한 대답이 이어진다.

23. 그는 무관심하게 자리하고 있고, 구나들에 의하여 방해받지 않는 사람과도 같다.
그는 구나들이 모든 행위자라는 것을 안다. 그는 결코 이 분별의 힘을 잃지 않는다.

24. 그는 행복과 고통을 하나로 여기고, 아트만의 내적 고요 안에서 쉰다. 금, 진흙,
돌은 그에게 똑같은 가치를 지닌다.

아트만을 아는 포기의 사람 즉 산야신은 어느 쪽에도 치우치지 않는 사람과 같고[238], 구나들을 초월하는 길[239]을 확고히 밟는다. 그는 분별의 상태에서 벗어나지 않는다. 이것은 다음과 같은 것에 의해 더욱 분명해진다. "그들 자신을 몸, 감각 기관들과 감각 대상들로 변형시키

---

**238** 이것은 나를 아는 사람이 어떻게 나의 불변성에 대한 그의 지식으로 인하여 자신을 행위를 행하는 자로 여기기를 그치고 어떤 행위에도 관여하지 않는지를 설명한다.—(A.)
**239** 이 길은 나 지식이다.—(A.)

는 구나들이 행동하고 서로 반응한다. 이와 같이 생각하면서 그는 흔들리지 않는다." 즉, 그는 자신의 진실한 성품 안에 머무른다. 이 부분을 "이와 같이 생각하면서 그는 행동한다.[240]"라는 뜻으로 해석하기도 한다. '아트만에 있는 사람'은 고요한 사람이다. 더구나

25. 즐거운 것과 즐겁지 않은 것은 똑같다. 그는 칭찬하는 것과 비난하는 것에 신경 쓰지 않는다. 그는 참된 안목을 가지고 있다. 존경받을 때와 무시를 당할 때 그의 행동은 똑같다. 사람들이 전쟁을 일으킬 때, 그는 어느 쪽도 그의 적이나 그의 편이라고 여기지 않는다. 그는 어떤 것도 부족하다고 여기지 않는다. 그러므로 그는 결코 어떤 행위도 일으키지 않는다.

'같으며'란 영향을 받지 않는다는 뜻이다. 비록 자신의 입장에서는 치우침이 없지만, 어떤 사람들은 다른 사람들에게 마치 그들이 친구나 적의 편에 서 있는 것처럼 보인다. 그러나 이 사람은 친구나 적에 대해 똑같다. 그는 몸의 유지를 위해 필요한 행위들을 제외하고는, 눈에 보이거나 보이지 않는 결과들을 낳는 모든 행위들을 포기한다.


## 신에 대한 사랑은 해방으로 인도한다.

제14장 23, 24, 25절에서 묘사된 특징들은, 그것들이 노력에 의해 성취되어야 하는 한, 해방을 추구하는 포기의 사람이 해야 하는 행위의 규범이 된다. 그러나 그것들이 그 자신에 의하여 지각될 수 있을 만큼 자신의 성품에 확고히 뿌리내릴 때, 그것들은 그 헌신자가 구나들을

---

초월했다는 것을 나타내는 표시들이 된다.[241]

신은 이제 "어떻게 하여 저 세 구나들 너머로 건너가게 됩니까?"라는 질문에 대답한다.

**26. 한결같은 사랑으로 나를 숭배(봉사)하는 사람은 이 구나들을 초월한다. 그는 브람만과 합일에 이르기에 적합해진다.**

모든 존재들의 가슴속에 있는 나 즉 이슈와라, 나라야나를 결코 다함이 없는 박티 요가로, 분별하는 지식에 대한 헌신으로 섬기는 또는 심지어 행위의 사람일지라도, 이 박티 요가는 진정 신의 은총과 자비의 결과이므로, 그는 앞에서 언급한 세 가지 구나들 너머로 건너가며, 그는 브람만이 되기에 즉 해방에 적합한 사람이다.

## 아트만의 단일성

어떻게 하여 그렇게 될 수 있는가? 들어 보라.

**27. 왜냐하면 나는 이 육체 안에 있는 브람만이고, 죽지 않는 불멸의 생명이기 때문이다. 나는 진리이며 영원한 희열이다.**

왜냐하면 결코 멸하지 않고 변치 않으며, 영원한 다르마 등이며, 갸나 요가 즉 지혜 헌

---

241 구나들의 다양한 변형들과 기능들에 대한 무관심 등 이런 특징들은 참나 지식(비디야)에 이르기 전의 특별한 노력으로 얻어져야 한다. 그리고 나 지식을 열망하는 사람은 따라서 이런 덕들을 함양해야 한다. 그것들은 그것에 이르는 수단이기 때문이다. 그러나 나 지식이 떠올라서 그 구도자가 몸을 입고 살아 있는 동안 해방된 사람(지반묵타)이 되면, 여기에서 언급된 모든 특징들은 그의 본성의 본질적인 부분을 이루며, 그가 스스로 지각할 수 있는 해방의 표시들이 된다.—(A.)

샹카라차리야의 바가바드 기타

신의 다르마에 의해 도달할 수 있으며, 확실한 희열이며, 지고의 희열이며, 불멸의 희열인 지고의 아트만(파람아트만)인 브람만은 나 안에, 프라티야가트만 안에, 진정한 내면의 아트만 안에 거하기 때문이다. 프라티야가트만이며 불멸의 아트만인 나는 지고한 나의 거처이므로, 올바른 지식에 의해 프라티야가트만이 지고의 아트만임을 본다. "그는 브람만이 되기에 적합하다."라는 말로 앞 구절에서 선언된 것은 바로 이 진리이다.

그 구절의 의미는 다음과 같이 설명될 수도 있다. 즉, 브람만이 그의 은총을 헌신자들에게 보여 주는 것은 그의 이슈와라 샥티를 통해서, 곧 그가 자기 자신을 이슈와라 즉 우주의 주재자로 나타내는 그의 능력을 통해서이다. 나는 나타난 그 샥티 즉 힘이며, 따라서 브람만 그 자체이다. 왜냐하면 샥티(힘, 잠재력, 에너지)는 그것을 내포하고 있는 존재와 구분될 수 없기 때문이다.

또한 그 구절은 다음과 같이 설명될 수도 있다.

'브람만'이 여기에서 의미하는 바는, '브람만' 등의 단어로 말해질 수 있는 유일한 존재인 조건 지어진 브람만이다. 조건 지어지지 않고 말로 나타낼 수 없는 나는 조건 지어진 브람만의 거처이며, 파괴될 수 없는 불멸이다. 나는 또한 영원한 다르마의, 지혜의 헌신의 거처이며, 그 헌신에서 생겨난 다함이 없는 희열의 거처이다.

# 제15장
# 세상이라는 나무

❧

## 삼사라의 나무

모든 살아 있는 존재들은 그들의 행위의 결실들을 나에게 의존하고 있고, 지혜로운 사람들은 그들의 지식의 결실들을 나에게 의존하고 있으므로, 사랑의 헌신(박티 요가)으로 나를 섬기는 사람은 나의 은총에 의해 구나들 너머로 건너가며, 지식을 얻어 해방에 이른다. 나의 진정한 성품을 바르게 이해하는 사람들은 더욱더 그러하다. 그러므로 신은 이 장에서 아르주나가 묻지 않았지만 나의 진정한 성품을 가르치기 시작한다.

먼저 그는 모든 애착의 부재(바이라기야)를 낳기 위해 세상의 존재의 성질을 나무[242]로 비유하여 묘사한다. 왜냐하면 오로지 모든 애착에서 자유로운 사람만이 신의 진정한 성품을 아는 지식을 얻는 데 적합하기 때문이다.

신께서 말씀하셨다.

1. 아주 오래된 이야기에 아슈왓타 나무(인도 보리수나무, 우주에 대한 은유, 지식의 도구가 아니고는, 신의 은총이 아니고는 잘리지 않는다.)라는 것이 있다. 그 나무는 영원하다. 그 나무의 뿌리는

---

[242] 삼사라는 나무처럼 잘릴 수 있기 때문에 나무로 표현된다.—(A.)

상카라차리야의 바가바드 기타

하늘에 있고, 가지들은 땅을 향하고 있다. 그 나무의 각각의 잎들은 베다들의 노래이다. 그 나무를 아는 사람은 모든 베다들을 안다.

마야[243] 즉 나타나지 않는 잠재력을 가진 브람만은 시간의 관점에서는 미묘하므로, 또한 그는 원인[244]이고 영원하며 위대하므로, 그는 위에 있는 자라고 말해진다. 위에 있는 존재는 이 삼사라 나무의 뿌리이며, 따라서 그것의 뿌리는 위에 있다고 말해진다. 스루티는 말한다.

"뿌리는 위에 있고 가지는 아래에 있는 이 아슈밧타는 영원하다."(카타. 우. 3-2-1)

푸라나에서도 말한다.

"브람만의 영원한 나무[245]가 돋아나는 그 뿌리는 나타나지 않는 것(아비약타)이다. 그것은 그것(아비약타)의 힘에 의해 자라났다. 그것의 줄기는 지성(붓디)이고, 감각의 틈들은 그것의 공동(空洞)이며, 대 원소들은 그것의 큰 가지들이며, 감각 대상들은 그것의 잎들과 작은 가지들이고, 다르마와 아다르마는 그것의 수많은 꽃들이고, 즐거움과 고통은 모든 생명들에게 살아가게 하는 그것의 열매들이다. 그리고 이것은 브람만이 거주하는 곳[246]이며, 그 지고의 나는 브람만이라는 나무의 정수이다. 지식[247]의 강력한 검으로 그 나무를 산산이 자르고 쪼갠 사람은 그곳으로부터 아무도 다시 돌아오지 않는다."

그들은 환영적인 세상을 위에 뿌리를 두고 있는 나무로 비유한다. 마하트, 아함카라(자

---

**243** 불변하는(쿠타스타) 브람만은 스스로 원인일 수 없다.—(A.)
**244** 이것은 브람만이 어떻게 하여 '시간의 관점에서 미묘한지'를 보여 주기 위한 것이다. 브람만은 모든 결과들에 앞서는 불변의 것이기 때문에 원인이다.—(A.)
**245** 즉, 브람만에 의해 점유되고, 주재되고, 인도되고, 다스려지고, 안내되는 나무. 그것은 지식을 제외하고는 베어질 수 없으므로 영원하다고 말해진다.—(A.)
**246** 브람만이 거주하는 곳은 세상(삼사라)의 이 나무 안이다. 이 부분은 "브람만은 삼사라의 이 나무가 거주하는 곳이다."라고 해석되기도 한다. 왜냐하면 이 무한한 우주는 오로지 브람만에 바탕을 두고 있기 때문이다. 무지로 인하여 자신을 이 우주의 형태로 나타내는 것은 진정 브람만 그 자신이다.—(A.)
**247** "나는 브람만이다."라는 지식.—(A.)

아), 기본적인 정수Elemental Essence(탄마트라)들 등은 말하자면 그 나무의 가지들이며, 이것들은 아래로 뻗어 있다. 그러므로 그 나무는 가지들을 아래에 두고 있다고 한다. 그들은 이 나무를 '아슈밧타'라고 부른다. 왜냐하면 그것은 심지어 내일까지도 똑같이 지속되지 않기 때문이며, 매 순간 파괴를 겪기 때문이다. 이 세상의 환영은 시작도 없이 시간 안에 존재해 왔으므로, 그들은 이 세상의 나무가 영원하다고 말한다. 그것은 잘 알려져 있다시피 시작도 없고 끝도 없는 계속적인 일련의 탄생들 위에 놓여 있으므로 영원하다고 한다. 나아가 세상의 나무를 다음과 같이 말할 수도 있다. 운율(찬다스)들은 말하자면 그것의 잎들이며, 그렇게 불리는 이유는 리그 베다, 야주르 베다, 사마 베다 등의 운율(베다)들은 잎들처럼 세상의 나무를 보호하기(덮기) 때문이다. 마치 나무의 잎들이 그 나무를 보호하는 데 기여하듯이, 베다들[248]도 다르마와 아다르마 및 그것들의 원인과 결과들을 다루므로 세상의 나무를 보호하는 데 기여한다. 세상의 나무와 그 뿌리를 앞서 설명한 대로 아는 사람은 베다들의 가르침을 아는 자이다. 진정 이 세상의 나무와 그 뿌리 외에는 알려져야 할 것이 아무것도 남아 있지 않다. 그러므로 그것을 아는 사람은 모든 것을 안다. 이것은 세상의 나무와 그 뿌리를 찬미하기 위한 것이다.

이제는 이 세상의 나무의 구성 부분들에 대한 또 다른 비유적인 표현들이 이어진다.

2. 구나들로부터 자양분을 공급받은 그 나무의 가지들은 아래와 위(온 우주)를 향해 뻗어있다. 그것이 내놓는 싹들은 감각 대상들이다. 그것이 늘어뜨린 뿌리들은 아래로 향해 이 세상으로 내려가, 인간 행위의 뿌리들에 닿는다.

인간으로부터 아래로 움직이지 않는 물체들에 이르기까지, 그리고 인간으로부터 위로는 우주의 창조자인 브람마의 거처에 이르기까지, 지식과 행위의 적절한 보상으로서 도달된

---

**248** 베다의 다르마의 의식 부분은 영혼의 상승과 하강의 길을 다룬다. 그것들은 세상(삼사라)의 죄과들을 숨김으로써 세상을 보호한다.—(A.)

샹카라차리야의 바가바드 기타

세계가 어디이든지, 각각은 지식과 행위의 특징에 따라 다르며, 그것들은 그 나무의 말하자면 뻗어 가는 가지들이다. 그것들은 그 물질적 기초를 이루는 삿트와, 라자스, 타마스 등 구나들에 의해 자양분을 공급받고 살찌게 된다. 소리와 같은 감각 대상들은, 말하자면, 행위들의 결과인 신체와 다른 몸들의 가지들로부터 싹트는 싹들이다. 세상의 나무의 최고의 뿌리는 이미 언급되었으며, 이제는 다르마와 아다르마의 행위들로 이끄는 이른바 우주의 부차적인 뿌리들에 대해 언급할 것이다. 행위의 결실들로 말미암은 이 뿌리들은 집착과 혐오 같은 느낌들의 잠재적인 인상들이다. 이런 뿌리들은 데바 등의 세계 아래에 있는 인간 세상 속에 퍼져 있고[249], 다르마와 아다르마의 행위들을 낳는다. 이런 행위들은 그런 바사나들이 떠오름에 따라 나타난다. 그런 뿌리들은 특히 인간 세계 안에 퍼져 있다. 주지하다시피, 인간이 행위에 관여하는 것은 여기에 있는 동안이다.[250]

## 그 나무를 베어버리고 목표를 추구하라.

그리고 방금 설명한 삼사라의 나무에 대해서는,

3. 이 나무의 참된 모습 즉 그것의 끝과 시작, 그것의 성품이 무엇인지는 여기에서는 알 수 없다. 그러므로 사람은 자신의 무애착의 도끼를 날카롭게 할 때까지 브람만에 대해 묵상해야 한다. 그는 이 도끼로 굳게 뿌리내린 아슈왓타 나무를 잘라내야 한다.

4. 그런 다음에는 미래의 탄생들로 되돌아감이 없는 그 상태를 깨달으려고 노력해야

---

249  즉, 집착과 혐오라는 이런 느낌들이 끊임없이 존재하는 것은 인간들의 링가 사리라들 안에서이다.—(A.)
250  바꿔 말하면, 어느 누가 행위에 종사하기에 적합한 것은 특히 인간의 몸을 입고 있는 동안이다.—(A.)

한다. 이 모든 눈에 보이는 활동이 쉴 새 없이 흘러나오는 모든 것의 원천, 신, 절대자 안에 그가 안식처를 구하게 하라.

'그와 같은 것으로'란 앞에서 설명된 것처럼. 그와 같은 그것의 형태는 여기에서는 누구에 의해서도 지각되지 않는다. 왜냐하면 그것은 마술사의 마술에 의해 나타난 하늘에 있는 상상적인 도시, 신기루, 꿈과 매우 비슷하기 때문이다. 진정 그것은 나타나고 사라진다.[251] 그러므로 그것은 결말도 끝도 없다. 그것은 시작도 없다. "그것은 이 지점으로부터 나오게 되었다."라고 아는 사람은 아무도 없다. 그것의 존재 즉, 시작과 끝 사이의 그것의 내용nature은 누구에 의해서도 지각되지 않는다. '초연'은 자녀들과 재산, 세상에 대한 애착이 없는 것을 말한다. '강한', 즉 지고의 나를 향한 마음의 결연한 태도에 의해 강해지고, 진실한 분별의 수행이라는 숫돌에 거듭거듭 갈아서 날카로워진. '조각조각' 벤다는 것은 세상의 나무를 그 씨앗과 함께 뿌리째 뽑는 것을 말한다.

그 다음에 구도자는 그 나무 너머에 있는 비슈누의 거처를 추구하고 알아야 한다. 이 목표에 도달한 사람들은 결코 세상으로 다시 돌아오지 않는다. 그 목표를 어떻게 추구해야 하는가? 그것은 다음과 같이 추구되어야 한다. "나는 태초의 푸루샤인 그분 안에 안식처를 구합니다." 그분은 목표라고 말해진 분이다. 즉, 그분 안에서 안식처를 구하는 방법으로 그분을 추구해야 한다. 이 푸루샤는 누구인가? 마치 환영적인 풍경들이 마술사에게서 나오듯이, 환영적인 세상의 나무는 그 푸루샤에게서 발산되어 흘러나온다.

---

251  애착 등에 의해 지금과 같이 계속 유지되는 세상(삼사라)의 나무는 시작이 없고 본래 파괴되지 않으며 그것을 조각조각 베는 것은 불가능하다고 여겨질 수 있다. 이런 생각을 없애기 위하여, 신은 앞에서 묘사된 세상(삼사라)의 나무가, 비록 우리의 감 각 기관들을 통해서는 지각되지 않지만, 경전(샤스트라)의 가르침으로부터 앞서 묘사된 것처럼 추론되어야 한다고 말한다. 그러므로 지식으로 그것을 조각조각 베어 내는 것은 가능하다.─(A.)

## 목표에 이르는 길

어떤 사람들이 그 목표에 도달하는가? 들어 보라.

5. 사람들이 자신의 무지를 벗어던질 때, 그들은 오만과 망상으로부터 벗어난다. 그들은 악한 세상에 대한 애착을 극복했다. 그들은 아트만과의 끊임없는 합일 안에 산다. 모든 갈망은 그들을 떠났다. 그들은 더 이상 대립되는 감각들의 반응들에 휘둘리지 않는다. 이렇게 그들은 모든 변화들 너머에 있는 그 상태에 도달한다.

'있고' 등은 지고한 아트만의 성품을 끊임없이 명상하는 것을 말한다. '욕망'이라는 것은 그들이 산야신이 되고, 모든 욕망들이 어떤 흔적도 남기지 않고 떠났다는 것을 가리킨다. '그 영원한 목표'는 앞서 묘사한 목표이다.

## 목표는 신의 영광스러운 존재이다.

그 목표는 다시 다음과 같이 상술된다.

6. 이것은 나의 무한한 존재이다. 태양 또는 달이 또는 불이 그것에게 조금의 빛이라도 빌려줄 것인가? 그것은 언제나 스스로 빛을 발한다. 그리고 나를 얻은 이는 결코 다시 태어나지 않을 것이다.

태양은 모든 것을 밝게 비추는 능력을 가지고 있지만 그 거처, 빛의 거처는 밝히지 못한다. 그 거처로 간 사람은 아무도 다시 돌아오지 않으며, 태양과 다른 발광체들은 그곳을 비추지 못한다. 그곳은 비슈누의 지고의 거처이다.

## 지바는 신의 광선이다.

"그곳으로 간 사람은 아무도 돌아오지 않는다."라고 말하였다. 하지만 모두가 알고 있 듯이, 감은 결국 돌아옴으로 이어지며, 합일은 분리로 이어진다. 그런데 어떻게 그 거처에 도 달한 사람들은 다시 돌아오지 않는다고 말할 수 있는가? 들어 보라. 어떻게 그렇게 되는지 다 음과 같이 설명된다.

**7. 나의 일부(아트만)는 모든 생명체 안에 있는 신이다. 그 영원한 성품을 유지하지만,**
**프라크리티로 만들어진 의복인 마음과 다섯 감각들을 입어서 별개인 것처럼 보인다.**

지고의 아트만이며 나라야나인 나 자신의 일부분은 세상 안에 있는 영원한 지바(개별적 인 영혼)이며, 그는 모든 사람 안에서 행위자와 즐기는 자로서 자신을 나타낸다. 그는 물에 비 친 태양과 같다. 비친 태양은 진짜 태양의 일부분이다. 그리고 물이 없어지면, 비친 태양은 본 래의 태양으로 돌아가서 그 태양 자체로 머문다. 혹은, 그것은 항아리 안의 공간과 같다. 그것 은 항아리의 조건에 의해 한정된다. 항아리의 이 공간은 무한한 공간의 일부분이며, 한정의 원인인 항아리가 깨지면 무한한 공간과 하나가 된다. 그러면 그것은 더 이상 다시 돌아오지 않 는다. 이와 같이 "그곳으로 간 사람은 아무도 다시 돌아오지 않는다."라는 구절은 쉽게 설명될 수 있다.

이의: 부분들이 없는 지고의 아트만에게 어떻게 일부분이 있을 수 있습니까? 만약 그에 게 부분들이 있다면, 그는 부분들이 나뉠 때 파괴될 것입니다.

대답: 이 이의는 우리의 이론에 적용되지 않는다. 왜냐하면 그것은 단지 무지에 의해 세워진 조건들로 한정되는 부분이기 때문이다. 그것은 상상적인 부분이며, 말하자면 일부라고 표현하는 것일 뿐이다. 이 진실은 제13장에서 상세히 설명되었다.[252]

## 어떻게 지바가 몸 안에 머물다가 몸을 떠나는가?

나 자신의 상상적인 부분에 불과한 지바는 어떻게 세상에서 사는가? 그리고 그는 어떻게 그곳을 떠나는가?[253] 들어 보라. 그는 청각 등 다섯 가지 감각들과 여섯째 감각 기관인 마음을 자기 주위로 끌어들인다. 그 여섯 감각들은 물질 안에, 즉 귓구멍 등 그것들의 각자 자리에 머문다.

언제 그는 그것들을 자기 주위로 끌어들이는가?

**8. 신이 육체를 입거나 그것을 벗을 때, 바람이 꽃들에게서 향기를 훔치듯이, 그는 마음과 감각들을 그와 함께 지니고 들어가거나 떠난다.**

몸과 나머지 것들의 집합체의 주인인 지바는 몸을 떠날 때 감각들과 마음을 자기 주위로 끌어들인다. 그는 이전의 몸을 떠나 다른 몸속으로 들어갈 때, 마치 바람이 꽃들의 향기들을 가져가듯이, 다섯 가지 감각들과 마음을 가지고 간다.

그렇다면 그것(감각)들은 무엇인가?

---

252  사실상 지바는 파람아트만의 일부가 아니며, 그는 지고의 나와 동일하다는 것이 제13장에서 설명되었다.—(A.)
253  즉, 만약 지바가 지고의 나라면, 그가 세상의 사람(삼사린)이라고 혹은 이 세상을 떠난다고 말해지는 것은 어째서인가?—(A.)

9. 그는 귀와 눈을 지켜보고, 접촉, 맛, 냄새 뒤에 있으며, 또한 마음 안에 있다. 그는 감각 대상들을 즐기고 고통을 겪는다.

각 감각들과 더불어 마음을 사용하면서 몸 안의 거주자는 소리 등과 같은 감각 대상들을 즐긴다.

## 아트만은 지식의 눈에만 보인다.

10. 육체 안에 머물고, 혹은 떠나고, 혹은 구나들과 하나가 되어, 그것들을 즐기는 그를 무지한 사람들은 보지 못한다. 그러나 지식의 눈이 열린 사람은 그를 본다.

이와 같이 몸 안에 거주하고, 몸을 얻은 뒤에는 떠나고, 몸 안에 머물고, 소리와 다른 대상들을 지각하고, 언제나 구나들과 연합하여 있는 그분을, 즉 즐거움, 괴로움, 망상 등 마음의 모든 성향들과 항상 함께 하는 그분을, 미혹된 사람들은 알아차리지 못한다. 비록 그분은 이런 식으로 그들의 시야의 범위 내로 오지만, 그들은 그분을 보지 못한다. 왜냐하면 그들은 여러 가지 방식으로 미혹에 빠져 있고, 그들의 마음은 눈에 보이거나 보이지 않는 대상들을 즐기는 데 강하게 빠져 있기 때문이다.[254] 아! 인간은 그와 같이 비뚤어져 있다. 이와 같이 신은 한탄한다. 그러나 지식의 권위 있는 원천에 의해, 즉 분별력을 가진 사람에 의해 지식의 눈[255]이 열린 사람들은 그분을 알아본다.

---

[254] 비록 아트만은 가장 가까이 있고 따라서 가장 알아보기 쉽지만, 아무도 그를 보지 않는다. 그들은 감각의 대상들을 완전히 따르기 때문이다.—(A.)

[255] 여기에서 말하는 지식의 눈은 반성과 지성(니야야누그리히타)이 곁들여진, 그리고 지식에 이르는 수단을 이루는 경전(샤스트라)들을 가리킨다.—(A.)

감각들을 정복하고 마음이 순수해지지 않고는 아트만의 지식은 없다.
하지만 몇몇은,

**11. 영적 수행을 통해 고요를 얻은 요기들은 그들 자신의 의식에서 그분을 본다. 하지만 고요와 분별이 부족한 사람들은 그렇게 하려고 열심히 노력한다 해도 그분을 발견하지 못할 것이다.**

마음이 잘 균형 잡힌 채 노력하는 사람들은 자기 자신의 마음(붓디) 안에 거주하는 아트만인 그분을 본다. 그들은 그를 알아본다. "이것이 나이다." 그러나 비록 경전 등 적절한 권위들을 통하여 그분을 알기 위해 노력할지라도, 자아가 정련되지 않은 사람들, 즉 감각들의 정복과 고행에 의해 자아(마음)가 새로워지지 않은 사람들, 그들의 악한 방식을 포기하지 않은 사람들, 자만이 가라앉지 않은 사람들은 그분을 보지 못한다.[256]

# 신의 내재성,

## (1) 모든 것을 비추는 의식의 빛으로서

그 목적지인 지고한 아트만은 모든 것을 밝게 비추는 태양과 불같은 발광체들조차 밝히지 못한다. 그 목표에 도달하면, 해방의 구도자들은 다시는 세상으로 돌아오지 않는다. 마치 항아리 안의 공간이 어디에나 편재하는 공간의 일부에 불과하듯이, 조건들에 맞추어 자신들

---

256 마음이 아직 불순하여 영원한 것과 영원하지 않은 것, 실재하는 것과 실재하지 않는 것 사이의 차이를 아직 깨닫지 못한 자들에게는 이성과 반성reflection을 곁들인 단순한 경전들의 공부만으로는 큰 효과가 없을 것이다.—(A.)

을 나타내는 개별적인 영혼인 지바들은 그 목표의 부분들에 불과하다. 그 목표가 모든 것의 본질이며 모든 경험의 실제 기초 즉, 대상임을 보여 주기 위하여, 신은 다음 네 절에서 그분의 나타남을 간략히 요약하여 설명한다.

**12. 온 세상을 비추는 태양 안에 있는 빛, 달의 빛, 불 안에 있는 빛, 그 빛이 나의 것임을 알라.**

'빛'은 광휘를 말한다. '나의 것'은 비슈누의 것이라는 뜻이다.
혹은, '빛'은 의식의 빛(차이탄야)을 의미하는 것으로 이해될 수도 있다.

이의: 의식의 빛은 움직이는 것과 움직이지 않는 물체 안에 모두 똑같이 존재합니다. 그렇다면 왜 그 빛을 '태양에 있는' 등으로 한정하는 것입니까?

대답: 이 이의는 여기에 적용되지 않는다. 왜냐하면 그런 한정은 태양 등에 있는 의식의 더 나은 나타남이 삿트와의 더 높은 정도에 적합하다는 이유로 설명될 수 있기 때문이다. 태양과 여기에서 언급된 다른 물체들에서 삿트와는 매우 찬란하고 밝게 빛난다. 그러므로 의식의 빛이 더 잘 나타나는 것은 그것들에서이다. 그러므로 그렇게 한정하게 되었다. 그 빛이 그런 물체들만의 특정한 속성이기 때문이 아니다. 그것을 설명하기 위하여 일상적인 경험의 예를 들어 보자. 사람의 얼굴은 벽이나 통나무 등에는 비치지 않는다. 그러나 같은 얼굴이라도 거울에는, 거울이 깨끗한 정도에 따라 선명한 정도는 다르지만, 비친다.

**(2) 모든 것을 유지하는 생명으로서**

더구나,

13. 나의 에너지(오자스)는 흙 안으로 들어가 살아있는 모든 것을 지탱한다. 나는 물과 수액을 주는 자, 달이 되어 식물들과 나무들을 자라게 한다.

'에너지(오자스)'는 이슈와라의 에너지를 가리킨다. 그것에는 욕망과 열망들이 없다. 그것은 세상을 유지하기 위해 땅 속으로 스며든다. 그 에너지에 의해 지탱되므로 거대한 지구는 추락하지 않으며 산산이 부서지지 않는다. 그러므로 다음과 같이 찬양된다. "끝없이 넓은 하늘과 땅은 무엇에 의해 굳건히 지탱되는가." "그가 땅을 굳건히 지탱한다."(타잇티리야 상히타, 4-1-8) 이와 같이 나는 땅으로 스며들어 움직이는 것과 움직이지 않는 것들을 유지한다. 그리고 나는 풍미 있는 달이 되어, 쌀과 밀 등 대지 위에 싹트는 모든 초목들을 자라게 하고 그것들을 맛 좋게 한다. 소마 즉 달은 모든 풍미들의 저장고이다. 모든 허브들 속에 맛들을 불어넣어 자라게 하는 것은 바로 풍미 있는 달이다.

### (3) 모든 살아 있는 유기체들의 소화의 불로

또한,

14. 나는 생명의 호흡(불꽃)으로 모든 존재 안으로 들어가, 안에 있는 호흡의 흐름인 프라나와 아파나와 연합하여 바이슈바나라로서 네 가지 음식(씹는, 빠는, 삼키는, 핥는)들을 소화시켜 그것들을 육체를 지탱하는 힘으로 바꾼다.

'바이슈바나라'는 위장 속에 있는 불이다. 계시서는 말한다.

"이 불은 바이슈바나라이며, 이것은 사람 안에 있으면서 음식을 소화시킨다."(브리. 우. 5-9-1.)

'네 가지 음식'은 씹어서 먹어야 하는 음식, 빨아서 먹어야 하는 음식, 삼켜서 먹어야 하는 음식, 핥아서 먹어야 하는 음식을 말한다.

먹는 자를 바이슈바나라 불이라 여기고, 그 불이 먹는 음식을 소마 즉 달이라 여기며, 이 둘이 함께 불 소마(아그니 쇼만)를 이룬다고 여기는 사람은 음식 안의 모든 불순물로부터 자유롭다.[257]

### (4) 모든 존재의 가슴에 있는 아트만으로

더구나,

**15. 나는 모든 가슴에 있다. 나는 지식과 기억을 주고 또 앗아간다. 나는 베다들이 말하는 모든 것이다. 나는 베단타를 아는 자인 스승이다.**

나는 모든 의식 있는 존재들의 가슴 즉 붓디에 그들의 아트만으로서 거주한다.[258] 그러므로 모든 의식 있는 존재들의 나인 아트만으로부터[259] 기억과 지식,[260] 그것들의 망각이 나온다. 지식과 기억이 올바른 사람 안에서 그들의 선한 행위들의 결과로 일어나듯이, 지식과 기억의 망각이 죄 많은 사람들 안에서 그들의 죄의 결과로 일어난다. 지고의 아트만인 나는 모든 베다들 안에서 알려져야 한다. 베단타(우파니샤드)의 가르침이 계속 대를 이어 전해지게 한 것은 바로 나이며, 베다의 가르침을 아는 자도 역시 나이다.

---

257  덧붙여 말하자면, 신이 여기에서 가르치는 바는, 음식을 먹을 때 먹는 자와 먹히는 것의 형태로 있는 온 우주가 아그니와 소마로 이루어져 있다는 점을 묵상하는 사람은 좋지 않은 음식에서 나오는 해악에 영향 받지 않는다는 것이다.―(A.)
258  나는 그들의 가슴속에서 선하고 악한 모든 것을 목격하는 자이다.―(A.)
259  우주라는 기계 뒤에 서서 연출하는 자(수트라 다하라), 모든 행위들을 관장하는 자인 나로부터.―(A.)
260  전생들에 경험된 것의 '기억', 그리고 공간과 시간, 눈에 보이는 자연의 일상적인 한계들을 초월하는 것들에 대한 지식을 말한다.―(A.)

# 없어지거나 없어지지 않는 우주 너머에 있는 신

제15장 12절 이하에서는, 은총의 신인 나라야나의 영광들을 우월한 조건들[261]을 통해 나타난 것으로 간략히 묘사하였다. 이제 다음 절들에서 신은 순수하고 한계가 없으며, 없어질 수 있는(크샤라) 것과 불멸의(약사라) 모든 조건들과 전혀 다른 그 존재(은총의 신)의 진정한 성품을 나타내고 있다. 먼저, 신은 앞에서 가르쳤고 뒤에서 가르칠 모든 내용들을 세 가지 집단으로 정리하고서 말한다.

**16. 이 세상에는 없어지는 존재(푸루샤, Person)와 없어지지 않는 존재가 있다. 없어지는 존재는 모든 창조물이며, 없어지지 않는 존재(마야 샥티, 신의 환영의 능력, 약사라 푸루샤)는 늘 있는 창조물의 정수이다.**

삼사라 즉 세상에는, 우리가 알다시피, '푸루샤들'[262]이라고 말해지는 두 개의 다른 존재들의 두 범주가 있다. 하나의 집단은 없어지는 것(크샤라)들로 이루어져 있고, 다른 집단은 없어지지 않는 것(약샤라)들로 이루어져 있다. 후자는 전자와 반대되는 것으로서 신의 환영의 능력이며, 없어지는 존재가 태어나는 기원이며, 수많은 유한한 창조물들에 속하는 욕망들, 행위들 등의 잠재된 인상들이 자리하는 곳이다. 두 존재(푸루샤)들이 포함하는 것에 대해서 신은 다음과 같이 말한다. 없어지는 것들에는 변화하는 형태들을 가진 온 우주가 포함된다. 없어지지 않는 것은 변하지 않는다고 알려진 것(쿠타스타), 산처럼 움직이지 않는 채로 있는 것이다. 혹은, '쿠타'는 환영을 의미하고, '쿠타스타'는 자신을 환영과 기만의 다양한 형태들로 나타내는 것을 말한다. 삼사라의 씨앗은 한이 없으므로[263] 그것은 없어지지 않는다고 말해진다.

---

**261** 태양과 같은.—(A.)
**262** 그것들은 푸루샤 곧 하나의 영의 조건(우파디)들이므로 '푸루샤들'이라고 불린다.—(A.)
**263** 브람만의 지식이 없을 때, 그 씨앗은 없어지지 않는다.—(A.)

지고의 영은 이 둘 즉 없어지는 것과 없어지지 않는 것과 구별되고, 없어지는 것과 없어지지 않는 것의 두 가지의 악들로 오염되지 않으며, 영원하고, 순수하고, 지성적이며, 본래 자유롭다.

**17. 그렇지만 이 둘과 구분되는 다른 하나가 있다. 영원한 신, 지고한 아트만**(최고의 푸루샤, 푸루숏타마, 그는 영원하며, 지성적이며, 자연으로부터 자유롭다.)**라고 부르는 최고의 영이 있다. 그는 세 세상에 만연해있고 그것들을 지탱하는 변하지 않는 신이다.**

그러나 최고의 영은 이 둘과 확연히 다르다. 그는 지고한 아트만이다. 그는 몸 등 무지에 의해 세워진 다른 자아들과 비교하여 지고하다. 그리고 그는 모든 존재들의 변함없는 내면의 의식을 이루는 아트만이다. 그러므로 그는 베단타(우파니샤드)들에서 지고한 아트만으로 알려져 있다. 최고의 영은 다음과 같이 더 자세히 묘사된다. 그는 자신의 생명 에너지(발라 샥티[264])로 세 가지 세계 — 지상(부), 중간 세계(부바), 천국(수와) — 에 가득 차고 그것들 안에 단지 존재함으로써 그것들을 유지하는 영원하고 전지한 신 나라야나이다.

최고의 영(푸루숏타마)은 앞에서 묘사된 신의 잘 알려진 이름이다. 이제 신은 단어의 어원론에 따른 선언으로 그 이름이 중요하다는 것을 보여 주며, 자신이 진정 무엇인지를 보여 준다. "나는 비길 데 없는 신이다."

**18. 나는 없어지는 것들과 없어지지 않는 것들 너머에 있다. 그러므로 이 세상에서 그리고 베다들에서 나를 푸루숏타마 즉 최고의 영이라고 한다.**

---

**264** '발라'는 에너지, 의식 또는 지각력(차이탄야)의 에너지를 뜻하며, '힘(샥티)'은 그 안에 있는 환영(마야)을 뜻한다.—(A.)

나는 아슈밧타라고 불리는 환영적인 세상의 나무인 없어지는 것들을 초월하며, 심지어 그 환영적인 세상의 나무의 씨앗을 이루는 없어지지 않는 것들보다도 높다. 이와 같이 나는 없어지는 것들과 없어지지 않는 것들보다도 더 우월하다. 그러므로 나는 세상과 베다에 최고의 영이라고 알려져 있다. 헌신자들은 나를 그렇게 알고 있으며, 시인들 또한 그들의 시와 여러 작품들에서 이 이름을 사용한다.

## 아트만 지식의 영광

이제 신은 앞에서 설명한 대로 아트만을 깨닫는 사람에게 주어지는 결실에 대해 말한다.

19. 오, 바라타여! 미혹[265]에서 벗어나 있고, 나를 최고의 영이라고 아는 사람은 알려질 수 있는 모든 것을 안다. 그러므로 그는 진심을 다해 나를 흠모한다.

'나'는 앞에서 설명된 것과 같은 신을 말한다. '아는'은 "나는 그분이다."를 안다는 뜻이다. '자신의 온 존재로'는 오로지 모든 것의 아트만에만 전념하는 것을 말한다.

이 장에서 전해진 신의 참된 성품을 아는 지식, 즉 해방으로 인도하는 지식은 이제 다음과 같이 찬미된다.

20. 오, 죄 없는 자(아나가)여! 이것은 내가 그대에게 가르친 모든 진리들 중에서 가장 신성한 것이다. 그것을 깨달은 사람은 진정으로 현명해진다. 그의 삶의 목적은 완수

---

265 신체 등을 자기 자신으로 혹은 자신에게 속하는 것으로 결코 여기지 않으며.—(A.)

**된다. 오, 바라타여!**

비록 기타 전체가 경전이라고 불리지만, 문맥에서 보면 제15장만이 그것을 찬미하려는 목적을 위해 여기에서 가르침으로 말해지는 것으로 보인다. 사실, 기타 경전의 가르침 전체가 이 장에서 요약되었다. 기타 경전의 가르침만이 아니라 베다의 가르침 전체가 여기에서 구체화되었다. 그리고 "그것(아슈밧타)을 아는 자는 베다들을 안다."(제12장 1절)라고 했고 "모든 베다들에 의해 알려져야 하는 것은 바로 나이다."(제15장 15절)라고 했다. 앞에서 배운 대로 이 가르침을 아는 사람은 지혜로워지지만, 그렇지 않으면 그렇게 되지 못한다. 그는 모든 의무들을 완수했다. 귀하게 탄생한 브람마나의 의무가 무엇이든지, 그가 신에 대한 진정한 진리를 알게 될 때 그의 모든 의무는 완수된다. 즉, 다른 방법에 의해서는 사람의 의무가 완료될 수 없다. 그리고 "오, 프리타의 아들이여! 모든 행위들은 예외 없이 지혜안에서 이해된다."(제4장 33절)라고 하였다.

여기에 마누의 말이 있다. "이것은, 특히 브람마나에게, 탄생의 완료이다. 왜냐하면 이것에 도달함으로써 거듭 태어난 자는 모든 의무들을 끝마친 자가 되기 때문이다. 다른 방법으로는 그리할 수 없다."(제12장 93절)

오, 바라타여! 그대는 나에게서 지고의 존재에 관한 이 진리를 들었으므로, 그대는 정녕 행복한 사람이다.

# 제16장
# 선과 악

---

## 영적 성향

제9장에서는 의식 있는 존재들에게 속하는 세 가지 성품, 즉 신들의 성품, 아수라들의 성품, 락샤사들의 성품을 지적하였다. 제16장은 그것들을 상세히 설명한다. 이것들 가운데 신들의 성품은 세상으로부터 해방으로 인도하고, 아수라들과 락샤사들의 성품은 속박으로 인도한다. 따라서 신들의 성품은 그것을 받아들이도록, 나머지 두 가지 성품은 그것들을 거부하도록 하기 위하여 설명될 것이다.[266]

신께서 말씀하셨다.

1. 신성한 성향들을 가지고 태어나는 사람은 가슴에 두려움이 없고[267] 순수하다. 그는 경전들과 그의 스승이 그에게 가르친 브람만과 하나가 되는 그 길을 인내심을 가지고 꾸준히 간다. 그는 자선을 베푼다. 그는 자신의 열정들을 통제할 수 있다. 그는 규칙적으로 경전들을 공부하고, 그것들의 지시들을 따른다. 그는 영적 수련들을 한다.

---

266 이것들은 각각 삿트와적인, 라자스적인, 타마스적인 내용이며, 전생의 카르마에 따라 사람들 안에 나타난다. 그것들은 행위들 안에서 그들 자신을 드러내는 성향들이며, 제15장 2절에서 세상의 부차적인 뿌리들로 설명되었다.—(A.)

267 아바야, 경전의 계율을 의심하지 않고 경건하게 지키는 것.—(A.)

'가슴의 순수'는 마음의 순수(삿트와)를 말한다. 이것은 모든 거래에서 속임과 은폐와 거짓을 포기하는 것, 즉 완전히 정직하게 장사하는 것이다. '지식'은 아트만 등 사물들의 성품을 경전과 스승이 가르치는 대로 이해하는 것이다. '요가'는 이와 같이 배운 것을 감각들의 정복을 통한 일점 집중으로 자신의 직접 인식의 대상으로 만드는 것이다. 두려움 없음, 가슴의 순수, 지식과 요가에 확고히 머무는 것은 그 뛰어남으로 신적인 혹은 삿트와적인 특질을 이룬다. 특정한 길[268]을 밟는 제자들에게는 그것들(제16장 1-3절에서 언급된 것들) 가운데 어느 속성들에라도 속할 수 있다. 그것들은 그 특정한 길을 걷는 제자들의 삿트와적인 내용을 형성한다. '자선'은 능력껏 음식 등을 남에게 베푸는 것이다. '자제'는 외적인 감각들과, 다음 절에서 언급되는 마음을 복종시키는 것이다. '숭배'는 스루티에서 명하는 불의 의식 등과 전승서에서 명하는 신들에 대한 숭배 등을 포함한다. '경전의 공부' 등은 어떤 보이지 않는 결과들을 염두에 둔리그 베다 등의 공부를 가리킨다. '고행'이란 몸의 고행과 다음에 언급될 다른 고행들이다. '한결같음'은 언제나 꾸준한 태도를 말한다.

2. 그는 솔직하고, 진실하고, 차분한 기질을 가지고 있다. 그는 누구에게도 해를 입히지 않는다. 그는 이 세상의 것들을 포기한다. 그는 평온한 마음과 악의가 없는 혀를 가지고 있다. 그는 모두에게 자비롭다. 그는 탐욕스럽지 않다. 그는 점잖고 겸손하다. 그는 쓸데없는 활동을 자제한다.

'해치지 않음'은 의식 있는 존재들을 해치지 않는 것이다. '진실'은 불쾌한 것이나 그릇된 것에 대해 말하지 않고 사물들을 있는 그대로 얘기하는 것이다. '화내지 않음'은 모욕을 당하거나 매를 맞았을 때 일어나는 화를 억제하는 것이다. '포기' 즉 티야가(원래의 뜻은 '버리는 것')

---

**268** 카르마 요가 혹은 갸나 요가. 여기에서 언급된 특질들 가운데 앞의 세 가지는 갸나 요기들에게서만 발견될 수 있다. 나머지는 갸나 요기들과 카르마 요기들에게 공통적이다. 후자는 비록 앞의 세 가지 특질들이 결여되어 있지만 삿트와적인 사람에 속한다.

가 이렇게 설명된 것은 '자선'이 이미 언급되었기 때문이다. '정적'은 마음의 고요함이다. '생명
체들에 대한 연민'은 특히 고통 받는 창조물들을 불쌍히 여기는 것이다. '탐내지 않음'은 감각
기관들이 각각의 대상들에 접촉할 때 그것에 의해 영향을 받지 않는 것이다. '변덕스럽지 않
음'은 쓸데없이 말을 하거나 손과 발을 움직이지 않는 것을 말한다.

> 3. 그는 자신의 더 높은 성품의 힘에 대한 믿음이 있다. 그는 용서하고 인내할 수 있
> 다. 그는 생각과 행위가 깨끗하다. 그는 증오와 자만심이 없다. 오, 바라타여! 그런
> 특성들이 그의 천성이다.

'활력(테자스)'은 흰 피부가 아니라 에너지를 의미한다. '용서'는 매를 맞거나 모욕당했을
때 영향을 받지 않는 것이다. 앞에서 '인내'는 화가 일어날 때 그것을 억제한다는 것을 뜻한다
고 얘기했다. 그러므로 '용서'와 '인내'는 서로 구별되어야 한다. '인내'는 몸과 감각 기관들이
쇠약해질 때 그 피로를 없애는 마음 상태이다. 몸과 감각 기관들은 이것에 의해 유지될 때 기
력을 잃지 않는다. '순수'는 외적인 순수와 내적인 순수, 두 가지가 있다. 전자는 흙과 물에 의
해 달성되고, 후자는 마음과 가슴에 오염이 없고, 속임과 열망 같은 불순함이 없는 것을 가리
킨다. '미워하지 않음'은 다른 존재들을 해치고자 하는 욕망이 없는 것이다. '오만'은 자기 자신
이 높은 존경을 받을 가치가 있다고 생각하는 것이다. '두려움 없음'에서 '오만 없음'에 이르기
까지 이것들은 신성한 운명을 위해 태어난 사람, 신들의 능력들을 받을 가치가 있는 사람 안에
서 발견된다. 그에게는 행복이 준비되어 있다.

## 물질주의자들의 성향

이제 악마적인(아수라의) 성품의 설명이 따른다.

4. 사람이 악마적 성향들을 가지고 태어날 때, 그의 천성은 위선, 거만함, 분노, 잔인
   함과 무지이다. 오, 파르타여!

'위선'은 올바른 것처럼 꾸미는 것을 말한다. '거만'은 학식, 재산, 상류층과의 관계 등을
자랑하는 것이다. '무례함'은 무례하게 말하는 것으로서, 예를 들면, 장님을 시력이 있는 사람
으로, 못 생긴 사람을 잘 생긴 사람으로, 낮은 신분의 사람을 높은 신분의 사람으로 말하는 것
이다. '무지'는 의무 등을 오해하는 것이다.

## 두 성향들의 결과

두 성품의 결과들이 다음에 말해진다.

5. 신성한 성품은 해방으로 이어진다. 악마적인 성품은 더 큰 속박으로 이어진다. 하
   지만 그대는 두려워할 필요가 없다. 오, 판다바여! 그대의 성품은 신성하다.

'해방'은 세상의 속박으로부터의 해방이다. 악마(아수라)적인 성품은 계속하여 속박으로
이끌며, 잔인한(락샤스적인) 성품도 역시 그렇게 한다. 이 말을 듣고서 아르주나의 마음속에 "나
는 악마적인 성품을 가진 사람일까, 아니면 신성한 성품을 가진 사람일까?"라는 질문이 일어
나는 것을 보고서 이제 신은 다시 말한다. 슬퍼하지 말라. 그대는 신성한 운명을 위해 태어났
다. 즉, 그대는 행복을 얻게 될 것이다.

# 물질주의자들

6. 이 세상에는 두 유형의 존재들이 있다. 신성한 성품들을 가진 자들과 악마적인 성품들을 가진 자들이다. 나는 이미 그대에게 신성한 성품들에 대해 상세하게 설명했다. 오, 파르타여! 이제 그대는 악마적 성품에 대해 더 배우게 될 것이다.

'창조물'이란 창조된 것을 말한다. 신성한 성품과 악마적인 성품이라는 두 가지 성품을 가지고 창조된 사람들은 여기에서 '두 가지 종류의 창조물들'이라고 말해지고 있다. 계시서에서는 다음과 같이 말한다.

"진실로 프라자파티의 창조물들에는 두 가지 종류가 있는데, 그것은 신들과 아수라들이다."(브리. 우. 1-3-1)

이 세상의 모든 존재는 신성한 창조물들과 악마적인 창조물들이라는 두 가지 창조물들 가운데 하나에 포함된다. 이미 말한 것을 다시 되풀이하는 목적은 다음과 같이 말해지고 있다. 즉, 신성한 것들에 대해서는 제16장 1절부터 상세히 설명되었으나, 악한 것들에 대해서는 그렇지 않았다. 그러므로 나는 그대가 악한 성품을 피하도록 이제부터 그것에 대해 상세히 설명할 테니 잘 듣고 이해하라.

악한 성품은 일부 살아 있는 사람들의 성품으로서, 이 장의 끝까지 설명될 것이다. 오로지 그것을 명백히 인식할 때에만 그것을 피할 수 있기 때문이다.

7. 악마적인 성품을 가진 사람들은 그들이 무엇을 해야 하는지도 모르고 무엇을 하지 말아야 하는지도 모른다. 그들에게 진리, 또는 순수함, 또는 올바른 행위는 없다.

그들은 인간의 목적을 달성하기 위하여 자신이 해야 하는 행위들이 무엇인지도, 악을 피하기 위해 삼가야 할 행위들이 무엇인지도 알지 못한다. 그들은 해야 할 행위도, 하지 말아야 할 행위도 알지 못할 뿐 아니라, 그들 안에는 순수도, 좋은 행위도, 진실도 없다. 실로, 악마들은 순수함과 선한 행위가 없는 사람들이며, 위선자이고 거짓말쟁이들이다.

## 세상에 대한 물질주의자들의 관점

8. 그들은 말한다. 경전들은 거짓이다. 우주는 도덕적 법칙에 근거한 것이 아니다. 신은 없다. 인간은 탐욕이 초래한 성의 결과 외에 달리 무엇이 있겠는가?

악마와 같은 이런 사람들은 말한다. "우리가 실재하지 않듯이, 이 우주 전체도 실재하지 않는다. 다르마와 아다르마도 그것의 기초가 아니다. 다르마와 아다르마에 따라 우주를 다스리는 이슈와라도 존재하지 않는다. 그러므로 우주에는 주재자가 없다. 그리고 우주 전체는 정욕의 충동에 의한 남녀의 상호 합일에 의해 생겨난다. 그것은 오로지 정욕에 의해서만 생겨난다. 그밖에 또 무엇이 우주의 원인이 될 수 있겠는가? 우주의 다른 원인, 보이지 않는 원인은 없으며, 카르마와 같은 것도 없다." 이처럼 성적 욕망이 모든 살아 있는 창조물들의 유일한 원인이라는 것이 물질주의자들의 관점이다.

## 물질주의에 이끌린 사람들의 삶

9. 그들은 그들의 작은 마음의 어둠 속에서 이것을 믿기 때문에, 이 타락한 생명체들은 세상을 파괴하려고 시도하면서 끔찍한 행위를 한다. 그들은 인류의 적이다.

'파멸된 영혼들'은 더 높은 세계로 갈 수 있는 모든 기회를 잃은 영혼들을 가리킨다. 그들은 감각 대상들에만 관심을 갖기 때문에 그들의 지성은 하찮은 수준이다. '흉악한 행위들'은 남에게 해를 끼치려는 의도를 가진 행동들이다.

10. 그들의 욕망은 결코 누그러질 수 없다. 그들은 오만하고, 허영심 많고, 자만심에 취해있다. 그들은 악한 것을 맹목적으로 좇는다. 그들이 일하는 목적은 부정하다.

11. 그들은 삶이 감각들의 만족이라는 오직 하나의 목적만을 가진다고 확신한다. 그래서 그들은 죽음만이 해방시킬 수 있는 수많은 걱정들에 시달린다.

그들은 근심에 빠진다.[269] '감각적인 즐거움'은 소리 등과 같은 감각 대상들을 즐기는 것을 말한다. 그들은 이런 감각적인 즐거움이 인간의 최고의 목적이라고 확신한다.

12. 근심이 백 개의 사슬로 그들을 묶어, 욕망과 화로 그들을 인도한다. 그들은 자신들의 갈망을 충족시키기 위해 부정한 이득들을 추구하며 쉴 새 없이 바쁘다.

그들은 수많은 그릇된 희망의 굴레에 매인 채 여기저기에 이끌린다. 그들은 바른 행위를 하기 위해서가 아니라 감각적인 즐거움들을 위하여 재산을 축적한다. '부정한 방법'이란 다른 사람들의 재산을 빼앗는 것을 말한다.

---

269  무수한 욕망의 대상들을 얻고 지키려 하므로 끝도 없는 근심들이 생긴다.—(A.)

# 물질주의자들의 열망들

그들의 열망은 다음과 같은 글귀로 표현된다.

13. "나는 이것을 원했다. 나는 오늘 이것을 얻었다. 나는 저것을 원한다. 나는 내일 저
것을 얻을 것이다. 이 모든 부들은 이제 나의 것이다. 곧 나는 더 많이 가질 것이다.

'곧'은 올 해에 이 재산은 나의 것이 될 것이다. 그러므로 나는 부유한 사람으로 알려질
것이다.

14. "나는 저 사람을 죽였다. 나는 나머지 적 역시 죽일 것이다. 나는 인간들의 지배
자이다. 나는 이 세상의 것들을 즐긴다. 나는 성공하며, 강하고, 행복하다.

나는 데바닷타라는 이름으로 불리는 정복할 수 없는 그 적을 죽였고, 다른 적들도 죽일
것이다. 하찮은 이런 자들이 무엇을 할 수 있겠는가? 어떤 면에서도 나와 동등한 자는 없다.
어떻게? 나는 주인이다. 나는 즐긴다. 나는 모든 면에서 행복하다. 자녀와 손자들로 축복받았
다. 나는 평범한 사람이 아니다. 나는 홀로 강하고 건강하다.

15. 누가 나와 같은가? 나는 아주 부유하고 아주 고귀한 태생이다. 나는 선택한 신들
에게 희생 의식을 바칠 것이다. 나는 자선들을 베풀 것이다. 나는 즐겁게 놀 것이다."
그것이 그들이 알아차리지 못하고 스스로에게 말하는 것이다.

16. 그들은 감각적 쾌락에 중독되어 있고, 그들의 많은 욕망들로 안절부절못하며, 망
상의 그물에 걸려 있다. 그들은 자신의 사악한 마음의 불결한 지옥에 빠진다.

'좋은 가문에서 태어났다'는 것은 일곱 대에 걸쳐 경전들에 밝은 가문에서 태어났다는 것을 말한다. 이 점만 놓고 보아도 나와 동등한 사람은 아무도 없다. 나는 희생의 의식에 관해서도 다른 사람들을 능가할 것이다. 나는 관계자들에게 돈을 주고 큰 즐거움을 얻을 것이다. '수많은 환상'이란 앞에서 묘사한 것과 같은 환상들을 말한다. '망상'은 덫이다. 사방을 둘러싼 담장이나 덮개의 성질을 가지고 있기 때문이다. 그들은 감각적인 만족에 탐닉한다. 그리고 이와 같이 쌓인 죄들로 인해 그들은 바이타라니와 같은 더러운 지옥에 빠진다.

## 물질주의자들의 종교적 의식들

17. 자만심이 강하고, 고집이 세며, 어리석을 정도로 오만하고, 부에 취한 그들은 종교적 의식들을 바치더라도, 겉으로 보여주기 위해 이름만으로 신에게 희생 의식을 바친다.

'스스로 명예롭다 하고'란 자신이 모든 좋은 자질들을 가졌다고 여기며 스스로를 높이는 것을 말한다. 그들은 의로운 사람들에게는 그와 같이 존경받지 못한다. 그들은 경전에서 의식에 관해 명하는 의무들과 여러 부분들에 대한 존중 없이 희생 의식들을 행한다.

## 신성한 계명들에 대한 물질주의자들의 경시

18. 악의에 찬 이런 생명체들은 독선적이고, 폭력적이고, 거만하고, 갈망에 차 있고, 화가 나 있고, 모든 사람들을 시기한다. 그들은 나를 혐오하고, 그들 자신과 다른 사람들 모두에게서 나의 존재를 부인한다. 그들은 모든 사람과 나 자신의 적으로 잔인

하고, 야비하고, 비열하다.

'에고이즘'이란 그들이 실제로 가지고 있는 자질들에 대해서, 그리고 그들이 자신들에 속한다고 그릇되게 여기는 자질들에 대해서 자기 자신을 매우 높게 평가하는 것을 말한다. 이런 그릇된 자아의식은 무지라고 불리는 것이다. 그리고 그것은 가장 극복하기 어려운 것이며, 모든 곡해들과 모든 악한 행위들의 근원이다. '힘'은 갈망과 열망에 수반되는 것이며, 다른 사람들에게 굴욕을 주고자 한다. '오만'이 일어날 때 그는 덕행의 길을 벗어난다. 그것은 내적 기관 안에 자리한 특유의 악덕이다. '정욕'은 성적인 열망 등이다. '분노'는 불쾌한 것에 대한 화를 말한다. 그들은 이런 것들과 다른 큰 악함에 빠진다. 더욱이 그들은 그들 자신과 다른 사람들의 몸 안에서 그들의 생각과 행위들의 목격자로서 거주하고 있는 이슈와라인 나를 미워한다. 나를 미워하는 것은 나의 명령들을 어기는 것이다.[270] 그들은 사악하며, 올바른 길을 걷는 사람들의 덕행을 시기한다.

## 물질주의자들의 떨어짐

19. 나는 잔인하고, 사악하고, 비열한 이 혐오스러운 사람들을 계속해서 악마적인 성품의 자궁(호랑이나 사자 같은 가장 잔인한 존재들의) 자궁으로 다시 던져 넣어서, 탄생과 죽음의 바퀴에 종속시킨다.

'이런 사람들'은 올바른 길의 적들, 의로운 사람들을 미워하는 사람들을 말한다. 그들이

---

**270**  계시서와 전승서에서 몸의 형상으로 나타난 이슈와라의 명령들을 알거나 따르는 데 관심을 두지 않는 것을 말한다.—(A.)

상카라차리야의 바가바드 기타

'최악의 사람들'인 까닭은 불의한 행동들을 일삼기 때문이다. '악마들의 자궁'이란 호랑이나 사자 등 가장 잔인한 존재들의 자궁들이다.

> 20. 악마의 자궁에 떨어진 이들은 타락과 망상 속에서 계속해서 다시 태어난다. 그들은 나에게 이르지 못하고, 가장 낮은 영혼의 상태로 가라앉는다. 오, 쿤티의 아들이여.

이런 미혹된 창조물들은 탄생을 거듭하며 오로지 타마스적인 자궁들 안에서 태어나고, 점점 더 낮은 상태들로 떨어진다. 이슈와라인 나에게 도달하지 못한 채, 그들은 지금보다 오히려 더욱 낮은 상태로 떨어진다. 그들은 '나에게 도달하지 못하고', 심지어 그들이 나에게 도달할 것이라고 상상할 여지조차 없다. 그러므로 그 의미는 '그들은 내가 가르친 올바른 길에 도달하지 못하고'이다.[271]

## 피해야 할 지옥으로 가는 세 문들

이제 악마적인 성품 전체의 요약이 이어진다. 무수히 다양한 악마적인 성품 전체는 비록 끝이 없지만 그것은 세 가지 형태들 안에 포함된다. 그것을 피하면, 모든 악의 근원인 악마적인 근원 전체를 피하게 된다.

> 21. 지옥에는 세 개의 문들이 있다. (감각 쾌락을 주는 이 세상의 대상들을 얻으려고) 갈망하지 말라. (대상들을 얻지 못하거나 얻은 대상들을 잃더라도) 화내지 말라. (감각 쾌락을 주는 새로운 대상들을 향한)

---

271 그 의미는 대체로 다음과 같다. 즉, 일련의 악행들로 나아가게 하는 악마적인 성품은 모든 인간 발전에 해롭다. 그러므로 사람은 아직 자유로운 행위자일 때, 곧 다른 사람들에게 완전히 의존하게 되는 탄생으로 들어가기 전에 그것을 떨쳐 버려야 한다. —(A.)

탐욕의 길로 들어서지 말라. 이것들은 인간의 파멸을 초래한다. 그러므로 이것들을 피해야 한다.

'지옥으로 들어가게 하는 문'은 지옥으로 이끄는 문을 말한다. 그 문에 들어가기만 하여도 자기가 파괴된다, 즉 인간의 목적에 전혀 적합하지 않게 된다. 이 문은 자기를 파괴하므로 모든 사람은 욕망, 화, 탐욕이라는 이 세 가지 문을 피해야 한다.

이제 이것에 대한 포기를 찬미하는 내용이 뒤따른다.

**22. 오, 쿤티의 아들이여! 이 세 개의 어두운 문들을 통과하는 사람은 자신의 구원을 성취한 것이다. 그는 마침내 최고의 목표에 도달할 것이다.**

'어두움으로 가는 세 문들'이란 고통과 망상으로 가득 찬 지옥으로 이끄는 문들이다. 정욕, 분노, 탐욕에서 풀려난 사람은 자기에게 좋은 일을 행할 것이다. 이제까지 그로 하여금 그렇게 행동하지 못하도록 방해하던 것이 없어졌기 때문이다. 그렇게 행함으로써 그는 심지어 해방에 도달한다.

## 다르마가 그대의 삶을 인도하게 하라.

경전은 이 모든 악마적인 성품의 포기와 선한 것에 대한 준수의 기초에 대한 권위이다. 그는 다른 무엇이 아니라 오로지 경전의 권위에 기초하여 이런 것들에만 전념하게 될 것이다. 그러므로

**23. 그러나 경전의 가르침들을 버리고, 자신의 욕망들의 충동에 따라 행위 하는 사람**

샹카라차리야의 바가바드 기타

들은 삶의 목표도 놓치고, 행복과 성공까지도 놓친다.

'경전의 가르침들'은 우리에게 해야 할 일과 하지 말아야 할 일을 알려 주기 위해 권고와 금지의 형태로 된 베다의 명령을 말한다. '완전'이란 인간의 목적에 이르기에 적합한 상태이다. '행복'은 이 세상에서의 행복을 가리킨다. '지고의 목표'는 경우에 따라 천국 혹은 해방을 뜻한다.

24. 그러므로 그대가 해야 할 것과 피해야 할 것을 결정할 때, 경전들이 그대의 권위
     가 되게 하라. 먼저 경전들이 가르치는 대로 행위의 길을 배워라. 그런 다음 그들에
     따라 행위 하라.

'권위'는 지식의 근원을 가리킨다. '경전에서 기록되고 있는'에 대해서는, 경전은 그 자체로 법이다. 경전은 "그대는 이러이러하게 행해야 한다. 그대는 이러이러하게 행하지 말아야 한다."라고 말하기 때문이다. '이제'는 제자가 행위의 요가에 적합한 단계임을 나타낸다.

# 제17장
# 세 유형의 믿음

## 무지하지만 믿음이 있는 사람들

신의 말씀(제16장 24절)을 듣고서 아르주나는 의문이 생겨서 말했다.[272]

아르주나가 말했다.

1. 경전의 지시들은 따르지 않지만, 믿음을 가지고 신과 같은 존재들을 숭배하는 사람들이 있습니다. 그 믿음은 무엇입니까? 그것은 삿트와에 속합니까? 아니면 라자스나 타마스에 속합니까?

'어떤 사람들'이 누구인지는 정확히 나타나 있지 않다. 분명히 그것은 믿음을 가지고, 즉 지혜로운 사람들의 행위를 지켜보고서 초월적인 어떤 존재가 있다고 생각하며, 계시서와 전승서 등 경전들에 규정된 절차들은 알지 못하지만, 신과 같은 존재들을 숭배하는 사람들을 가리킬 것이다. 반면에, 경전의 명령을 알지만 그것들을 따르지 않으며 그런 명령과 배치되

---

272 신은 믿는 자(아스티카)와 믿지 않는 자(나스티카)들, 경전들의 눈으로 보면서 그 가르침을 믿는 자들과 믿지 않는 자들에게 주어질 미래의 운명을 설명하였다. 이제 아르주나는 경전을 모르면서 믿는 자들의 운명에 대하여 질문한다.—(A.)

게 신과 같은 존재들을 숭배하는 사람들이 있다. 여기에서는 그런 사람들을 가리키는 것이 아닐 것이다. 왜냐하면 이 구절은 그들이 '믿음을 가지고' 숭배한다는 제한을 두고 있기 때문이다. 우리는 신과 같은 존재들에 대한 숭배에 관한 경전의 명령을 알면서도 그것들에 개의치 않고,[273] 명령과 합치되지 않는 방식으로 신을 숭배하는 사람들이 믿음을 가지고 있다고 추측할 수는 없다. 그러므로 여기에서 가리키고 있는 사람들은 앞에서 언급한 다른 부류의 사람들뿐이다. 아르주나의 질문은 다음과 같이 표현될 수도 있다. "그들이 신과 같은 존재들에게 바치는 숭배는 삿트와에 기초한 것입니까, 아니면 라자스, 혹은 타마스에 기초한 것입니까?"

# 세 종류들의 믿음

그런 일반적인 질문에는 그것의 여러 가지 특정 측면들을 언급하지 않고는 대답할 수 없음을 알고서, 신은 말했다.

**신께서 말씀하셨다.**
**2. 인간들 사이에서 믿음은 세 종류가 있다. 그것은 사람의 지배적인 성향에 따라 삿트와, 라자스, 타마스에 의해 특징지워진다. 자, 들어보라.**

그대가 질문한 믿음은 세 종류가 있다. 그것은 천성에서 생겨난다. 천성이란 전생들에 행해지고 죽음의 때에 나타난 행위들의 스스로 번식하는 잠재된 인상들로 이루어지는 성향(삼스카라)이다. '삿트와적인 믿음'이란 신들을 숭배하는 믿음이며, 삿트와의 결과이다. '라자스적인 믿음'이란 반신반인(약샤)들과 악마(락샤사)들을 숭배하는 믿음이며, 라자스의 결과이다. '타

---

**273**  그리고 따라서 앞 장에서 설명한 것처럼 악마적인 인간들로 분류될 수 있는 자들.—(A.)

마스적인 믿음'이란 유령(프레타)들과 피사차들을 숭배하는 믿음이며, 그것은 타마스의 결과이다. 그대는 앞으로 설명할 세 가지 믿음을 잘 듣고 이해하라.

이 세 가지 믿음에 관해 말하자면,

3. 각 개인의 믿음은 그의 기질(삼스카라)에 상응한다. 오, 바라타여! 사람은 그의 안에 있는 믿음으로 이루어져 있다. 그의 믿음이 무엇이든, 그는 그렇다.

'각자'는 모든 살아 있는 존재를 가리킨다. '성품'은 특정한 성향(삼스카라)을 가진 마음을 말한다. '사람'은 지바, 삼사린을 가리킨다. '바로 그 사람이다'는 그 믿음과 일치한다는 것을 말한다.

그러므로 삿트와적인 믿음은 그것의 특징적인 결과들, 즉 신과 같은 존재들에 대한 숭배로부터 유추되어야 한다. 신이 말한다.

4. 삿트와적인 사람들은 신의 다양한 측면들을 숭배한다. 라자스적인 사람들은 힘(약사)과 부(락샤사)를 숭배한다. 타마스적인 사람들은 죽은 자들의 영을 숭배하고, 그들 선조들의 유령을 신으로 숭배한다.

'부타(악귀)들'에는 일곱 마트리카들도 포함된다.

## 라자스적 믿음과 타마스적 믿음을 가진 사람들

이와 같이 경전에 기록된 일반적인 원칙에 의해, 삿트와적인 헌신과 다른 헌신들이 그

샹카라차리야의 바가바드 기타

들 각각의 결과를 통해 규정되었다. 그런데 천 명 가운데 한 명만이 삿트와이고 신들을 숭배하는 데 헌신하며, 라자스적인 사람들과 타마스적인 사람들이 대다수를 이룬다. 어떻게 그러한가?

5. 그대는 그런 사람들이 경전들에서 규정되지 않은 방식으로, 육체를 지나치게 고행하는 악마적 성품을 가진 사람이라는 것을 알 것이다. 욕망과 감각 대상들에 대한 애착이 그들을 이기심과 허영심으로 가득 채웠기 때문에 그들은 이렇게 하는 것이다.

6. 그들은 자신들의 어리석음으로 모든 감각 기관들을 약화시키고, 육체 안의 거주하고 있는 나를 화나게 만든다.

'끔찍한' 고행은 자기 자신과 다른 살아 있는 존재들에게 고통을 주는 고행이다. '정욕과 열정의 힘에 사로잡힌'이라는 부분은 '정욕, 열정과 힘을 가진'이라고 번역될 수도 있다. '나'는 그들의 생각과 행위들의 목격자인 나라야나이다. 나를 약하게 만든다는 것은 나의 가르침을 간과한다는 뜻이다. 그대는 그들이 그들의 결심에 있어 악마적임을 알고 그들을 피하라. 이것은 아르주나에게 주는 조언이다.

## 세 종류의 음식, 숭배, 고행 그리고 선물

이제 삿트와적인 사람과 라자스적인 사람, 타마스적인 사람들이 각각 선호하는 음식의 종류들을 설명할 것이다. 이 음식들은 맛 좋은 음식, 기름기 있는 음식 등 세 가지로 분류된다. 이렇게 설명하는 이유는 각자 자신이 맛 좋은 음식이나 기름기 있는 음식 등 어떤 종류의 음식을 선호하는지를 보고서 자신이 삿트와적인 사람인지, 라자스적인 혹은 타마스적인 사람인지를 알고, 라자스적인 음식과 타마스적인 음식을 버리고 삿트와적인 음식을 섭취하게 하기 위함이다. 마찬가지로, 여기에서 삿트와와 다른 구나들에 따라서 희생과 같은 것들을 세 가지로 구분하는 목적은 라자스적인 것과 타마스적인 것을 발견하여 내버리고 오로지 삿트와적인 것에만 의지하는 방법을 보여 주기 위함이다. 신이 말한다.

7. 각자가 좋아하는 음식 또한 세 종류가 있다. 또한 숭배, 고행, 자선의 종류도 마찬
   가지이다. 들어보라. 이것이 그것들을 구분하는 사람이다.

'각자'는 음식을 먹는 모든 살아 있는 존재를 말한다. '이것'은 앞으로 설명할 것을 말한다. '그것들'은 음식 등을 가리킨다.

## 세 종류의 음식들

8. 삿트와적인 사람들은 그들의 생명력, 에너지, 힘과 건강을 높이는 음식들을 좋아
   한다. 그런 음식들은 육체적, 정신적 삶에 즐거움을 더한다. 그것들은 즙이 많고, 진
   정시켜주고, 신선하고, 기분이 좋다.

'기름기를 함유한'은 기름진 음식을 말한다. '영양이 풍부한' 음식이란 체내에서 오래 지속될 수 있는 음식이다.

9. 라자스적인 사람들은 아주 쓰고, 시큼하고, 짜고, 맵고, 톡 쏘고, 시고, 화끈거리는
   음식을 더 좋아한다. 이것들은 건강을 나쁘게 하고, 몸과 마음의 질병을 일으킨다.

샹카라차리야의 바가바드 기타

'몹시'는 몹시 쓴, 뜨거운 등 이 모든 성질들에 적용되는 것으로 해석되어야 한다.

10. 그리고 타마스적인 사람들은 신선하지 않고, 맛이 없고, 상하고, 불순한 음식들에서 비뚤어진 즐거움을 취한다. 그들은 다른 사람들이 남긴 것을 먹기를 좋아한다.

'딱딱하고'는 반쯤 구운, 즉 '야타야마'의 본래 의미는 '세 시간 전에 조리된' 음식을 뜻한다. '맛이 없고' 즉 '가타라사' 음식의 본래 의미는 '힘을 잃은' 음식이다. 상하거나 요리된 지하룻밤이 지난 음식을 말한다. '먹다 남은'이란 식사를 한 뒤 남은 음식이다. '불순한' 음식은 봉헌하기에 적합하지 않은 음식을 말한다.

## 세 종류의 숭배

이제 세 종류의 숭배에 관해 설명할 것이다.

11. 사람들이 경전의 지시들에 따라 숭배를 바치고, 자신을 위한 어떤 이익도 바라지 않을 때, 그들은 삿트와에 의한 영감을 받는다. 그들의 가슴은 숭배 그 자체에 맞춰진다. 내적 의무감이 그들을 강요한다.

'그것들이 그저 숭배라는' 이란 숭배를 통해 개인적인 목적을 이루려 하지 않으며 그저 숭배를 하는 것 자체가 자신의 의무라고 여기는 것을 말한다.

12. 오, 바라타족의 으뜸인 자여! 하지만 그대는 겉으로 보여주고 신성한 보상을 바라는 희생 의식의 수행이 라자스에 의해 영감을 받는 것임을 확신할 수 있다.

13. 숭배를 바치는 사람들이 타마스에 의해 영감을 받을 때, 그들은 경전의 지시들을 묵살한다. 음식을 바치는 것, 헌신의 기도, 제사장의 선물은 없고, 믿음도 전혀 없다.

'나누지'는 브람마나들에게 분배하는 것을 말한다. '만트라들이 빠져 있고'는 잘못된 발음과 강세로 찬가를 부르는 것을 말한다. '선물들'은 성직자들에게 주어야 하는 사례비를 가리킨다.

## 신체의 고행

이제는 세 종류의 고행에 관해 설명할 것이다.

14. 데바들, 거듭난 사람들, 스승들 그리고 현자들에 대한 존경, 솔직함, 무해함, 육체적 청결과 성적 순결. 이것들은 그것들을 수행하는 것들이 육체의 고행이라고 불리는 미덕들이다.

'몸의 고행'이란 몸으로 하는 고행을 말한다. 몸은 신이 제18장 15절에서 설명할 행위, 행위자 등의 모든 요소들의 주된 것이다.

## 말의 고행

15. 다른 사람들에게 고통을 주지 않고 말하는 것, 진실한 것, 항상 친절하고 유익한 것을 말하는 것, 규칙적으로 경전들을 공부하는 것. 이 수행들은 말의 고행이라고 불

린다.

'흥분'이라는 말은 살아 있는 존재들에게 고통을 주는 말이다. '즐겁고 유익한'은 각각 보이는 것과 보이지 않는 것과 관계가 있다. '언어'에 관해 '흥분시키지 않고' 등의 특성들이 열거되었다. 여기에서는 이 모든 특성들이 언제나 결합해야 한다는 것을 나타내고 있다. 다른 사람에게 한 말이 고통을 주지는 않더라도 다른 특성들 가운데 한두 가지 이상이 결여된다면, 즉 진실하지 않고 즐겁게 하지 않고 유익하게 하지 않는다면, 그것은 말의 고행을 이룰 수 없다. 그러므로 듣기 좋은 말이라도 다른 특성들이 한두 가지 이상 빠져 있다면 말의 고행을 이룰 수 없다. 또한 유익하게 하는 말일지라도 다른 특성들이 한두 가지 이상 빠져 있다면, 그것은 말의 고행을 이룰 수 없다. 그렇다면 무엇이 말의 고행을 이루는가? 진실한 말, 괴로움을 주지 않는 말, 즐겁게 하고 유익한 말이 말의 고행을 이룬다.[274] 다음과 같은 말이 그 한 예가 될 것이다. "아들아, 평온하고 베다를 공부하며 요가를 수행하여라. 그러면 너에게 좋을 것이다."

'경전들을 낭송'이란 경전에서 정한 대로 낭송하는 것이다.

## 마음의 고행

16. 평온함, 연민, 아트만에 대한 명상, 감각 대상들로부터 마음을 거두어들이는 것, 동기의 진실성은 마음의 고행이라고 불린다.

'온화'는 밝은 얼굴 등 그것의 결과로 추론될 수 있는 마음의 상태를 말한다. '침묵'에 대

---

**274** 즉, 말에 관하여 특별히 행해지는 고행. 여기에서는 말이 지도적인 역할을 한다.—(A.)

해서는, 심지어 말을 하면서도 침묵하기 위해서는 먼저 생각을 제어해야 한다. 그러므로 원인, 즉 생각의 제어를 위하여 그 결과가 여기에 기록되어 있다. '자기 통제'는 마음의 전반적인 제어를 가리킨다. 이것은 말에 관한 한, 생각의 통제를 의미하는 '침묵(모우나)'과 구별되어야 한다. '성품의 순수'는 다른 사람들을 대할 때 목적이 정직한 것을 말한다.

## 구나들에 따른 세 종류의 고행

신은 앞에서 말한 수행으로서의 고행(몸의, 말의, 마음의 고행)이 삿트와와 다른 구나들에 따른 종류들로 구분된다는 것을 보여 준다.

17. 사람들이 믿음을 가지고, 보상에 대해 바라지 않고 이 세 가지 고행을 헌신적으로 수행할 때, 삿트와적인 성품을 가지고 있다고 말해진다.

'세 가지'란 몸, 말, 마음 등 각각 세 자리들과 관련된 고행이다. '믿음으로', 즉 경전들에서 가르치는 것들의 존재를 믿는 믿음으로.

18. 칭찬과 명예와 숭배를 얻기 위한 목적으로 위선[275]으로 하는 고행은 라자스적이며, 불안정하고 신뢰할 수 없는 것이다.

'칭찬'이란 예를 들어 "이 분은 엄청난 고행을 하신 훌륭한 브람마나이십니다."와 같은 말을 듣는 것이다. '명예'는 사람들이 자리에서 일어나 인사하거나 존경하는 인사를 하는 것을

---

275  진실한 믿음이 없고 단지 보여 주기 위한 목적으로.—(A.)

말한다. '숭배'는 발을 씻겨 주거나 공경하거나 식사를 대접하는 것을 가리킨다. '불안정하고'란 일시적인 결과를 낳는다는 뜻이다.

19. 자기 자신의 몸을 고문하거나, 다른 사람에게 해를 끼치기 위한 목적으로 어리석게 행해지는 고행은 타마스적이다.

## 세 종류들의 선물

이제 선물의 세 내용이 설명될 것이다.

20. 과거의 혜택이나 미래의 보상에 대한 기대 때문이 아니라 단순히 그가 주는 것이 옳다는 것을 주는 자가 알기 때문에 알맞은 때에, 적합한 장소에서, 그럴 자격이 있는 사람에게 선물이 주어질 때, 그것은 삿트와로부터 나온 것이라고 여겨질 수 있다.

'때'는 황도대의 한 궁에서 다른 궁으로 태양이 이행하는 때 등을 뜻한다. '장소'는 쿠루크쉐트라 등을 가리킨다. '가치가 있는'은 여섯 가지 과학(안가)들을 배운 사람 등을 말한다. '사람에게 주어진'은 준다는 것은 보답을 할 수 없는 사람이나, 보답을 할 수 있더라도 보답이 기대되지 않는 사람에게 선물을 주는 것을 말한다.

21. 보상 같은 것에 대한 기대에서 또는 다른 이기적 동기를 가지고, 또는 마지못해 주는 것은 어떤 것이든 라자스로부터 나왔다고 말해질 수 있다.

'관점으로'는 선물을 주는 자가 나중에 보답을 받기를, 혹은 그 선물을 통해 지금은 눈에 보이지 않는 보상을 얻게 되기를 바라는 것을 말한다.

22. 받을 사람의 감정은 고려하지 않고, 잘못된 장소에서, 그럴 자격이 없는 사람에게, 경멸하며 주어지는 선물은 타마스로부터 나왔다고 말해질 수 있다.

'잘못된 장소와 때'는 성스럽지 않은 장소 혹은 불순한 사람들이나 사물 등과 연관된 장소, 그리고 상서롭지 않은 때, 즉 하나의 궁에서 다른 궁으로 태양이 이행하는 등의 어떤 특성이 표시되지 않는 때를 가리킨다. '받을 만한 가치가 없는 사람들'은 어리석은 사람이나 악한 사람들을 뜻한다. '존경이 없이' 주는 선물은 비록 적절한 장소에서 적절한 때에 주더라도 기분 좋게 하는 말이 없이, 발을 씻기지 않고서, 혹은 공경하는 마음이 없이 주는 선물을 가리킨다.

## 흠이 있는 행위들을 완전하게 하는 방법들

희생, 선물, 고행 등을 완전하게 하기 위하여 다음의 가르침이 주어진다.

23. 브람만을 나타내는 세 단어가 "옴 탓 삿(옴은 프라크리티를 통하여 세상을 창조하고 모든 창조물을 활성화한다. 옴은 옴 즉 진동의 힘의 결과. 탓은 That으로 모든 창조물 안에 있는 우주적 지성, 이것은 미간에 존재한다. 우주적 의식인 삿은 뇌 안에 천 개의 연잎으로 있다는 주장을 하는 사람도 있다.)" 만트라이다. 그것들에서 사제들과 베다들과 숭배 의식들이 오래전에 만들어졌다.

'가르쳐져 왔다'는 것은 브람만을 아는 사람들에 의해 베단타에서 전해졌다는 뜻이다. '그것들'은 세 가지 칭호를 가리킨다. 이것은 세 가지 칭호를 칭송하는 말이다.

샹카라차리야의 바가바드 기타

24. 그러므로 옴은 경전들에서 지시하는 것처럼, 어떤 희생 의식의 행위, 자선 또는 고행을 시작하기 전에 항상 브람만의 헌신자들이 말하였다.

25. 탓은 절대적 존재를 의미한다. 그들의 행위에 대한 보상을 바라지 않고 구도자들이 희생 의식의 행위, 자선 또는 고행을 시작하기 전에 항상 브람만의 헌신자들이 그것을 말하였다.

'선물과 같은 여러 행위들'이란 토지나 황금 등의 선물을 주는 것을 말한다. '탓' 소리와 함께 행한다는 것은 브람만의 명칭인 '탓'을 발음하면서 행한다는 뜻이다. '결실들'은 희생 등의 결실들을 말한다.

'옴'과 '탓'의 사용이 설명되었다. 이제 '삿'의 사용이 다음에 설명된다.

26. '삿'은 창조 너머에 있는 지고한 실재를 의미한다. 그것은 또한, 오, 파르타여! 상서로운 행위를 의미한다(그것으로부터 모든 창조물이 나왔다는 의미).

예를 들어 실재이지 않는 아들의 탄생의 경우처럼, 실재이지 않는 대상의 실재를 표현할 때, 그리고 어떤 사람이 선행을 하는 사람이 아닌데도 선한 행위를 하는 사람이라고 표현할 때, 브람만의 이 칭호인 '삿'이라는 단어가 사용된다. 그 말은 또한 결혼 등의 행위에 관하여도 사용된다.[276]

---

276 이것은 다음과 같이 더 자세히 설명될 수 있다. 즉, 아들은 태어날 때 존재하게 되었다고 말해진다. 그러나 절대자의 관점에서는 그는 결코 존재하지 않는다. 이와 같이 홀로 실재인 브람만에게만 적절히 적용될 수 있는 '실재'를 의미하는 '삿'이라는 단어는 실재하지 않거나 상대석으로만 실재하는 아들에게도 적용된다. 마찬가지로, 절대적으로 선하고 절대적으로 상서로운 브람만에게만 적절히 적용될 수 있는 '삿'이라는 단어는 품행이 선하지 않거나 상대적으로만 선한 사람에게, 혹은 상서롭지 않거나 상대적으로만 상서로운 행위에 적용된다. 이것은 단지 불완전하게 행해진 희생, 선물, 고행의 행위들을 완전하게 하기 위하여 어떻게 브람만의 칭호가, 여기에서 기록된 것처럼, 적용될 수 있는지를 예를 들어 보여 주기 위한 것일 뿐이다.

27. 숭배, 고행 또는 자선에 있어서 한결같은 것이 삿이다. 이 세 가치에 따라 행동하는 것 또한 삿이다(브람만에게 바쳐지는 모든 행위는 삿이다.).

숭배, 선물, 고행이라는 이런 행위들, 심지어 삿트와적인 종류가 아니며 불완전한 그것들조차도 믿음으로 브람만의 세 가지 칭호를 그것들에 적용시키면 삿트와적이고 완전한 것이 된다.

## 믿음이 없는 일들은 결실들이 없다.

이 모든 행위들은 확고한 믿음으로 행해지면 완전해지므로,

28. 만약 사람이 자신의 믿음과 의지를 브람만에게 향하지 않고 숭배를 하거나, 선물을 주거나, 고행을 행한다면, 그때 그가 하는 것은 아삿이고 실현되지 않는다. 그것은 이 세상에서든, 다음 세상에서든 좋은 결과를 만들어낼 수 없다. 오, 파르타여!

'주든', 즉 브람마나들에게 주고, '고행'은 신에 대한 숭배나 복종을 가리킨다. '아삿'이라고 하는 까닭은 그것들이 이슈와라인 나에게 도달하는 길에서 멀리 벗어나 있기 때문이다. '아무런 가치가 없다'는 것은 비록 많은 수고를 들이더라도 그것은, 현자들에 의해 경시되듯이, 이 세상에서 아무런 소용이 없다는 뜻이다. 그것은 또한 이 다음에도 아무런 결과를 낼 수 없다.

상카라차리야의 바가바드 기타

## 가르침들의 요약

[이 장의 가르침은 다음과 같이 요약될 것이다. 즉, 헌신자들 가운데는 경전들에 대해서는 무지해도 믿음을 가진 사람들이 있으며, 그들은 각자의 믿음의 특성에 따라서 삿트와적인 사람, 라자스적인 사람, 타마스적인 사람으로 분류될 수 있다. 이들은 라자스적이고 타마스적인 종류의 음식, 숭배, 선물, 고행을 피하고 오로지 삿트와적인 것들에만 의지함으로써 순수한 삿트와를 키워야 한다. 그들의 숭배, 선물, 고행의 행위들이 불완전하다는 것이 발견될 때, 그것들은 브람만의 세 가지 명칭인 '옴', '탓', '삿'을 발음함으로써 완전해질 수 있다. 그들의 지성(붓디)이 이와 같이 순수해지면, 그들은 경전들의 공부와 브람만의 성품에 대한 조사에 전념해야 한다. 그것에 의해 그들은 진리에 대한 직접적인 지각을 얻어 마침내 해방된다.—(A.)]

# 제18장
# 포기하고 나에게로 오너라.

---

## 산야사와 티야가의 구별

이 장에서 신은 베다 가르침의 전체이기도 한 기타 경전 전체의 가르침을 요약하는 방식으로 가르친다. 실로, 앞에서 전한 가르침 전체가 이 장에서 발견된다. 그러나 아르주나는 오로지 '산야사'와 '티야가'의 뜻에 어떤 차이가 있는지를 알고자 질문한다.

아르주나가 말했다.
1. 오, 강한 분이시여! 저는 '산야사'와 '티야가'에 대한 진리를 배우기를 원합니다. 한
   종류의 포기가 다른 종류의 포기와 어떻게 다른지 설명하여 주십시오. 오, 흐리쉬케
   사시여! 오, 악마 케신을 없애신 분이시여!

여기에서 '산야사'란 '산야사'라는 용어에 함축된 의미를 말하며, '티야가'란 '티야가'라는 용어에 함축된 의미를 말한다. '각각', 즉 서로 구별하여. '산야사'와 '티야가'라는 단어는 앞에서 여기저기에 쓰였다. 그러나 그 단어에 함축된 의미들은 분명히 구별되지 않았다. 그러므로 그것들을 명확히 하기 위하여 신은 그것들을 알고 싶어 하는 아르주나에게 다음과 같이 말한다.

상카라차리야의 바가바드 기타

신께서 말씀하셨다.

**2. 이기적인 행위를 삼가는 것이 산야사라 불리는 포기이다. 모든 행위의 결과들을 포기하는 것이 티야가이다.**

몇몇 현자들은 '산야사'를 결과들에 대한 욕망을 수반하는 일들의 버림으로 이해한다. 배운 사람들은 '티야가'를 행해진 모든 일들 즉 일상적인 의무들과 비일상적인 의무들의 결과들을 버림 즉 행위자에게 주어질 수 있는 결과의 버림을 의미한다고 말한다.

'산야사'와 '티야가'라는 두 개의 단어들의 뜻으로 표현되는, 욕망이 개입된 행위들의 버림과 행위들의 결실들의 버림은 어떤 의미에서는, 공통적인 개념 즉 '버림'이라는 개념에 관한 한, 하나이며 같다. 그 단어들은 '항아리'와 '옷감'이라는 단어들만큼 뜻이 명확히 구분되지 않는다.[277]

이의: 일상적인 의무와 비일상적인 의무의 행위들은 어떤 결과도 낳지 않는다고 합니다. 그런데 어째서 여기에서는 그것들의 결실에 대한 버림을 말하는 것입니까? 그것은 불임 여성이 자식을 버린다고 말하는 것과 같습니다.

대답: 여기에서는 그런 이의가 제기될 수 없다. 왜냐하면 신의 견해로는 일상적인 의무와 비일상적인 의무들이 그들 자신의 결실들을 낳기 때문이다. 제18장 12절에서 보여 주듯이 신은 오로지 산야신 즉 행위의 결실들에 대한 모든 욕망을 포기한 사람들만이 그런 결실들과 아무런 관련도 없다고 가르치면서, 또한 산야신이 아닌 사람들은 자신들이 행하게 되어 있는 일상적인 행위들의 결실을 거두게 될 것이라고 가르친다.

---

[277] 두 단어가 확연히 구분되는 두 가지 의미를 갖는다고 설명하는 것은 일반적인 용법에 위배될 것이다. 여기에서 설명된 것처럼, 두 단어는 약간의 차이를 가지고 있지만 전반적으로 동일한 개념을 전달한다.—(A.)

# 무지한 사람들은 일들을 해야 하는가, 하지 말아야 하는가?

3. 어떤 사람들은 행위는 언제나 어느 정도의 악을 포함하고 있기에 모든 행위를 포기해야 한다고 말한다. 반면에 다른 사람들은 숭배, 자선, 고행(자기 수련)은 포기해서는 안 된다고 말한다.

샹키야 즉 지식의 사람들 등의 교리를 따르는 일부 철학자들은 모든 행위를 유해한 것으로 여겨 심지어 카르마 요가에 적합한 사람들조차도 모든 행위를 포기해야 한다고 말한다. '악이므로' 라는 구절은, 모든 행위는 속박의 원인이므로 해를 내포하고 있다고 여겨 포기되어야 한다는 뜻으로, 혹은 그것은 열정과 다른 악한 성향들처럼 포기되어야 한다는 뜻으로 해석될 수 있다. 동일한 부류의 사람 즉, 카르마 요가에 적합한 사람들의 경우에 대하여, 다른 철학자들은 희생, 선물, 고행의 행위들을 버리지 말아야 한다고 말한다.

여기에서 논의의 주제를 이루는 것은 행위의 요기들이다. 이 여러 의견들이 그들에 관하여 주장되는 것이지, 지혜의 헌신자들이나 모든 세상적인 관심사를 넘어선 산야신들에 관한 것이 아니다. 제3장 3절에서 말하듯이 행위의 길을 넘어선 그런 사람들은 이 맥락에서 얘기되는 대상이 아니다.

이의: 행위에 적합한 사람들이 여기 즉 경전의 가르침 전체를 요약하는 부분에서, 비록 그들의 길이 제3장 3절에서 이미 기록되었지만, 논의의 주제를 이루는 것처럼, 지혜의 헌신자들인 샹키야들도 여기에서의 논의의 주제를 이룰 수 있습니다.

대답: 그렇지 않다. 그들이 망상이나 고통 때문에 의무를 포기하는 것은 상상할 수 없기 때문이다. 설명을 하자면, 지식의 사람 즉 샹키야들은 몸의 질병으로 인해 일어나는 어떤 고통도 아트만 안에서 지각하지 않는다. 욕망, 고통 등은 물질의 속성들이라고 말해지기 때문이다. 그러므로 그들은 몸의 질병과 고통을 두려워하여 행위를 포기하는 것이 아니다. 또한 아

샹카라차리야의 바가바드 기타

트만 안에서 어떤 행위도 지각하지 않는다. 만약 그들이 아트만 안에서 행위를 지각할 수 있다면, 그들이 망상에 빠져 의무적인 행위들을 포기한다고 상상할 수 있을 것이다. 사실, 그들은 행위가 구나들에 속하는 것을 알고 "나는 아무것도 하지 않는다."(제5장 8절)라고 생각하기 때문에 행위들을 포기한다. 진리를 아는 그런 사람들이 어떻게 행위들을 포기하는지는 제5장 13절 등에서 설명되었다. 그러므로 여기에서 말하는 사람들은 오로지 아트만의 진정한 성품을 모르고 행위들에 적합한 부류의 사람들뿐이며, 그런 사람들의 경우에는 망상 때문에 혹은 몸의 고통을 두려워하여 의무를 포기한다는 가정이 가능하다. 아트만을 모르고서 행위를 따르는 사람들이 의지하는 행위의 결과들의 포기를 찬미하기 위하여, 타마스적인 포기자들과 라자스적인 포기자들이라고 책망하는 대상은 오로지 이들뿐이다. 그리고 신은 구나들을 초월한 사람을 설명하면서 올바른 산야신을 "모든 행위를 포기하고…… 고요하며, 어떤 것에도 만족하고, 어디에도 머물지 않고, 마음이 확고부동한……"(제12장 16-18절) 사람이라고 구별하여 말한다. 신은 이 다음에 그의 헌신을 "지식의 지고의 정점"(제18장 50절)이라고 묘사할 것이다. 그러므로 여기에서 언급하는 사람은 지혜의 헌신자들인 산야신들이 아니다. 타마스적이고 라자스적인 것과 대비하여, 그것이 삿트와적이므로, 산야사로서 말해지는 것은 오로지 행위의 결과들에 대한 포기일 뿐, 모든 행위의 현저한 포기인 엄밀한 의미의 산야사가 아니다.

이의: 제18장 11절부터는 모든 행위의 포기가 불가능한 이유를 설명합니다. 따라서 이 맥락에서 말하고 있는 것은 엄밀한 의미의 산야사일 뿐입니다.

대답: 그렇지 않다. 그 이유를 말하는 것으로 언급한 구절은 다른 명령을 찬미하기 위한 것이기 때문이다. "포기하면 평화가 즉시 온다."(제12장 12절)는 구절이 오로지 행위의 결과들에 대한 포기를 찬미하는 것이듯이, 왜냐하면 그 말은 아트만을 모르기 때문에 앞에서 말한 여러 가지 길을 따를 수 없는 아르주나에게 하는 말이므로, 마찬가지로 여기에서 언급한 구절도 행위의 결과들에 대한 포기를 찬미하기 위한 것이다. "마음으로 모든 행위들을 포기한, 그리고 자신이 아트만이라는 것을 안 사람은 전혀 행위를 하지 않으며 또한 행위를 일으키지도 않으면서 아홉 도시 안에서 행복하게 산다."(제5장 13절)는 말에 어느 누구도 예외를 내세울 수는 없

다. 그러므로 산야사와 티야가에 관한 이런 여러 견해들은 오로지 행위들에 적합한 사람들과 만 관계될 뿐이다. 반면에, 지고의 실재를 보는 샹키야 즉 지식의 사람들은 모든 행위의 포기 가 수반되는 지식의 길을 따를 뿐이다. 그리고 그들은 달리 할 일이 아무것도 없으며, 따라서 여기에서 제시된 다른 견해들의 주제를 이루지 않는다. 그러므로 우리는 제2장 21절과 제3장 의 시작 부분을 주석하면서 이런 견해를 확립했다.

무지한 사람들은 일들을 해야 한다고 신은 말한다. 이제, 이런 다른 견해들에 관해 말하 자면,

4. 오, 바라타족의 최고인 자여! 이제 그대는 이 문제에 대한 진리를 듣게 될 것이다.
숭배, 자선, 고행을 포기해서는 안 된다.

그대는 나의 말들로부터 버림과 포기에 관한 진실을 배워라. 신은 여기에서 '버림(티야 가)'이라는 단어 하나만을 사용했는데, 이것은 '티야가'와 '산야사'의 의미가 하나이며 같다는 것을 암시한다. '세 종류'는 타마스적인 버림 등을 의미한다. '선언되었다'란 경전들에서 선언 되었다는 뜻이다. '버림'과 '포기'라는 단어들이 나타내는 세 가지(타마스적인 것 등) 버림은 지고 의 실재를 보는 사람이 아니라 아트만을 모르고 행위에 적합한 사람의 경우에만 가능하다는 사실을 알기는 어렵다. 따라서 나 자신 말고는 아무도 그 주제에 관한 진실을 가르칠 수 없다. 그러므로 경전의 진정한 가르침에 관하여 나의, 신의 명령이 무엇인지를 나에게서 배워라.

그러면 그 명령은 무엇인가? 신은 말한다.

5. 그것들의 수행은 반드시 필요하다. 왜냐하면 숭배, 자선, 고행은 그것들을 사려
깊은 사람들을 정화시키기 때문에 포기되어서는 안 된다.

샹카라차리야의 바가바드 기타

세 종류의 행위는 실천되어야 한다. 그것들은 올바르게 이해하는, 즉 결실들을 바라지 않는 사람들까지도 정화시키기 때문이다.

의무적인 일들은 애착이 없이 행해져야 한다.

**6. 그러나 그러한 행위들조차도 그것들의 결과에 대한 고려 없이 행해져야 한다. 이 것은 아주 중요하다. 오, 프리타의 아들이여!**

'그러한 행위들' 이하가 의미하는 바는, 정화시키는 것으로 말해진 숭배, 선물, 고행의 행위들은 그것들에 대한 애착이나 그 결과들에 대한 기대 없이 실천되어야 한다는 것이다.

신은 "이것에 관한 진실을 나로부터 배워라."(제18장 4절)라는 말로 제안을 하였고, 숭배 등은 정화시키는 것이기 때문이라고 그 이유를 설명했다. 그러므로 "그러한 행위들조차도…… 이것이 나의 확고한 최상의 믿음이다."라는 말은 제18장 4절에서 시작된 제안의 결론을 이룰 뿐이다. "그러한 행위들조차도 행해져야 한다."는 새로운 제안이 될 수 없다. 왜냐하면 그 구절을 현재의 부분의 당면 주제와 관련시켜 해석하는 것이 더 낫기 때문이다. '조차도'라는 단어는 비록 행위들에 대한 애착과 그 결과들에 대한 욕망을 가진 사람들의 경우에는 이런 행위들이 속박의 원인을 이루지만, 이것들은 해방을 추구하는 사람들에 의해 이행되어야 한다는 것을 암시한다. '그러한 행위들조차도'라는 단어는 분명히 숭배 등의 행위들이 아닌 다른 행위들을 가리킬 수 없다.

그러나 다른 이들은 다음과 같이 설명한다. 즉, 의무적인 행위들은 아무런 결실을 맺지 못하므로 '애착과 결과들에 대한 기대 없이'라고 말하는 것은 옳지 않다. 그러므로 '그러한 행위들조차도' 이하는 신이 욕망의 대상들을 얻게 하기 위해 의도된 그런 행위들조차도, 즉 의무적인 행위들과 반대되는 것으로서 욕망이 개입된 행위들조차도 행해져야 한다고 가르치고 있는 것이다. 그렇다면 숭배, 선물, 고행의 의무적인 행위들은 얼마나 더 행해져야 하겠는가?

그렇게 말하는 것은 잘못된 것이다. 왜냐하면 "숭배, 선물과 고행은 올바르게 이해하는 사람들의 정화자들이다."(제18장 5절)라는 말에서, 의무적인 행위들조차 결실들을 낳는다고 선언되었기 때문이다. 의무적인 행위들을 속박의 원인으로 여기고 그것들조차 포기하는 구도자들에게 욕망이 개입된 행위들을 할 이유가 어디 있겠는가? '그러한 행위들조차'는 욕망이 개입된 행위들을 가리킬 수 없다. 이 행위들은 열등한 길(제2장 49절)을 이루는 것으로 경시되었고, 속박의 원인이라고 단호히 선언되었으며(제3장 9절, 제2장 45절, 제9장 20, 21절), 현재의 부분으로부터 너무 멀리 벗어나 있기 때문이다.

## 일들의 타마스적이고 라자스적인 포기

그러므로 무지하여 행위를 행하는 데 매인 구도자에 대해서는,

**7. 자신의 책임을 포기하는 것은 적절하지 않다. 그런 미혹된 포기는 타마스적이다.**

'적절하지 않다.'는 까닭은 그것이 무지한 사람을 정화시키는 효과가 있는 것으로 인정되고 있기 때문이다. 어떤 의무를 의무적인 것이라고 말한 뒤에 그것을 포기하는 것은 자기모순이다. 그러므로 이런 종류의 버림은 무지로 인한 것이며, 타마스적이라고 말해진다. 무지는 타마스이기 때문이다.

**8. 어려움이나 또는 그것이 신체적 고통을 야기할 것이라는 두려움 때문에 행위를 피한다면, 그 포기는 라자스적이다. 그런 포기에는 아무런 보상이 없다.**

그는 해방에 이르지 못한다. 해방은 지혜에 따르는, 모든 행위의 포기의 결실이기 때문이다.

## 일들의(일들에 대한 애착과 그것의 결과의) 포기는 삿트와적이다.

그러면 삿트와적인 포기는 무엇인가? 신이 말한다.

9. 오, 아르주나여! 의무라는 것을 알기에 행위를 하고 애착과 그것의 결과를 포기한 채 자신의 책임을 다하는 것, 이것은 삿트와적 포기이다.

'애착과 그것의 결과를 포기한 채'라는 신의 이 말은 앞서 말했듯이 그 의무적인 행위들이 결과들을 낳는다는 것을 권위 있게 말하고 있다.

혹은 다음과 같이 말할 수 있다. 즉, 비록 의무적인 행위의 결과들을 경전에서 선언되지 않았을지라도, 의무적인 행위들을 행한다면 자기 갱신의 형태로, 또는 행하지 않는 죄를 피하게 해 주는 방식으로 행위자에게 그 결과들을 낳는다고, 무지한 사람은 가정할 수도 있을 것이다. 그러나 '그 결과들을 포기한 채'라는 말은 이러한 가정조차도 가로막는다. 그러므로 적절한 것이다. '그러한 포기'란 의무적인 행위들과 그것의 결과들에 대한 모든 집착의 포기를 말한다.

이의: 이 부분 즉 제18장 4절 이하의 주제를 이루는 것은 '산야사'(제18장 7절)라고 말해지는 행위들의 세 가지 포기입니다. 셋 가운데 라자스적인 것과 타마스적인 것(행위들의 포기의 종류)이 다루어졌습니다. 그런데 어째서 행위들에 대한 애착과 그 결실들에 대한 포기를 세 번째 것으로서 말하는 것입니까? 이것은 마치 "세 명의 브람마나가 왔다. 그 가운데 두 명은 여섯 가지 보조적인 과학들에 뛰어난 사람들이고, 나머지 세 번째 사람은 크샤트리야이다."라고 말하는 것과 마찬가지입니다.

대답: 이러한 이의는 여기에서 제기될 수 없다. 왜냐하면 이 부분의 목적은 행위의 포기와 비교하여, 즉 두 가지 포기를 비교하여, 행위의 결과들에 대한 포기를 찬미하기 위한 것이

며, 둘은 똑같이 포기이다. 사실, 행위에 대한 포기와 그 결과들에 대한 욕망의 포기는 그것들이 모두 포기를 암시하는 한 일치한다. 따라서 행위에 대한 두 가지 포기를 라자스적인 포기와 타마스적인 포기로 경멸함으로써, "그러한 버림은 삿트와적인 것이라 여겨진다."라는 말에서 보이듯이 행위의 결과들에 대한 욕망의 포기가 삿트와적인 포기로써 칭송된다.

## 일들의 포기에서 모든 일들의 포기로

행위의 요가에 적합한 사람이 결과들에 대한 애착과 갈망 없이 의무적인 행위들을 행할 때, 결과들에 대한 욕망에 의해 오염되지 않고 의무적인 행위들의 이행에 의해 갱신된 그의 내적인 마음은 순수해진다. 순수하고 고요할 때 그 내적 의식은 아트만을 묵상하기에 적합하다. 이제, 의무적인 행위의 이행으로 인해 내적 의식이 순수해지고 아트만 지식을 얻을 준비가 된 사람이 어떻게 하면 점차 지식에의 헌신(갸나 니슈타)에 이를 수 있는지를 가르치기 위하여 신은 다음과 같이 말한다.

10. 삿트와를 타고난 사람들은 포기의 의미를 분명히 이해하고 흔들리지 않는다. 그들은 싫은 일에 겁을 먹지 않고, 유쾌한 일에 집착하지도 않는다.

'싫은 일'이란 몸을 만들어 냄으로써 세상의 원인이 되는 욕망이 개입된 행위를 의미한다. 그는 "그것이 무슨 쓸모가 있는가?"라고 생각하며 유해한 행위를 싫어하지 않는다. '좋은 행위'란 의무적인 행위를 말한다. 그는 그것이 가슴을 정화시키기 때문에 지식과 지식에 대한 헌신에 도움이 된다고 생각하는 식으로 그것에 대한 애착을 지니지 않는다. 이것은 누구를 말함인가? 애착과 욕망을 버린 사람, 행위와 그 결과에 대한 애착을 버리고 의무적인 행위들을 행하는 사람을 말한다. 그는 언제 선한 행위에 집착하지 않는가? 그가 삿트와로 가득할 때이며, 그것은 아트만과 아트만 아닌 것을 분별하게 하는 지식으로 인도한다. 그는 삿트와로 가득함으로 아트만 지식 곧 지혜를 얻게 된다. 그가 지혜를 갖게 될 때, 무지로 인한 그의 의심은, 아트만의 진실한 성품 안에 거하는 것만이 지고의 희열에 이르는 유일한 방법이며 다른 방법은 없다는 확신에 의해 산산이 부서진다.

바꿔 말하면, 행위의 요가에 적합한 사람이 앞에서 설명한 방식으로 행위의 요가를 행하고, 그리하여 점차 자기 안에서 정련되면, 그는 자기 자신이 그 아트만임을 알게 된다. 그는 탄생이나 다른 조건의 변화가 없으므로 변하지 않는다. 그는 마음으로 모든 행위들을 포기한다. 그는 행위를 하지도 않고 다른 사람으로 하여금 행위를 하게 하지도 않는다. 그는 지혜의 헌신에 이른다. 즉, 그는 행위로부터 자유로워진다. 그러므로 앞에서 말한 행위의 요가의 목적이 이 절에서 설명되었다.

## 결과들의 포기는 무지한 사람들에게만 가능하다.

반면에, 자신을 몸과 동일시함으로써 몸을 입고 있고, 아트만이 행위의 행위자라는 개념을 아직 바로잡지 못한 무지한 사람은 자신이 행위자라고 굳게 믿는다. 이와 같이 행위의 요가에 적합한 사람에게는 모든 행위의 버림이 불가능하다. 따라서 그의 의무는 그런 행위들을 포기하는 데 있는 것이 아니라, 오로지 그 결과들을 포기하고 자신에게 주어진 행위들을 행하는 데 있을 뿐이다. 이 점을 강조하기 위해 신은 다음과 같이 말한다.

11. 정말이지 육체를 가지고 있는 한, 행위들을 완전히 포기할 수는 없다. 그러나 행위자라는 생각과 행위의 결과들은 버릴 수 있을 것이다. 그가 포기하는 사람이다. (모든 행위들을 버릴 수 있는 사람은 나를 깨달은 사람들이다. 그들은 몸을 나라고 생각하지 않는다.)

'육체를 가진 존재'는 몸을 입은 사람, 즉 자기 자신을 몸과 동일시하는 사람을 말한다. 분별력을 가진 사람은 몸을 입은 사람이라고 불릴 수 없다. 왜냐하면 그러한 사람은 행위들을 할 때 자기 자신을 행위자라고 여기지 않기 때문이다. 그러므로 그 뜻은 이것이다. 즉, 무지한 사람이 행위들을 완전히 포기할 수는 없다. 행위에 적합한 무지한 사람이 행위들의 결과들에 대한 욕망을 버리고서 의무적인 행위들을 할 때, 비록 그는 행위들을 행하는 자일지라도 포기의 사람이라고 불린다. '포기하는 사람'이라는 이 칭호는 그에게 예의상 적용되는 것이다. 따라서 모든 행위들의 포가는 오로지 지고의 실재를 알며 몸을 입은 자가 아닌 사람, 즉 몸을 아트만으로 여기지 않는 사람에게만 가능하다.

죽음 뒤에 오는 진정한 포기의 결과들


## 그러면, 모든 행위의 포기로부터 발생되는 이익은 무엇일까? 신은 말한다.

**12. 자아와 자아의 욕망들을 아직 포기하지 않는 사람들은 육체가 죽은 후 행위의 세 가지 유형의 결과들 즉 좋은 것, 나쁜 것, 둘이 섞인 것을 거두어들일 것이다. 그러나 자아와 욕망을 포기한 사람들은 이 세상에서든 다음 세상에서든 카르마의 영역을 벗어난다.**


'결과들'은 다양한 외부적인 요인들의 작용에 의해서 발생한다. 그것은 무지의 작용이다. 그것은 마술사의 마술에 의해 생기는 황홀한 모습과 같아서, 내면 가장 깊은 아트만 안에서 나타나는 모든 것들을 매우 현혹시킨다. 어원으로 보았을 때, 결과에 해당하는 '팔라'라는 단어는 사라지는 어떤 것, 실체가 없는 어떠한 것을 의미한다. '행위'는 다르마와 아다르마를 가리킨다. '나쁜' 결과란 지옥이나 동물계 등을 말한다. '좋은' 결과는 데바들을 가리킨다. '둘이 섞인' 결과는 좋음과 나쁨이 하나 안에서 함께 섞인, 즉 인류를 뜻한다. 이 세 가지 종류의 결과를 포기하지 못한 사람들에게, 깨닫지 못한 사람들에게, 행위의 요가를 따르는 사람들에게, 엄밀한 의미가 아닌[278] 포기자(산야신)들에게 주어진다. 그러나 오로지 지식의 길에만 전념하며 가장 높은 수준의 산야신 즉 파라마함사 파리브라자카에 속하는 진정한 산야신들에게는 주어지지 않는다. 실로, 올바른 지식에만 전적으로 헌신하면, 반드시 무지와 세상의 다른 씨앗들을 파괴하게 된다.

따라서 모든 행위의 완전한 포기는 올바른 지식에 이른 사람에게만 가능하다. 왜냐하면 그는 행위와 그 부속물들과 그 결과들이 모두 아트만에게 속하는 것으로 보이는 것은 무지에 의한 것임을 알기 때문이다. 그러나 행위와 그 행위자와 부속물들을 구성하는 몸 등을 자기 자신으로 여기는 무지한 사람에게는 완전한 행위의 포기는 가능하지 않다. 신은 이 진리를 다음 절에서 가르친다.

## 행위를 만드는 요인들

13. 오, 힘이 센 자여! 모든 행위의 완성에 꼭 필요한 다섯 가지 요소들이 있다고 샹키야 요가는 가르친다. 이것을 설명할 터이니 잘 들어보아라.

'이것들'은 앞으로 언급할 것들을 가리킨다. '배워라'라는 권고는 듣는 자로 하여금 다음에 설명하는 것들에 확고한 관심을 갖도록 하기 위한 것이며, 동시에 앞으로 제시될 것에 비추어 그런 것들의 성질에 관한 차이점을 지적하기 위한 것이다. '샹키야 요가에서 가르치는데'라는 말로 신은 그것들을 칭송한다. 그것들은 알아야 하는 것들이기 때문이다. '샹키야'는 알

---

278  바꿔 말하면, 행위의 결실에 대한 욕망의 버림 없이 행위들을 행하는 사람들은 반드시 죽음 후에 그들의 각각의 행위들의 결실을 거두게 될 것이다.—(A.)

아야 하는 모든 것이 설명되어 있는 베단타(우파니샤드)들을 가리킨다. 이것은 행위의 완성, 즉 모든 행위를 끝낸다는 뜻인 '크리타 안타'라는 형용어구로 수식되어 있다. 제2장 46절과 제4장 33절은 나의 지식이 떠오를 때 모든 행위가 끝난다고 가르치고 있다. 그러므로 나 지식을 전하는 베단타는 '행위의 끝'이다.

**14. 육체**(행위의 자리), **자아**(행위자, 구나), **여러 기관**(감각 및 행위 기관)**들 그리고 육체 안에 있는 생명의 움직임들**(에너지들 즉 다섯 프라나들) **마지막으로 주재하는 데바**(신성한 의지)**들**

'행위의 자리'는 욕망, 미움, 행복, 불행, 지식 등의 자리, 즉 그것들이 나타나는 자리인 몸을 가리킨다. '행위자'는 즐기는 자이며, 그것과 관련될 수 있는 조건의 특징을 갖고 있다. '여러 기관들'은 듣는 등의 기관들. 그것으로 소리 등을 지각한다. '생명의 움직임(활동)들'은 숨을 들이쉬고 내쉬는 공기의 기능들을 가리킨다. '신성'이란 눈과 같은 기관들이 그러한 기능들을 수행하도록 돕는 아디티야와 여러 데바들을 말한다.

**15. 그 행위가 바르든 그르든, 그것이 말에 관한 것이든, 마음에 관한 것이든, 또는 육체에 관한 것이든, 이것들이 그것의 원인이 되는 것이다.**

'바른' 행위란 경전에서 가르친 다르마에 위배되지 않는 행위이다. '그른' 행위란 다르마와 경전에 위배되는 행위이다. 삶에 필요한 조건들인, 눈을 깜박이는 등의 그런 행위들조차 '바른 혹은 그른'이라는 표현에 포함된다. 왜냐하면 그것들은 과거의 다르마와 아다르마의 결과들일 뿐이기 때문이다. '그것의 원인들'은 모든 행위의 원인을 뜻한다.

이의: 몸 등(제18장 14절)은 모든 행위에 필요한 요인들입니다. 그런데 왜 선생님은 '사람이 몸, 말과 마음으로 어떤 행위를 하건'이라는 말로 행위들을 구분합니까?

대답: 이러한 이의를 우리에게 제기할 수는 없다. 즐기는 것이든 금지된 것이든 모든 행위를 할 때는 몸, 말과 마음이라는 세 가지 가운데 하나가 나머지보다 더 두드러진 역할을 한다. 반면에, 삶의 부수물들을 이루는 보고 듣는 등의 다른 행위들은 그 하나의 활동에 종속한다.

모든 행위들은 이같이 세 집단으로 분류되며, 몸이나 말이나 마음으로 행해진다고 말해진다. 심지어 결과를 맺을 때에도 행위의 결과는 몸, 말, 마음의 도움을 빌어 얻어지는데, 그것들 가운데 하나는 나머지보다 더욱 두드러진다. 그러므로 다섯 모두가 행위의 원인들이라는 주장(제18장 14절)에 대해 반박할 수 없다.

## 아트만이 행위자라는 것은 환영이다.

16. 그러한데도, 아트만을 행위자라고 보는 사람들이 있다. 그들은 잘못 보고 있다.
그들은 이해력이 완전해지지 않았다.

'그러한데도', 즉 모든 행위가 앞에서 설명한 다섯 가지 원인들에 의해 일어나는데도. '한데, 그런데도'는 여기에서 언급되는 사람이 왜 왜곡된 지성을 가진 사람이라고 말해지는지 그 이유를 보여 준다. 깨닫지 못한 사람은 그의 무지로 인하여 아트만을 다섯 가지 원인들로 여기며, 순수한 아트만을 행위의 행위자로 본다. 그러나 행위는 실제로는 다섯 원인들에 의해 이루어진다. 왜 그는 그것들을 그렇게 여기는가? 왜냐하면 무지한 자의 이해력(붓디)이 베단타에 의해, 스승의 가르침에 의해, 추론의 원리들에 의해 연마되지 않았기 때문이다. 몸을 입지 않은 아트만의 존재를 주장하면서도 순수한 아트만을 행위자로 여기는 사람까지도 이해가 부족한 사람이다. 그는 아트만과 행위에 관한 진실을 보지 못하고 있다. 따라서 그는 왜곡된 지성을 가진 사람이다. 그의 지성은 잘못된 방향으로 가며, 선하지 않으며, 탄생과 죽음으로 끊임없이 인도한다. 그는 마치 눈이 티미라에 감염되어 많은 달을 보는 사람처럼, 혹은 구름이 움직일 때 달이 움직인다고 여기는 사람처럼, 혹은 가마에 앉아 있으면서, 가마꾼들이 달리고 있는데도, 자신이 달리고 있다고 여기는 사람처럼, 눈으로 보더라도 (진실을) 보지 못하고 있다.

### 아트만이 행위자가 아님을 알면 모든 일의 결과들에서 해방된다.

그렇다면 바르게 보는 현자는 누구인가? 대답이 이어진다.

**17. 자아의 개념으로부터 자유로운 사람, 마음이 선과 악이라는 것에 오염되지 않은 사람은, 비록 그가 이 모든 사람들을 죽인다 할지라도 죽인 것이 아니며, 그는 그가 한 행위로 묶이지 않는다.**

경전들에 의해, 스승의 가르침들에 의해, 추론의 바른 원리들에 의해 마음이 잘 연마된 사람은 "내가 행위자다."라는 그릇된 자아의 개념에서 해방된다. 그는 다음과 같이 생각한다. 즉, 모든 행위의 원인은, 무지로 인하여 아트만에 속한다고 여겨지는, 몸 등 이들 다섯 가지 원인들이지 내가 아니다. 나는 그것들이 행하는 행위들의 목격자이다. 나는 "호흡이 없고, 마음이 없고, 순수하고, 지고자인 파괴될 수 없는 것보다 더 높다."(문다. 우. 2-1-2) 나는 순수하며 변하지 않는다. 나의 조건인 지성이 오염되지 않은 사람은 "내가 이것을 했다. 그래서 나는 지옥에 갈 것이다."라고 생각하며 후회하지 않는다. 그는 지혜롭다. 그는 바르게 본다. 비록 그는 이 모든 살아 있는 사람들을 죽일지라도, 그는 살인의 죄를 범하지 않으며, 그 행위의 결과로 아다르마의 결과에 묶이지도 않는다.

이의: 이것이 단지 칭송을 위한 것일 뿐이라고 가정하더라도, "비록 그가 이 모든 사람들 을 죽인다 할지라도, 그는 그가 한 행위로 묶이지 않는다."라는 말에는 자기모순이 있습니다.

대답: 이 이의는 성립되지 않는다. 왜냐하면 이 말은 세상적인 개념과 절대적인 진리라는 두 가지 관점을 구별하여 설명될 수 있기 때문이다. 아트만을 몸과 동일시하여 "나는 살인자다."라고 생각하는 세상적인 개념의 관점에서 보아 신은 "비록 그는 죽이지만"이라고 말한다. 그리고 앞에서 설명한 절대적인 진리의 관점에서 보아 그는 "그는 죽이지 않으며, 그는 묶이지 않는다."라고 말한다. 이와 같이 두 가지는 잘 설명될 수 있다.

이의: '순수한 아트만을 행위자로 여기는 사람'이라는 제18장 16절에서 '순수한'이라는 용어에 의해 암시되었듯이, 아트만은 몸 등과 연합하여 행위를 합니다.

대답: 이러한 주장은 유지될 수 없다. 왜냐하면 아트만은 본래 변하지 않으므로 우리는 그가 몸 등과 연합하여 행위를 한다고 상상할 수 없기 때문이다. 변하는 것만이 다른 것들과 연합할 수 있으며, 이와 같이 연합된 것만이 행위자가 될 수 있다. 그러나 변하지 않는 아트만은 그 무엇과도 연합할 수 없으며, 따라서 그는 다른 것과 연합하여 행위를 할 수 없다. 이와 같이 독립된 상태가 아트만에게 자연스럽기 때문에, '순수한'이라는 단어는 그냥 그 상태를 지칭하는 말이다. 그리고 계시서와 전승서, 추론에 의해 가르친 것처럼, 그의 불변성은 모두에게 확실히 분명하다. 예를 들면, 기타 자체에서도 그것은 다음과 같은 구절 등에서 거듭 반복하여 설명된다. "그는 변하지 않는다."(제2장 25절), "행위들은 구나들에 의하여 일어난다."(제3장 27절), "비록 몸 안에 있지만 아무런 행위를 하지 않으며"(제13장 31절), 그리고 "그것은 말하자면 명상한다. 그것은 말하자면 움직인다."(브리. 우. 4-3-7)와 같은 계시서의 구절에서도 같은 것을 가르치고 있다.

추론을 통해서도 우리는 다음과 같이 같은 것을 입증할 수 있다. 즉, 아트만은 부분들이 없는 실체이며, 다른 것에 의지하지 않으며, 변하지 않는다는 것은 왕도이다(곧 논쟁의 여지가 없다). 비록 아트만이 변화에 따른다는 것을 인정하더라도, 그는 오로지 자기 자신의 변화에 따를 뿐이다. 몸 등의 행위는 결코 아트만이 행위자로서 행한 것이라고 말할 수 없다. 어떤 것이한 행위를 그것을 하지 않은 다른 것의 탓으로 돌릴 수는 없다. 그리고 마치 진주조개가 은이될 수 없는 것처럼, 또는 다른 예를 들자면 어린아이가 무지로 인하여 공간에 속한다고 여기는 표면surface 과 먼지가 실제로는 공간에 속할 수 없는 것처럼, 무지로 인하여 아트만에게 속한다고 여겨지는 것은 실제로는 그에게 속할 수 없다. 따라서 몸 등에서 일어나는 변화들은 무엇이든지 아트만이 아니라 오직 몸 등에 속할 뿐이다. 그러므로 마음속의 모든 오염과 그릇된 자아의식이 없는 현자는 죽이지도 묶이지도 않는다는 말은 물론 옳다.

"그는 죽이지도, 죽임을 당하지도 않는다."(제2장 19절)라는 말로 이러한 가르침을 시작했고, 제2장 20절에서 그 이유로 아트만의 불변성을 말했으며, 경전의 앞부분(제2장 21절)에서 현자는 행위를 할 필요가 없다는 것을 간략히 가르쳤고, 중간의 여기저기에서 이 주제를 소개하고 상세히 설명한 뒤, 이제 신은 경전의 가르침들을 요약하기 위하여 여기에서 현자는 "죽이지 않으며, 묶이지 않는다."라는 말로 그것을 결론짓는다. 이와 같이 몸을 입은 존재라는 그릇된 자아의식이 없으므로 산야신은 무지를 일으키는 모든 행위를 포기하며, 따라서 행위의 "나쁜, 좋은 혹은 혼합된"(제18장 12절) 세 가지 결실은 산야신에게 생기지 않는다고 말하는 것이 옳다. 그리고 나아가 다른 사람들의 몫은 그 반대라는 결론이 불가피하다. 기타 경전의 이 가르침은 여기에서 결론 지어졌다. 베다 가르침 전체의 이 정수가 연마된 지성을 가진 현자들에 의해 탐구되고 이해되어야 한다는 점을 보여 주기 위해, 우리는 경전과 추론에 따라 그것을 여러 가지 부분들로 여기저기에 설명하였다.

## 행위의 충동들

이제는 행위의 충동들에 대해서 언급할 것이다.

18. 지식, 알아야 하는 것(지식의 대상), 아는 사람은 인간의 모든 행위들을 일어나게 하는 힘이다. 행위에는 세 가지 구성요소들 즉 기관(도구, 수단, 두 종류가 있다. 외적인 것은 여러 지각 기관, 내적인 것은 마음, 지성과 자아), 행위 그 자체(목적), 행위자가 있다.

'지식'은 일반적인 지식을 포함한 모든 지식을 가리킨다. 마찬가지로, '지식의 대상'은 일반적인 대상을 포함한 모든 대상을 가리킨다. '아는 사람'은 경험자이다. 아는 사람은 무지의 창조물인 우파디의 성질에 참여한다. 이 세 가지는 일반적인 행위를 포함한 모든 행위를 유발하는 세 가지 충동이다. 사실, 어떤 것을 피하거나 어떤 것을 얻기 위한 목적으로 행위를 하는 것은 이 세 가지가 연합할 때에만 가능하다.

몸 등 행위의 다섯 가지 원인들에 의해서 이루어지고, 말과 마음과 몸이라는 그것들 각각의 자리에 따라 세 가지 종류로 분류되는 행위들 모두는 기관, 행위, 행위자의 상호 작용으로 거슬러 올라갈 수 있다. 이것은 이 구절의 뒷부분에서 설명되고 있다. '기관'에 의해서 행위가 이루어진다. 외적 기관들은 청각 기관 등이며, 내적 기관들은 지성 등이다. '행위(결말)'는 추구하려는 것이며, 행위자가 행위를 통해 도달하려는 것이다. '행위자'는 기관들을 움직이게 하며, 그것 안에서 그가 행위를 하는 조건의 성질을 갖는다. 이 세 가지 안에 모든 행위가 내재하고 있다. 그러므로 그것들은 행위의 세 기초라고 말한다.

# 충동들은 구나들에 따라 세 가지가 있다.

행위, 행위의 여러 요인들, 그 결실이 모두 구나들로 이루어져 있으므로, 신은 이제 삿트와, 라자스, 타마스라는 세 가지 구나들에 따른 그것들 각각의 세 구분을 가르친다.

19. 지식, 행위와 행위자는 각각에서 우위를 차지하는 구나에 따라 설명될 수 있다.

그것들의 차이점을 설명할 테니 잘 들어보아라.

'행위(카르마)'의 경우, '카르마'는 여기에서 행위(크리야)를 의미한다. 여기에서는 그 단어가 행위에 의해 도달하려고 하는 것 즉 행위의 목적을 나타내는 기술적인 의미의 단어로 쓰이지 않았다. '행위자'는 행위를 행하는 사람이다. 그것들이 오직 세 가지뿐이라는 한정은 구나들에 의해 초래되는 것 말고는 다른 구분이 없다는 것을 암시하기 위한 것이다. '구나들'은 삿트와 등을 말한다. 여기에서 언급된 구나의 과학은 카필라의 철학 체계를 가리킨다. 카필라의 구나 과학은 구나들과 그것들의 경험자에 관한 한, 틀림없이 권위 있는 전거이다. 비록 그들은 지고의 진리, 즉 브람만의 하나 혹은 비이원이라는 점에 관해서는 우리와 상반되지만, 카필라를 따르는 사람들은 구나들의 기능과 그것의 생산물의 설명에 관해서는 권위를 인정받고 있으며, 그들의 과학은 다음에 이어지는 가르침을 칭송하는 데 기여하는 권위로서 여기에서 받아들여지고 있다. 그러므로 모순은 없다. '그것들을 잘 들어보아라.'라는 말은 지식과 나머지들, 여러 구나들에 의해 야기되는 그것들의 다양한 구분들을 내가 이제부터 과학에 따라 추론에 따라 설명할 때, 그 가르침에 주의를 잘 기울이라는 뜻이다.

## 삿트와적인 지식

여기에서는 지식의 세 특성이 설명된다.

20. 모든 존재들에서 하나의 불멸의 실재, 분리된 것들(나타나지 않는 존재로부터 무생물에 이르기까지)에서 분리되지 않는 하나를 지각하는 것은 삿트와로부터 나온 지식이다.

'모든 존재들'은 나타나지 않는 물질인 아비약타로부터 움직이지 않는 물체들인 스타

바라에 이르기까지 모든 것들을 가리킨다. '실재(바바Bhava)'는 하나로 있는 아트만을 가리킨다. '불멸의 실재'는 그 자체로 혹은 그것의 특성들에서 결코 고갈될 수 없는 것을 말한다. 그 실재, 아트만은 다양한 몸 안에서도 다르지 않다. 공간처럼 아트만은 나뉠 수 없다. 이처럼 둘이 아닌 아트만을 직접적으로 바르게 지각하는 것이 삿트와적인 지식이다.

## 라자스적인 지식

이원론적이며 그릇된 철학 체계들은 라자스적인 지식이고 타마스적인 지식이다. 따라서 그것들은 곧바로 세상을 끝낼 수 없다.

21. 라자스적 지식은 모든 존재들을 독립적이고 별개라고 본다. 모든 존재들은 서로 다르다. 그래서 이 세상은 다양한 존재들로 되어있다.

'독립적이고 별개'라는 것은 그것들을 다른 몸들 안에 있는 다른 존재들로 여기는 것을 말한다. '본다.'는 '보게 한다.'라고 해석되어야 한다. 지식은 행위자가 될 수 없기 때문이다.

## 타마스적인 지식

22. 사고의 균형감이 결여된 타마스적인 지식은 부분을 전체라고 착각한다. 이성이 없는 협소한 지식이다.

타마스적 지식이란 몸이나 외부의 우상idole 등 하나의 결과물이 마치 모든 것을 포함하는 양, "이 몸이 나이다." 또는 "저것이 신이다."라고 생각하고 그보다 높은 것은 아무것도 없다고 여기며, 그 하나에 열중하는 것을 말한다. 예를 들어, 나체의 스라마나카[279]들은 우리 몸 속에 거주하는 지바(영혼)를 그 몸의 크기만 하다고 여기고, 어떤 사람들은 이슈와라를 돌이나 나무 조각이라고 여긴다.[280] 이런 지식은 이성에 근거해 있지도 않고 사물들을 있는 그대로 지각하지도 않는다. 그것은 이성에 근거하지 않으므로 협소하다. 제한된 범위까지만 미치거나 보잘것없는 결과만을 낳을 뿐이다. 이것은 타마스적인 지식이다. 왜냐하면 그것은 분별력이 없는 타마스적인 존재들에게만 발견되기 때문이다.

## 삿트와적인 행위

다음에는 행위의 세 성품이 설명된다.

**23. 자기에게 맡겨진 일을 애착이 없이, 결과에 대해 신경을 쓰지 않고, 좋아함이나 싫어함이 없이 하는 것은 삿트와적 행위이다.**

'자기에게 맡겨진' 행위란 의무적인 행위를 말한다. 그것은 좋아함이나 싫어함에 의해 추진되는 사람이 행하는 행위가 아니다.

---

279  자이나교도를 말한다. 어떤 원고들에는 '크샤파나카'라고 쓰여 있다.
280  그 신상을 만든 재료를 말하고 있다.

# 라자스적인 행위

24. 그러나 갈망의 채찍에서 나왔거나, 자아가 들어가 있거나, 많은 고단한 노역이
들어가 있는 행위는 라자스적이다.

'갈망'은 행위의 결실들로서의 쾌락을 의미한다. '자아가 들어가 있거나'는 그릇된 자아
의식에서 완전히 자유로운 아트만의 진정한 성품을 깨달은 사람과 구별하여 말하는 것이 아니
라, 세상의 평범한 베다 종교의 헌신자가 자만에서 자유롭기를 기대하는 의미에서 오만이 없
는 사람과 구별하여 말하는 것이다. 왜냐하면 그릇된 자아의식이 전혀 없는 사람, 즉 아트만
을 깨달은 사람이 행위의 결과를 바라거나 수고가 많이 드는 행위를 한다는 것은 상상할 수도
없기 때문이다. 삿트와적인 행위를 하는 사람조차도 아트만을 모르고 그릇된 자아의식을 가
지고 있으며, 라자스적인 행위자들과 타마스적인 행위자들은 훨씬 더 심하다. 일반적으로는,
아트만을 모르는 베다 종교의 헌신자도 오만하지 않다고 말한다. 우리는 "그는 겸손한(오만하
지 않은) 브람마나야."라고 말한다. 라자스적인 행위를 자아 중심적이라고 하는 것은 오로지 이
런 부류의 사람들과 구별하여 하는 말이다.

# 타마스적인 행위

25. 힘과 부를 낭비하는 비용은 고려하지 않고, 다른 사람에게 주는 해를 신경 쓰지
않고, 자신의 능력을 고려하지 않고 미혹으로 행해지는 행위는 타마스적이다.

'해'는 행해진 행위로 인해 생기는 권력과 재산의 손실을 말한다. '부상'은 살아 있는 존
재들에게 끼치는 해를 뜻한다. '능력'이란 그 일을 완수할 개인의 능력을 가리킨다.

## 삿트와적인 행위자

이제 신은 행위자들을 구별하여 설명한다.

26. 애착이 없고, 자아가 없고, 확고하고, 열정적이고, 성공과 실패에 영향을 받지 않는 행위자는 삿트와적이라고 말해진다.

'성공'은 행위의 결과를 얻는 것을 말한다. '영향을 받지 않음'은 행위의 결과에 대한 욕구를 따르지 않고, 단순히 경전에 의거하여 행동하는 것이다.

## 라자스적인 행위자

27. 허영심에서 주어지는 상에 흥분하고, 잔인하고, 탐욕스럽고, 불순하고, 승리에 빨리 기뻐하고 실패에 낙담하는, 욕망이 있는 행위자. 그는 라자스적인 사람이다.

'탐욕스럽고'는 자신의 재산을 가치 있는 사람 등에게 주는 대신, 다른 사람의 재산을 갈망하는 것이다. '잔인'은 다른 존재들에게 해를 끼치는 것이다. '불순하고'는 외적인 순수와 내적인 순수가 결여된 상태이다. '승리에 빨리 기뻐하고 실패에 낙담하는' 것은 좋아하는 것을 얻었을 때 기뻐하고, 싫어하는 것이 주어졌을 때 또는 좋아하는 것을 잃었을 때 슬퍼하는 것이다. 기쁨과 슬픔은 자신이 노력을 들인 행위가 성공하거나 실패했을 때 일어날 수 있다.

## 타마스적인 행위자

28. 가슴이 행위에 있지 않고, 저속하고, 완고하고, 속이고, 악의적이고, 미루는 것
을 좋아하고, 쉽게 낙담하는 행위자는 타마스적이라고 말해진다.

'저속하고'는 어린아이처럼 이성이 전혀 계발되지 않은 것을 말한다. '완고하고'는 막대
기처럼 어떤 사람에게도 굽히지 않는 것이다. '속이고'는 자신의 진짜 힘을 감추는 것이다. '게
으르고'는 마땅히 해야 할 일조차 하지 않는 것이다. '낙담하고'는 언제나 침울해 있는 상태이
다. '미루는'은 할 일들을 너무 오래 미루고, 항상 나태하며, 오늘이나 내일 해야 할 일을 한 달
이 지나도 하지 않는 것이다.

# 지성과 확고함은 구나들에 따라 세 가지가 있다.

29. 지성과 확고함은 우세한 구나들에 따라 세 종류가 있다. 내가 그것들을 하나씩
설명해 주겠으니 들어보아라. 오, 다난자야여!

'구나들'은 삿트와 등의 구나들을 가리킨다. 이 절의 앞부분에는 앞으로 가르칠 것이 격
언적인 형태로 포함되어 있다.

## 삿트와적인 지성

30. 삿트와적 지성은 속박의 지식과 해방의 지식에 더하여, 언제 행위를 하고 언제

행위를 하지 말아야 할지, 무엇을 하고 무엇을 하지 말아야 할지, 무엇을 두려워해야
하고 무엇을 두려워하지 말아야 할지를 아는 것이다. 오, 파르타여!

'행위'는 속박의 원인, '무행위'는 해방의 원인이다. 무행위는 산야사의 길이다. '행위'와
'무행위'는 '속박'과 '해방'과 관련하여 일어난다. 따라서 그것들은 행위와 포기(카르마와 산야사)
의 길을 의미하는 것으로 해석되어 왔다. '언제 행위를 하고 언제 행위를 하지 말아야 할지는
그것들이 경전이나 사회적인 윤리에 의해 권고되거나 금지된 것에 따라서 경전에 의지하는 사
람이 특정한 장소와 때에 행하거나 행하지 않아야 하는 필요성, 또는 보이거나 보이지 않는 결
과들을 낳는 행위들을 말한다. '무엇을 두려워해야 하고 무엇을 두려워하지 말아야 할지는 두
려움의 원인과 두려움 없음의 원인을 말한다. '속박과 해방'도 역시 그것들의 원인을 가리킨
다. '지식'은 지성의 기능이나 상태를 말하는 반면, '지성'은 기능하는 것이나 상태의 변화를 겪
는 것이다.[281] 확고함조차도 특정한 기능 또는 지성의 상태일 뿐이다.


## 라자스적인 지성

31. 하지만 옳고 그른 것을 잘못 구분하거나, 무엇을 해야 하고 무엇을 하면 안 되는
지 알 수 없을 때, 그것은 라자스적인 지성이다. 오, 파르타여!


'다르마'는 경전들에서 명하는 행위이며, '아다르마'는 경전들에서 금지하는 행위이다.
'해야 할 일과 하지 말아야 할 일'에 대해서는 앞(제18장 30절)에서 언급하였다. '그릇되게', 즉 모

---

[281] 이것은 앞에서 (제18장 20-22절에서) 설명한 세 가지의 성질을 가진 지식(갸나)이 여기에서 설명하는 세 가지 성
질을 가진 지성(붓디)과 어떻게 다른지를 보여 주기 위한 것이다.—(A.)

샹카라차리야의 바가바드 기타

든 권위들에 의해 규정된 것에 위배되게.[282]

## 타마스적인 지성

**32. 타마스적 지성은 무지에 뒤덮여, 모든 것을 왜곡되게 본다. 오, 파르타여!**

타마스적인 지성은 알려져야 하는 모든 것을 매우 왜곡된 관점으로 본다.

삿트와적인 결심

**33. 삿트와에 의해 영감을 받은 결심은 흔들리지 않는다. 그것은 요가의 수행을 통해 강화된다. 이런 종류의 결심을 가진 사람은 마음, 프라나**(호흡)**, 감각들을 빠르게 제어 하여 조화롭게 유지한다. 오, 파르타여!**

'요가'는 사마디, 마음의 집중을 말한다. '빠르게 제어하는', 즉 경전에 반하는 방식들로 나가지 못하도록 제어하는. 그것들이 경전에 반하는 방식들로 나가지 않는 것은 오로지 그것들이 지성의 확고함에 의해 제어될 때뿐이다. 그 구절의 의미는 다음과 같다. 즉, 흔들림 없는 확고함으로 생각과 프라나들과 감각 기관들의 활동을 제어하는 사람은 요가로 그것들을 제어 한다.[283]

---

282  여기서 말하는 다르마와 아다르마는 '아푸르바'를 가리킨다. 아푸르바는 행위들이 수행된 뒤부터 그 결과들이 지각 될 때까지 행위들이 취하는 형태들이다. 반면에, 카리야와 아카리야는 행위들의 이행과 비이행을 가리킨다. 따라 서 동어반복이 아니 다.—(A.)
283  바꿔 말하면, 언제나 브람만 안에서의 마음의 집중 곧 사마디를 동반하는 그 확고함에 의해서만 이런 활동들을 제 어할 수 있다. 사마디를 동반하지 않는 확고함만으로는 변함없이 그것들을 제어할 수 없다.—(A.)

## 라자스적인 결심

**34.** 이기적 욕망에 조건화된 라자스적 결심은 존경(다르마, 의무), 쾌락, 재산을 추구한다. 오, 파르타여!

'다르마(의무), 쾌락, 재산'이 언제나 수중에 있어야 한다고 굳게 확신하고, 그것(다르마와 쾌락이나 재산)에 관심을 기울일 때마다 각각의 결과를 얻기를 바랄 때, 그런 사람의 결심은 라자스적이다.

## 타마스적인 결심

**35.** 타마스적인 결심은 완고한 무지, 나태, 두려움, 슬픔, 우울, 자만으로 자신을 나타낸다. 오, 파르타여!

어리석은 사람은 감각적인 만족을 매우 중요하게 여기며 결코 음란함을 포기하지 않는다. 그는 잠, 두려움 등을 언제나 의지해야 하는 것으로 여긴다.

## 즐거움은 구나들에 따라 셋이 있다.

행위들의 세 구분, 행위에 관련된 여러 가지 요인들의 세 구분이 설명되었다. 이제는 행위들의 결과인 즐거움의 세 구분이 설명된다.

36. 이제, 아르주나. 세 가지 종류의 즐거움에 대해 말해주겠다. 오, 바라타족의 으뜸인 자여! 지속적인 노력으로 고통의 끝이 확실히 온다.[284]

'들어 보아라'는 말은 주의를 기울이라는 말이다. '수행'은 익숙함, 빈번한 반복을 뜻한다. '끝'이라는 말에는 그침 또는 경감의 뜻이 있다.

## 삿트와적인 즐거움

37. (순수한 지식에서 생겨난 행복이 삿트와적인 즐거움이다.) 엄격한 자기 교육 후에 그의 즐거움은 깊다. 처음에는 힘든 고역이지만, 슬픔의 끝인 마지막에는 얼마나 달콤한가.

'엄격한'라고 한 까닭은 그것이 처음 일어날 때는 고통이 따르기 때문이다. 즉, 그것에 앞서 갸나 즉 영적 지식, 세상적인 대상들에 대한 무심, 명상과 사마디를 얻는데 많은 고생이 선행되는 것이다. 마지막에 성숙된 지식과 외적인 대상들에 대한 무심에서 일어나는 그 즐거움은 감로와 같다. 자신의 지성 또는 내적 기관에서, 혹은 아트만을 완전히 분명하게 아는 지식에서 생겨나는. 그렇게 생겨나는 즐거움은 삿트와적이다. '선언되었다.', 즉 현자들이 그렇게 말한다.

---

284  이 절의 뒷부분과 다음 절은 슈리다라와 마두수다나 같은 주석가들에 의해 해석되었다. 비록 바슈야는 그것이 어떻게 해석 되어야 하는지 분명히 밝히고 있지 않지만, 나(영역자)는 아난다기리의 해석에 따라서 전체 절이 세 가지 즐거움을 설명하는 것으로 보이게 하였다.

## 라자스적인 즐거움

38. 감각들은 감각 대상들과의 결합으로 행복을 갖는다. 처음에는 달콤하지만 마지막에는 얼마나 쓰라린가. 라자스에 담가진 즐거움은 독이다.

감각적인 즐거움은 탐닉이 끝나고 나면 독처럼 변하므로 '마지막에는 독 같은 즐거움'이라고 했다. 즉, 그것은 체력과 활력, 혈색, 지혜, 지성, 재산, 에너지를 저하시키며, 또한 아다르마와 그것의 결과인 지옥으로 이끌게 된다.

## 타마스적인 즐거움

39. 타마스적인 사람들은 인사불성, 나태, 도취로부터 즐거움을 끌어낸다. 이 즐거움은 처음에도 마지막에도 망상이다.

'마지막에도'는 끝난 뒤까지를 말한다.

## 어떤 인간이나 데바들도 구나들로부터 자유롭지 않다.

이제 현재의 주제를 결론짓는 절이 이어진다.

40. 물질(프라크리티)로부터 생겨난 이 세 가지 구나들로부터 자유로운 존재는 땅 위에도 없고 하늘에 있는 데바들 사이에도 없다.

'세 가지 구나들'은 삿트와 등을 가리킨다. '존재'는 움직이거나 움직이지 않는 존재들을 모두 포함한다. '땅 위', 즉 인간들 가운데서.

## 이후는 가르침 전체를 요약한다.

행위로서 나타나고, 행위의 도구이고 결과이며, 구나들 즉 삿트와, 라자스, 타마스로 이루어지고, 무지에 의해 성립되는 세상 전체, 세상의 악이 이와 같이 그 근원과 함께 설명되었다. 그것은 또한 제15장 1절 이하에서 비유적으로 나무로서 표현되었다. 그리고 세상의 나무를 무애착이라는 강한 검으로 산산이 잘라 낸 뒤에는, "그 뒤에는 그 목표를 추구해야 한다."(제15장 3, 4절)라고 말하였다. 그러면 모든 것이 세 구나들로 이루어져 있으므로 세상의 원인을 그치게 할 수는 없다고 생각할 수 있다. 이제, 제18장 41절에서 시작하여 이후 계속 되는 다음 부분은, 어떻게 하면 그것을 그치게 할 수 있는지를 보여 주고, 나아가 기타 경전의 전체 가르침을 요약하며, 인간의 최고 목표에 이르고자 하는 사람들이 따라야 하는 베다들과 전승서의 가르침이 정확히 무엇인지를 보여 주기 위한 것이다.

## 네 카스트의 의무들은 성품에 따라 정해진 것이다

41. 오, 파란타파여, 브람민들, 전사들, 상인들과 봉사자들로 구분 짓는 사회계층에서 발견되는 여러 책임들은 구나들에서 생겨난 자신의 성품에 그것들의 뿌리가 있다.

수드라 계급은 하나의 복합어로 모두 함께 언급된 다른 계급들과 분리되어 있다. 그것은 수드라들이 한 번 태어난 사람들이고 베다들을 공부하지 못하도록 배제되는 사람들이기 때문이다. 각각의 계급들에는 다른 계급들과 구별되는 의무들이 '구분되어' 할당된다. 어떤 기준에 의해서인가? 성품(스바바바)에서 생겨난 성질들에 따라서. 성품은 이슈와라의 프라크리티, 세 구나들로 이루어진 마야를 가리킨다. 평정serenity 등의 의무들은 프라크리티의 구나들에 맞게 브람마나 및 다른 계급들에게 각각 할당된다.

혹은 다른 방식으로 설명하자면, 브람마나(사제)의 성품의 근원은 삿트와 구나이다. 크샤트리야(리더. 전사)의 성품의 근원은 라자스와 삿트와이며, 후자가 전자에 종속된다. 바이샤(상인)의 성품의 근원은 라자스와 타마스이며, 후자가 전자에 종속된다. 수드라(노동자)의 성품의 근원은 타마스와 라자스이며, 후자가 전자에 종속된다. 왜냐하면, 우리가 보듯이, 그들의 성품의 특징적인 특색은 각각 평정serenity, 당당함, 활동성, 그리고 우둔함이기 때문이다.

혹은 또 다른 방식으로 설명하자면, 성품은 전생들에 습득되고 현생에서 그것의 결과들을 내고 있는, 살아 있는 존재들 안에 있는 성향이다. 그리고 이 성품은 구나들의 근원이며, 구나들은 원인이 없이 나타날 수 없다. 성품(삼스카라, 바사나)이 구나들의 원인이라는 말은 그것이 일종의 특수한 원인[285]이라는 것을 뜻한다. 평정 등의 의무들은 삿트와, 라자스, 타마스등 구나들에 맞게 네 계급들에게 할당되며, 그들 각각의 자연적인 성향들에 의해 나타나게 되며, 그것들의 자연스러운 결과로서 그들의 의무들로 인도한다.

이의: 브람마나들 등 네 계급의 의무들은 경전에 의해 정해지고, 샤스트라에 의해 그들에게 할당됩니다. 그런데 어떻게 그것들이 삿트와나 다른 구나들에 따라 구분된다고 말 할 수 있겠습니까?

대답: 여기에는 그런 이의를 제기할 여지가 없다. 평정과 같은 의무들이 경전에 의해 브

---

[285] 구나들의 물질적인 원인(우파다나 카라나), 즉 우파니샤드들과 대립되는 것으로서 이차적인 원인(니밋다카라나)을 말한다.—(A.)

람마나에게 주어지지만, 그도 역시 삿트와와 같은 그들 각각의 구나들에 따른 것일 뿐 그것들과 별개로 주어지는 것이 아니다. 그러므로 비록 의무들이 경전에 따라서 할당된다고도 말하지만, 구나들에 따라 할당된다고 말하는 것이다.

그렇다면 그런 의무들은 어떤 것들인가? 다음에 답이 주어진다.

42. 브람민들의 의무는 마음과 영혼을 고요하게 하고, 자제하고, 고행하고, 흠이 없고, 정직하고, 관대하고, 지식을 따르고, 아트만을 알고, 신에 대한 확고한 믿음이다.

'고요'와 '자제'에 대해서는 제16장 1-2절에서 이미 설명하였다. '고행'은 앞 즉 제17장 14-16절에서 언급했듯이 몸의 고행 등을 말한다. '지식을 따르고'는 경전들의 가르침에 대한 믿음을 말한다.

43. 전사들의 의무는 용감하고, 굽히지 않고, 두려움이 없고, 섬세한 기술을 지니고, 너그럽고 전투에서 물러나지 않고, 단호한 통솔력을 지니는 것이다.

'굽히지 않고'는 어떤 상황에서도 낙담하지 않게 하는 것이다. '섬세한 기술을 지니고'는 예기치 않게 주어지는 의무들이나 곧바로 행동에 옮겨야 하는 일을 당황하지 않고 행하는 것을 말한다. '전투에서 물러나지 않고'는 적들로부터 도망치지 않는 것이다. '통솔력'은 지배받아야 하는 사람들을 다스리는 지배력을 행사하는 것이다.

44. 다른 이들에게 무엇인가를 제공하는 일을 위해 태어난다. 상인, 농부, 가축을 키우는 자들이다. 그것들이 다른 사람들을 섬기는 자들에게 주어진 의무이다.

# 자신의 의무에의 헌신은 완성으로 나아가게 한다.

여러 카스트들에 각각 주어진 이런 의무들이 올바르게 이행될 때 그 자연스러운 결과로서 그것들은 천국으로 인도한다. 전승서에서는 다음과 같이 말한다. "여러 카스트들과 집단에 속한 사람들이 각각 자신의 의무에 헌신하면, 그는 죽은 뒤에 자신의 행위들의 결과를 거두게 되며, 다음에는 그 나머지(카르마)에 의해 상대적으로 더 나은 다르마, 수명, 학습, 품행, 재산, 행복과 지성을 갖는 더 나은 나라와 카스트와 가문에 태어나게 된다."(아파스탐바 다르마수트라, 2-2-2, 3) 그리고 푸라나에도 여러 카스트와 집단들이 얻게 되는 다양한 결과들과 세계들이 기록되어 있다. 그러나 새로운 원인[286]의 작용으로 다음과 같은 결과가 생기게 된다.

**45. 모든 사람들은 자신만의 특별한 의무에 대한 헌신을 통해 완성에 이를 수 있다.**
**어떻게 그러한지 알려주겠다.**

'자신의 의무'란 자신의 성품에 따라 주어진 의무를 말한다. '사람'은 행위의 요가에 적합한 사람을 가리킨다. '완성(삼시디)'은 자신의 의무를 행함으로써 모든 불순물들이 씻겨 지식의 헌신(갸나 니슈타)에 적합하게 된 몸과 감각들에 있다. 단지 자신의 의무를 행함으로써 직접적으로 이 완성에 이를 수 있는가?[287] 아니다. 그렇다면 어떻게 해야 하는가? 어떻게 하면 완성에 이를 수 있는지 들어 보라.

**46. 자신의 일을 하면서 모든 피조물 안에 있는 신을 숭배함으로, 그 사람은 완성에**
**이른다**(지식에의 헌신에 적합해진다.).

---

**286** 즉, 같은 의무들이, 그것들의 즉각적인 결과들을 위해서가 아니라 해방을 위해서 행해질 때—(A.)
**287** 질문자는 '완성'을 절대적인 완성 즉 목샤의 의미로 이해하고 있다. 물론, 행위만으로는 목샤에 이를 수 없다.—(A.)

'자신의 일'은 앞에서 설명한 것처럼 자신의 카스트에 따른 각각의 일을 뜻한다. 원문의 '프라브릿티'라는 단어는 생성 또는 활동을 의미한다. 그것은 이슈와라, 내면의 통치자로부터 나온다. 자신의 의무를 행하는 것으로 신을 숭배함으로써 사람은 완성에 이른다. 단, 그는 지식에의 헌신(갸나 니슈타)에 적합해져야 한다.

그러므로,

47. 다른 사람의 의무를 잘 하는 것보다는 불완전하게라도 자신의 의무를 하는 것이 낫다. 자신의 타고난 의무를 하면 결코 슬픔이 오지 않는다(죄를 지을 수 없다.).

마치 독성이 있는 물질이라도 그 물질에서 태어난 벌레에게는 해를 입히지 않듯이, 자신의 성품에 따라 운명 지어진 의무를 행하는 사람은 죄를 짓지 않는다.

## 자신의 의무를 저버리지 말아야 한다.

자신의 성품에 따라 정해진 의무를 행하는 사람은 마치 유독한 물질에서 태어난 벌레처럼 죄를 짓지 않으며, 다른 사람의 의무는 두려움을 초래하고, 나를 알지 못하는 사람은 잠시도 행위 없이 가만히 있지 못한다고 말하였다. 그러므로,

48. 자신의 타고난 의무는 비록 결점이 있더라도 포기하지 않아야 한다. 불이 연기에 에워싸여져 있듯이, 모든 행위와 활동들은 결점들로 뒤덮여 있다. 오, 쿤티의 아들이여!

'자신의 타고난' 의무란 그 사람이 태어나는 순간부터 주어진 의무를 말한다. '결함'이

있는 까닭은 모든 것이 세 가지 구나들로 이루어져 있기 때문이다. '모든 일들'이란 모든 의무를 가리키며, 문맥상 자신의 의무뿐 아니라 다른 사람들의 의무들도 가리킨다. 여기에서 제시된 이유는 그것들이 모두 세 가지 구나들로 이루어져 있다는 것이다.

비록 사람이 다른 사람의 의무를 수행하더라도, 자기 자신의 의무, 자신이 타고난 의무를 저버리면, 그는 결점에서 자유롭지 않다. 그리고 다른 사람의 의무는 두려움을 초래한다.[288] 또한 나를 모르는 사람은 행위를 완전히 포기하는 것이 불가능하므로 그는 행위를 그만두지 않아야 한다.


## 행위의 전적인 포기는 가능한가?

이제 탐구해 보자. 어떤 사람도 자신의 타고난 의무를 포기해서는 안 된다는 것은 행위의 완전한 포기가 불가능하기 때문인가, 아니면 타고난 의무를 버리면 어떤 죄[289]를 짓게 되기 때문인가?

질문: 그런데 이런 질문이 무슨 소용이 있습니까?
대답: 우선, 만약 단순히 행위를 완전히 포기하는 것이 불가능하다는 이유 때문에 타고난 의무를 포기하지 않아야 한다면, 그것을 완전히 포기하는 데는 오로지 장점만 있을 뿐이라는 주장이 이어질 것이다.

---

288  그러므로 다른 사람의 의무를 행하는 것은 옳지 않다.—(A.)
289  스루티에서 의무적인 것으로 규정된 의무를 게을리 하여 생기는 죄(프라티야바야)를 말한다.—(A.)

[원전에서는 부록 1의 내용이 여기에 있었습니다. 그러나 역자가 보기에 좀 난해하게 생각되어 부록 1로 옮겨 두었으니 참고하십시오.]

## 신의 환영의 이론

유일한 다른 대안으로 남는 것은 다음과 같은 이론이다. 즉, 하나의 존재, 유일한 실재가 무지에 의해, 수많은 것들이 생성되고 파괴되며 무대 위의 배우처럼 변화를 겪는다고 다양하게 상상된다는 것이다. 신의 이 가르침은 제2장 16절에서, 존재하는 것(Sat)의 의식은 언제나 한결같고, 나머지 모든 것의 의식은 한결같지 않다고 설명되었다.

## 깨달은 사람들만이 행위를 완전히 포기할 수 있다.

이의: 그렇다면 아트만은 불변하는데, 모든 행위를 완전히 포기할 가능성이 어디에 있겠습니까?

대답: 실재하는 것들로 여겨지건 무지에 의해 성립되는 것들로 여겨지건, 행위는 구나들의 특성 혹은 속성이다. 그것은 무지에 의해 아트만에 속하는 것들로 여겨지며, 따라서 무지한 자는 잠시 동안일지라도 행위 없이 있을 수 없다고 말하였다(제3장 5절). 반면에, 아트만을 아는 사람은 모든 행위를 완전히 포기할 수 있다. 무지가 지혜에 의해 흩어졌기 때문이다. 따라서 무지에 의해 그릇되게 오인되었던 것들은 하나도 남을 수 없다. 티미라에 감염된 눈의 그릇된 시각으로 인하여 창조된 두 번째 달은 티미라가 제거된 이후에는 *찌꺼기조차* 남아 있을 수가 없다. 그러므로 제5장 13절, 제18장 45-46절에 있는 말은 대단히 이치에 맞는다.

# 행위의 요가의 완성은 절대 완성으로 나아가게 한다.

행위의 요가에 의해 도달하는 완성은 지혜의 길에 적합해지는 데 있다고 앞에서 말하였다. 그리고 그것의 결과로서 지혜의 길로 알려진, 행위로부터의 절대 자유의 형태로 있는 완성(나이슈카르미야싯디)을 설명하기 위하여, 신은 이제 다음과 같이 가르친다.

49. **이기적 애착이 없으며**(지성이 여러 대상들에 대한 애착에서 자유롭고), **마음과 감각들을 제어한 사람은 포기**(아트만이 행위 없는 브람만과 동일하다는 것을 알아)**에 의하여 모든 행위들이 그에게서 없어진다.**

붓디 즉 이성이 자식들, 아내와 여러 대상들에 대한 애착에서 자유롭고, 자아를 통제할 수 있으며, 몸과 생명, 쾌락에 대한 욕망이 없어진 사람, 아트만을 아는 이런 사람은 포기에 의해 지고의 완성에, 행위로부터의 절대 자유(나이슈카르미야싯디)에 도달한다. 행위 없는 브람만과 아트만이 하나임을 알기에, 모든 행위들이 그에게서 없어졌다. 그것은 완성이다. 나이슈카르미야싯디는 행위 없는 아트만으로 존재하는 상태의 성취를 의미할 수도 있다. 그것은 행위의 요가에 의해 도달할 수 있는 완성과 구별되는 지고의 것이다. 그것은 즉각적인 해방의 상태이다. 이 상태는 포기 또는 올바른 지식에 의해 도달된다. 또는 더 자세히 말하자면, 올바른 지식에 의해 준비된 사람이 모든 행위를 포기함으로써 도달된다. 신은 제5장 13절에서 그렇게 말한다.

이제 신은 신에 대한 봉사로 앞에서 가르친 것처럼 자신의 의무를 행함으로써 제18장 46절에서 설명했듯이 완성에 도달하고 아트만을 식별하는 지식을 얻은 사람이 어떻게 즉 행위로부터의 절대 자유로 알려진 완성에 이를 수 있는지, 다시 말해, 순수한 아트만을 아는 지식에 흔들림 없이 확고히 서 있을 수 있는지를 가르친다.

50. 그와 같은 완성(자신이 해야 할 모든 것을 다한 자. 몸과 감각 및 마음의 적합성)에 이른 사람이 어떻게 지식의 목표인 브람만과 하나가 되는지 이제 나에게서 배워라. 오, 쿤티의 아들이여!

그가 이미 도달한 완성은 그의 의무를 통해 숭배한 신의 은총의 결과로서 지식에 대한 헌신을 위해 준비된 몸과 감각들에 있다. 이것 즉 완성에 대한 언급은 다음에 이어지는 것에 대한 서론의 역할을 한다. 그 언급이 서론을 이루는 그 완성은 무엇인가? 그것은 지식에의 헌신의 과정이다. 그것에 의해서 그는 지고의 아트만인 브람만에 도달한다. 지식에의 헌신에 이르는 길, 그 과정에 관한 나의 말을 듣고서 그대는 확실히 이해하라. 그것은 상세히 묘사될 것인가? 그렇지 않다고 신은 말한다. 그것은 그저 간략히 설명될 것이다.

## 절대 완성은 아트만 지식의 절정이다.

"그가 어떻게 브람만에 도달하는지"라는 말 속에 언급된 브람만에의 도달이 무엇인지를, 신은 '지식의 그 지고의 정점'이라는 말로 상술한다. 정점(니슈타)은 완성, 최종적인 것 또는 최고의 단계를 의미한다.

[290]질문: 무엇의 정점입니까?

대답: 브람만을 아는 지식의 정점이다.

질문: 브람만을 아는 지식의 정점은 어떤 성질을 가지고 있습니까?

---

**290** 질의응답 형태의 다음 토론은 지식의 정점이 여기에서 말하는 것처럼 분명히 규정된 목표라는 것을 보여 주기 위한 것이다. 그것은 브람만을 아는 지식(브람마 갸나)의 정점이다. 브람만을 아는 지식은 나 지식과 다르지 않으며, 나의 성질은 여기 제2장 20절과 우파니샤드들에서 정의되었다. 그리고 그것은 또한 그를 "집착이 없고 변하지 않는"이라고 묘사하는 경전 말씀에 근거한 추론으로 확인될 수 있다.—(A.)

대답: 아트마 지식(아트마 갸나)의 성질과 같다.

질문: 아트마 지식의 성질은 무엇입니까?

대답: 아트마로서의 성질과 같다.

질문: 아트마의 성질은 무엇입니까?

대답: 신이 설명하고, 우파니샤드들에 있는 구절들에 설명되어 있고, 경전의 말들에 대한 추론으로 확인될 수 있는 성질이다.

## 아트만 지식이 정말로 가능한가?

이의: 지식 혹은 인식(갸나)은 그 대상의 형태에 대한 것입니다. 그러나 아트만이 인식의 대상이라거나 형태를 가지고 있다는 것은 어디에서도 인정되고 있지 않습니다.

대답: 아트만은 형태를 가지고 있다. 그것은 경전 구절들에서 "태양과 같은 색깔로"(스웨. 우. 3-8), "빛나는 형태로"(찬도. 우. 3-14-2), "스스로 빛나는"(브리. 우. 4-3-9) 등으로 설명되고 있다.

이의: 그렇지 않습니다. 그런 구절들은 아트만이 어둠(타마스)의 성질을 가지고 있다는 관념을 없애기 위한 것입니다. 만약 아트만은 물체의 형태도 없고 속성도 없다고 말한다면, 아트만은 어둠을 성질을 가지고 있다고 생각하게 될 것입니다. 그래서 이런 생각을 방지하기 위하여 "태양과 같은 색깔로"라는 등의 설명을 하게 된 것입니다. 아트만은 "형태가 없다."(카타 우. 3-15)고 묘사되므로 형태는 분명하게 부정되고 있습니다. 다음 구절들에서 가르치듯이 아트만은 인식의 대상도 아닙니다. "그의 형태는 우리 지식의 범위 안에 있지 않으며, 어느 누구도 눈으로 그를 볼 수 없다."(스웨. 우. 4-20), "소리도 없고 감촉도 없다."(카타 우. 3-15) 그러므로 아트만의 형태를 인식할 수 있다고 말하는 것은 잘못입니다.

그런데 어떻게 아트만을 인식할 수 있겠습니까? 실로, 그것의 대상이 무엇이든지 모든 인식은 그 대상의 형태에 대한 것입니다. 그리고 아트만은 형태가 없다고 설명되었습니다. 만약 아트만과 그것의 인식이 형태가 없다면, 아트만 지식에 대한 끊임없는 명상이나 그것의 정점에 어떻게 도달할 수 있겠습니까?

## 아트만은 그 자신을 순수한 지성으로 드러낸다.

대답: 그렇지 않다. 나가 지극히 순수하고, 지극히 깨끗하며, 지극히 미묘하다는 것은 보여 줄 수 있기 때문이다. 그리고 붓디(지성)는 아트만으로서 순수하고 깨끗하며 미묘하므로, 의식으로 나타난 아트만의 그 측면을 가장할 수 있다. 마음은 붓디인 척 가장하고, 감각 기관들은 마음인 척 가장할 수 있으며, 다시 몸은 감각 기관인 척 가장할 수 있다. 그러므로 보통 사람들은 몸을 아트만으로 여긴다. 그리고 의식은 몸의 특성이라고 주장하는 유물론자들은 푸루샤 즉 영혼이 의식을 가진 몸과 동일하다고 단언한다. 마찬가지로, 다른 사람들은 의식이 감각들의 특성이라고 주장한다. 또 다른 사람들은 의식이 지성의 특성이라고 주장한다. 몇몇 사람들은 심지어 지성 너머에도 안에 어떤 것, 즉 나타나지 않는 것 또는 나뉘지 않는 것이 무지의 형태로 있다고 주장한다. 그리고 그들은 나뉘지 않는 것이 아트만이라고 말한다.[291] 붓디로부터 아래로 몸에 이르기까지 모든 곳에서 각각을 아트만과 그릇되게 동일시하는 원인은 그것이 아트만의 의식인 척 가장하고 있기 때문이다. 그러므로 아트만 지식을 직접적으로 전하는 것은 필요하지 않다. 그렇다면 무엇이 필요한가? 필요한 것은 아트만과 연합된 아트만 아닌 것, 즉 이름, 형상 등을 없애는 것뿐이다. 그래서 아트만의 의식이 무엇인지를 가르치려고 하는 것은 불필요하다. 왜냐하면 그것은 무지에 의해 성립되는 지각의 모든 대상들과의 연합

---

291  우주의 원인에 대해 연구하고 고찰하는 사람들은 안타리야민, 의식을 가진 나뉘지 않는 것(아비야크리타)를 나로 여긴다. — (A.)

안에 항상 포함되기 때문이다. 불교의 관념론자들인 비갸나바딘들은 관념들 말고는 아무것도 실재하지 않으며, 이런 관념들은 그것의 존재를 증명할 외부적인 증거를 필요로 하지 않는다고 주장한다. 그것들은 스스로 인식될 수 있기 때문이다. 그러므로 우리는 오로지 무지에 의해 그릇되게 브람만에 속하는 것으로 여겨진 것만 없애면 된다. 우리는 브람만의 지식을 얻기 위해 더 이상 노력할 필요가 없다. 브람만은 자명하기 때문이다. 비록 이와 같이 자명하고, 쉽게 알려질 수 있고, 매우 가깝고, 아트만을 이루고 있지만, 무지에 의해 만들어진 이름과 형태들이라는 다양한 현상들에 지성(붓디)이 휩쓸린 사람들, 깨닫지 못한 사람들에게는 브람만이 마치 분리되어 있는 것처럼 알려지지 않고, 알기 어렵고, 매우 멀게 느껴진다. 그러나 지성이 외부 현상들을 떠나고, 구루의 은총을 얻고, 마음의 평온함에 도달한 사람들에게는 브람만처럼 그렇게 행복하고, 그렇게 잘 알려지고, 그렇게 쉽게 알 수 있고, 그렇게 가까운 존재는 아무것도 없다. 따라서 브람만의 지식은 즉각적으로 이해될 수 있고 다르마에 반하지 않는다고 말해진다(제9장 2절).

자만에 빠진 어떤 철학자들은 아트만은 형태가 없으므로 지성은 아트만을 붙잡을 수 없으며, 따라서 올바른 지식에의 헌신에 도달하는 것은 불가능하다고 주장한다.

맞는 말이다. 구루들의 도움으로 전통적인 지식에 바르게 입문하지 못한 사람들, 베단타의 가르침을 공부하고 배우지 않은 사람들, 감각들의 외부 대상들에 지성이 상당히 몰두하여 있는 사람들, 그리고 지식의 올바른 근원들 안에서 훈련받지 않은 사람들은 그것에 도달할 수 없다.

그러나 다르게 자리한 사람들 즉, 바르게 입문한 사람 등에게는 우리 외부적인 지각의 양자(지각자와 지각의 대상)의 실재를 믿는 것이 불가능하다. 왜냐하면 그들은 아트만의 의식 외에는 아무런 실재도 지각하지 않기 때문이다. 그리고 우리는 앞의 부분들에서 이것이, 그 반대가 아니라, 진실이라는 것을 보여 주었고, 신도 역시 제2장 69절에서 같은 내용을 선언하였다. 그러므로 아트만의 진정한 성품의 확고한 파악으로 인도할 수 있는 것은 외부 세계의 차별적인 형태들의 지각을 그치는 것뿐이다. 왜냐하면 아트만은 어느 때든지 누구에게도 알려지지 않은 것이 아니며, 도달될 수 있거나 제거될 수 있거나 얻을 수 있는 것이 아니기 때문이다. 만약 아트만이 알려지지 않은 것이라면, 자신의 유익을 위해 의도된 모든 노력들은 의미가 없을 것이다. 진정, 그것들이 아무런 의식도 없는 몸 등의 유익을 위한 것이라고 상상할 수는 없다. 즐거움은 즐거움을 위한 것이고 고통은 고통을 위한 것이라고 상상할 수도 없다. 더욱이 모든 노력의 목표는 아트만 지식이다.[292] 그러므로 자기 자신의 몸을 알기 위한 외부 증거가 필요하지 않듯이, 심지어 몸보다도 더 가까운 아트만을 알기 위한 외부 증거는 필요하지 않다. 이와 같이 식별할 수 있는 자들에게는 아트만 지식에의 헌신(아트마 갸나 니슈타)이 쉽게 도달할 수 있는 것임이 분명하다.

## 인식<sup>cognition</sup>과 인식하는 자<sup>cogniser</sup>는 스스로 드러나 있다.

인식 즉 갸나는 형태가 없고 즉각적인 지각에 의해 알려지지 않는다고 주장하는 사람들 역시, 지식의 대상은 인식을 통해 이해되므로 인식도 즐거움 등과 같이 즉각적으로 알려진다는 것을 인정하지 않을 수 없을 것이다.

그리고 인식은 우리가 알려고 애쓰는 어떤 것이라는 주장도 유지될 수 없다. 만약 인식이 알려지지 않았다면, 그것은 인식의 대상이 추구되는 것처럼 추구되어야 하는 어떤 것일 것이다. 예를 들어, 어떤 사람이 항아리와 같은 인식 가능한 대상을 인식에 의해 파악하려고 하는 것과 마찬가지로, 그는 또 다른 인식에 의해 인식을 파악하려고 해야 할 것이다. 그러나 사

---

**292** 계시서에서 명하는 모든 행위는 오로지 나 지식에 이르는 수단으로 의도된 것이다. 베단타 수트라 Ⅲ. 4. 26-27을 참조하라.─(A.)

실은 그와 같지 않다. 그러므로 인식은 스스로 드러나 있으며, 따라서 인식하는 자도 스스로 드러나 있다.

그러므로 브람만 또는 아트만 지식을 위해서는 어떤 노력[293]도 필요하지 않다. 그런 노력은 오로지 우리가 아트만 아닌 것을 아트만으로 여기는 것을 방지하기 위해 필요할 뿐이다. 그러므로 지식에의 헌신 즉 갸나 니슈타는 쉽게 도달될 수 있다.

## 절대 완성으로 가는 길

이런 지식의 정점[294]은 어떻게 도달되는가? 들어 보라.

**51. 순수한 지성**(붓디는 브람만과 같은 절대적 지식을 왜곡이 없이 반사하기에)**을 지니고 있고, 확고하게 마음과 감각들을 통제하며, 좋아함과 싫어함의 아우성으로부터 자유로운**

'순수한'은 환영, 의심과 오해에서 자유로운 것을 말한다. '지성(붓디)'이란 결정하는 능력이다. '자아'는 몸과 감각들의 집합체를 가리킨다. '소리 등과 같은 감각 대상들'은 문맥에서 이해하듯이 몸을 유지하는 데 필요한 것들을 제외한 모든 물건들, 불필요한 사치품들을 가리킨다. '좋아함과 싫어함'은 심지어 몸을 유지하는 데 필요한 물건들에 대한 것조차 포함한다.

그러고 나서,

**52. 그런 사람은 한적한 곳**(나를 명상할 수 있는 조용하고 방해가 없는 곳)**을 발견하고, 가볍게 식**

---

**293** 이미 존재하지 않는 어떤 것을 계시서에서 명하는 행위에 의해 존재하게 하려는 노력.—(A.)
**294** 브람만을 아는 지식의 끊임없는 흐름. 브람만에게 속한다고 여겨졌던 모든 이질적인 것들이 제거됨으로써 브람만 속으로 합쳐지는 지성.—(A.)

사를 하고(샷트와적인 식사, 오랜 기간의 단식과 같은 것으로 몸을 벌하지 말고), 말과 마음과 육체를 통

제하고, 항상(브람만이라는 진리에 대한) 명상에 몰두하는 삶을 산다.

'한적한 곳에 머물며'는 정글, 강가의 모래톱, 산의 동굴과 같은 한적한 장소에서 지내
는 데 익숙해지는 것을 말한다. '가볍게 식사를 하고'는 생각과 마음을 평온하게 하는 데 도움
이 되도록 지나친 잠, 음식 등 해로운 것들을 삼가는 것을 가리킨다. 지혜의 헌신자는 또한 말
과 몸과 마음을 제어해야 한다. 모든 감각들을 이와 같이 고요하게 한 뒤, 그는 나의 성품에 대
한 명상, 나에 대한 마음의 집중에 항상 열심히 매진해야 한다. '항상'이라는 말은 그가 만트라
자파(찬송이나 신비한 문구를 반복하는 것) 등 다른 것은 어떤 것도 할 필요가 없다는 것을 암시한
다. '초연vairagya'은 보이거나 보이지 않는 대상들에 대한 욕망을 갖지 않는 것이다. 마음의 태도
는 한결같이 이러해야 한다.
그리고,

**53. 자아, 공격성, 교만, 욕망, 화 그리고 사람이나 사물을 소유하고자 하는 욕망에서
자유로운 사람들은 브람만이 되기에 적합해진다**(생각이 없는 사마디 상태 동안에 깨달음의 빛이 발
산한다. 신성한 영적 교감이 온다. 이원성은 사라진다.).

'자아'란 몸을 아트만으로 동일시하는 것이다. '강함'이란 신체적이거나 다른 힘을 말하
는 것이 아니라, 열정 및 욕망과 결합된 힘을 뜻한다. 전자는 자연스러운 것이며, 그것을 포기
할 수는 없다. '오만'은 환희의 상태 뒤에 이어지는 것이며, 다르마를 어기도록 이끈다. 전승서
에서는 다음과 같이 말한다.

"어떤 사람이 크게 기뻐할 때 그는 오만해지고, 오만해질 때 그는 다르마를 어기
게 된다."(아파스땀바 다르마수트라, 1-13, 14)

'소유물'에 관해서는, 비록 어떤 사람이 마음과 감각들의 모든 열망들에서 자유롭다 해도, 그는 몸을 유지하고 의무들을 지키는 데 필요한 외부적인 소유물들을 많이 가지고 있을 수 있다. 그러나 이것조차도 구도자는 버린다. 즉, 그는 파라마함사 파리브라자카, 곧 넷째이자 가장 높은 삶의 단계인 산야신이 된다. 그는 몸인 생명조차 자신의 것으로 여기지 않는다. '고요한'이란 환희와 근심에서 자유로운 상태를 말한다. 그런 지혜의 헌신자는 브람만이 되기에 적합하다.

## 지식의 정점은 사랑<sup>devotion</sup>으로 얻어진다.

이런 방식으로,

**54. 브람만과 하나 되어**(자신을 마음으로 알고 있던 구도자가 마음 너머에 있는 찬란한 바탕을 발견하고 놀란다. 자신은 사라지고 그것에 잠긴다. 그것은 현현의 바탕이라는 것을 안다. 그것을 신이라고 칭하기도 하지만 다른 전통에 있는 다른 이름으로 부를 수도 있을 것이다.) **고요해진 사람은 슬퍼하지도 욕망하지도 않는다**(몸과 감각들과 마음과 너머에 있는 것을 발견했기에 그는 신비를 발견한 미스틱 한 사람이 된다. 그것 이상의 얻음은 없다고 생각한다.). **모든 존재들을 똑같이 대하는**(다른 존재들이 같은 바탕에서 나왔다는 것을 알기에 다른 존재들의 기쁨과 슬픔이 자신의 것으로 다가온다.) **그들은 나를 아주 사랑한다**(신은 아트만으로서 모든 존재들 안에 있다. 모든 곳에 퍼져 있는 순수한 의식으로 있는 신, 비이원이고 태어남이 없고 부패가 없고 나누어지지 않고 변하지 않고 …. 세상은 그것의 현현이라는 앎에 이른다. 같은 신이 우리 모두 안에 있다. 우주적 사랑. 모든 존재가 그분이다. 이것이 마지막이 아니라 하나 더 있다.).

브람만에 도달하고 자기가 고요해진 사람은 목표를 달성하지 못한 실패에 대하여, 자신에게 부족한 것들에 대하여 슬퍼하지 않는다. 브람만을 아는 사람이 얻지 못한 어떤 대상에 대한 갈망을 가질 수 있다고는 결코 상상할 수 없다. 그러므로 '그는 슬퍼하지도 욕망하지도 않으며'라는 말은 브람만이 된 사람의 성품은 그러하다는 말과 같다. 다른 해석은 그 구절을 "그는 슬퍼하지도 크게 기뻐하지도 않는다."라는 뜻으로 본다. "모든 존재들을 똑같이 대한다."는 말은 그가 모든 존재들의 즐거움과 고통을 자기 자신의 것과 동등하게 여긴다는 것을 뜻한다. 다시 말해, 그 즐거움과 고통이 다른 존재들에게 영향을 미치는 것은 마치 그 자신에게 영향을 미치는 것과 같다. 여기에서는 그가 모든 존재들 안에서 아트만을 본다는 것을 의미하지 않는다. 이것은 다음 절에서 언급될 것이다. 그러한 지혜의 헌신자들은 지고의 신인 나에 대한 최고의 사랑devotion에, 네 가지 사랑devotion 가운데 넷째 혹은 최고의 사랑devotion에, 즉 제7장 16절에서 언급된 지식에의 사랑devotion에 도달한다.

그 다음에는,

**55. 나에 대한 사랑으로 그들은 내가 누구인지를 정말로 안다. 그때 그들은 나의 영광을 알며 나의 한계가 없는 나 안으로 들어온다**(파라 박티. 즉 끊이지 않는 신에 잠김의 상태. 자연스러운 사마디의 상태에 있을 수 있도록 노력해야 할 것이다. 즉 갸나 니슈타, 혹은 브람만 니슈타에 있도록. 이것에 늘 있는 사람을 갸니라고 한다.)

사랑devotion에 의해, 지식에의 사랑devotion에 의해, 그는 조건들에 의해 나타나는 다양한 모습들 가운데에 있는 나를 안다. 그는 나를 있는 그대로 안다. 그는 나에게는 조건들에 기인하는 모든 차이점들이 없으며, 나는 지고의 푸루샤이며, 나는 공간과 같다는 것을 안다. 그는 내가 이원적이지 않으며 의식(차이탄야)임을 안다. 그는 내가 순수하고 단순하고, 생겨난 적이 없으며, 쇠퇴하지 않고, 죽지 않고, 두려움이 없고, 죽음이 없음을 안다. 이와 같이 나를 진실하게 알면, 그는 지식을 얻은 뒤 곧바로 나 자신 안으로 들어온다.

여기에서는 지식의 행위와 들어가는 행위가 두 가지 별개의 행위라는 것을 의미하지 않는다. 그렇다면 들어가는 행위란 무엇인가? 그것은 지식 그 자체이다. 따라서 신이 "그대는 또한 나를 크쉐트라갸로 알아라."(제13장 2절)라고 가르쳤듯이, 지식에 의해 영향을 받는 것은 지식 그 자체뿐이다.

이의: "지식에의 지고한 사랑devotion으로 그는 나를 안다."라는 말에는 모순이 있습니다. 어떻게 그럴까요? 어떤 대상에 대한 지식이 아는 자 안에서 떠오를 때, 그러면 그리고 오직 그때에만 아는 자는 그 대상을 알게 됩니다. 그 지식에의 사랑devotion도, 그 지식의 반복도 필요하지 않습니다. 그러므로 "그는 지식에 의해서가 아니라, 지식에의 사랑devotion에 의해, 지식의 반복에 의해 나를 안다."라는 말에는 모순이 있습니다.

대답: 그러한 반대는 여기에 맞지 않다. '사랑devotion'이라는 말은, 지식이 발생하고 발전하는데 좋은 모든 조건들에 의해 도움 받고 장애물들로부터 자유로워진 지식이 마침내 인간 자신의 경험에 의해 확고한 신념에 이르렀다는 것을 의미하기 때문이다. 개별적인 아트만(크쉐트라갸)와 지고의 아트만(파람아트만)의 단일성을 아는 지식이, 그것이 일어나고 무르익기 좋은 조건 즉, 마음의 순수, 겸손과 다른 특성들(제13장 7절 이하) 아래에서 경전들과 스승의 가르침에 의해 생겨나고, 행위자와 행위의 여러 요인들 등 구별의 개념과 연합된 모든 행위의 포기를 동반하여 인간 자신의 경험에 의하여 확고한 확신에 도달할 때, 그 지식은 지고의 정점에 도달했다고 말해진다. 이 지식에의 사랑devotion은 지고의 또는 넷째 종류의 박티 즉 사랑devotion(제7장 17절)이라고 언급된다. 이 갸나 니슈타(지식의 헌신)는 고통을 받고 있는 세 종류의 사랑devotion(제7장 16절)들과 비교하여 볼 때 가장 높은 것이다. 이 지고의 사랑devotion에 의해 구도자는 신을 있는 그대로 알게 되고, 그 뒤에 곧바로 이슈와라와 크쉐트라갸 사이의 차이에 대한 모든 의식이 완전히 사라진다. 이와 같이 "지식에의 사랑devdevotionotion에 의해 구도자는 나를 알게 된다."라는 말에는 아무런 모순이 없다.

## 모든 일들의 포기는 절대 완성을 위해 필요하다.

은거를 권고하는 우파니샤드, 이티하사, 푸라나와 전승서 등 모든 경전들의 잘 확인된 가르침은 그럴 때에만 의미를 갖게 된다. 경전들은 다음과 말한다.

"그것을 알면, 그들은 포기를 하고 탁발승의 삶을 살게 된다."(브리. 우. 3-5-9)

"그러므로 그들은 이런 고행들 가운데 포기가 뛰어나다고 말한다."(야즈니키. 우. 79)

"포기는 탁월하다."(같은 책, 78)

"산야사는 행위들의 포기이다."

"베다들과 현세와 내세를 버리고."(아파스탐바 다르마수트라, 2-23-13)

"다르마와 아다르마를 포기하라."

이런 말들은 이 밖에도 많다. 여기 기타에도 역시 비슷한 의미의 구절(제5장 12절 등)들이 보인다. 이런 구절들이 무의미하다고 말할 수는 없다. 그것들이 의무로서 따라야 하는 명령이 아니라 즉 설명적이거나 무심코 한 말이라고 주장할 수는 없다. 왜냐하면 이것들은 특별히 포기를 다루는 부분들에 나타나기 때문이다.

그리고 행위들의 포기는 필요하다. 왜냐하면 해방은 자기 자신의 내적 아트만의 불변성에 대한 깨달음에 있기 때문이다. 동쪽 바다로 가고자 하는 사람은 반대 방향으로, 즉 서쪽 바다로 가고자 하는 사람이 선택하는 길로 가면 안 된다. 그리고 지식에의 사랑devotion은 내적 아트만의 개념이 끊임없이 이어지도록 하려는 집중적인 노력에 있다. 그리고 만약 그 사랑devotion이 행위와 결합되어 있다면 거기에는 마찰이 있게 될 것이다. 행위는 서쪽 바다를 향해 가는 것과 마찬가지이기 때문이다. 둘 사이의 차이가 산과 겨자씨의 차이만큼이나 크다는 것은 철학자들의 확고한 신념이다. 따라서 지식에의 사랑devotion은 모든 행위들을 포기함으로써 행해질 수 있다는 결론에 이르게 된다.

# 일들을 통한 신에의 사랑<sup>devotion</sup>이 명해졌다.

자신의 의무들을 통하여 신을 숭배하는 박티 요가의 결과로 생기는 완성은 구도자를 지식에의 헌신에 적합하게 만든다. 그것은 결국 해방에 이르게 된다. 이 신에 대한 사랑<sup>devotion</sup>의 요가는 여기에서, 경전의 가르침을 요약하는 이 부분에서, 그 가르침을 확고히 새기기 위하여 칭송된다.

**56. 그들이 하는 모든 행위들은 나에 대한 봉사로 내 앞에 바쳐진다. 온 마음을 다하여 나에게 잠기는 사람은 나의 은총에 의해 영원한 거처에 이른다.**

심지어 금지된 행위들까지 포함하여 모든 행위들을 행하고, 바수데바이자 주재자인 나에게 은신처를 두며, 온 마음을 다하여 나에게 몰입하는 사람은 신의 은총에 의해 비슈누의 영원한 거처에 이른다.

그러므로,

**57. 모든 행위들을 나에게 바쳐라. 나를 그대의 가장 높은 목표라 여겨라. 나를 그대의 유일한 안식처로 알라. 항상 그대의 마음을 나에게 고정시켜라.**

'마음으로'에서 마음은 식별하는 믿음<sup>295</sup>을 가리킨다. '모든 행위'는 보이거나 보이지 않는 결과들을 낳는 모든 행위를 말한다. '나에게'는 신에게. 제9장 27절에서 가르친 것처럼, 그대는 모든 행위들을 나에게 바쳐라. '여기고'는 나 바수데바를 가장 높은 목표로 여기고 온 마음을 나에게 집중하라는 뜻이다. '식별의 요가를 하면서'는 붓디 요가를 그대의 유일한 의지처

---

**295** 행위가 아니라 신의 은총에 의해 얻어질 수 있는 지식만이 마침내 구원으로 인도한다는 믿음.—(A.)

로 삼으라는 말이다.

**58.** 그대의 마음을 나(신은 신체적 형상을 가진 사람이 아니라, 제16장 1,2,3 수트라에 있는 26개의 속성 혹은 삿칫아난다)에게 고정시키면, 그대는 나의 은총으로 모든 어려움들을 극복할 것이다. 하지만 그대가 자만으로(자아로) 가득하여 나의 말을 듣기를 거부한다면, 그대는 소용이 없을 것이다.

'어려움들'이란 세상의 원인인 무지에서 일어나는, 건널 수 없는 장애물들이다. '자만 egotism'은 자신이 학식 있는 사람이라고 여기는 생각을 말한다. 만약 그대가 나의 조언을 따르지 않는다면, 그대는 파멸하게 될 것이다.

그대는 "나는 독립적인 존재이다. 왜 내가 다른 사람의 지시에 복종해야 하는가?"라고 생각해서도 안 된다.

**59.** 만약 그대가 자만으로 가득하여 "저는 싸우지 않을 것입니다."라고 말한다 해도, 그대의 결심은 헛될 것이다. 왜냐하면 그대의 성품(자연. 아르주나의 바사나로 생긴 그의 라자스 구나)이 그대를 전투로 몰고 갈 것이다.

'생각한다면', 즉 결심한다면. '헛된 것이다'. 왜냐하면 크샤트리야라는 그대의 성품이 그대를 그렇게 하도록 만들 것이기 때문이다.

그리고 또한,

**60.** 왜냐하면 그대는 자신을 구속하는 카르마를 직접 만들어냈기 때문이다. 그대는 그 힘에 대해 무력하다. 그대의 의지에 반하여 그대는 전투를 하게 될 것이다(한쪽에는 바사나. 다른 쪽인 안에는 신성한 소리가 있다. 수행으로, 경전의 공부로, 구루의 가르침으로 신성한 소리를 강하게 할

수 있다. 26개의 자질들을 함양하면).

'성품'이란 앞(제18장 43절)에서 언급한 용감함 등을 가리킨다. '그대의 의지에 반하여', 즉 어떤 외부적인 힘에 복종하여.

왜냐하면,

**61. 신은 모든 존재들의 가슴**(신체의 가슴이 아니라, 붓디 즉 미간에)**에 있다. 그는 모든 존재들을 자신의 놀라운 힘**(프라크리티, 마야, 물질, 모든 존재의 충족되지 않는 욕망)**으로 카르마에 따라**(마치 바퀴 위에 있는, 회전목마를 타고 있는 인형인 듯) **회전시킨다. 오, 아르주나.**

'신'이란 주재자인 나라야나이다. '아르주나'라는 이름은 내적 자아가 순수한, 또는 안타카라나가 순수한 사람이라는 뜻이다. '아르주나'라는 단어는 리그 베다의 "어두운 날과 밝은 날."(6-9-1)에 보인다. 거기에서 그 말의 의미는 '순수한'이다. "어두운 날과 밝은 날."(6-9-1) 신은 모든 존재들을 마치('마치'라는 말을 이해해야 한다) 회전목마를 타고 있는 인형들처럼 돌아가게 한다. '놀라운 힘(프라크리티, 마야, 물질)으로', 즉 환영을 일으킴으로써. '회전시키면서'라는 말은 '거주하고 있다.'와 함께 해석되어야 한다.

**62. 오, 바라타의 후예여! 그대의 온 힘을 다하여 그분**(제16장의 1,2,3 수트라의 덕목, 자아를 복종시켜야)**에게 피난하면**(안식처를 구하러 가면)**, 그분의 은총으로 깊은 평화는 그대의 것이 될 것이다**(그대는 지고의 평화와 모든 변화들 너머에 있는 영원한 거처에 도달할 수 있을 것이다.).

세상의 고통에서 놓여나기 위해 신을 그대의 유일한 안식처로 삼고 그대의 전 존재를 맡겨라. 그러면 그분의 은총으로 그대는 지고의 평화를 얻게 될 것이며, 나의 즉 비슈누의 지고의 영원한 거처에 이를 것이다.

63. 앞서 말한 바와 같이 나는 비밀들 중의 비밀(해방을 얻기 위한 모든 길들, 즉 카르마, 박티, 갸나, 명상 등이 전해졌다. 마지막 지식은 칫, 즉 의식이다. 마지막 진리는 삿이다. 이것은 모든 고통의 끝인 아난다를 준다.)

을 그대에게 가르쳤다. 그것 모두를 주의 깊게 생각해 보고, 그대가 좋아하는 대로 하라.

'나'는 전지한 신을 말한다. '그것'은 앞에서 선언한 가르침, 즉 경전을 가리킨다. '모두' 란 이제까지 배운 모든 것이다.

## 신에 대한 사랑devotion은 행위의 요가의 성공의 비결이다.

내가 다시 말하려는 바에 귀를 기울여라.

64. 나의 지고한 말을 다시 들어보아라. 이것은 모든 진리 중 가장 심오한 것이다. 그 대는 내가 선택했다. 그러므로 그대의 영적 완성(유익)을 위하여 나는 말할 것이다.

'다시'라는 말은, 비록 한 번 이상 말해 주었지만 또 다시 말해 주겠다는 뜻을 나타낸다. 나는 그대에게 두려움 때문에 또는 보상을 바라고 말하는 것이 아니다. 그대는 나의 확고한 친 구이며 언제나 나에게 소중하다. 이런 이유로 나는 그대에게 가장 좋은 것, 지식에 이르는 수 단을 말해 주겠다. 이 마지막 말은 참으로 모든 유익한 것들 가운데 가장 유익한 것이다.

그것은 무엇인가? 신이 말한다.

65. 그대의 마음을 나에게 고정시켜라(나를 항상 자각하라. 마음이 방황하면, 계속해서 명상의 대상에 게로 데려오라.). 그대의 입술로는 나의 이름을 말하라(나를 사랑devotion하라.). 그대의 손들은

나를 위해서 일을 하라(매 행위를 나에게 바치는 공물이 되게 하라.). 그대의 발은 나에게로 움직
여라(나에게 존경을 표하라. 나에게 절하라. 복종의 자세를 취하면 신 혹은 스승으로부터 최상의 것이 올 것이다.).
그러면 그대는 나의 은총으로 나를 발견할 것이다. 이것이 그대를 아주 사랑하는 나
의 약속이다.

'그대는 나에게 이를 것이다'란 이와 같이 행하면, 즉 오로지 바수데바만을 그대의 목표
와 수단과 목적으로 여기면, 그대는 나에게 올 것이다. 나는 엄숙히 약속한다. 이 구절의 의미
는 다음과 같다. 이와 같이 신의 선언이 진실함을 알고, 신을 사랑devotion하면 반드시 해방에 이
른다는 것을 확신하면서, 신을 가장 높고 유일한 피난처로 여기며 의지해야 한다.

## 올바른 지식과 포기

행위의 요가의 헌신의 지고의 비밀은 신을 유일한 의지처로 여기는 것이라는 결론을 염
두에 두고서, 신은 이제, 모든 베단타(우파니샤드)들의 본질적인 부분들에서 가르치는 것처럼,
행위의 요가를 함으로 오는 결실인 올바른 지식에 대하여 얘기한다.

66. (제2장 7 수트라에 있는 아르주나의 물음에 대한 답) 모든 의무들(지바가 가지고 있는 듯한 다르마. 건물의 아
래에 있는 돌이 건물의 무게를 지탱하고 있는 듯 찡그리고 있는 표정을 하고 있지만, 건물을 지탱하고 있는 것은 돌이
아니라 땅이다. 자신이 세상의 짐을 지고 있는 것이 아니라, 신이 지고 있다. 몸과 마음을 통하여 행위들이 일어날 것이
지만, 그대는 행위자도 행위도 아니다. 우주의 힘이 그대를 통하여 그냥 일어날 뿐이다. 그대는 단지 도구이다. 그대는
그것들을 관찰하는, 목격하는 자이다.)을 포기하고, 유일한 피난처로 나(일원으로 있는, 모든 형상들의 바
탕으로 있는 나, 모든 것의 아트만인 나밖에 없다.)에게로 오너라. (만약 그대가 이 믿음에 자리를 잡는다면) 나
는 모든 죄(속박)들로부터 그대를 해방시킬(자유롭게 함) 것이다. 슬퍼하지 말라.

제2장 7절 "이것은 제가 느끼는 진짜 연민입니까, 아니면 단지 망상일 뿐입니까? 저의 마음은 어둠 속에서 더듬거리며 다닙니다. 저의 의무가 어디에 있는지 저는 알지 못하고 있습니다. 크리슈나시여, 간청하건대 제가 무엇을 해야 할지 솔직하고 분명하게 말씀해주십시오. 저는 당신의 제자입니다. 당신의 손에 저를 맡깁니다. 저에게 길을 알려주십시오."의 답이다.

'속성 즉 구나들'에는 의로운 다르마들과 그릇된 다르마들까지 포함된다. 왜냐하면 여기에서는 모든 행위들로부터의 자유를 가르치고자 하기 때문이다. 이와 관련하여 다음과 같은 계시서와 전승서의 구절들이 인용될 수 있을 것이다.

"악한 행위를 삼가지 않는 자는 그것에 이를 수 없다."(카타 우. 1-2-24)
"다르마와 아다르마를 포기하라."

따라서 이 구절은 '모든 일들의 포기'를 의미한다. '나를'은 만물 안에 같은 것으로 거주하고 있는 모든 것의 아트마, 이슈와라를 말한다. '유일한 피난처로 나에게로 오너라.'는 것은 "나 자신이 바로 그 이슈와라이다."라는 믿음으로 그렇게 하라는 것이다. 즉, 그대는 나 외에는 아무것도 없음을 알아라. 그대가 이 믿음에 확고하다면, 나는 나 자신을 그대 자신의 나로 드러냄으로써 그대를 모든 죄들로부터, 다르마와 아다르마의 모든 속박들로부터 해방시킬 것이다. 그러므로 그것을 여기에서 이미 말하였다.

"그들의 안에 있는 나는 눈부신 지식(갸나, 분별력)의 빛으로 무지에서 생긴 어둠을
소멸시킨다."(제10장 11절)

그러므로 그대는 슬퍼하지 말라.

[원전에서는 부록 2의 내용이 여기에 있었습니다. 그러나 역자가 보기에 좀 난해하게 생각되어 부록 2로 옮겨 두었으니 참고하십시오.]

## 기타의 가르침들을 전수받기 위한 자격들

이 장에서 기타 경전의 전체 가르침을 결론짓고, 또한 특히 여기 마지막 부분에서 그 가르침을 더욱 확고히 새기기 위하여 간략하면서도 확고히 얘기한 뒤, 신은 이제 가르침의 전수에 관한 규범을 말하기 시작한다.

67. 고행(자기 수련)과 헌신이 없거나, 봉사하지 않거나, 들으려 하지 않거나, 나를 나쁘게 말하는 사람에게는 이 지혜를 나누지 말라.

내가 이 경전을 그대에게 가르친 것은 그대의 유익을 위해서이고, 세상의 파괴를 위해서이다. '사랑devotion하지 않으며'는 스승과 신(데바)들을 사랑하지/헌신하지 않는 사람이다. '결코' 가르치지 말라는 것은 어떠한 상황이나 경우에도 가르치지 말라는 뜻이다. 헌신적이고 충분히 고행들을 할지라도 봉사하지 않는 사람에게는 그것을 가르치지 말아야 한다. '나를 나쁘게 말하는 사람'이란 바수데바인 나를 보통 사람으로 여기고, 그의 무지로 인하여 나를 자화자찬하는 사람이라고 비난하며, 내가 이슈와라는 말을 듣고 싶어 하지 않는 사람을 가리킨다. 그도 역시 적합하지 않으며, 그런 사람에게는 경전을 가르치지 말아야 한다. 여기에 암시된 말을 통해서, 우리는 신을 비방하지 않고, 고행들을 하며, 헌신하며, 섬기는 사람에게 경전을 가르쳐야 한다는 것을 이해해야 한다.

그런데 다른 곳에서 언급된 바에 따르면, '고행들을 하는 사람이나 지성적인 사람에게' 경전을 가르쳐야 한다고 하였다. 따라서 헌신적이거나 섬기는 고행들의 사람, 또는 두 가지 특성들을 지닌 지성적인 사람에게 그것을 가르쳐야 한다. 고행들을 하거나 지성적인 사람일지라도 헌신적이지 않거나 섬기지 않는다면, 그런 사람에게는 그것을 가르치지 말아야 한다. 모든 특성을 지녔을지라도 신을 시기하는 사람에게는 그것을 가르치지 말아야 한다. 스승에게 헌신하고 구루를 섬기는 사람에게 가르쳐야 한다. 이것은 경전을 어떻게 전수해야 하는지에 관한 규범이다.

## 가르침들을 가르치는 것의 덕

이제 신은 이 가르침을 전수하는 사람이 얻게 될 결실들에 대해 얘기한다.

**68. 하지만 나를 사랑하고 나에게 헌신하는 사람들에게 기타의 이 지고한 비밀**(진리)**을 가르치는 사람은 확실히 나에게로 올 것이다.**

'이 지고의 비밀'은 케사바와 아르주나 간의 대화 형식으로 가르쳐진 비밀스러운 가르침을 말한다. 이것은 지고의 희열에 이르게 하므로 지고한 것이다. '가르치다'는 것은 내가 그대에게 가르침으로써 그것을 알린 것처럼, 기타 자체와 교리를 둘 다 가르침으로써 그것을 알리라는 말이다. 여기에서 '헌신'을 반복한 것은, 사람은 오로지 헌신에 의해서만 경전을 가르침 받기에 적합해진다는 것을 의미한다. 그것을 어떻게 가르쳐야 하는가? 그는 이와 같이 함으로써 영원한 신, 파람마 구루 즉 지고의 스승을 섬기고 있다는 것을 믿으며 가르쳐야 한다. 이 행위의 결과로 그러한 선생은 신에게 갈 것이며, 해방될 것이다.

**69. 누구도 나에게 이보다 더 큰 봉사를 할 수 없다. 나에게 그보다 더 소중한 사람은 세상에 없을 것이다.**

'없으며'라는 말은 현재의 세대 가운데는 없다는 말이다. '그'는 경전을 전하는 사람을 가리킨다. '지상'은 이 세상을 뜻한다. '없을 것이다'는 미래에 그럴 것이라는 말이다.

**70. 그리고 누구라도 우리의 이 신성한 대화를 명상한다면, 나는 그가 지식의 헌신(갸 나 얏냐)으로 나를 숭배했다고 여길 것이다.**

'대화'는 대화의 형식으로 된 이 기타를 말한다. 숭배의 네 가지 종류들이 있다. 비디 즉 의식<sup>ritual</sup>, 만트라의 반복인 자파, 낮은 목소리로 자파를 하는 것인 우팜수, 그리고 마나사 즉 마음으로 하는 숭배가 있다. 갸나 얏냐 즉 지식의 숭배는 마나사에 포함된다. 그러므로 가장 높은 것이다. 이와 같이 기타 경전은 갸나 얏냐라고 칭송된다.

또는, 우리는 이 구절을 여기에서 권고하는 행위의 실제 결과가 무엇인지를 드러내는 것으로, 즉 그 행위는 지혜의 숭배로 데바 등에 대한 묵상<sup>contemplation</sup>과 동일한 결과를 낼 것이라는 점을 드러내는 것으로 여길 수도 있다.

## 가르침을 듣는 것의 덕

가르침을 듣는 사람에게 주어지는 혜택은 다음과 같다.

**71. 믿음으로 이 말들을 듣고 그것을 의심하지 않는다면, 그 역시 죄들로부터 해방되 어 의로운 사람들이 사는 하늘에 닿을 것이다.**

'사람도', 즉 가르침을 잘 이해하는 사람도. '해방'은 죄악으로부터 자유로워지는 것을 말한다. '의로운 사람들'은 불의 의식이나 다른 희생을 이행한 사람들이다.

# 신께서 아르주나가 가르침을 이해했다는 것을 확인하다.

이제 신은 제자가 경전의 가르침을 이해했는지 여부를 알기 위하여 질문한다. 이렇게 묻는 목적은, 만약 제자가 이해하지 못했다는 것이 확인되면, 다른 방식으로 가르침을 이해시키기 위함이다. 그리고 이것은 제자가 가르침을 이해하게 하고 그로 하여금 목적을 달성하도록 거듭 노력하는 것이 스승의 의무임을 보여 주기 위한 것이다.

**72. 오, 아르주나여! 그대는 나의 말을 주의 깊게 들었는가? 이제 무지에서 생겨난 미혹들이 소멸되었는가?**

'나의 말'은 내가 그대에게 말한 것을 가리킨다. '들었는가?'는 '그대는 그것을 집중하여 듣고 이해했는가?'라는 말이다. '무지에서 생겨난 미혹'이란 무지로 인해 생겨나며 자연스러운 분별력의 부재이다. 그대의 미혹이 소멸되었는가? 그대가 경전에 귀를 기울이는 이 모든 노력과 내가 스승으로서 기울이는 노력의 목적은 바로 그것의 소멸이다.

**아르주나가 말했다.**
**73. 당신의 은총으로, 오, 신이시여, 저의 (진정한 성품에 대한) 기억을 되찾았습니다. 저의 의심들이 사라졌고 확고합니다. 저는 당신의 말씀을 따를 것입니다.**

'미혹'은 무지에서 생기며, 삼사라의 모든 악의 원인이며, 바다와 같아서 건너기 힘들다. '저'는 당신의 은총을 추구하는 사람이다. '기억'이란 아트만의 진정한 성품에 대한 기억이다. 있는 그대로의 사물들에 대한 지식의 기억이다. 아트만은 프라크리티 즉 몸과 마음이 아니다. 아트만의 성품은 프라크리티를 아는 자이다. 이 인식을 얻게 되면, 가슴의 모든 매듭들이 풀릴 것이다. 미혹의 소멸에 관한 이 질문과 답변은, 경전의 전체 가르침을 아는 목적은 곧 미혹의 소멸과 아트만의 인식에 이르는 것임을 확실히 보여 준다. 그래서 계시서(찬도. 우. 7-1-3, 26-2)는 다음과 같은 말로 시작한다. "아트만을 알지 못하여 나는 비통하다." 그 뒤에는 아트만 지식을 이용하여 모든 매듭들을 푸는 것에 대하여 말한다. "가슴의 매듭이 끊어졌다."(만두. 우. 2-2-8)와 "단일성을 아는 사람에게 무슨 미혹이 있으며 무슨 괴로움이 있는가?"(이사. 우. 7)라는 경전의 구절도 있다. '확고합니다.'란 당신의 명령 하에서 확고해졌다는 말이다. '당신의 말씀을 따라 행하겠습니다.'라는 말로 아르주나가 말하려는 바는 "당신의 은총을 통하여 저는 삶의 목적을 이루었습니다. 저는 아무것도 할 일이 없습니다."라는 것이다.

## 산자야가 신과 신의 가르침을 칭송하다

경전의 가르침은 끝났다. 이제 그 가르침을 주된 대화와 연결시키기 위해 산자야가 말한다.

산자야가 말했다.

74. 이와 같이 저는 신 크리슈나와 고귀한 영혼을 지닌 왕자 간의 이 놀라운 대화를 들었습니다.

75. 비야사의 은총으로 저는 이 지고하고 가장 비밀스러운 요가를 요가의 신이신 크리슈나로부터 그분의 말씀을 직접 들었습니다.

'비야사의 은총으로'란 신적인 통찰력(디비야 착수스)을 비야사로부터 얻어서 들었다는 말이다. '요가'는 이 대화를 가리킨다. 이 대화는 요가로 인도하므로 요가라고 불린다. 혹은, 그 말은 요가 자체를 의미할 수도 있다. '직접 들었습니다.'는 단순히 전승을 통하여 들은 것이

샹카라차리야의 바가바드 기타

아니라는 말이다.

76. 오, 왕이시여! 케사바와 아르주나 간의 이 경이롭고 신성한 대화를 기억할 때마다 저는 거듭거듭 기쁩니다.

'왕'은 드리타라슈트라를 가리킨다. '신성한' 까닭은 단지 그것을 경청하는 것만으로도 죄악이 소멸되기 때문이다.

77. 그리고 오, 왕이시여! 크리슈나의 가장 놀라운 모습을 회상할 때마다 저는 말할 수 없는 경이로움을 느끼며 다시 또다시 기뻐합니다.

'모습'은 우주적인 형상을 말한다.

78. 요가의 신이신 크리슈나께서 계시는 곳마다, 궁수인 아르주나가 있는 곳마다, 그 곳에는 번영, 평화, 승리와 영광이 있음을 저는 확신합니다.

모든 요가의 씨앗이 그분에게서 나오므로 그분은 '요가의 신'이다. '궁수'란 간디바라고 하는 활을 쏘는 사람을 말한다. '그곳'은 판다바들의 편을 말한다. '번영'이란 부유함이 증가하는 것을 가리킨다.

# Appendix 1
# 부록 1

## 샹키야, 불교 그리고 바이세시카 이론들

이의: 그렇습니다. 하지만 완전한 포기는 가능하지 않습니다. 영혼(푸루샤)은 샹키야에서 말하는 구나들처럼 항상 움직이는 것입니까? 아니면, 행위 그 자체가 불교도들이 말하는 다섯 가지 오온(스칸다)처럼 순간순간 파괴를 겪는 행위자(영혼)입니까? 어느 경우든지 행위의 완전한 포기는 불가능합니다.[296]

여기 제3의 이론이 또 있습니다. 즉, 그것 즉 영혼은 행위를 할 때는 활동적이고, 행위를 하지 않을 때는 활동이 없습니다. 그러므로 행위를 완전히 포기하는 것은 가능합니다. 그리고 이 이론에는 이런 특성이 있습니다. 영혼은 늘 움직이는 것이 아니며, 행위 그 자체는 행위자 즉 영혼이 아닙니다. 그러나 그것은 영원히 고정된 실체이며, 그것 안에서 이전에는 존재하지 않던 행위가 일어나고, 그것 안에서 존재하던 행위가 그칩니다. 반면에 그 실체는 순수하고(행위가 없고), 그 안에 (활동의) 잠재력을 가지고 있으며, 그와 같이 행위자를 이룹니다. 카나다 이론을 따르는 사람들은 이와 같이 이야기합니다. 이 이론에 어떤 이의를 제기할 수 있습니까?

---

**296** 영혼이 본성적으로 변화를 겪는다는 것을 암시하므로.—(A.)

# 바이세시카 이론에 대한 반박

대답: 확실히 이러한 반론이 있다. 그것은 신의 가르침에 반하는 것이다. 그대는 어찌 아는가? 왜냐하면 신은 "변화하는 것은 비실재(현현의 세상)이며 변화하지 않고 있는 것이 실재이다. 아트만(브람만, 의식)은 항상 존재하며 (이름들과 형상들로 된) 이 세상은 신기루와 같은 것이라는 것을 깨달은 사람은 항상 자각하고 있다."(제2장16절)라는 등의 말을 하였기 때문이다. 그러나 카나다 이론의 추종자들에 따르면, 비실재가 존재가 되고, 존재가 비실재가 된다. 그러므로 그들의 이론은 신의 가르침에 배치된다.

이의: 비록 그것이 신의 가르침에 배치된다 할지라도 만약 그것이 이치에 맞는다면, 어떻게 그것에 반대할 수 있겠습니까?

대답: 다음과 같이 답할 수 있다. 이러한 견해는 확실히 부당하다. 왜냐하면 그것은 모든 증거에 반대되기 때문이다. 어찌 그런가? 만약 두 원자들의 결합체 혹은 다른 물질이 그것이 생겨나기 전에 분명히 존재하지 않았다면, 그리고 만약 생겨난 뒤에 한동안 존재하다가 다시 존재하지 않게 된다면, 그것은 존재하지 않던 것이 존재하게 되고, 존재하는 것이 비존재가 된다는 말이 된다. 즉, 비실체가 실체가 되고, 실체가 비실체가 된다는 말이다. 그런 경우에 실체가 되는 비실체는 실체가 되기 전에는 토끼의 뿔과 같다. 그것은 물질적인, 비물질적인 또는 우발적인, 그리고 결과를 낳는 원인들이라는 세 가지 원인의 행위에 의해 하나의 실체가 된다. 그런데 현재의 경우에 비실체가 생겨나고 원인을 필요로 한다고 주장할 수는 없다. 왜냐하면 그것은 토끼의 뿔과 같은 다른 비실체들에는 적용되지 않기 때문이다. 만약 하나의 결과로서 생겨날 항아리 같은 것이 실체의 성질을 가지고 있다면, 그것이 하나의 결과로서 생겨날 때 그것은 단지 그것의 나타남에 관해서만 하나의 원인을 필요로 한다는 것을 이해할 수 있다.

더욱이, 만약 존재하지 않는 것이 존재하게 되고 존재하는 것이 존재하지 않게 된다면, 어떤 것에 관하여 증거들이 있고 증거에 의해 확인될 수 있는 것들이라도 어떤 것에 대해서도 아무도 확신할 수 없을 것이다. 왜냐하면 존재하는 것이 계속 존재할 것이라는, 그리고 존재하지 않는 것이 계속 존재하지 않을 것이라는 확실성이 없기 때문이다.

또한 그들(카나다 이론의 추종자들)이 디비야누카 즉 그런 다른 물체들은 하나의 결과로서 생겨난다고 말할 때, 그들은 그것이 그것의 원인과 연결되어 있으며 또한 존재한다고 말한다. 생겨나기 전에는 존재하지 않다가, 그 원인(궁극의 원자들) 및 존재와 관련한 그것의 원인의 작용에 의해, 그리고 사마바야로 알려진 관계 즉 친밀하고 분리될 수 없는 관계에 의해, 그것은 그 원인과 관련된다. 그래서 관련될 때, 즉 그것이 원인과 분리될 수 없이 연결될 때, 그것은 존재하게 된다. 여기에서 그들은 어떻게 하여 존재하지 않는 것이 그것 자신의 원인을 가질 수 있는지를 설명해야 할 것이다. 우리는 불임 여성의 자식이 태어나도록, 혹은 그 자식이 다른 어떤 것과 관련 되도록 하는 원인이 되는 어떤 것을 결코 생각할 수가 없다.

이의: 바이세시카들은 존재하지 않는 것이 어떤 것과 관련된다고 주장하지는 않습니다. 그것들의 원인들과 밀접하게 관련된다고 말해지는 것은 디비야누카들 같은 물체들 substances입니다.

대답: 그렇지 않다. 왜냐하면 그것들은 이 관계 이전에 존재한다고 가정할 수 없기 때문이다. 바이세시카들은 항아리 등이 도공의 행위, 도공의 막대기와 물레 이전에 존재한다고 주장하지 않는다. 또한 점토가 스스로 항아리의 모양을 이룬다고 주장하지도 않는다. 그러므로 유일한 대안으로서, 그들은 존재하지 않는 것(항아리)이 (그 원인과) 관련되게 된다는 것을 인정해야 한다.

이의: 비록 존재하지 않을지라도 그것은 (그 원인과) 밀접한 관계에 의해 관련된다고 주장하는 것은 이치에 배치되는 것이 아닙니다.

대답: 그렇지 않다. 왜냐하면 불임 여성의 자식의 경우에는 그러한 것이 인정될 수 없기 때문이다. 만약 우리가 항아리와 같은 것의 생성 이전의 비존재는 그 원인과 관련되지만 불임 여성의 자식은 그렇지 않다고 주장한다면, 둘 다 똑같이 비실체인데도 불구하고 그렇다고 주장한다면, 하나의 비실체가 다른 비실체와 구별될 수 있는지를 증명해야 할 것이다. 하나의 비존재, 둘의 비존재, 모든 것의 비존재, 생성 이전의 비존재(프라가바바), 파괴 이후의 비존재,

상호 비존재, 절대 비존재, 이것들 사이의 분명한 본래의 차이점을 누구도 지적할 수 없다. 차이가 없다면, 항아리의 생성 이전의 비존재만이 도공 등의 행위를 통하여 항아리가 된다고, 그리고 그것은 그 자체의 원인 즉 존재하는 항아리 조각과 관련된다고, 그리고 이와 같이 관련될 때 그것은 생겨난다고 말해질 수 있다고, 그러나 같은 항아리의 파괴 이후의 비존재의 경우에는 그렇지 않다고, 비록 그것들은 둘 다 똑같이 비존재이지만, 주장하는 것은 이치에 맞지 않는다. 파괴 후 비존재와 같은 다른 비존재(아바바)들은 결코 (존재하는 결과가) 될 수 없지만, 드비야누카와 같은 물질들의 비존재와 같은 생성 이전의 비존재만이, 비록 그것은 파괴 이후의 비존재나 절대 비존재와 마찬가지로 비존재(아바바)일지라도, (존재하는 결과가) 될 수 있다고 주장하는 것은 이치에 맞지 않는다.

이의: 우리는 존재하지 않는 것이 존재하는 것이 된다고 주장하는 것이 아닙니다.

대답: 그렇다면 존재하는 것이 존재하는 것이 된다. 예를 들어, 항아리가 항아리가 되고, 옷감이 옷감이 된다. 이것도 역시 비존재가 존재가 된다는 이론과 마찬가지로 모든 증거들에 배치된다.

## 파리나마 바다에 대한 반박

샹키야들의 변형(파리나마) 이론에 관하여 말하자면, 그 이론조차 바이세시카들의 이론과 다르지 않다. 그 이론은 이전에 존재하지 않는 특성들과 그것들의 파괴를 가정하고 있기 때문이다. 비록 (하나의 결과가 존재하게 되거나 파괴를 겪는 것은) 나타남이나 파괴에 의해서라는 그들의 주장을 인정한다고 해도, 그 이론은 모두 똑같이 증거에 위배된다. 만약 우리가 나타남과 사라짐이 이전에 존재하는지 존재하지 않는지를 탐구해 보면, 그렇다는 것을 알게 될 것이다. 같은 이유로, 우리는 하나의 결과의 생성 등도 오로지 그 원인 자체의 다른 상태들이라고 말하는 이론도 역시 비판할 수 있다.

# 부록 2

## 지고의 희열로 가는 수단들은 지식인가, 일들인가?

지고의 희열에 이르는 수단으로 기타 경전에서 선언하는 것은 무엇인가? 지식인가, 행위인가, 아니면 둘 다인가?

이런 의문은 어디에서 나오는가?

"이것을 아는 자는 불멸에 이른다."(제13장 12절), 그리고 "나를 진실로 알면, 그는 즉시 내 안으로 들어온다."(제18장 55절)라고 하였다. 이 구절과 다른 구절들은 지식만으로 지고의 희열에 도달한다고 가르치고 있다. "그대가 관심을 가져야 할 것은 오로지 행위이다."(제2장 47절)와 "그대 역시 행위를 해야 한다."(제4장 15절) 등의 구절들은 행위를 행하는 것은 의무적인 일임을 가르친다. 이제까지 지식과 행위들은 의무적이라고 가르쳤으므로, 두 가지의 결합도 역시 지고의 희열로 가는 수단이 되지 않을까 하는 의문이 일어날 수 있다.

이러한 의문은 대체 어떤 소용이 있는가?

그것은 바로, 둘 중에서 어느 것이 지고의 희열에 이르는 수단이 되는지를 확인해 보는 것이다. 따라서 이 주제는 매우 폭넓고 탐구해 볼 가치가 있다.

# 아트만 지식만이 지고의 희열로 가는 수단이다.

순수한 아트만 지식만이 지고의 희열로 가는 수단이다. 왜냐하면 다양성의 개념을 제거함으로써, 그것은 해방에서 절정에 이르기 때문이다. 무지는 행위, 행위의 요인들, 행위의 목적들을 포함하는 다양성의 지각이다. 무지는 항상 아트만 속에 존재한다. "내가 행위를 하며, 내가 행위자다. 나는 이러이러한 결과를 얻기 위해 이 행위를 한다."라는 형태로, 무지는 시작도 없이 시간 안에서 활동해 왔다. 이 무지를 없애는 것은 다음과 같은 형태로 일어나는 아트만 지식이다. "여기에 내가 있다. 나는 자유로우며 행위자가 아니다. 나에게는 행위도 없고 결과도 없다." 그런 지식은 사람으로 하여금 행위에 종사하게 하는 다양성의 개념을 제거한다. '순수한 나 지식만이'에서 '만'이라는 단어는 나머지 두 개의 대안들을 배제시키기 위한 것이다. 즉 지고의 희열에 이르는 것은 행위에 의해서도 아니고, 행위와 지식의 결합에 의해서도 아닌 것이다. 더욱이 지고의 희열은 행위에 의해 달성되는 결과가 아니므로 행위들은 그것에 이르는 수단이 될 수 없다. 사실, 영원한 실재는 지식에 의해서도 행위에 의해서도 생기는 것이 아니다.

이의: 그렇다면 순수한 지식마저도 소용이 없다는 말이 됩니다!

대답: 그렇지 않다. 왜냐하면 무지를 제거함으로써 그것은 해방에 이르기 때문이며, 해방은 눈에 보이는 결과이다. 무지의 어둠을 없애는 지식은 그것의 결과로 해방에 이른다는 것을 우리는 경험으로 안다. 예를 들어, 뱀으로 오인된 밧줄의 경우, 등불의 빛이 착각을 일으킨 어둠을 없애는 순간, 밧줄은 더 이상 뱀으로 오인되지 않는다. 빛을 비춘 결과는 밧줄로부터 해방을 가져오며, 밧줄을 뱀 등 다양하게 오인된 개념들로부터 자유롭게 한다. 그러면 그런 오인된 개념들은 모두 그치게 된다. 나 지식에 관해서도 마찬가지다.

# 지식은 일들과 결합될 수 없다.

그런데 행위자와 행위의 여러 요인들이 가시적인 결과들을 낳는 각각의 행위, 이를테면 칼로 베는 행위나 불을 피우는 행위를 하고 있을 때, 그것들은 칼로 베거나 불을 피우는 것 외의 또 다른 결과를 낳는 다른 행위를 그와 동시에 할 수 없다. 그래서 또한 행위자와 여러 행위의 요인들이 지식에의 사랑devotion(갸나 니슈타)의 행위에 관여할 때도 그것은 마찬가지로 눈에 보이는 결과를 가져온다. 그것들은 아트만의 해방 이외의 결과를 가져오는 또 다른 행위를 낳도록 작용할 수 없다. 그러므로 지식에의 사랑<sup>devotion</sup>은 행위와 결합될 수 없다.

이의: 먹는 행위와 불 숭배(아그니호트라)의 행위들이 결합되듯이, 그것들은 결합될 수도 있을 것입니다.

대답: 그렇지 않다. 왜냐하면 해방은 지식의 결과이므로, 지식에의 헌신자는 행위의 결과를 바랄 수 없기 때문이다. 모든 곳이 물로 넘치고 있으면, 누구도 어떤 목적을 위해서건 우물이나 작은 저수지를 만들 생각을 하지 않을 것이다. 이와 마찬가지로, 지식은 그 결과로 해방으로 인도하므로, 그 지식에 도달한 사람은 아무도 어떤 다른 결과를 바라거나, 다른 결과를 얻는 수단으로서 어떤 행위를 하려 하지 않을 것이다. 왕국 전체를 얻기를 바라며 그 수단으로 어떤 행위를 하는 사람은 기껏해야 작은 토지를 얻게 할 수 있는 행위를 하지 않을 것이며, 그것에 대한 욕망을 지니지 않을 것이다. 그러므로 행위들은 지고의 희열에 이르는 수단이 아니다. 지식과 행위의 결합도 가능하지 않다. 해방으로 인도하는 지식이 행위의 도움을 필요로 한다고 주장할 수도 없다. 왜냐하면 무지를 없애는 데에 있어서 지식은 행위에 반대되기 때문이다. 실제로, 어둠으로 어둠을 없앨 수는 없다. 그러므로 지식만이 지고의 희열로 갈 수 있는 수단이다.

샹카라차리야의 바가바드 기타

# 일들만으로 구원을 얻을 수 있다는 이론에 대한 반박

이의: 아닙니다. 왜냐하면 의무적인 행위를 경시하면 죄를 범하기 때문이며, 해방은 영원하기 때문입니다.

이의에 대한 설명: 지식으로만 해방에 도달한다는 것은 잘못된 말입니다. 왜냐하면 계시서에 명령된 의무적인 행위들을 소홀히 하는 사람은 그를 지옥 등으로 인도하는 죄를 범하기 때문입니다.

반대 이의: 그렇다면 해방은 일들에 의해 도달될 수 없기 때문에 해방에 도달할 수 있다는 희망이 전혀 있을 수 없다.

반대 이의에 대한 대답: 그런 이의를 제기할 여지는 없다. 해방은 영원하기 때문이다. 태만의 죄는 의무적인 행위를 지키면 피할 수 있다. 금지된 행위를 피하면, 어떠한 역겨운 몸도 생겨나지 않는다. 욕망이 개입된 행위를 피하면, 어떠한 바람직한 몸도 생겨나지 않는다. 그리고 현재의 몸을 발생시킨 행위들의 결과가 소진되어 이 몸이 소멸되면, 다른 몸을 발생시킬 수 있는 다른 원인들은 존재하지 않게 된다. 그리고 집착과 다른 열망들이 가슴에서 사라지면, 어떤 노력이 없이도 아트만의 해방, 즉 아트만의 성품에 대한 깨달음을 얻을 수 있다.

반대 이의: 수많은 전생들에 행해졌으나 아직 결과를 내지 않은 행위들은 그 결과들이 누려지지 않았기 때문에 소진되지 않고 남아 있습니다. 그 가운데 일부는 천국으로 인도하고 일부는 지옥 등으로 인도하는 것들입니다.

반대 이의에 대한 대답: 그렇지 않다. 왜냐하면 우리는 그런 행위들의 결과가 의무적인 행위의 수행에 관련된 수고와 고통의 형태로 거두어들여진다고 주장하기 때문이다. 혹은, 의무적인 행위는 속죄의 행위와 같이 과거의 죄를 없애는 데 도움이 될 수도 있다. 그 결과들을 내기 시작한 행위들은 그 결과들을 누림으로써 소진되고, 새로운 행위들은 행해지지 않기 때문에, 해방은 어떤 노력도 없이 얻어진다고 말해진다.

대답: 그렇지 않다. 왜냐하면 계시서는 지식 말고는 해방으로 가는 다른 길이 없다고 말

하기 때문이다.

"오직 신을 앎으로써 사람은 죽음을 건넌다. 지고의 거처로 가는 다른 길은 존재
하지 않는다."(스웨. 우. 3. 8)

그리고 계시서는 말하기를, 사람이 공간을 가죽처럼 압축하는 것이 불가능한 것처럼,
무지한 사람에게는 해방이 불가능하다고 하였다(같은 책. 6-20). 그리고 푸라나 전통도 또한 "사
람은 지식으로 해방에 이른다."고 말한다.

더욱이, 아직 결과를 내지 않은 선한 행위들이 소진되었다고 말할 수는 없다. 아직 결과
를 내지 않은 죄들이 존재할 수 있는 것처럼, 아직 결과를 내지 않은 선한 행위들도 존재할 수 있
다. 그리고 이것들은 다른 몸을 발생시키지 않고서는 소진될 수 없으므로, 해방은 불가능하다.

(이 몸을 가지고) 새로운 다르마와 아다르마를 만들어 내지 않는 것도 가능하지 않다. 왜
냐하면 공덕과 죄과의 행위로 이끄는 애정과 미움과 망상은 아트만 지식에 의하지 않고서는
파괴 될 수 없기 때문이다. 계시서는 의무적인 행위가 그 결과로 공덕을 낳는다고 말하고, 전
승서는 적합한 의무들을 행함으로써 여러 카스트들과 집단들이 헤아릴 수 없이 높은 행복에
도달한다고 말하므로, 행위들의 소진은 가능하지 않다.

## 의무적인 행위가 아무런 미래의 탄생들로 나아가게 하지 않는다는 이론에 대한 반박

이제 논점에 대해서 말하자면, 의무적인 행위는 그 자체가 고통스러운 것이므로 과거
에 저지른 죄스러운 행위의 결과이다. 그것 자체와 별개로, 의무적인 행위는 별개의 다른 결
과를 낳지 않는다. 계시서는 어디에서도 그것의 결과들, 그것의 필수적인 이행을 위한 충분한

근거를 이루는 살아 있는 사람의 단순한 환경을 말하고 있지 않기 때문이다.

우리는 아니라고 말한다. 왜냐하면 아직 결과를 내고 있지 않은 그런 행위들이 그것의 결과들을 내는 것은 불가능하기 때문이다. 또한 의무적인 행위의 수행에 포함되는 고통 안에도 다양성이 있을 수 없다.

대답에 대한 설명: 전생들에서 범한 죄스러운 행위의 결과들이 의무적인 행위의 수행에 따르는 수고와 고통의 형태로 거두어들여진다고 말하는 것은 잘못이다. 죽을 때 결과를 맺지 않은 행위들의 결과가 어떻게 다른 행위들 때문에 생긴 탄생에서 거두어들여질 수 있는지 우리는 정말로 이해할 수 없다. 그렇지 않다면, 결과의 향유 즉 천국의 향유를 위한 불의 희생에 의해 생긴 탄생에서 지독한 고통을 겪을 수 있다는 가정에 불합리한 것은 없을 것이다.

더욱이, 의무적인 행위의 이행에 따르는 수고는 죄스러운 행위들의 결과로 일어나는 다양한 고통들에 답할 수 없다. 수많은 다양한 종류의 고통을 낳는 많은 죄의 행위들이 존재할 수 있지만, 그 결과들이 의무적인 행위의 준수에 따르는 수고와 고통에 있다고 가정하는 것은, 상반되는 쌍들이나 질병 등으로 인해 생기는 고통은 그 자체의 원인이 없으며, 의무적인 행위의 준수에 따르는 수고와 고통은 과거의 죄들의 결과들일 뿐, 머리 등에 이고 나르는 돌들로 인한 고통이 아니라는 성립될 수 없는 그 다음의 가정으로 인도할 것이다.

게다가, 의무적인 행위의 준수에 따르는 수고와 고통이 과거에 행한 죄스러운 행동의 결과라고 말하는 것은 부적절하다. 왜 그런가? 결과를 맺지 못한 과거의 죄를 소멸시키는 것은 불가능하다는 주장을 하였다. 그러나 당신은 결과를 맺기 시작한 행위의 결과, 결과를 맺기 시작하지 않은 행위의 결과가 아니라, 이 의무적인 행위의 준수에 따르는 수고와 고통의 형태로 거두어들여진다고 말한다. 반면에, 만약 당신의 말이 과거에 저지른 모든 죄가 결과를 맺기 시작했다는 뜻이라면, 의무적인 행위의 준수에 따르는 단순한 수고와 고통이 아직 결과들을 낳기 시작하지 않은 죄스러운 행위들의 결과들이라는 설명은 근거가 없다. 그러면 또한 의무적인 행위를 명하는 것이 아무런 소용이 없다는 말이 될 것이다. 왜냐하면 결과들을 내기 시작한 죄스러운 행위들은 단지 그렇게 생기는 결과들을 겪음으로써 소멸될 수 있기 때문이다.

더욱이, 만약 고통이 계시서에 명령된 의무적인 행위들의 결과라면, 그 고통은 다른 활동적인 운동에서처럼 의무적인 행위의 준수에 따르는 수고로 인해 생겨날 것이다. 그러므로 그것이 또 다른 행위의 결과라고 가정하는 것은 이치에 맞지 않다.

그리고 살아 있다는 이유만으로 사람에게 명령되었으므로, 의무적인 행위는 과거에 범한 죄들의 결과일 수 없으며 속죄의 행위일 수도 없다. 이미 저질러진 어떤 죄스러운 행위 때문에 명령된 속죄 행위는 그 죄스러운 행위의 결과가 아니다. 반면에, 만약 속죄 행위의 고통이 그 원인을 이루는 죄스러운 행위의 결과라면, 사람이 살아 있다는 이유로 주어지는 의무적인 행위의 이행에 따르는 수고와 고통은 그 필요성을 초래한 살아 있다는 상태 자체의 결과라는 말이 될 것이다. 의무적인 행위와 속죄 행위는 각각 특정한 원인들에 의해 필요하게 된다.

더욱이, 의무로 행하는 불의 숭배와 동기를 가지고 행하는 불의 숭배의 이행에 따르는 수고와 고통은 동등하며, 동기를 가진 행위의 이행에 따르는 수고와 고통은 그렇지 않으면서 왜 의무적인 행위의 이행에 따르는 수고와 고통만이 과거에 저지른 죄들의 결과여야 하는지에 관하여 특별한 이유를 찾을 수 없으므로, 전자도 역시 과거에 범한 죄들의 결과라는 결론으로 이어질 것이다. 따라서 일관성에 근거하여, 계시서에서는 의무로 행하는 행위의 결과들에 대한 언급이 없고 그것의 명령을 달리 설명할 수 없다는 이유로, 의무적인 행위의 이행에 따르는 수고와 고통이 과거에 저지른 죄들의 결과라고 추론하는 것은 잘못이다. 그 명령은 달리 설명할 수 없으므로, 우리는 심지어 의무적인 행위는 그것의 이행에 따르는 수고와 고통과 구별되는 별개의 결과들을 낳는다고 추론해야 한다.

그 반대 또한 일관성이 없다는 잘못이 있다. 의무적인 행위의 이행을 통해서 또 다른 행위의 결과를 거두어들인다는 것을 일단 인정하게 되면, 이 거두어들임은 의무적인 행위의 결과를 이루고, 따라서 의무적인 행위가 그 자체의 결과를 낳지 않는다고 동시에 주장하는 것은 일관성이 없게 된다.

더욱이, 동기를 가지고 행하는 불의 숭배가 이행될 때 의무로 행하는 불의 숭배도, 동일한 행위에 포함되어 있으므로, 동시에 이행되어 왔다고 말해진다. 그러므로 동기를 가지고 행하는 불의 숭배의 결실은 의무로 행하는 불의 숭배에 따르는 수고와 고통과 함께 소진되어야 한다. 동기를 가지고 행하는 불의 숭배는 의무로 행하는 불의 숭배와 별개의 행위가 아니기 때문이다. 반면에, 만약 동기를 가지고 행하는 불의 숭배의 결과가, 천국처럼, 별개의 것이라면, 그것의 이행에 따르는 수고와 고통도 역시 별개여야 한다는 결론이 뒤따르게 될 것이다. 그러나 그렇지 않다. 그것은 사실들과 배치되기 때문이다. 사실상, 의무적인 행위의 이행에 따르는 수고와 고통은 동기를 가진 행위의 그것과 다르지 않다.

게다가, 계시서에서 명하지도 않고 금하지도 않은 행위는 즉각적인 결과를 가져온다. 그러나 경전이 명하거나 금하는 행위는 즉각적인 결과를 가져올 수 없다. 만약 후자가 즉각적인 결과를 가져온다면, 천국이건 다른 무엇이건 보이지 않는 결과를 얻기 위한 어떠한 노력도 이루어지지 않을 것이다. 행위에는 어떤 차이도 없음에도 불구하고, 불의 숭배 등의 경우에, 행위가 의무로서 행하는 행위로 행해질 때는 그 결실들이 그 이행에 따르는 수고와 고통만의 형태로 얻어지지만, 반면에 같은 행위인 동기를 가진 행위로서 행해질 때는, 비록 후자의 행위가 이행의 방식에서 부차적인 부분들에서도 나을 게 없지만, 단지 그것의 결과에 대한 갈망이 있다는 이유만으로 천국 같은 더 나은 결과들이 생긴다고 주장되는 한, 보이지 않는 결과를 얻기 위한 어떠한 노력도 이루어지지 않을 것이다. 그러므로 의무로 행해지는 행위가 눈에 보이지 않는 미래의 결과들로 인도하지 않는다고 주장하는 것은 이치에 맞지 않는다.

## 지식의 길과 일들의 길은 다른 부류의 구도자들을 위한 것이다.

그러므로[297] 의무의 이행이 아니라 지식만으로 무지로 인해 생긴 선하거나 악한 행위들

---

**297** 의무로 행하는 행위는 동기를 가진 행위와 마찬가지로 헌신자를 피트리의 세계들로 데려가는 방식으로 보이지 않는 미래에 그 결과를 낳으므로, 죄들을 없애기 위한 것이 아니다. 그러므로 나 지식만이 그 목적에 도움이 된다는 것이 인정되어야 한다.—(A.)

이 전적인 파괴를 일으킬 수 있다. 왜냐하면 무지와 욕망은 모든 행위들의 씨앗을 이루기 때문이다. 따라서 행위의 요가는 무지한 사람들에게 적합하고, 모든 일들의 포기와 동반된 지식에의 헌신 즉 갸나 요가는 현명한 사람들에게 적합하다. (제2장 19, 21절, 제3장 3, 26, 28절, 제5장 8, 13 절, 제7장 18절, 제9장 21, 22절, 제10장 10절을 참조하라.) 여기에서 인용된 마지막 절에서, 행위에 헌신하는 무지한 사람들은 신에게 다가갈 수 없다고 추론되어야 한다. 그러므로 일들을 따르는 무지한 사람들이 대단히 경건하게 신에게 봉사를 하지만, 그들은 오로지 앞(제12장 6–11절)에서 언급된 여러 가지 길들 가운데 내림차순으로 가장 낮은 길인 행위의 결과들을 버리는 데 있다. 그 하나에만 의지한다. 그러나 정의될 수 없는 것, 파괴될 수 없는 것에 헌신하는 사람들에 대해서는, 그들이 함양하는 특성들이 제12장 13–20절에 언급되어 있다. 그들의 지식의 길 또한 크쉐트라에 관한 제13장에서 시작하여 세 개의 장에서 설명되어 있다.[298] 선과 악, 혼합된 결과 등(제18장 12절) 행위의 세 가지 결과는 몸 등 다섯 가지 원인(제18장 14절)에 의해 발생되는 모든 행위를 포기한 사람들, 아트만은 하나이며 행위자가 아니라는 것을 아는 사람들, 지식에 대한 더 높은 헌신에 몰두하는 사람들, 신의 진정한 성품을 아는 사람들, 그리고 아트만과 신적인 실재의 하나 안에서 안식처를 구한 넷째 혹은 가장 높은 삶의 단계에 속한 산야신 즉 파라마함사 파리브라자카들에게는 생기지 않는다. 그러나 무지하며, 행위의 길을 따르고, 산야신이 아닌 사람들에게는 그 결과가 생긴다. 우리는 기타 경전에서 가정거주자들의 의무의 길들을 이같이 지정해야 한다.

## 행위는 무지의 창조물이다.

이의: 모든 행위가 무지에 의해 생긴다는 것은 증명될 수 없습니다.

대답: 그렇지 않다. 브람마나를 죽이는 행위의 경우처럼, 그것은 증명될 수 있다. 경전

---

298   제13장 7–11절, 제14장 22–26절, 제15장 3–5절을 참조하라.—(A.)

은 의심의 여지없이 의무적인 행위를 가르친다. 그러나 그것은 오로지 무지한 사람에 관한 것일 뿐이다. 경전에서 금지하고 있고, 악의 근원이라고 알려져 있는, 브람마나를 죽이는 행위는 오로지 무지하며 욕망과 다른 악한 성향들에 의해 영향을 받은 사람만이 저지를 수 있다. 그의 행위는 달리 설명될 수 없다. 따라서 지속적으로 해야 하는 모든 의무, 임시적으로 해야 하는 의무, 그리고 욕망이 개입된 모든 희생 의식들을 포함하는 모든 행위들은 오로지 나에 대해 무지한 사람에게만 해당되는 것이다.

이의: 아트만이 몸과 다르다는 것을 알지 않는 한, 어떤 사람도 의무적인 행위 등을 이행하지 않을 것 같습니다.

대답: 그렇지 않다. 왜냐하면 실제로는 아트만이 아닌 몸 등의 행위자에 의해, 움직임의 성질을 갖고서 행해지는 행위를 사람이 "내가 한다."라고 생각하며 그 행위에 종사하는 것을 우리는 보기 때문이다.

질문: 몸 등의 집합체를 아트만으로 여기는 것은 단지 비유적으로 표현된 개념일 뿐입니다. 그것은 환영이 아닙니다.

대답: 그렇지 않다. 그렇다면 그것의 결과들도 역시 비유적이어야 하기 때문이다. 즉, 비유적으로 말해진 것이 되기 때문이다.

이의에 대한 설명: 우리가 아트만에 속하는 것들인 몸 등의 집합체를 아트만이라고 말할 때, 우리의 말은 비유적인 의미로 이해되어야 합니다. 이와 같은 예를 들면, 계시서에서는 아버지에게 "그대의 아들이라고 말해지는 그 사람이 바로 그대 자신이다."라고 말합니다. 일반적인 어법에서도 역시 우리는 "이 소는 바로 나의 생명이다."라고 말합니다. 이 경우에는 분명히 어떤 환영적인 개념도 없습니다. 우리가 환영의 경우라고 볼 수 있는 것은, 예컨대 베개가 사람으로 오인될 때처럼, 둘 사이의 구별이 인식되지 않을 때뿐입니다.

대답에 대한 설명: 그렇지 않다. 비유적 표현은 실제의 결과를 가져올 수 없다. 왜냐하면 비유적 표현은, 유사함의 표시가 이해되므로, 단지 그 대상을 상찬하기extol 위한 것일 뿐이다. 예를 들어, "데바닷타는 사자이다."와 "그 학생은 불이다."와 같은 표현들은 단지 그 대

상들, 즉 데바닷타와 학생을 상찬하기 위한 것에 지나지 않는다. 데바닷타와 학생은 각각 맹렬함과 노란색이라는 점에서 사자와 불을 닮았기 때문이다. 그러나 그 비유적 표현이나 개념에 의하여 진짜 사자나 진짜 불이 존재하게 되는 결과가 오지는 않는다. 반면에, 환영적인 개념의 악한 결과들은 실제로 경험된다.

게다가, 우리는 어떤 대상이 비유적으로 어떤 다른 것으로 표현될 때 그것이 실제로는 무엇인지를 안다. 우리는 데바닷타가 사자가 아니고 학생이 불이 아니라는 사실을 아는 것이다. 따라서 설령 몸의 집합체가 비유적으로 나라고 표현된다 할지라도, 몸의 집합체에 의해 행해진 행위는 실제로 나에 의해서, '나'라는 개념의 진정한 주체에 의해서 행해진 행위로는 여겨지지 않을 것이다. 비유적으로 사자나 불에 의해 이루어진 행위는 결코 진짜 사자나 불에 의해 행해진 행위가 될 수 없다. 맹렬함이나 노랑 빛은 진짜 사자나 불에게 어떤 영향도 미치지 못한다. 그것은 단지 그 대상을 상찬하기 위한 것에 불과하기 때문이다.

더욱이, 이와 같이 상찬을 받는 사람은 자신이 사자도 아니고 불도 아니라는 사실을 알고 있다. 그는 결코 사자나 불의 행동을 자신의 행동이라고 여기지 않는다. 그래서 만약 이 경우에 몸의 집합체가 비유적으로 아트만으로 표현되었다면, 우리는 "내가 행위자다. 그 행위는 나의 것이다."라고 생각하는 것보다는 오히려 몸의 집합체의 행위는 "나의 행위가 아니라고" 즉 진정한 아트만의 행위가 아니라고 생각하는 것이 더 나을 것이다.

그리고 아트만이 실제로, 그의 기억, 욕망, 노력이 행위의 원인들을 이루어, 행위를 한다는 이론에 대해서는, 우리는 그렇지 않다고 말한다. 그것들은 환영에서 생겨나기 때문이다. 사실, 기억과 욕망, 노력은 환영에 의해 만들어진 행위들의 좋거나 싫은 결과들의 경험에 의해 생겨나는 인상들에서 나온다. 이번 생에서 다르마와 아다르마, 그리고 이것들의 결과들에 대한 경험은 아트만을 몸 등의 집합체와, 애정과 혐오 등과 동일시하는 데서 비롯하는 것처럼, 지난 생과 그 전의 전생들에서도 마찬가지이다. 따라서 우리는 세상, 과거와 미래는 무지에 기인하며 시작이 없다는 것을 추론할 수 있다. 그러한 이유로 세상의 최종적인 중지는 모든 행위의 포기를 수반하는 지식에의 헌신을 통해 이루어진다는 결론에 이르게 된다.

　몸에 대한 애착은 무지의 측면이기 때문이다. 그러므로 무지가 그치면 몸도 존재하기를 그치지 않을 수 없고, 그러면 세상도 필연적으로 그치게 된다. 아트만을 몸 등의 집합체와 동일시하는 것은 무지의 측면이다. 왜냐하면 자신이 소와 다르고 소가 자신과 다르다는 것을 알면서도 소를 자신이라고 여기는 사람은 이 세상에서 아무도 없기 때문이다. 오직 무지한 사람만이 분별력이 부족해서 아트만을 몸 등의 집합체와 동일시한다. 이것은 가지 없는 나무줄기를 사람으로 착각하는 것과 같다. 그러나 분별력을 가지고 진실을 아는 사람은 그렇지 않다.

　"그대의 아들이라고 말해지는 사람이 바로 그대 자신이다."라는 계시서의 말에서 아들을 아버지 자신이라고 하는 말은 비유적인 표현이며, 낳는 사람과 자식이라는 관계 때문에 그렇게 표현하는 것이다. 마치 아들이 아버지를 위해 대신 밥을 먹어 줄 수 없는 것처럼, 단지 비유적으로 아트만이라고 말해지는 것은 진정한 아트만의 어떤 실제적인 목적도 이루어 줄 수 없다. 예를 들어, 진짜 사자와 진짜 불의 어떠한 진정한 목적도 비유적으로만 사자와 불이라고 말해지는 것에 의해 이루어질 수 없다.


　이의: 경전의 규정들ordinances은 초월론적인 문제들에서 논의의 여지가 없는 권위를 갖고 있습니다. 따라서 아트만의 목적은 비유적으로 아트만이라고 불리는 것들 즉 몸, 감각 등에 의해 확실히 성취될 수 있습니다.

　대답: 아니다. 왜냐하면 그것들은 무지에 의해 형성된 자아들이기 때문이다. 몸과 감각 등은 비유적으로 아트만이라고 표현되지 않는다. 반면에, 그것들은 실제로는 아트만이 아니므로 환영에 의한 자아들이라고 간주된다. 왜냐하면 그것들은 환영이 있는 동안에만 아트만이라고 여겨질 뿐 이며, 환영이 사라지면 더 이상 이트만이라고 여겨지지 않기 때문이다. 지식이 없어서 "나는 키가 크다. 나는 노란색이다."라고 생각하며 몸 등의 집합체를 아트만으로 여기는 것은 어린아이들이나 무지한 사람들이다. 반면에, "나는 몸의 집합체와 다르다."는 것을 구분하고 이해할 수 있는 사람들은 자기 자신을 몸의 집합체와 동일시하지 않는다. 따라서

이런 동일시는 환영이 없을 때는 존재하지 않으므로 환영으로 인해 생기는 것이다. 그리고 그 것은 비유적 표현이 아니다. 사자와 데바닷타, 학생과 불의 경우처럼 오직 둘 사이에 차이점 들이 분명히 보일 때에만 그런 두 가지 것들은 비유적으로 동일하게 표현되거나 생각 속에서 동일하다고 여겨질 수 있다. 그러나 유사성과 차이점이 지각되지 않을 때는 그렇지 않다. 그 리고 계시서의 권위에 대한 항변에 관해서는, 우리는 그런 항변을 제기해서는 안 된다고 말한 다. 계시서는 인간 지식의 경계를 넘어서는 초월적 문제들에 관한 권위이기 때문이다. 계시서 는 즉각적인 지각처럼 보통의 지식 도구라는 수단을 이용해서 지각되지 않는 문제들에 대해서 만 권위를 갖는다. 다시 말해, 그것은 목적에 이르는 수단으로서 사물의 상호 관계에 대해서 는 권위를 갖지만, 즉각적인 지각의 범위 안에 있는 문제들에 대해서는 그렇지 않다. 사실, 계 시서는 오로지 인간 지식의 범위를 넘어서는 것을 아는 데에만 권위를 갖도록 의도되었다. 그 러므로 몸 등의 집합체와 관련하여 일어나며 명백히 환영으로 인해 생겨나는 '나'라는 개념이 단지 비유적인 개념에 불과하다고 가정할 수는 없다. 백 개의 계시서들이 불은 차거나 어둡다 고 선언할 수 있다. 그러나 그것들은 물질적인 불에 대해서는 어떠한 권위도 가지고 있지 않 다. 만약 계시서가 불이 차거나 어둡다고 선언한다면, 우리는 그것이 겉으로 보이는 것과는 전혀 다른 의미를 의도하는 것이라고 추측할 것이다. 그렇지 않으면 그것의 권위는 유지될 수 없을 것이기 때문이다. 우리는 다른 권위들이나 그 자체의 선언에 반대되는 의미를 계시서에 결코 부여해서는 안 된다.

## 무지 이론은 행위의 길의 권위를 저해하지 않는다.

이의: 사람은 환영에 지배될 때에만 행위를 하므로, 그가 행위자이기를 그친다면[299] 행

---

299  즉, 무지가 그쳐서.—(A.)

위들을 다루는 계시서는 잘못된 것으로 판명될 것입니다.

대답: 아니다. 계시서는 여전히 브람만의 진리의 문제에서는 진실하기 때문이다.

이의: 만약 행위들을 다루는 계시서가 권위를 갖지 못한다면, 브람만의 진리를 가르치는 계시서 역시 권위를 가질 수 없습니다.

대답: 그렇지 않다. 왜냐하면 브람만의 진리를 없앨 수 있는 어떠한 개념도 일어날 수 없기 때문이다. 아트만이 몸 등의 집합체와 동일하다는 개념은, 브람만의 진리를 가르치는 계시서를 통해 아트만의 진정한 성품이 알려질 때 없어진다. 그러나 진정한 아트만을 아는 이러한 지식은 무엇에 의해서도 결코 없어질 수가 없다. 왜냐하면 아트만을 아는 지식은 불이 뜨겁고 빛을 낸다는 것을 아는 지식처럼 반드시 그것의 결과 즉, 무지의 부재와 연합되기 때문이다.

더욱이, 우리의 이론은 행위를 가르치는 계시서가 쓸모없다는 결론을 내리도록 나아가지 않는다. 왜냐하면 최초의 자연적인 활동들을 하나씩 제어하고 그것에 의해서 서서히 새롭고 더 수준 높은 활동을 이끌어 냄으로써, 그것은 가장 내부의 아트만에 도달하고자 하는 열망을 만들어내는데 기여하기 때문이다. 비록 그 방법은 환영이기는 하지만, 그것은 여전히 진실하다. 주된 명령에 부수적인 설명적인 말들의 경우처럼, 그 목적이 진실하기 때문이다. 그리고 일상적인 생활에서도 어린이나 정신이 이상한 사람에게 우유와 같은 것을 마시게 해야 한다면, 우리는 그들에게 그렇게 하면 머리카락이 자랄 것이라는 등의 이야기를 해 주어야 할 것이다. 혹은, 몸에 대한 집착에 의해 생기는 감각 지각이나 지식을 얻기 전에는 권위를 갖는다고 주장되는 것처럼, 심지어 우리는 행위를 다루는 계시서가 다른 상황들 아래서는 그 자체로[300] 권위를 갖는다고 주장할 수도 있다.

---

300    삭샤트. 직접적으로, 즉 브람만의 지식과 독립적으로.—(A.)

# 아트만이 단순히 존재하는 것만으로도 행위자가 된다는 이론에 대한 반박

또 다른 이론은 다음과 같다. 비록 직접적으로 행위에 관여하지는 않더라도, 아트만은 단지 현존하는 것만으로도 행위를 한다. 이것은 아트만이 실제 행위자라는 것을 성립시킨다. 예를 들어, 우리는 왕이 직접 행동하지는 않더라도 그의 군사들이 싸우면 그의 존재만으로도 그가 싸웠다고 말하며, 그가 승리했거나 패배했다고 말한다. 마찬가지로, 군대의 사령관도 단순히 말로 행위를 한다. 그리고 우리는 왕과 사령관이 행위의 결과와 연관이 있다는 것을 안다. 또 다른 예를 들자면, 희생을 집전하는 성직자들의 행위는 희생을 올린 사람에 속하는 것으로 여겨진다. 그러므로 우리는 몸 등의 행위들이 아트만에 의해 행해진다고 주장할 수도 있다. 그 결과들은 아트만에게 생기기 때문이다. 또 하나의 예를 더 들어 보면, 자석은 쇳조각을 움직이게 만든다. 행위에 직접 관여하지 않아도 실제 행위자가 될 수 있는 것이다. 아트만의 경우에도 마찬가지다.

우리는 대답한다.: 그렇게 말하는 것은 옳지 않다. 왜냐하면 그것은 행위를 하지 않는 것이 행위자라고 말하는 것과 같을 것이기 때문이다.

상대가 말한다.: 그렇습니다. 행위자는 다양한 종류일 수 있습니다.

우리는 대답한다.: 아니다. 왜냐하면 앞에서 예시한 것처럼 우리는 왕 등이 직접적인 행위자이기도 하다는 것을 발견하기 때문이다. 우선, 왕은 싸움에 몸소 참여할 수도 있다. 그는 다른 사람들로 하여금 싸우게 만들고, 그들에게 임금을 지불하고, 성공과 실패로부터 나오는 결실들을 거둬들인다는 면에서 직접적인 행위자이다. 희생을 집전하는 성직자도 역시 주된 봉헌을 드리고 선물들을 나누어 준다는 면에서 실제 행위자이다. 그러므로 우리는 누군가가 실제로는 관여하지 않았는데도 그 사람을 예의상 행위자로 말하는 것은 말의 표현에 해당한다는 것을 이해해야 한다. 만약 실제로 행위에 참여하는 사람인 실제 행위자가 왕과 성직자와 같은 경우에서와 같이 발견되지 않는다면, 우리는 자석이 쇳조각을 움직이게 만드는 경우처럼, 행위자가 단순히 존재하기만 해도 실제 행위자의 요건을 성립시킨다고 가정할 수 있다. 반면에, 우리는 왕과 성직자가 실제로 몇몇 활동에는 관여한다는 것을 발견한다. 그러므로 단순히 존재하기만 한 행위자는 단지 비유적인 행위자이다. 그러므로 심지어 결과들과의 연관조차도 실제가 아닐 수 있다. 비유적인 행위자에 의해서는 실제 행위가 이행되지 않는다. 그러므로 몸 등의 활동이 행위 없는 아트만을 실제 행위자와 즐기는 자로 만든다는 것은 대단히 부당하다.

## 무지 이론의 결론

하지만 꿈들이나 마술사의 마술(마야)의 경우처럼, 그것의 원인으로서 환영으로까지 거슬러 올라갈 때 이 모든 것은 설명될 수 있게 된다. 그래서 아트만을 몸 등으로 동일시하는 환영적인 개념들의 연속성이 끊어지는 깊은 수면, 사마디, 그와 비슷한 상태들에서는 행위자도 즐기는 자도 다른 어떤 종류의 악도 경험되지 않는다. 그런 까닭에 세상의 환영은 오로지 환영적인 개념으로 인한 것이며 절대적으로 실재하는 것이 아니다.

그러므로 우리는 올바른 지식이 세상의 완전한 중지에 이르게 한다고 결론을 내린다.

# 샹카라차리야의 바가바드 기타

제4 개정판 발행   2024년 2월 15일

저    자  샹카라차리야 주석
옮 긴 이  김병채

펴 낸 이  황정선
출판등록  2003년 7월 7일 제62호
펴 낸 곳  슈리 크리슈나다스 아쉬람
주     소  경상남도 창원시 의창구 북면 신리길 35번길 12-12
대표전화  (055) 299-1399
팩시밀리  (055) 299-1373

전자우편  krishnadass@hanmail.net
카    페  cafe.daum.net/Krishnadas

ISBN  978-89-91596-93-1 (03270)